全国各类院校技术管理专业规划教材

项目管理

◎ 主　编　胡庆浩　韩志宏
副主编　卢毅明　李　牧
卢尔宇　孟榴英

现代，项目管理已经成为企业管理、信息技术、土木工程、工程设计、产品开发等多种行业运作的核心技术，社会各个行业中大批的技术人员为了使自己成为复合型人才，陆续投身到项目管理的学习中来；与此同时，在各高等院校的工商学院、建筑学院、工程学院等各专业为了满足学生将来职业发展的需要，都把项目管理作为一门主要课程。

中国商业出版社

图书在版编目(CIP)数据

项目管理/胡庆浩,韩志宏主编.—北京:中国商业出版社,2020.7(重印)

ISBN 978-7-5044-6547-4

Ⅰ.项… Ⅱ.①胡…②韩… Ⅲ.项目管理-高等学校-教材 Ⅳ.F224.5

中国版本图书馆CIP数据核字(2009)第103312号

责任编辑:刘树林

中国商业出版社出版发行

(北京广安门内报国寺1号 100053)

新华书店经销

北京京丰印刷厂印刷

* * * * *

787毫米×1092毫米 16开 17印张 300千字

2009年3月第1版 2020年7月第3次印刷

定价:49.80元

* * * *

(如有印装质量问题可更换)

序

目前，发端于美国的次贷危机引发的全球金融危机仍在蔓延，欧美发达国家出现了严重的经济衰退，且尚未见底。党中央、国务院及时地推出经济刺激计划及十大产业规划，向国人及世人表达了坚定信心及攻克时艰的决心，其中，政府加大了国家级大项目的投资力度，国家级大项目的开工建设必然对拉动内需起到重要的作用。各地政府也纷纷因地制宜地出台了一系列经济刺激方案，以抓大项目为手段，来促进当地经济的发展。

金融危机和经济波动推动了国际分工体系的调整和沿海发达地区产业结构的调整升级，为经济欠发达地区发挥区域优势和低成本优势，大力承接产业转移创造了千载难逢的机遇。

在不久前刚闭幕的十一届全国人大二次会议上，确立了教育优先发展的战略地位，让教育界人士备受鼓舞，倍感振奋，暖心传递信心。温家宝总理在国家科技领导小组会议上强调，教育兴国、教育立国、教育强国是国家意志。面对复杂多变的国内外环境，因势而思，因势而改，因势而变，贯彻落实科学发展观，是应对全球金融危机影响教育发展的需要，是坚持改革创新，构筑教育发展新优势的需要，必须表现出高度的敏锐和灵活，尽快调整专业结构和人才培养方向，为抓住这一机遇提前准备，积极应付，力争保持在困难中发展，在危机中跨越的良好态势。

21 世纪是知识经济时代，创新成为人类社会活动的主导活动。由于创新活动具有独特性和一次性的特性，因此，它们都属于项目的范畴，都需要使用项目管理的方法，从而使项目管理逐步发展成为社会管理的一种主要方式。落后的管理体制、管理理念和管理方法不利于使现有的经济资源和市场要素得到最有效的配置和利用，甚至造成大量的财富被浪费，大量的技术、知识和人才被埋没。正因如此，许多有识之士慷慨陈词，提出管理科学和兴国之道。现代项目管理作为一门学科，在我国的发展时间不长，但发展速度确实很快，以教育为例，短短的几年内已有上百所院校设置了项目管理课程。这一方面与国际项目管理发展有关，另一方面也与我国经济建设大环境有关，项目管理专业人才实在太稀缺了。

教材是教学活动的重要载体，一本好的项目管理学教材书不只是空乏的理论阐述，而且应当密切联系中国和世界管理的实际，传递管理实践中取得巨大成功的经验和信息；应当动态地及时地反映科学技术和经济社会迅速变化对项目管理带来的影响，以及预测项目管理未来的发展。

在学院提出加强内涵发展，提高教学质量的大背景下，我们完成了本书的编写工作，根据“理论够用，实践为主”教学原则，本书注重知识的实用性和可操作性，着重培养学生的实践能力。通过学习和应用项目管理知识，可以学会有效融入团队的方法以及协作的技巧。通过相关的项目管理实践，使同学们能更好地领悟项目管理的前沿和发展方向，并启发诱导独立思考能力。

编者

2020 年 7 月

前　言

21世纪，科学技术飞速发展，知识更替日新月异。抓住机遇，寻求发展，迎接挑战，已经融入到每一个社会成员的生活当中。同时，我们也生活在一个“项目化”的世界里，任何地方都可以看到参与项目管理的人员。事实上，项目管理已经成为每个企业商务模式中一个不可或缺的部分。

现代，项目管理已经成为企业管理、信息技术、土木工程、工程设计、产品开发等多种行业运作的核心技术，社会各个行业中大批的技术人员为了使自己成为复合型人才，陆续投身到项目管理的学习中来；与此同时，在各高等院校的工商学院、建筑学院、工程学院等各专业为了满足学生将来职业发展的需要，都把项目管理作为一门主要课程。

项目管理如今已经演变成为一个整体的管理战略，不仅需要技术能力，还需要与人相关的管理能力，这已成为对技术、人力、文化、项目干系人以及其他一切对项目的成功来说必不可少的要素的综合管理，它涉及到各方面的知识，包括领导力、团队建设、冲突解决、谈判协商，等等。本书根据《国际项目管理专业资质认证标准》(C－NCB)和《中国项目管理知识体系》(C－PMBOK)的主要核心内容，以项目生命周期为主线，并结合项目管理职能，全面系统地介绍现代项目管理的基本理论、原则、方法和技术，着重阐述项目从启动、开发、实施至结束整个过程所涉及到的项目论证与评估、项目团队建设、项目范围管理、项目进度管理、项目费用管理、项目质量管理、项目采购管理、项目沟通管理、项目冲突管理、项目风险管理及项目的收尾与后评价等主要内容。

此外，本书在涵盖项目管理一般原理的基础上，还结合实际案例，介绍了项目管理在实际当中的应用，并通过具有代表性的例子来阐述项目管理中的一般原则。在编写中，我们注重理论联系实际，力求做到体系完整，结构合理，内容精炼，案例典范，针对性强，通俗易懂。本书可以作为高等院校项目管理及相关专业的教材或参考书，也可以作为各类管理人员的业务指导书。

本书由江西渝州科技职业学院胡庆浩和韩志宏提出写作大纲，明确编写的指导思想和具体要求，并担任主编和总纂定稿，江西渝州科技职业学院卢毅明、李牧、卢尔宇、孟榴英担任副主编。在编写过程中，得到了江西渝州科技职业学院广大师生的大力支持，并提出了许多宝贵意见，在此，表示衷心的感谢；同时，也参考了国内外许多关于项目管理方面的著作和资料，并从中吸取了许多有价值的资料和观点，在此也向有关的作者表示衷心的感谢！

我们努力为读者提供一个学习、研究项目管理学的路径框架，但由于水平有限，存在缺漏在所难免，敬请读者和专家批评指正。

编者

2020 年 7 月

目 录

第一章 绪论

项目管理的知识体系是对项目管理专业知识的一个总结，它包含了许多内容。也正如法律、医药和会计等其他专业一样，项目管理知识体系也有赖于实践者和学者们对它加以应用和提高。整个项目管理知识体系不仅包括那些已经被求证过的理论知识和已经被广泛加以应用的传统经验，而且还容纳了新的理论知识以及还没有被充分应用的先进经验。

第一节 项目

一、项目的含义

生活实践中，项目是我们经常听到的一个词语，诸如科研项目、规划项目、国防项目、环保项目，等等。这是一个运用十分广泛的概念。社会的进步，工程的实施，企业的发展都离不开项目。那项目的定义具体是什么呢？

ISO10006 国际项目管理质量标准对项目的定义是：由一系列具有开始和结束日期，相互协调和控制的活动组成，通过实施而达到满足时间、费用和资源等约束条件目标的独特的过程。

PMI（Project Management Institute 美国项目管理协会）对项目的定义：项目是为创造特定产品或服务的一项有时限的任务（其中："时限"是指每一个项目都有明确的起点和终点；"特定"是指一个项目所形成的产品或服务在关键特性上不同于其他相似的产品和服务）。

又有认为，项目是一项为了创造某一唯一的产品或服务的时限性工作。所谓时限性是指每一个项目都具有明确的开端和明确的结束；所谓唯一是指该项产品或服务与同类产品或服务相比在某些方面具有显著的不同。

下面具体来研究。首先要明确各种层次的组织都可以承担项目工作，这些组织也许只有一个人，也许包含着成千上万的人。项目也许只用不到 100 个小时就能完成，也许也会需要成千上万个小时。项目有时只涉及一个组织的某一部分，有时则可能需要跨越好几个组织和多个部分。

其次，通常来讲，执行组织商业战略的关键是项目。而以下的活动都是一个项目：开发一项新的产品或服务，改变一个组织的结构，人员配置或组织类型，开发一种全新的或是经修正过的信息系统，修建一座大楼或一项设施，开展一次政治性的活动，完成一项新的商业手续或程序，等等。

最后，我们还要明确所谓工作，通常既包括具体的操作又包括了项目本身。这两者有时候是重叠的，具体操作与项目有许多共同特征，比如需要有劳动的投入才可完成，受到有限资源的制约，需要计划、执行、控制等。而其区别具体操作与项目最根本的不同在于具体操作是具有连续性和重复性，而项目则是有时限性和唯一性的。

根据这些特征，综合以上论述，对项目作如下的定义：

项目是指一系列独特的、复杂的并相互关联的活动，这些活动有着一个明确的目标或目的，必须在特定的时间、预算、资源限定内，依据规范完成。项目参数包括项目范围、质量、成本、时间、资源等。

二、项目的特征

项目所涉及的某些内容是以前没有被做过，不熟悉的，也就是说这些内容是有惟一性的。即使一项产品或服务属于某一大类别，它仍然可以被我们认为是惟一的。比方说，诺基亚开发的3G手机属于通信产品这一大类别，或者我们修建了成千上万的楼宇，但是每一座独立的建筑都是惟一的，它们分属于不同的业主，作了不同的设计，处于不同的位置，由不同的承包商承建等等。需要注意的是，具有重复的要素并不能够改变其整体根本的惟一性。

每个项目产品都是惟一的，产品或服务的显著特征则必定是逐步形成的。在项目的早期阶段，这些显著特征会被大体作出界定，而当项目工作组对产品有了更充分、更全面的认识了解以后，就会更为明确和细致地确定这些特征。具体来说项目具有以下特征：

1. 明确的目标。项目具有明确的目标，其结果只可能是一种期望的产品，也可能是一种所希望得到的服务。

2. 独特的性质。每一个项目都是惟一的。面对不同的时间、不同的环境、不同的对象项目都会出现特有的性质。

3. 资源成本的约束性。每一项目目标要想实现都需要运用各种资源，而资源是有限的。项目必然受到成本的约束。

4. 项目实施的一次性。项目不能重复，也不可能重复。拥有的条件随时都在改变，具有重复的要素不能改变项目之间的独特差异。

5. 项目的确定性。有项目则必然要确定项目的终点，在项目的具体实施过程中，外部和内部因素总是随时有可能会发生变化。当项目目标发生实质性变动时，它便不再是原来的项目了，而是成为一个新的项目，因此说项目是具有确定性的。

6. 结果的不可逆转性。不论结果是好是坏，项目结束了，结果也就随之确定了。而出现了的纰漏需要的修正，则成为了另外一个项目。

三、项目与运作的区别

项目与运作最大的不同点是惟一性和一次性。例如开发新产品和生产已经开发出的产品就分别属于项目和运作。具体区别有：

1. 项目是独一无二的，运作则是重复进行的。

2. 项目存在于一个有限的期间内，运作则活动于一个长期稳定的环境中。

3. 项目所导致的是对事物产生一些根本性的变革和改观，而运作所带来得是改良性的渐进的改变。

4. 由项目根本性的变革使其必然处于非均衡的状态，而运作总是强调处于均衡状态。

5. 由于不平衡性的产生，项目经理所考虑的是化解和分散问题的关键，而运作经理的目标是通过平衡矛盾的指标而保持平衡。

6. 项目聘用的是短期人员，而运作则是建立稳定的队伍。

7. 项目的环境是柔性易变的，运作的环境则是稳定的。

8. 项目对资源的需求因项目而易，是多变的，运作对资源的需求则是稳定的。

9. 项目的管理无先例可循，项目的经理把注意力放在如何有效达到基本目标上，而运作则是重复性的活动，其效率能够不断提高。项目经理以完成目标为宗旨，时刻注意目标实施的可能性，必须面向目标，对于工作规程可以酌情而行。运作则以完成任务、指标为宗旨，在运作中人们根据以往的经验通过执行工作规程而达到基本的目标。

10. 项目因为没有经验是风险型的管理，而运作则基本上是稳定型的管理。

表 1－1 项目与运作(作业)的比较

项 目	运作(作业)
独一无二的	重复的
有限时间	无限时间(相对)
革命性的改变	渐进性的改变
不均衡	均衡
目标之间不均衡	均衡
多变的资源需求	稳定的资源需求
柔性的组织	稳定的组织
效果型	效率型
以完成目标、目的为宗旨	以完成任务、指标为宗旨
风险和确定型	经验型

四、项目的分类

项目的种类有很多，我们可以从不同的角度进行分类。

(一)按建设性质来划分

项目可分为新建项目、扩建项目、改建项目、迁建项目和恢复项目。

1. 新建项目。是指根据规定的程序立项，从无到有、从小到大建设的项目。具体需要兴建的项目，其新增加的固定资产价值要超过原有全部固定资产价值(原值)3 倍以上，才可算新建项目。

2. 扩建项目。是指现有组织在原有场地内或其他地点的基础上，为扩大组织的生产能力或增加组织经济效益而增建的生产车间、独立的生产线或分厂的项目；在原有业务系统的基础上扩充规模而进行的新增投资项目。

3. 改建项目。包括挖潜、节能、安全、环境保护等项目。

4. 迁建项目。是指原有组织根据自身生产经营和事业发展的要求，按照组织发展战略的需要或出于环境保护等其他特殊要求，搬迁到异地而建设的项目。

5. 恢复项目。是指组织因在自然灾害或战争中使原有资产遭受全部或部分报废，恢复生产能力和业务工作条件、生活福利设施等需要进行投资重建的项目。

(二)按投资作用来划分

按投资作用来划分，项目可分为生产性项目和非生产性项目。

1. 生产性项目。是指直接用于物质资料生产或直接为物质资料生产服务的项目。例如手机生产线等等。

2. 非生产性项目。是指用于满足消费者物质和文化、福利等需要的建设和非物质资料生产部门的建设项目。例如文化宫等等。

（三）按项目规模来划分

项目分为大型、中型、小型三类。为适应对项目分级管理的需要，不同等级标准的项目，规定的审批机关和报建程序也不尽相同。

（四）按项目的经济效益、社会效益和市场需求来划分

项目可划分为以下三种。

1. 竞争性项目。其投资主体一般为企业。投资效益比较高、竞争性比较强的项目被划为这一类。很大程度上由企业自主决策、自担投资风险。

2. 基础性项目。主要是指具有自然垄断性、建设周期长、投资额大而收益低的基础设施和需要政府重点扶持的一部分基础建设的项目，以及适合经济规模的支柱性产业的项目。政府应集中必要程度的财力、人力通过经济实体进行投资，同时，还应广泛吸收企业参与投资，有的时候还可以直接吸收外商投资。

3. 公益性项目。这一类项目主要包括科技、文教、卫生、体育和环保设施等，以及公、检、法等政权机关以及政府机关、社会团体办公设施，国防建设等。主要由政府用财政资金进行公益性项目的投资。

（五）按项目的投资来源来划分

项目可以划分为政府投资项目和非政府投资项目。

政府投资项目按照其盈利性不同又可分为经营性政府投资项目和非经营性政府投资项目。经营性政府投资项目是指那些具有盈利性质的政府投资项目，政府投资的水利、电力、铁路等项目基本都属于经营性项目。具体来讲经营性政府投资项目应实行项目法人责任制，而项目法人对项目的策划、资金筹集、具体建设实施、生产与经营、债务到期的偿还和资产的保值增值要实行全过程责任落实，使项目的建设与建成后的运营实现一系列连贯管理。

非经营性政府投资项目一般是指追求社会效益最大化、非盈利性的公益性项目。学校、医院以及各行政、司法机关的办公地建设等项目都属于非经营性政府投资项目这一类别。

第二节 项目管理

一、项目管理的含义

“项目管理”给我们的一个非常直观概念就是“对项目进行的管理”。而这是项目管理最原始的概念。从某种角度讲，项目管理是为实现项目的目标，通过项目各方关联人的合作，把有限的资源应用于其中，最终使项目关联人的需求得到各自不同程度的满足的一系列活动的总和。

很多同学认为对项目的运作过程进行技术管理就是项目管理。也就无外乎“拍脑门”进行决策的内容，只要项目的经理有技术水平，可以帮助项目的成员解决所有的技术上的难关，就能保证项目的顺利实施。但是逐渐被认识并且普遍存在的项目施行中的现象告诉我们，项目失败来自技术能力的缺陷原因占很少的比例，而另外来自对项目运作的管理和控制出现的问题则是绝大多数失败项目失败的缘由。

伴随着社会的飞速进步，项目以及管理实践也出现了新的理论和研究的成果。相应的项目管理的内涵则得到了较大的充实和发展，“项目管理”在如今已成为新管理方式、新管理学

科的代表。

项目管理在一定程度上就是为了满足甚至是超越项目本身涉及的人员对项目的需求和期望而将理论知识、技能、工具以及技巧应用到具体的项目活动中去的过程。在相互间有冲突的要求中寻求平衡是满足或超越项目涉及人员的需求和期望的必然要求。

项目管理也时常被理解为对连续性操作进行管理的组织方法。而这种方法更准确地称呼应该为"由项目实施的管理"，这是把连续操作的许多相关方面作为项目来看待，对其则可以采取项目管理的方法。尽管对于一个通过项目实施管理的组织来说，非常重要且必要的一点显然就是对项目管理的认识，但是如何由项目实施管理在本书中不加以讨论。

项目是实现创新的事业，那么项目管理可以理解为为了实现创新的管理。项目管理就是合理地把各种资源应用到项目中去，以实现项目的目标，满足既定的需求。

项目管理是探求项目活动科学组织管理的理论与方法，是把项目管理活动作为研究对象的一门学科。探求是一种客观实践活动，学习体系是理论的总结；前者以后者为指导，后者以前者为基础，就其本质而言，两者是相辅相成并且统一的。

项目管理就是为了满足甚至超越项目涉及人员对项目的需求和期望而将理论知识、技能、工具和技巧应用到项目的活动中去。

而归总了上述观点后可以认为项目管理就是对各种资源的投资活动全过程进行决策、计划、组织、指挥、协调、监督、控制和评价等一系列规律活动的总称。

了解了以上众多的观点和概念可以帮助大家认清项目管理的本质，并进一步理解明确项目管理的四个基本目标 PCTS：

P：Performance 即达到项目预期的绩效；

C：Cost 即在费用成本和预算约束内完成项目；

T：Time 即项目必须按时完成；

S：Scope 即项目需要符合指定的工作范围。

而且这里四个变量是相互联系的，比如成本可以表示为绩效、时间和范围的函数。越来越多的组织正在要求项目经理寻求缩短项目完成时间的办法，同时还要控制甚至减少成本，还要保证绩效范围不变。

二、信息时代项目管理的特点

项目管理注重于综合性管理是项目管理与传统的部门管理相比最大特点，而且项目管理的工作有非常严格的时间限制。不完全确定的过程是项目管理必需的经历，生产出的产品不完全确定而且在确定的期限内必须完成，这就造成了项目管理很大压力的来源：日程安排和进度控制。具体点来讲这表现在以下的几个方面：

1. 项目管理的对象是指项目或者被当作项目来处理的作业。项目管理是针对项目自身的特点而归总成的一系列管理方式。因此项目管理适用对象就是项目，特别是大型的、相对比较复杂的项目。但有鉴于项目管理的科学性以及高效性，时常会将重复性的"作业"中的一些过程给分离出来，再加上起点和终点当作项目来处理，以方便我们于其中应用项目管理的方法。

2. 项目管理的全程一般都贯穿有系统工程的思想。项目管理是把项目作为一个完整的系统，依据系统论"整体——分解——综合"的原理，可以将整个系统分解为许多下设的责任单元，由责任承担者分别按要求完成各个单元目标，然后进行汇总、最终生成综合的成果。同时，项目管理将项目也作为一个有着完整的生命周期的过程，强调重视了局部对整体的重要作用，促使项目管理者不能忽视项目中的任何一个阶段以免造成最终总体的效果不佳甚至于失败的结果。

3. 项目管理的组织包含有特殊性。而组织的特殊性也是项目管理的一个最为明显的特征。这种性质具体表现在以下的几个方面：

(1)项目管理具有“项目组织”的概念。以项目本身作为一个组织单元，围绕项目来组织资源是项目管理的突出特点。

(2)项目管理的组织是临时性的。因为项目是一次性的，且项目的组织是为特定项目的建设进行服务的，项目终结时，其组织的使命也就同时结束了。

(3)项目管理的组织是柔性的。“可变”在很大程度上就是所谓的柔性。项目的组织突破了以往固定的建制的组织形态，它是根据项目的生命周期每个阶段的具体需求适时地调整组织的资源配置，目的以确保组织的高效、经济运行状态。

(4)项目管理的组织强调协调控制职能。项目管理过程伴随的是一个综合管理过程。项目组织结构的设计规划则必须充分考虑到有利于组织的各部分之间的协调与控制，而只有这样才能得以保证项目总体目标的顺利实现。因此，在现今项目管理的组织结构大多为矩阵结构，而非传统直线职能结构。

(5)项目管理是一种基于团队管理的个人负责制的体制。由于项目系统管理的客观要求，有时需要集中权力便以控制工作正常进度，从这点来看，项目经理在项目中是一个非常关键的角色。

(6)项目管理的目标管理是其进行的方式。我们知道项目管理追求的是多层次的目标的达成。进而也可以理解项目管理也是一种多层次的目标管理的方式。而常常因为项目涉及的专业领域非常宽广，项目的管理者不能也不可能成为项目涉及每一个专业领域的专家，或者对这些专业虽然有一定了解但是不可能像专门的研究者领会的那样深刻。所以泰勒时代，企业管理者对工人的操作进行具体的指导安排，甚至具体到手指怎样动的管理方式，对绝大多数的项目来说是不可能实现的。现代的项目管理者时常只能以综合管理者，组织协调者的身份出现，而具体项目组织任务由组织授权的专家来执行。

(7)项目管理优劣的要点是创造和保持使项目能够顺利进行的环境。人们理解项目管理就是创造和保持优良项目工作环境，使置身于这环境中的员工能顺利工作以完成预定的使命以及目标。这个特点也说明了项目管理是一个管理的过程，而不仅仅是一个技术过程，及时处理各种冲突和突发意外事件使之不影响项目工作环境是项目管理的重点工作。

(8)项目管理的方法、工具和手段具有先进性、开放性的特点。项目管理采用了科学先进的管理理论以及方法。如采用网络图编制的项目进度计划，使用目标管理、全面质量管理、价值工程、技术经济等等理论和方法控制的项目总目标；利用先进高效的管理手段以及工具，现如今特别是使用电子计算机进行项目的信息处理；等等。

具体信息时代的项目管理与传统的项目管理相比，如今已经发生了很大的变化。信息时代项目管理的能力实际上很大程度反映的是企业具备的竞争能力、企业的盈利能力以及生存能力。信息时代项目管理是在传统项目管理的一些成功经验的基础上，进一步加以总结和规范而形成。这实际上可以理解为：为了适应信息技术时代，及互联网时代新的特点项目管理也产生了一些新的变化，使得其客观反映了信息时代的特征和要求。具体与传统的项目管理相比(如表1－2所示)。

表1－2　　传统的项目管理与信息时代的项目管理对比

类　别	传统的项目管理	信息时代的项目管理
管理目标	注重技术目标	注重经营目标、商业利润、搞业务开发、综合性开发
对管理人员的要求	技术技能	技术技能、商业技能、管理技能
项目管理成员及上下级关系	被动接受管理	自我管理加伙伴关系、领导艺术
现代项目涉及	主要是技术	技术、财务学、角色学、领导学、组织行为学、冲突管理、谈判、政治学等多方面知识
层次性	单一项目 一个项目有完整的界限	一个项目常伴随着创新、创业、开发新产品、新业务等同时实现
组合和管理方式	相对死板	较为灵活
风险意识	不太重视	强化风险管理 高风险带来高效益
项目办公室	管理传统、单一	项目管理标准化、专业化

不得不说的是，我国对信息时代一些新型项目的管理相对国外还是缺乏经验，缺乏有效的知识管理的手段。在国际上比较领先的，项目管理这方面做得比较好的企业，是把项目管理和整个企业的环境、企业的管理有机结合起来。在这点上讲，我国企业要走的路还很长。

三、项目管理的职能

项目管理的工作内容有很多，但具体讲主要有以下五个方面的职能。

(一)项目管理的计划职能

将项目的预期目标进行统一筹划安排，对项目的全过程、全部目标以及全部活动都纳入计划的轨道，用一个动态的可以进行分解的计划系统来协调和控制整个项目，以方便提前揭露发现矛盾并加以解决，使项目在合理的工期内以较低的价格高质量地协调有序地达到预期的目标，所以我们说项目的计划是龙头，在项目中具有头等重要的作用，同时计划也是一种管理。

1. 项目组织通过收集整理和分析所掌握的各种信息资料，为项目的管理者、决策人提供项目中要不要进行、有没有可能进行、需要如何进行，以及可能达到的目标等一系列问题的决策依据，所以计划过程在实际上也是一个决策的过程。项目的计划可以按需要来编制代表投资商意愿的切实可行的总的指导性控制计划，并在这计划的基础上衍生分解出若干的分计划，并由相应的职能部门各自分头执行。

2. 项目的各项工作展开都是以制定的计划为依据，务必使项目实施各个阶段、各个环节都做到有法可依、有据可查、有章可循。并以此来协调项目中的各项活动。所以从这点讲项目计划是项目实施的指导性文件。

3. 计划使项目中的人力、材料、机械、设备和资金等等各种要素资源都得以合理充分有效的运用，并且在项目实施过程中可以做到及时地对各个阶段各个环节的活动进行有效协调，最终达到质量优良、工期准时、造价合理的项目理想目标。所以项目计划是实现项目的目标的一种必要的工具和手段。

那种想到什么做什么，走一步是一步没有计划的管理，使得在预期内实现预定的目标成为一句空话。

（二）项目管理的协调职能

对于项目的不同的阶段，不同的环节，以及与项目有关的不同部门、不同层次之间，尽管都各自有自己的管理内容和管理办法，但它们之间的结合处却往往都是管理最薄弱的地方，必须要有效地进行沟通和协调。我们也知道在各种协调之中，人与人之间的协调又是最为关键和重要的。项目协调使得项目运作的不同阶段、不同环节、不同部门、不同层次之间有了统一指挥形成的明确目标、一致步调。同时，通过项目管理的协调职能使一些仿佛看似矛盾的工期、质量和造价之间的关系以及时间、空间和资源利用之间的冲突也得到了相互的协调充分的统一，所有的这些对于复杂的项目管理来说无疑是十分必要的，而协调是项目管理中非常重要的工作。

（三）项目管理的组织职能

我们在熟悉了项目形成的过程以及发展的规律的基础上，通过项目各部门的分工、各任务职责的划分，各岗位职权的明确，建立起行之有效的项目规章制度，使得项目的各个阶段各个环节各个层次都有相应的管理者进行分工负责，最终形成一个具备有高效率的组织保证的体系，用以确保项目的各项预定目标的实现。我们在这里特别需要强调的是应当充分调动起每一个管理者的工作热情和积极性，充分地发挥处每一个管理者的工作能力和特长，以每一个管理者的出色的工作质量来换取和保证最后项目制定的各个目标的全面实现。

（四）项目管理的控制职能

项目的控制职能主要体现在项目目标的提出和检查、项目目标的分解、项目合同的签订和执行、项目各种指标、定额和各种标准、规程、规范的贯彻以及执行，以及项目实施中的反馈和决策等方方面面上。

1. 合同管理。项目负责人通过与承包人或供应商签订合同的形式，将项目的任务和目标具体分解，由承包人或者供应商严格地按照合同要求的有关条款为项目的部分任务和目标提供服务。项目合同的有关条款实际就是一种控制和约束的手段，同时合同也是体现合同双方利益的依据。

2. 招投标管理。招投标工作是通过公开招标或者邀请招标或者在特定范围内议标等等形式，把项目的任务进行分解后，给予资质符合项目要求并能承诺各个指标实现的承包公司进行承揽，或把项目所需设备和主要的材料分类后给予符合技术要求、价格合理、售后服务好的供应商进行供应。招投标管理工作从实际的角度讲就是项目目标分解的过程，也是项目合同管理这一环节前的必要的准备工作和手段。设备及主要材料的供货质量、供货时间、工程的施工质量、工期以及工程造价等指标的实现直接受影响于招投标管理工作的认真与否。对这点项目的管理人员必须重视起来。

3. 项目技术管理。技术管理是项目全面地实现各个目标的十分关键的工作。它主要包括：技术准备的阶段技术管理、项目实施的阶段技术管理、技术开发活动、其他方面的技术工作，等等。所有这些技术工作的认真开展都将有助于技术管理人员的技术管理水平的不断提高，有助于项目建设按正常规律进行，保证项目施工的秩序，充分的发挥项目管理中人员、材料、设备具备的潜力。确保项目各项技术指标的实现为项目最终的成功打下了坚实的基础。

4. 施工质量管理。质量管理是项目最终的质量满足预定质量目标的重要工作，它主要包括：对有关施工单位的资质进行审查、质量定期的检查、进行项目质量的评定、建立完善质量管理制度，等等。

5. 项目的成本管理。成本管理是项目实施过程中相关项目负责人实施的，对所发生的与项目有关的成本费用支出有组织有系统地进行预测、计划、控制、核算、考核、分析等等一系列的科学管理工作。其具体工作主要包括：成本目标的分解，达成成本目标的控制，明确项目的管理者对项目成本的职能分工。编制出项目成本控制计划，采取一定技术措施来控制项目成本。随时了解和掌握实际成本和计划之间的动态关系实行计划与资金的动态管理，适时调整项目计划以及决策，使项目资金的使用更加合理。仔细审核构成项目成本的每笔款项的支付情况，审核其内容是否为项目支付的范围、支付金额计算是否正确、是否留有一定余地，资金支付的时间是否合适、支付的对象是不是合同当事方等等，尽可能减少索赔事件的发生，尽力减少指挥以及决策的失误，把项目中的问题尽可能提前发现并解决在施工前。合理地组织项目施工、提升施工的质量、加快项目工期、减少质量事故的产生、减少返工和保证安全生产、文明施工，等等。而这一系列工作均可从不同角度相对地降低项目的成本。

（五）项目管理的监督职能

项目管理监督职能主要依据的是项目的合同、计划、规章制度、规范、流程以及各种质量的标准、工作的标准等等。我们要明确，有效的监督是实现项目各项目标的重要手段。

四、项目的生命周期

项目作为一种创造独特产品和服务的一次性活动应该是有始有终的，项目从其开始到结束的整个过程构成了一个项目完整的生命周期。

项目的生命周期具体包括以下几个方面的内容：

1. 项目的时限。包含一个项目的起点和终点，以及一个项目各个阶段的起点和终点。

2. 项目的阶段。包含一个具体的项目中主要的阶段划分和每个主要阶段中具体细微阶段的划分。这类阶段的划分将一个完整的项目分解成为一系列前后接续并且便于组织管理的项目阶段。

3. 项目的任务。包含项目每个阶段的主要任务跟这些阶段主要任务中的主要活动等等。

4. 项目的成果。项目的生命周期还需要给出项目每个阶段的可交付的明确成果。这里同样包含项目每个阶段和这些阶段中主要活动的成果。

项目生命周期确定了项目的开始和结束。例如，当一个企业遇见了市场的机遇，它一般会做一次可行性研究报告，用以决定是否应该就此为企业设立一个项目。如果决定实施该项目，我们对项目生命周期的设定则会明晰这次可行性研究的行为是否应当作为这个项目的第一个阶段，还是另外作为一个独立的项目。项目生命周期的设定同样也决定了在项目结束时包不包括那些过渡的措施。通过这种方式，利用项目生命周期设定可以将项目和执行组织的连续性操作链接起来。

大多数的项目生命周期确定阶段的前后顺序一般会涉及一些技术转移或转让。例如设计要求、操作安排、生产设计等等。而在下阶段工作开始前，一般也需要验收现阶段的工作成果。但是应更深刻认识到，许多项目在施行中有的时候后继阶段也会在它的前一阶段工作成果通过验收前就已经开始了。当然要确定由此行为所引发的风险是我们可接受的范围之内时才可以如此。这种阶段的重叠在项目实践中通常被叫作快速跟进。

在项目生命周期中我们通常可以确定各个阶段所需要做的技术性工作。

而对于项目生命周期的说明表达，既可以是非常概括的也可以是非常详细的。高度详细的说明一般会包含大量的表、图以及清单，用以确定项目生命周期的具体结构，并很大程度上确保项目稳定性。这类对项目周期详细说明的方法被我们称为“项目管理方法学”。

下面我们一起就大多数项目的生命周期来研究它们共有的特点：

项目实施对成本和工作人员的要求在初期相对比较少，而在向后发展的过程中对成本和工作人员的要求越来越多，当项目要结束时又会剧烈地减少。

在大量的实践中归总发现，在项目开始时候，成功的概率是最低的，并且风险和不确定性是最高的。伴随着项目逐步地向前实施和发展，成功的可能性也随之越来越高。

在项目起始的阶段，项目涉及的人员的能力对项目的最终的特征以及最终成本的影响力是最大的，伴随着项目的进行，这种影响力逐步地削弱了。造成这种现象主要是由于随着项目的逐步发展，投入其中的成本也在不断增加，并且出现的错误也不断被项目人员纠正。如图 1－1 是项目生命周期四阶段以及其相关的投入资源和时间的数量的关系图。

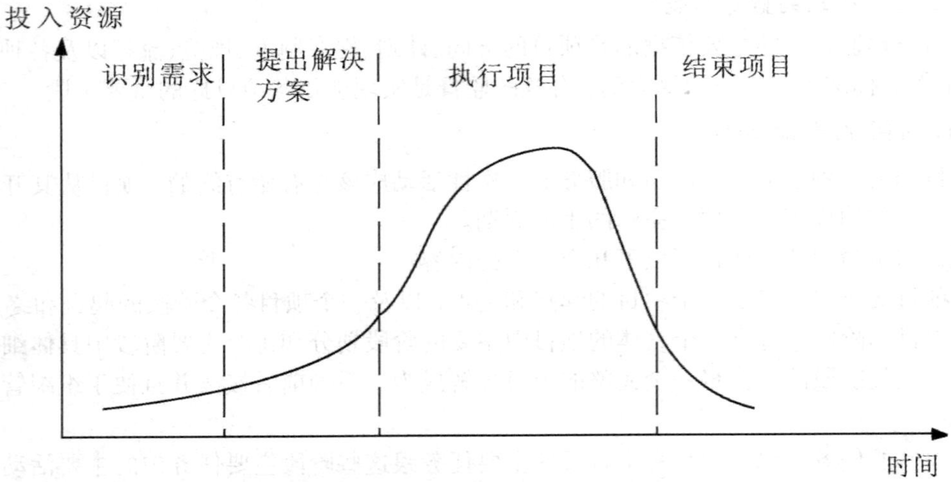

图 1－1　项目生命周期及其资源投入模式

尽管许多的项目生命周期因为包含着类似的工作任务而具有了类似的阶段名称，但很少有完全一致的情况，一般大多数的项目被划分为了四个至五个阶段，但也有一些项目被划分为了九个甚至更多的阶段。甚至在有时候同一个应用的领域中项目阶段的划分都有可能会出现明显的不同。例如某个组织的产品研发的生命周期中也许只有一个阶段，也可能会将基本功能设计与细节设计划分为两个不同的阶段。项目的子项目也可能会存在清晰的生命周期。例如，微软开发的 windows 视窗系统中很多软件成为了各自独立的子项目同时也有了其自身的生命周期。

在研究项目生命周期各种各样的理论中，项目生命周期四阶段划分的观点被人们广泛地接受。在实际工作中又可根据不同的领域或者不同的方法再对项目生命周期四阶段理论进行具体的划分。例如，按照建筑行业具有的特点，时常将这类项目分成立项决策、计划和设计、建设、移交和运行等阶段；按照软件开发这个项目的特点，其项目生命周期可以划分为需求分析、系统设计、系统开发、系统测试、运行维护几个具体阶段；对于 IT 服务项目来讲，供应厂商看项目是从接到合同那刻开始，到完成合同规定工作结束。但客户来看项目是从确认自身有需求开始，到使用项目的成果实现既定目标结束。相比较而言，后者生命周期的跨度比前者要大。因为项目根本的目的是满足客户的需求，所以按后者划分考虑比较有实际意义，对项目管理的成功也有很大帮助。

(一)第一阶段：识别投资人的需求

当客户确定需求时，项目就此产生。而项目生命周期的第一个阶段就是项目承约商和客户就客户的具体需求进行识别，最终确认客户真实的需求以及未来的潜在需求，分析投资收益比，研讨项目的可行性。以便明确项目的目标、产品、服务或要解决的问题，同时要分析和识别项目面临的各种制约的因素。一般的做法是由客户以书面文件的形式明确自己的需求，并向个人、项目团队或者组织(即项目承约商)来征询“需求建议书”(request for proposal，简称 RFP)，要求项目承约商提交在成本约束和进度约束条件下满足客户需求的书面文件，以便进一步地识别正确的确定客户的需求并且决定项目是否由该承约商承担。

当然，并非所有的项目都会有一个正式的“需求建议书”，在一些项目中的这个阶段可以由客户独立地完成。例如在单个的个体之间召开的会议上，人们时常会很随意地讨论并且定义自身的需求，进而确定项目的承约商。但对于重要的、大型的或者必须由外部项目团队完成的复杂项目，项目承约商的提前介入是十分有利的。一方面，承约商可以了解客户真正的需求是什么；另一方面，客户与承约商早期的交流可建立良好供需关系，为后续的项目投标以及合同奠定坚实的基础。

(二)第二阶段：提出解决的方案

项目的生命周期的第二个阶段主要是由项目承约商向客户提交标书、提出满足客户需求的具体方案，双方再就方案及其目标进行进一步的磋商，最终确定最优的方案并且与项目承约商签订项目合同。这个阶段是项目成功的关键，项目承约商一方面既要展示实力另一方面又要合理报价。他们会花大量的时间以及精力来提出解决客户问题、满足客户需求的方案；梳理项目所需要的资源种类、数量以及确定执行方案所需要的时间等等，并形成书面的文件提交给客户。在客户对多个项目承约商的项目施行方案进行评估并选出其中标者后，客户和中标商将共同协商签署项目合同或者协议，这刻起项目承约商开始承担项目建设成败的责任。

在对许多项目的研究总结中我们发现，这个阶段中最容易出现的问题是由于投资者看不到最终的产品，项目中的营销人员为了更好获得项目的执行权力不惜“随意说”，甚至做出过度承诺(因为项目实施不用他们去执行)。由此会造成客户对项目产生过高的期望值的结果，使得在项目最终交付和使用时与投资人期望发生冲突，导致了相关人的损失。防止这一问题的方法一方面是在合同中明确项目的目标以及工作的范围，另一方面是在项目实施中建立合同审核的机制。

(三)第三阶段：具体执行项目

执行项目方案是项目生命周期的第三阶段，从项目建设的角度来看这才是项目的开始。在本阶段的包括内容为细化项目的目标，制定详细的项目工作计划；组建项目的团队；协调人力以及其他的资源；执行项目的计划；定期地监控项目的进展，分析项目的偏差并且采取必要措施进行偏差的纠正；使得客户满意于项目的实施是高质量地在预算内按时完成、实现项目目标的情况。

同时，在第三阶段，项目的监控和纠偏工作好坏与项目目标的实现与否休戚相关，特别对于一些不确定性较大的项目例如软件开发项目以及有众多项目同时运行的公司，项目的监控显得更是重要，在项目实施过程中必须建立起全方位、一体化的监控体系用以跟踪项目的运行状态，否则项目实现预定的目标任务难以保证。

（四）第四阶段：项目的结束阶段

在项目生命周期的最后阶段是项目的结束阶段，在这个阶段项目管理有两个任务：一是项目结束的后续活动，包括项目成果的移交与接交、项目款项的清算等等；二是项目绩效的评估，在这点里，一方面要确认客户对项目的满意程度或者项目达到客户的期望度，另一方面则要分析项目的缺陷，并且总结经验和教训，学习未来执行项目可用以借鉴的经验。在进行项目的评估时可以请客户来参加，让其表达自身意见，并努力争取下一个商业的机会，或者请求客户允许将项目作为成果以便向其他客户进行展示。在最后，还可以举行庆祝的仪式让项目的成员释放心理的压力一起享受成果。

在以上项目生命周期的论述中，我们需要注意的是存在着两次的责任转移：第一次在签订合同时，合同的签订标志着项目成败的责任已经从客户转移给了项目承约方；第二次则是在交付产品时，标志着项目的承约方完成了任务，并开始由客户承担实现项目商务目标的责任。我们需要明确和理解，在第一次责任转移时双方清晰地定义工作范围非常重要。一般开始说得越清楚越细则在完工后越容易交接，开始没说清楚很可能也会“皆大欢喜”，这是因为项目承约方会觉得“反正没说清，到时不做客户也不能说什么”；而客户会觉得“因为开始没有说，到时候再让他们做，当然不会另外地加钱”。而这样的情况一旦发生，一般较量中客户是占上风的，一是客户可以选择拒绝付款；二是项目承约商哪怕因为一个客户的不满都会使自己丧失大量的商业机会。

在这里，我们还要注意和区分项目的生命周期和产品的生命周期。例如，一个已经完成了的项目将一种新型的产品投放到市场，而这行为只是产品生命周期的一个阶段而已。

第三节　项目管理的发展

一、国际上项目管理发展的历程

项目管理我们时常认为是第二次世界大战时的产物（例如美国在原子弹研制时施行的曼哈顿计划），项目管理在上世纪四五十年代主要被应用于国防军工的建设工程。近代项目管理学科同样起源于 20 世纪 50 年代。

项目管理专家学者一般把项目管理发展划分为两个阶段：上世纪 80 年代之前是传统的项目管理阶段，80 年代后是现代项目管理阶段。

在 60 年代，项目管理的应用范围一般还只局限于建筑、国防和航天等等少数的领域，例如美国的阿波罗登月项目等。由于在阿波罗登月计划中项目管理取得了巨大的成功，也因此而风靡全球。使得国际上许多人对于项目管理产生了浓厚的兴趣。并随时间发展逐渐形成了项目管理的两大研究体系，即：以欧洲为首的国际项目管理协会（IPMA）和以美国为首的美国项目管理协会(PMI)。

在过去的半个世纪中，这两大研究体系都做出了卓有成效的工作，在推动国际项目管理的现代化过程中发挥了积极的作用。上世纪60年代初我国的华罗庚教授将这种技术在中国加以普及和推广，称作统筹方法，现在通常被我们称为网络计划技术。

进入上世纪90年代以后，伴随着信息时代的来临以及高新技术产业的飞速发展并迅速成为了支柱型产业，项目的特点也随之发生了十分巨大的变化，管理人员们发现许多在制造业经济下建立的管理的方法，到了信息经济的时代已经不再适用。在制造业经济环境下，我们管理强调的是预测能力和重复性的活动，管理的重点难点很大程度上在于制造过程是否合理和标准。而我们在信息经济环境下发现，事务的独特性很大程度上取代了重复性的过程，并且信息的本身也是动态的和不断变化的。灵活性成为了新秩序的代名词。大家很快发现了实行项目管理则恰恰是实现管理灵活性的关键手段。还发现项目管理在运作方式上最大限度地利用了掌握的内外资源，从根本上改善提高了中层管理人员的工作效率。所以现代的管理纷纷采用了这一模式，并且越来越成为企业重要的管理手段。在经过长期探索总结后，在发达国家中现代项目管理已经逐步地发展成为独立的学科体系和行业，并成为了现代管理学的一个重要分支。

鉴于这门新兴的学科，用一句简单的话来给这个学科的体系下个定义是十分困难的，但在此我们可以通过美国项目管理学会在《项目管理知识指南》一书中的一段话来对项目管理的轮廓进行了解:“项目管理就是指把各种系统、方法和人员结合在一起，在规定的时间、预算和质量目标范围内完成项目的各项工作，有效的项目管理是指在规定用来实现具体目标和指标的时间内，对组织机构资源进行计划、引导和控制工作。”

实践是检验真理的惟一标准。而项目管理的理论也来自于管理项目的工作实践并不断地加以完善。时至今日，项目管理已经成为了一门严谨的学科。但是也应注意到，在当前大多数的项目管理人员所拥有的项目管理的专业知识并不是通过系统的教育培训而得到的，很多则是在实践中一步步积累起来的。并且很多时候还有许多项目的管理人员仍在不断地重新发现和积累这些专业的知识。一般来说，这些项目的管理人员要在相当长的时间内，付出了昂贵的代价后，才能成为真正合格的项目管理专业人员。也正因为如此，在近些年，伴随着项目管理的重要性为越来越多的企业、社会团体，甚至政府机关所认识，这些组织中的决策者也开始认识到项目管理知识、工具和技术很大程度可以为他们提供所需要的帮助，用以减少项目实施的盲目性。所以这些组织开始明确要求他们的雇员应当系统地学习项目管理的知识，以便减少项目过程的事件偶发性。在这样的潮流下，在多种需求的促进下，项目管理这门学科得到迅速推广和普及。在西方发达国家的高等院校中也陆续开设了项目管理硕士、博士学位教育。

在今日的欧美发达国家，项目管理不仅仅应用于建筑、航天、国防等这类传统的领域，并且已经成为电子、通信、计算机、软件开发、制造业、金融业、保险业甚至政府机关和国际组织运作的中心模式。

PMBOK(项目管理知识体系)是从事项目管理工作的项目经理所应该具备的基本的项目管理知识的基础。在不同的国家不同的组织各自推出了自己的PMBOK，例如美国项目管理学会的PMBOK、英国项目管理学会的PMBOK以及中国劳动保障部的PMBOK等等。在其中，美国项目管理协会提出制定的 PMBOK 历史最悠久，相对也最成熟，在世界上有比较高的知名度、美誉度。

项目管理作为上世纪 90 年代才真正完善发展起来的新领域，如今已成为了现代管理学的一个重要分支，并且越来越受到人们重视。人们发现，运用项目管理的知识和经验，在很多工作上可以极大地提高和改善管理人员的工作效率。

组织安排一场表演活动、开发一种新的产品、修建一座体育馆等我们都可以称它们为一个项目。一般按照传统的做法，当组织设定了一个项目后，至少会有好几个部门参与到这个项目中，例如财务部门、市场部门、行政部门等等。而不同的部门在运作项目的过程中则不可避免地会产生冲突和摩擦，这些则必须进行有效的协调，而这些协调地工作无疑会很大的增加项目的成本，并且影响项目实施的效率。

而在项目管理中的做法则不相同。各个不同职能部门的成员因为某一个项目而进行结合组成团队，项目经理则是项目团队中的领导者，项目经理所肩负的责任就是要领导着他的团队在准时、优质、不超出预算的情况下实现项目目标，完成全部工作。项目中的管理者不仅仅是项目的执行者，他不但参与项目需求的确定、项目的选择、计划直至收尾的全过程，并且在时间、成本、质量、风险、合同、采购、人力资源等等项目的各个方面要对项目进行全方位的管理。所以项目管理可以帮助企业处理需要跨领域解决的很多复杂的问题，并且实现更高的运营效率。

时常会见到公司中这样的情景：当组织面临一个紧急的项目时，整个公司里都像水沸腾了一样，所有的人都到了在办公室里奔跑的地步。大家你撞我我撞你，东西随处乱丢到处都是。随后便是无休止的加班！但结果如何呢？出现了问题的时候，所有的成员都在抱怨，领导在发脾气，一味地责备下属无能，下属也感到委屈，并且互相埋怨。这就向我们提出了一个问题，大多数的项目经理都是勤奋和努力的，但他们是否真正掌握了高效实用的项目管理的方法呢？

上述情景原因在于当项目交给项目经理以后，项目经理并没有一个十分清晰的针对这个项目的计划，在工作上只是原来干什么，现在还是干什么，工作并没有特别的需要强调的地方，对于现在的工作，想起谁，就临时决定交给谁，造成了很大程度上工作分配的不平衡。因为整体的混乱导致了时间的浪费，所以引发了长时间的加班。组织人员的疲劳和心理上的烦躁又进一步造成了工作的低效。所有的这一切只会为组织带来低劣的效果，更有甚者有一些公司在每个项目结束后，都会因为上下级之间彼此的不满而导致员工的大批更换。由上所述，我们也就可以理解项目管理技术在组织的运用上是多么的重要。

时代在发展，组织的管理也日新月异。也正是因为如此，项目管理的应用已经从 20 世纪 80 年代仅仅限于建筑、国防、航天等等有限的行业迅速发展为今天的计算机、电子通信、金融业甚至政府机关等众多的行业和领域。如今在我国，对项目管理的认识比较深，并且要求项目管理人员拥有相应的资格认证的还主要为大的跨国公司、软件开发公司等等与国际接轨的企业和组织。

美国项目管理协会（PMI）成立于 1969 年，是一个国际性的学会。它一直致力于向全球推行项目管理。同时也是项目管理专业最大的由研究人员、学者、顾问以及经理们组成的全球性的专业组织。美国项目管理协会在教育、会议、标准、出版和认证等等方面发起技术的计划和活动，用以提高项目管理专业的水准。美国项目管理协会正在成为一个具有全球性的项目管理知识与智囊的中心。美国项目管理协会的资格认证制度是从 1984 年开始，在如今已经有逾万人通过了认证，成为了“项目管理专业人员(PMP)”。

国际项目管理协会(IPMA)则是一个在瑞士注册的非盈利性的组织。它的职能是成为项目管理国际化的主要促进者。国际项目管理协会创建于 1965 年，是一个在国际项目领域的项目经理们进行交流各自经验的一个论坛。并且于 1967 年在维也纳主持并召开了第一届国际会议。项目管理也从那时起即作为一门学科而不断得到发展。国际项目管理协会的成员主要是各个国家的项目管理协会，到如今已有超过 30 个成员组织。这些国家的组织协会用它们自己的语言服务于本国的项目管理的专业要求，国际项目管理协会则以广泛接受通用的英语作为工作语言且提供有关需求的国际层次的服务。为了达成这一目标，国际项目管理协会开发了大量的产品与服务，包括了研究与发展、培训和教育、标准化和证书制以及有关出版物支撑的会议、学习班和研讨会等等。

二、我国项目管理的发展历程

在我国，对项目管理的系统进行研究和行业实践起步较晚。1980 年邓小平亲自主持了我国最早与世界银行合作的教育项目的会谈，从此中国开始了吸收和利用外资，随着中国各部委世界银行贷款、赠款项目的启动，项目管理同时作为世界银行项目运作的基本管理模式而开始被引入并应用于中国。在那之后，项目管理逐步开始在我国部分的重点建设项目中加以应用，云南的鲁布革水电站则成为我国第一个聘用了外国专家采用国际标准应用项目管理进行建设的水电项目，并且取得了巨大的成功。随后我国在二滩水电站、三峡水利枢纽建设以及其他大型工程的建设中，都采用了项目管理这一有效的手段，并取得了良好的效果。但是我们在看到成绩的同时也应注意到，与国际先进水平相比较，我国项目管理的应用面还很窄，例如仅仅在水利、国防等等国家大型重点项目以及跨国公司的在华机构中进行使用，并且发展缓慢，还十分缺乏具有国际水平的项目管理的专业人才。究其根源，我们认为是由于我国还没有形成自己的项目管理理论体系和学科体系，还没有建立起自身完备的项目管理教育培训的体系，更没有实现项目管理人员的专业化。

我国一些高校在上世纪 70 年代末才开始项目管理研究这方面的部分工作，并且直到 1991 年才成立了全国性质的项目管理的研究协会。我国的财政部于 1994 年向世界银行申请了一笔赠款，专门用于项目管理人才培养，并建立了由清华大学、同济大学、上海财经大学和西安交通大学等五所高校组成的项目管理培训网；举办了国内外培训班百余期，培训了来自我国十多个省市的各种层次项目管理干部千余人，与上百个项目单位保持着了紧密联系；结合了中国的国情，翻译、编写了大量的培训教材。但是，所做的这些还远远不够，伴随我国市场经济的飞速发展，大量的具备项目管理专业素质的人才必然还将是未来一段时间内所紧缺的。

中国项目管理研究委员会，是我国惟一的、跨行业的、全国性的、非盈利的项目管理的专业组织。该委员会上级组织是由我国著名的数学家华罗庚教授组建的中国优选法统筹法与经济数学研究会。如今，我国还没有公开发行有影响力的“项目管理”相关刊物，并且在我国关于项目管理的全国性和国际性研讨会议举办还比较少。可以看到我国项目管理专业人才的培养已有了一定的基础，但在数量和质量上还远不能满足实际的需求。我们也必须承认在我国的项目管理与国际水平仍有相当的差距。在未来我们应建设一个比较健全的专业性、学术性的组织用来保持与国际前沿理论的接触，而在现阶段则仍要做好引进、消化、培养项目管理人才的工作，同时也应当研究一些中国国情下的特殊的问题，并逐步形成有中国特色的项目管理体系，当然中国特色应当是先进的特色，而不应是落后的特色。

另外需要注意，我国项目管理人才培养和资质认定工作在各个领域发展得并不平衡。某一些领域例如建筑业、水利工程等等行业领域进展较快，而有一些则做得很少，甚至于有的还是空白。我们需要把各种类型的项目管理进行沟通，形成有特色的统一的行业，以便于行业规范化水平提高。同时在我国对项目管理人才培养和资质认定工作也多偏重于对承包商和监理工程师的方面，进而忽视了对业主项目管理人员的培训、考核以及资质的认定。实际上我们知道业主一方在项目管理的整体中同样起着关键不可替代的作用。尤其在中国现如今的国情下，在国有资产环境中的项目业主，其委任、职责、权限、管理行为和制度应具有一些中国自身环境特点，需要加以认真研究和统一的规范。

三、项目管理的发展趋势

(一)项目管理的变革

传统的项目管理虽然使人类创造了许多不可思议的辉煌成就，但世界经济史无前例的快速变化和高度复杂性使项目决策者的决策只能建立在少量的确定性和大量的推测基础上，因而项目管理面临着前所未有的高风险环境，传统的项目管理已表现出以下几方面的缺陷：

一是过分关注项目的时间、预算和性能指标，忽视了客户的重要性。虽然注重项目的时间、预算和性能与满足客户需要从理论上讲是一致的，因为性能指标包含了客户的需求，但项目经理往往容易忽视客户的心理，凭个人兴趣制造些同行专家羡慕的项目成果。

二是过分关注项目的方法和工具的应用，无暇顾及其他重要事情。项目管理方法和工具的应用使项目管理人受益匪浅，但项目管理的二八现象以不争的事实说明：项目管理仅有20%失败于项目管理技术方法，80%失败于员工不负责任、政治风波以及不能有效地沟通导致意见不统一等一些非技术性原因。

三是项目范围的定义太狭窄。传统的项目管理将项目经理的管理领域定义为项目的执行，即在限定的范围内完成工作，项目经理缺乏足够的预算资源以对项目的投资方负起完全责任，很难有效地为客户服务。

因此，传统的项目管理变革势在必行，必须以满足客户需求为核心，重新定义项目经理的责任与作用，创造更加科学、更加适应新的商业环境的项目管理理论和技术，以更好地发挥项目管理的作用。

以客户为中心是项目管理变革的核心，传统的项目管理以项目时间、成本及性能“三大约束”指标衡量项目成功与否的观念正在飞速地发生变化，越来越多的项目专业管理人员意识到最惨重的项目失败莫过于所完成的项目不能让客户满意。以客户为中心，让客户满意，增加了客户与项目组再次合作的可能，增强了项目的市场竞争能力，缩短了项目结束时间，从而避免了项目延期和额外开支的增加。

要实现客户的满意需要项目团队全体成员持续的和有意识的努力。首先要重组项目组织的经营方式，建立一个全新的以客户为中心的项目组织文化，强调提供给客户的项目价值最大化，容忍和鼓励逆向思维，以冲破习惯的束缚，激励、挑战和超越自我；在组织内分享权利，适当授权；关注项目预算、汇率、人员的变动，妥善处理好这些不稳定因素，以保证项目的稳定性和连续性；树立项目整体生命周期观点，强调项目关键人员在项目全过程对项目负责，注重项目成果交付后的正常运行、维修；制定严格的规章制度和周密的程序、方法，确保项目工作不陷入责任真空。

以客户为中心的观点，使项目人员的角色从他人开发计划的执行者变成能对客户需求作出迅速而有效反应的参与者。

项目经理的智慧和有效的管理能创造出巨大价值，他们是项目成功的重要人物。除了传统的项目管理对项目经理素质的要求之外，以客户为中心的项目管理要求项目经理具备多项特殊素质，如对项目目标有透彻的理解，对项目有强烈的责任心，能应付挫折和失望，能忍受项目？模糊不清的煎熬，有政治头脑、有成本意识和基本经营技巧。除此之外，项目经理还应具有对项目市场商业风险的双重特性，如：既要顾全大局又要注重细节；既要保持稳定又要有一定的灵活性；既具备分析能力又充分相信直觉；处理人际关系既"软"又"硬"，项目经理必须以客户为中心，才能了解客户的真正需要，做出让客户满意的项目成果。项目经理必须被授以有效的运作权力，以便对客户提出的疑问和变更要求作出直接而有效地快速响应，并真正对项目的盈亏负责。

(二)项目管理的发展趋势

1. 项目管理的全球化。知识经济时代的一个重要特点是知识与经济的全球化。因为竞争的需要和信息技术的支撑，促使了项目管理的全球化发展，使国际间的项目合作日益增多，国际化的专业活动日益频繁，项目管理专业信息实现了前所未有的国际共享。

2. 关于项目管理的多元化发展。由于人类社会的大部分活动都可以按项目来运作，因此当代的项目管理已深入到各行各业，以不同的类型、不同的规模而出现。

3. 项目管理的专业化学科发展。近十年来，项目管理的专业化也有了明显的进展，主要反映在以下三个方面：

项目管理知识体系在不断发展和完善之中。美国 PMI 从 1984 年提出 PMBOK 至今，数易其稿，并已将其作为该组织专业证书制考试的主要内容。欧洲 IPMA 和其他各国的项目管理组织也纷纷提出了自己的体系。

学历教育从学士、硕士到博士，非学历教育从基层项目管理人员到高层项目经理形成了层次化的教育体系。

对项目与项目管理的学科探索正在积极进行之中，有分析性的，也有综合性的；有原理概念性的，也有工具方法性的。项目管理学科正逐渐走向成熟的标志。

第四节 项目管理知识体系

一、概况

项目管理知识体系(Project Management Body Of Knowledge，PMBOK)是由美国项目管理协会提出的。项目管理知识体系总结了项目管理实践中成熟的理论、方法、工具和技术，同时也包括了很多富有创造性的新知识。美国的项目管理知识体系是一个动静结合的整体，它包括了项目管理的九大知识领域(集成管理、时间管理、范围管理、成本管理、质量管理、人力资源管理、沟通管理、风险管理和采购管理)和进程管理的五个过程，这样的知识体系分别从不同的管理领域和过程，对现代项目管理所需要的知识、方法、工具和技能进行了描述。

如图1-2,美国项目管理知识体系

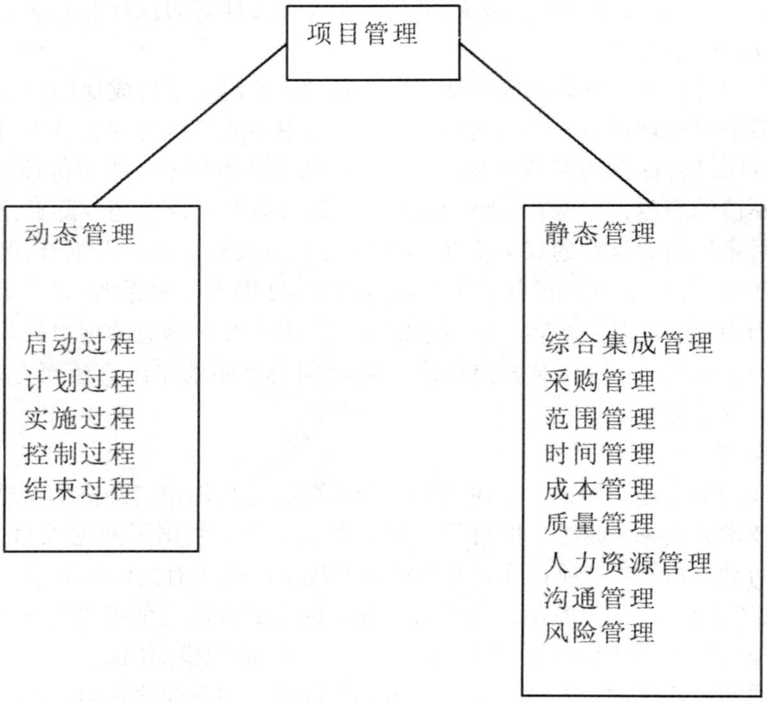

图1-2 美国项目管理知识体系

二、五个管理过程

(一)项目的启动过程

启动是一种认可的过程，用来正式认可一个新项目或新阶段的存在。初步确定项目计划，确定项目界限，对项目初始阶段进行总的评审。

(二)项目的计划过程

定义和评估项目的目标，并且选择实现项目目标的最佳的策略，确认项目流程，确认项目详细计划、评审计划、批准项目计划等等。

(三)项目的实施过程

充分调动资源，组织和协调各项任务工作，保证项目人员完成既定工作计划，目标完成项目。

(四)项目的控制过程

制定标准，监控和评估项目的偏差，分析差异和问题。在必要时要采取纠错行动，从而保证项目计划的顺利执行，实现项目目标。

(五)项目的结束过程

完成项目移交的准备工作，正式验收项目，使其按照程序结束并完成项目文档等等(五大过程关系如图 1－3、1－4 所示）。

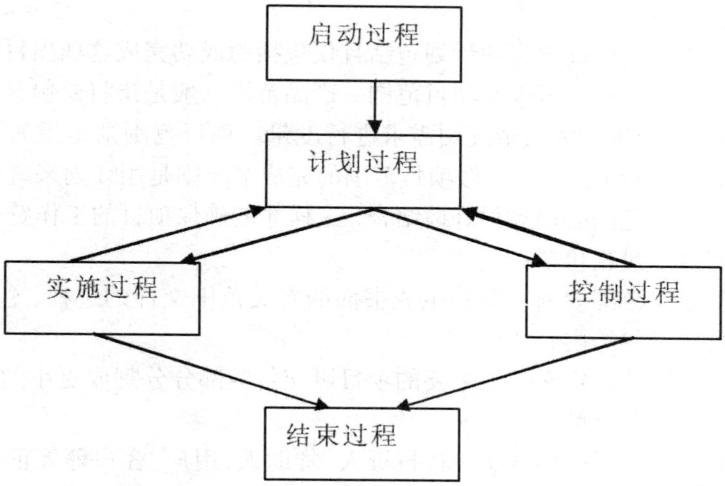

图 1－3 项目管理知识体系五大过程关系图(1)

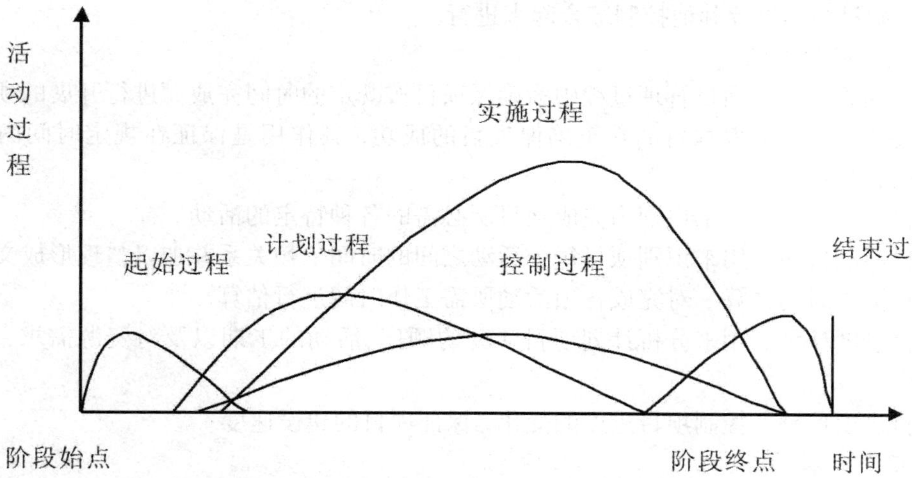

图 1－4 项目管理知识体系五大过程关系图(2)

三、九大知识领域

(一)项目集成管理

集成管理的作用是保证各种项目各个要素协调运作，对冲突目标进行权衡和折中，最大限度地满足项目相关人员的利益需求以及期望，以确保整个项目的成功，而不仅仅是某个项目阶段或者某个单项目标的实现。项目集成管理的集成性一般体现在项目管理中不同知识领域活动相互关联和集成;项目工作和组织的日常工作的相互关联和集成;项目管理活动和项目具体活动的相互关联和集成。主要内容则包括：

1. 项目集成计划的编制:将其他分支的计划，综合汇总形成一个统一的整体计划文件。
2. 项目集成计划的实施:通过完成各领域的项目管理的活动来执行这些计划。
3. 项目总体变更的管理和控制:用以协调项目整个过程中的变更问题。确保项目的顺利实施。

（二）项目范围管理

项目范围管理作用是保证项目的计划包括且仅包括为成功完成这项项目所需要进行的所有的工作。范围一般分为产品范围和项目范围。产品范围一般是指将要包含在产品或服务中的特性以及功能；产品范围的完成情况用需求进行度量。项目范围则是指为了完成项目规定的特性或功能而必须进行的工作，一般项目范围的完成情况则是用计划来进行度量的。我们要明确产品范围和项目范围必须有很好地结合，这样才能确保项目的工作符合确定的规格和计划。具体项目管理的过程包括：

1. 项目范围规划。范围规划主要是生成书面的有关范围文件的过程，包括了范围说明、项目产品和交付件定义等等内容。

2. 项目范围定义。范围定义是把主要的项目可交付的部分分割成更小的，更便捷管理的活动。主要包括工作任务分解。

3. 项目范围核实。项目范围核实是指投资人、赞助人、用户、客户等等正式接收项目范围的过程。包括核实工作产品和结果，进行验收。

4. 项目范围变更控制。主要指控制项目范围的变化。范围的变更控制必须与时间控制，成本控制，质量控制等等其他控制综合起来进行。

（三）项目时间管理

项目时间管理是在项目管理过程中为确保项目按既定的时间完成而进行开展的项目管理工作。开展这项工作的根本目的在于确保项目的成功，其作用是保证在规定时间内完成项目。主要内容包括：

1. 项目活动定义。用来识别为完成项目所必需的各种特定的活动。

2. 项目活动排序。用来识别项目每个活动之间的时间依赖关系并加以整理形成文件。

3. 项目活动时间估算。对完成各项活动所需工作时间进行估算。

4. 项目进度计划。用来分析计划项目活动的顺序、活动的工期以及对资源需求，以便安排时间进度。

5. 项目进度控制。控制项目进度的变化，保证项目的建设速度。

（四）项目成本管理

项目成本管理是在项目管理过程中为确保项目在不超出预算的情况下完成全部项目工作而开展的管理活动。这项管理的作用也是确保项目在规定的预算内完成项目。这项管理的主要内容包括：

1. 项目资源规划。主要指为进行项目必要的活动所需要的物理资源（人员、设备和材料）种类及其数量，包括明确各级单位所需要的资源和数量。

2. 项目成本估计。对完成项目活动所需资源的成本的近似值进行估算。

3. 项目成本预算。将估算出的成本分配到各个项目分类活动上，建立起项目的基线，时时监控项目进度。

4. 项目成本控制。对所需资源种类数目加强控制，减少不必要的损耗。

（五）项目质量管理

项目质量管理是指在项目管理过程中为确保项目的质量所开展的管理工作。质量管理的作用是保证项目满足预定的质量要求。主要包括的内容有：

1. 项目质量规划。用以识别与项目相关的质量标准，并明确如何满足这些标准。

2. 项目质量保证。定期的评估项目整体的绩效，用以确定项目满足相关的质量标准。这是贯穿项目始终的重要活动，包括内部质量保证和外部质量保证。

3. 项目质量控制。是指监控特定的项目的结果，确定这些结果是否遵循了相关的质量标准，并找出消除不满意绩效的方法和途径，这也是贯穿项目始终的活动。项目的结果一般包括产品结果和管理成果两大部分。

（六）项目人力资源管理

项目人力资源管理是指在项目管理过程中为更有效地利用项目所涉及的人力资源而展开的管理行动。这项管理作用是保证以最有效使用项目人力资源的状态完成项目的活动。主要包括：

1. 项目组织规划。用以识别、记录和分配项目角色、职责和汇报关系。内容有人员管理计划，描述人力资源在何时以何种方式引入和撤出项目的记录。

2. 项目人员招聘和构建。将所需的人员进行招聘并且分配到各个子项目，并投入工作。包括项目成员清单。

3. 项目团队建设。用以提升项目的成员个人能力和项目组的整体协调能力。

（七）项目沟通管理

项目沟通管理实在项目管理过程中确保有效并及时生成、收集、储存、处理和使用项目信息，以及合理进行项目信息沟通而开展的管理工作。项目沟通管理包括：

1. 项目沟通规划。用以确定信息和项目相关的人员的沟通需求，包括谁需要什么信息、在何时需要的信息以及如何传递信息。

2. 项目信息传播。主要指及时地使项目相关的人员得到所需要的信息。

3. 项目信息管理。收集并整理有关项目性能的信息，包括状态的汇报、过程的衡量以及预报等等。

4. 项目冲突管理。对项目实施过程中的冲突问题做好协调的工作，使得项目得以顺利实施。

（八）项目风险管理

项目风险管理是指在项目管理过程中为确保成功的识别项目风险、分析项目风险以及应对项目风险所展开的项目管理工作。主要包括：

1. 项目风险管理规划。用以明确项目风险管理的活动，并制订处风险管理计划。

2. 项目风险鉴别。辨识可能影响到项目目标实现的风险，并将每种风险的特征加以整理形成文档。

3. 项目风险对策。对可能或出现的风险采取相应的措施。

4. 项目风险控制。对整个项目的风险管理过程的实施控制。

（九）项目采购管理

项目采购管理是在项目管理过程中为确保能够从项目组织外部寻求和获得项目所需要的各种商品与劳务的项目管理活动。需要注意的是，一般在探讨项目的采购管理时是根据买卖双方中的买方的观点来进行的。主要包括：

1. 项目采购规划。用以识别哪些项目需求可以通过采购而获得最大的满足。需要考虑是否需要采购、如何采购、采购什么、何时采购、采购数量。

2. 项目招标规划。主要把对产品的需求编成文件，用以识别潜在的来源。

3. 项目的招标。主要是获得报价、投标、报盘或者适合的方案。招标主要是从未来的卖方中得到有关项目需求如何可以得到满足的信息。

4. 资源的选择。从潜在的卖方中进行比较选择。一般涉及接收投标书或者方案，并根据评估的准则来确定供应商。一般来讲这个过程比较复杂。

5. 合同管理。对合同的细节加以确认以使得项目实施的过程顺利有效。

6. 合同结束。完成合同，主要涉及了对项目的鉴定、验收，以及资料的归档。

案例

从现代项目管理的视角解读《致加西亚的信》

一段时期以来，一本流传了一百多年，曾被无数次地重印和翻译的小册子——《致加西亚的信》，在中华大地上风靡一时。这本小册子中的故事，相信很多人都读过或听过。说的是 1898 年 4 月，美西战争爆发之际，美国总统麦金莱急于与在南美古巴崇山峻岭中打游击反抗西班牙统治者的起义军首领加西亚将军取得联系，但是没有人知道加西亚将军的确切地点。陆军情报局于是推荐了一名年轻的军官安德鲁·罗文中尉，让他务必把这封重要的联络信交给加西亚将军。罗文中尉什么也没说，拿了信就走。其后冒着生命危险，历尽艰辛，硬是找到了加西亚并把信交给了他，从而创造了“美国陆军史上一个可歌可泣的奇迹”。

从罗文送信的故事来说，罗文无疑是成功的，他是个智勇双全的大英雄。他的英勇事迹，尤其是他的敬业精神，值得我们每一个人学习和效仿。这也是《致加西亚的信》这个小册子历一百多年而不衰、被评为“有史以来全球最畅销图书第六名”的原因。

虽然这个“送信项目”最终由于罗文个人的出色表现而成功了，但从项目管理技术的角度来说，整个“送信项目”却很难说是完美的。事实上，这里面存在着很多“硬伤”。比如说，麦金莱总统和陆军情报局的瓦格纳上校根本没有项目管理的基本思想，没有考虑到许多方面的问题，没有计划、没有控制、没有风险分析、没有进行资源配置，甚至没有激励和沟通。

现在，我们不妨设想一下，假如我们处在与当时完全相同的条件下，如果我们懂得应用现代项目管理知识体系，那么，我们是不是可以做得比他们当时所做的更好呢？

首先，我们要对这个项目进行定义。这里的项目就是“送信”，也就是在一定的时间（如 30 天）和预算范围（如 50 万美元）内，在充分考虑风险的情况下，通过严密的组织、计划和控制，将信送给加西亚将军本人。这里预算不是主要约束条件，主要约束条件是时间。在项目质量要求方面，只有一条，那就是信的内容绝不能泄密。

其次，我们来对主要项目干系人进行简要分析：(1)麦金莱总统（代表美国政府）。他相当于企业的总经理，负责项目战略控制、资源授权以及项目成果评价与奖惩。(2)瓦格纳上校（代表陆军情报局）。他应担当起项目经理的角色，负责主持制订项目计划、进行资源配置、安排项目实施、控制项目进展、组织项目风险评估和应对，并负责项目集成管理。在组织结构链上，他直接对麦金莱总统负责，应及时向总统汇报项目进展。(3)罗文中尉。他是项目执行组的组长，主要负责“送信项目”的实质性执行。(4)项目组织成员。在故事中，项目执行者只有罗文一人。但在项目管理中，应该有一个团队，可以分为五个小组。其中，执行组成员 3 ~ 5 人，由罗文领导，负责执行送信使命。一旦罗文因被捕、伤亡或其他原因不能正常履行使命，其他成员要负责确保将信继续送达；安全组成员 12 人左右，应挑选忠诚、精干、老练的特种兵组成敢死小分队，负责保护罗文和其他执行组成员，甚至在关键时刻不惜以生命掩护他们以助其完成使命；后勤组成员 8～10 人，负责为送信项目提供资金、武器、装备、设施和一切必要的物资支援；信息组成员 4～6 人，负责对有关信息进行收集、整理、分析、编码、发布、接收、解码，以确保信息的准确、及时和畅通，对项目各阶段的进展、挣值、风险进行分析、评估和发布；专家顾问组成员 15 人左右，覆盖众多专业领域，如国际政治专家、军事专家、信息学家、项目管理专家、地理学家、气象学家、心理学家、语言学家、南美民俗专家、野外生存专家等，为本项目提供全方位的专业知识咨询和智囊支持。(5) 古巴盟友。在故事中，没有人告诉罗文，他可能得到谁的帮助。罗文经猜测分析后想到，在牙买加有古巴联络处，可能他们会帮助他。于是他单独去寻找并经过一番努力后找到了在牙买加的古巴人，得到了他们的自发帮助。但在我们的项目管理中，一切都要经过周密的筹划、组织，古巴盟友的出现应该是在计划之中的，要确保其在我们需要的时候能够准时到位，并为我们提供一切必要的支持。(6) 西班牙统治者。其包括的范围和人数均较多，可能有西班牙军队、警察、情报人员、其他政府机构成员甚至所有可能告发这一项目的西班牙人，他们是“送信项目”坚决的反对者和阻挠者。

最后，我们要对项目的风险进行简要的分析。这里可能存在的风险可以分为四大类：一是组织的风险，如政府和军方可能有许多更重要的项目要做，则送信项目优先级别低，得不到足够的重视，也不能得到足够的资金、资源和信息支持；二是项目管理风险，如资源配置不够，项目时间安排不合理，项目计划的质量不够，项目管理原则应用不足等等；三是技术、质量或绩效风险，如寻找加西亚的方法、路径有可能出错，项目有可能泄密，有可能无人知道加西亚的去处，甚至有可能加西亚已经不在人世等等；四是外部风险，包括外部阻挠风险如西班牙人的盘查、扣留和扼杀，以及不可抗力风险，如地震、洪水、动乱等。由于“送信项目”事关国计民生，总统亲自部署，优先级别极高，因而第一类组织风险极低。对此类风险可以不予重点考虑。而对于第二类项目管理风险，只要组织重视，计划得当，项目管理团队充分应用项目管理知识体系，那么也可以降到最低。这里第三类和第四类风险是应该重点考虑的，应有针对性地做出风险控制计划，采取减缓、转移、规避等措施来进行控制。当然，对于不可抗力风险，可采取紧急情况下的补救方法。

在以上分析的基础上，我们可以列出“送信项目”的简要项目章程，如下所示。

项目名称：送信项目

项目目的：把联络密信送给加西亚将军

项目意图：与加西亚将军取得联系，共抗西班牙统治者

项目发起人：麦金莱总统（代表美国政府）

项目经理：瓦格纳上校（代表陆军情报局）

项目组成员：执行组、安全组、后勤组、信息组、专家顾问组全体成员

完成期限：30 天

总预算：50 万美元

假 定

1. 加西亚将军健在并且还在领导起义军反抗西班牙人；

2. 一定有知情者知道加西亚将军活动地区范围；
3. 一定有志愿者愿意为寻找加西亚将军提供支援；
4. 通过某些途径和方法有可能找到这些知情者和志愿者。

约束条件

1. 时间：必须在30天内找到并把信送给加西亚将军本人；
2. 质量：任何情况下不得对西班牙统治者泄密；
3. 西班牙统治者的阻挠和干扰是项目成功的最大障碍。

主要里程碑

1. 第3天，项目组成立并召开项目启动会议；
2. 第5天，项目组有关成员出发；
3. 第17天，项目组有关成员抵达牙买加；
4. 第19天，项目组有关成员抵达古巴；
5. 第29天，见到加西亚将军本人并把信交到他手里。

◇案例问题：

从这个案例中得到了哪些灵感？如果自己是案例中的角色应该如何去做？

※ 思考题：

1. 什么是项目？什么是项目管理？
2. 项目管理与一般运作管理有哪些不同？
3. 信息时代项目管理有哪些特点？与传统项目管理的不同在哪里？
4. 项目生命周期可以划分几个阶段？其各阶段主要目标是什么？
5. 谈谈你对项目管理这门课程重要性的认识？

第二章 项目组织

第一节 项目人力资源管理概述

美国佛罗里达国际大学管理学教授加里·先斯勒说:“许多管理者如总裁、总经理、主管人员、监督人员等之所以进行成功的管理，恰恰是因为他们掌握了如何雇佣恰当的人来承担工作，并对他们进行正确的评价和激励。”确实，在现代社会，特别是高科技产业快速发展的21世纪，从创造社会财富，促进经济增长和加强竞争优势等方面看，人力资源已逐渐上升到主要的决定性的地位，而自然资源越来越退到次要的地位，自然资源和资本的竞争将逐渐为人力资源的竞争所代替，人力资源成了第一资源，任何一个项目组织，若无有效的人力资源管理，要实现其项目目标是根本不可能的，人力资源已成为一个企业或项目成败的关键决定因素。大多数项目经理都认为有效地管理人力资源是他们所面临的最为艰巨的挑战。

一、人力资源

企业或事业唯一真正的资源是人，管理就是充分开发人力资源以做好工作。同样，在项目管理中，一个项目的实施需要多种资源，从资源属性角度来看，可包括人力资源、自然资源、资本资源和信息资源，其中人力资源是最基本、最重要、最具创造性的资源，是影响项目成效的决定性因素。

而关于人力资源的定义，学术界存在不同的说法。人力资源是人类可用于生产产品或提供各种服务的活力、技能和知识。人力资源是企业人力结构的生产力和顾客商誉的价值。人力资源是企业内部成员及外部的人，即总经理、雇员及顾客等可提供潜在服务及有利于企业预期经营活动的总和。也有人认为，人力资源是指具有脑力劳动或体力劳动的人们的总称。

与其他资源相比，人力资源具有如下特征：

1. 人力资源是一种可再生的生物性资源。人力资源以人身为天然载体，是一种“活”的资源，并与人的自然生理特征相联系。这一特点决定了在人力资源使用过程中需要考虑工作环境、工伤风险、时间弹性等非经济和非货币因素。

2. 人力资源在经济活动中是居于主导地位的能动性资源。人类不同于自然界其他生物之处在于人具有目的性、主观能动性和社会意识。人类的这种自我调控功能使其在从事经济活动时，总是处在发起、操纵、控制其他资源的位置上。亦即它能够根据外部可能性和自身的条件、愿望，有目的地确定经济活动的方向。并根据这一方向具体地选择、运用外部资源或主动地适应外部资源。人力资源与其他被动性生产要素相比，是最积极、最活跃的生产要素，居于主导地位。

因此，在项目实施过程中，比起对其他资源的管理，项目人力资源的潜能能否发挥和能在多大程度上发挥，要更依赖于管理人员的管理水平，即能否实现对员工的有效激励，能否达到使整体远大于各个部分之和的管理效果。

3. 人力资源是具有时效性的资源。人力资源的形成、开发、使用都具有时间方面的制约性。从个体看，作为生物有机体的人，有其生命周期；而作为人力资源的人，能够从事劳动的自然时间又被限定在其生命周期的中间一段;能够从事劳动的不同年龄段其劳动能力也不尽相同。从社会的角度看，在各个年龄组人口的数量以及数差之间的联系，特别是“劳动人口与被抚养人口”的比例，存在着时效性问题。由此就需要考虑动态条件下人力资源的形成、开发、分配、使用的相对平稳性。

二、项目人力资源管理

基于人力资源的以上特征，通过对与一定物力相结合的人力进行合理的培训、组织和调配，使人力、物力经常保持最佳比例，同时对组织成员的思想、心理和行为进行诱导、控制和协调，充分发挥他们的主观能动性，使人尽其才、事得其人、人事相宜，顺利实现组织目标的过程就是人力资源管理。

人力资源管理是随着企业管理理论的发展而发展的，它形成于20世纪初科学管理在美国兴起时期，是企业职工福利工作的传统做法与泰勒科学管理方法相结合的产物，迄今已有几十年历史。随后兴起的工业心理学和行为科学对它产生了重大影响，推动了它的发展并使之走向成熟。

组织人力资源管理的结果应创造两种绩效:员工绩效，组织绩效。员工绩效主要指通过人力资源管理使员工对工作产生满足感，激发员工从事后续工作的热情及动力。组织绩效主要指通过人力资源管理使组织生产率和效益得到提高。人力资源管理模式的最终目的是提高员工和组织的工作绩效和效益，在实现组织目标的基础上，努力实现员工的个人目标，使组织与员工实现共同发展。

项目人力资源管理是项目管理的核心。项目人力资源管理就是通过不断地获得人力资源，把得到的人力整合到项目中而融为一体，保持和激励他们对项目的忠诚与积极性，控制他们的工作绩效并作相应的调整，尽量开发他们的潜能，以支持项目目标的实现。项目人力资源管理也可理解为对人力资源的取得、培训、保持和利用等方面所进行的计划、组织、指挥和控制活动。具体而言，包括以下内容:

1. 人力资源规划是指项目为了实现其目标而对所需人力资源进行预测，并为满足这些需要而预先进行系统安排的过程。

2. 工作分析是指收集、分析和整理关于某种特定工作信息的一个系统性程序，工作分析要具体说明为成功地完成该项工作，每一个人工作内容、必要的工作条件和员工的资格是什么。工作分析信息被用来规划和协调几乎所有的人力资源管理活动。

3. 员工招聘是根据项目任务的需要，为实际或潜在的职位空缺找到合适的候选人。

4. 员工培训和开发是指为了使员工获得或改进与工作有关的知识、技能、动机、态度和行为，以利于提高员工对项目目标的贡献，组织所作的有计划、有系统的各种努力。培训聚焦为目前的工作，而开发则是为员工准备可能的未来工作。

5. 报酬管理是通过建立公平合理的薪水系统和福利制度以起到吸引、保持和激励员工很好地完成其工作的作用。

6. 绩效评估是对工作行为的测量过程，即用过去制定的标准来比较工作绩效的记录以及将绩效评估的结果反馈给员工的过程。

以上是项目人力资源管理的核心内容，它们从管理程序上来讲，已经在很大程度上规范化了，从管理部门上来讲，也拥有专门的人力资源管理部门，因此属于制度化的人力资源管理。除了有章可循，程序比较固定的这一部分外，还有一些无固定做法可言的内容，这一部分一般为非组织化的人力资源管理或更高层次的人力资源管理，主要包括领导艺术、群体激励、管理沟通、企业文化建设等内容。

项目人力资源管理根据项目目标及其外部环境的变化，采用一定的方法，一方面科学调配项目组织的人力资源，另一方面积极、高效、愉快地发挥项目人员的作用，在实现项目目标的同时实现项目组织成员的个人目标。简单地说，项目人力资源管理就是最有效地使用参与项目人员的过程，包括组织计划编制、人员招募、团队建设等内容。组织规划的内容主要是确定项目人力资源计划:根据项目分解结构，确定项目需要的角色、各角色应承担的责任以及诸角色之间的上下级报告关系。组织规划的成果是一张项目的组织结构图、以矩阵表示的项目角色职责分配表、人员配置管理计划以及必要的文字说明。人员招募的主要内容是:物色适合于项目工作需要的人力资源，将其编入项目团队，把组织规划确定的项目角色连同责任和权利分配给各个成员，明确各成员之间的配合、汇报和从属关系。项目团队建设的主要内容是培训、提高、调整、配合项目成员和项目团队整体的技能，使项目团队成为一个高绩效的团队，从而提高项目绩效。

关于项目组织和项目团队的内容，我们将在第三章加以介绍，本章主要讲述项目人力资源的形成、项目人力资源的绩效管理和项目人力资源的培训与开发几个方面的内容。

三、项目人力资源的形成

项目人力资源的形成是通过人力资源规划，确定项目角色、职责、汇报关系，并制订人力配置管理计划。项目角色可指定为个人或小组，而这些个人或小组可来自于项目实施组织的内部或外部。人员配备管理计划可包括何时、如何招募人员、人员撤离项目的安排，同时，可确定培训需求、奖赏计划、合规性考虑、安全问题，以及人员配备管理计划对组织的影响。

(一)项目人力资源的招聘

有效的招聘要求作大量的仔细的规划，招聘规划一般来说包括下面两项内容:

1. 确定项目对人员的需求。工作分析结构图把整个项目分解到相对独立、内容单一、易于成本核算与检查的工作单元，而工作分析又具体说明了为成功地完成该工作员工需具备的资格，因此，依据这两方面的信息就可以制定出项目所需要人员的确切数量和具体的招聘条件。

2. 确定如何来满足这些需求。要制订一份招聘计划，包括招聘政策、招聘负责人确定、招聘渠道选择、招聘方法和招聘预算等。

(1)招聘方式。招聘政策的制定为整个招聘活动规定了方向。为了满足项目的职位空缺，需要考虑两个问题，一是用核心人员还是用应急人员去填补，应急人员虽然为组织工作，但基本上属于一种临时“租借”的人员。在项目中经常会遇到一些特别的技术要求，因此临时性人员的使用会比较多见，而且有迅速扩大的趋势。二是如果是核心人员，项目招聘又有内部来源和外部来源两个战略可选择。一般认为内部招聘的优点有:雇主已经很熟悉内部候选人的资格。内部招聘花费较少。内部招聘能更快地填补工作空缺。内部候选人更熟悉组织的政策和实践，因此需要较少的培训。

然而内部招聘也会产生一些问题。当一个职位空缺时，许多雇员都会被考虑补充那个职位，当然大部分人会被否决，一些被否决的候选人可能会产生怨恨。另一个和内部招聘相联系的潜在问题也会发生，那就是这些人必须在他们过去的同事面前扮演一个新角色，特别是在过去的朋友成为下级后，扮演角色的困难更大。因此虽然内部来源是主要来源。但在以下情形时也会采用外部招聘：

需要外部人员给组织带来新的理念和创新。

没有合格的内部候选人申请。

组织需要增加它在某个特殊的未被充分使用群体中的雇员百分比。

(2)招聘渠道的选择。根据招聘规划，招聘渠道主要有内部招聘和外部招聘两种形式。

其中,最常用的内部招聘渠道有：

查阅组织档案。在组织人力资源信息系统中能加以存储的关于每位雇员工作技能的信息，如果职位出现空缺时，计算机搜寻技能文件，以便为空缺职位辨认拥有所需技能的雇员。它的优点是能很快找到候选人。缺点是在计算机数据库中存储的技能清单只限于客观或实际的信息，如教育程度、资格证书、上过的训练课程及所掌握的语言。带有主观性质信息，如：人际技能、判断力、正直等可能被排除了。然而对许多工作来说，这类信息是至关重要的。

主管推荐。优点是主管一般很了解在其手下工作的员工，会提供具体而详细的候选人信息;缺点是主管的推荐通常很主观，因此易受偏见和可能歧视的影响。

工作张榜。工作张榜是内部招聘最常用的方法，至少对非管理层是这样。典型的工作张榜系统是将职位空缺通知贴出以使所有雇员都能看到，通知工作描述、薪水、工作日程和必要的工作资格。工作张榜系统有许多优点，第一提高了公司最合格雇员将被考虑从事该工作可能性;第二给雇员一个对自己职业生涯开发更负责任的机会。许多雇员试图提高他们的工作技能和绩效，因为他们认为这样的努力能带来更大的晋升机会。缺点是用这种方法填补空缺职位要花费较长的时间，而且该系统可能会防止主管雇用他们选择的人。

从外部招聘的渠道有：

①雇员举荐。许多组织发现这种办法很有效，所以它被广泛应用。据调查雇员举荐的求职者一般比通过其他渠道招聘到的人员表现更好，而且在组织中工作的时间更长。因为雇员对于空缺的职位和候选人都很了解，可以准确地判断出两者是否合适。

②毛遂自荐。优点是这种招聘方法既有效又成本低。另外，既然候选人已经花时间了解过公司，他们更容易受到高度鼓励。缺点是依靠求职者毛遂自荐方法有一个时间问题，申请和简历可能要在文件中储存一段时间，等到职位出现空缺时，许多求职者可能已找到了其他工作。

③招聘广告。可能最广为人知的通知潜在求职者工作空缺的方法是招聘广告。广告可以登载在全国性发行的报纸、杂志或因特网上，也可以出现在电视上。优点是广告使雇主在相对短的时间内使信息送达大量受众，实际上几乎所有的公司都使用这样的招聘广告，这种方法有助于保证求职者数量足够多。缺点是效率低，研究发现，通过报纸广告被雇佣的人与那些通过其他方式被雇佣的人相比，工作表现差，而且经常旷工。

④校园招聘。校园招聘通常用作承担像工程、财务、会计、计算机科学、法律等领域的专业化的初级水平的工作。实际上，低于三年工作经历的约百分之五十的经理和专业人员是在校园里招聘到的。缺点是代价高而且耗时间。组织至少提前 9 ~ 11 月就必须确定他们的招聘需求，而且正常情况下必须等到学生毕业才能雇佣。

⑤就业代理机构。就业代理机构和经理搜寻公司代表了外部招聘求职者的另一途径。这

里，雇主通过与适当的代理机构/公司接触并告知工作所需的资格来开始招聘过程。代理机构公司承担了寻找和筛选求职者的任务，并向雇主推荐优秀的求职者以备进一步筛选。

⑥猎头公司。猎头公司是一种专门为雇主“搜捕”和推荐高级主管人员和高级技术人员的公司，他们设法诱使这些人才离开正在服务的企业。猎头公司的联系面很广，而且它特别擅长接触那些正在工作并对更换工作还没有积极性的人。它可以帮助项目管理人员节省很多招聘和选拔高级主管等专门人才的时间。但是，借助于猎头公司的费用要由用人单位支付而且费用很高，一般为所推荐的人才年薪的四分之一到三分之一。

(二)项目人力资源的选择

选择程序。人员选择活动典型地遵照一个标准模式，从一个最初的筛选会谈开始，止于最后的就业决策。这个典型的选择程序由七个步骤组成:最初的筛选会谈;填写申请表;雇佣测试;综合面谈;背景调查;体格检查;最终雇佣决策。这个程序中的每一步都力图扩充组织对求职者背景、能力和动机的了解，并增加决策者据以做出预测和最终选择的信息。

(1)最初筛选。这实际上包括两步:筛选探询和筛选面谈。成功的招聘活动将吸引许多求职者。根据工作描述和明确化要求，这些求职者将有部分被排除。导致排除的因素包括不理想的经历和教育水平。筛选面谈包括向求职者提供详细的工作信息，从而使不合格者自动退出，这对双方都有好处。

(2)填写申请表。一旦通过了最初的筛选，求职者就要填写组织的有关求职表。要求填写的信息可能包括求职者的姓名、住地和电话号码。但有些组织要求填完6~10页的综合性个人历史文件。一般而言，申请表概括性地表明求职者在以前的成人生涯中干过什么，技能和成就如何。

(3)就业考试。历史上，许多组织很大程度地依靠智力、性格、能力和兴趣测试来提供主要信息输入，甚至书法分析和说谎测试也用于更深刻地了解候选人。

(4)综合面谈。通过了最初筛选、申请表填写和考试的求职者，将获得参加综合面谈的权利。求职者可能会见人事部门人员、组织行政人员、潜在的公司和同事等。综合面谈主要涉及申请表和笔试，包括没有涉及的方面或需要进一步考试的事项。它应该直接指向与工作有关的问题。有关询问和话题应反映工作的特别特征和它所要求的任职者品质。

(5)背景调查。对于可能成为雇员的求职者要进行背景调查，这包括:和求职者以前的雇主联系以确证候选人的工作记录和业绩评价。与其他有关的人员联系，并确认申请表上注明的教育水平。

(6)体格检查。这是一个附加程序，主要是排除那些身体条件不合格的求职者。

(7)最终雇佣决策。如果一项选择活动到达了体格检查并获得了通过，则选择决策的主动权就落到了求职者手中。研究表明，人们普遍趋向于选择与个人性情相符的工作。

①面试。面试前的准备主要进行以下四个方面的工作。一是确定目标。每次面试都应该有明确的目标，清楚此次面试必须了解何种信息，达到何种目的。二是在工作分析的基础上编制各种问题。这些问题可以包括工作环境、工作经验和工作技巧方面的问题以及工作要求和应试者本身要求的问题等。三是决定如何评价面试的结果。即要制定若干标准以判断问题及回答是正确的或有效的。四是要有面试的控制。即要将面试的目的、面试的问题事先记录下来，在面试中可以经常提醒主试者始终围绕目标进行面试。

聘用面试可大体分为以下几类：

非结构化面试。面试者可以即兴提问，不必遵循特定的形式及方向。通常，对每一位应聘者都从相同的问题开始，但随着应聘者的回答，面试者就可以顺着他的答案来确定问题的方向和深度，使面试者能深入了解所有感兴趣的问题。结构化面试。面试者必须遵循预先设定的问题和程序向应聘者提问，可采用事先由专家设定的结构化面试表，以免遗忘了该向应聘者提出的问题。有时，还可由专家群体针对不同问题事先设定"理想的"答案，以及可能出现的不同答案的得分。

群体面试。两种方式：由多位面试者分别同应聘者面谈，每位面试者或者问自己所关心的问题，并按自己的观点对应聘者做出单独的评估，或者都以标准化的评分表对应聘者提问和评分，并在最后做出聘用决定前相互比较；由一群面试者同时对应聘者进行面试，这样可以避免重复，使面试更加深入和有意义，但可能加重对应聘者的压力。

压力面试。如果受聘者将要从事的工作需经常面对一定的压力，就有必要测试应聘者在工作压力下的表现。一般做法是：面试者通过背景资料先找出应聘者的"弱点"向应聘者提出一连串带压迫性的，甚至比较粗鲁的问题，迫使应聘者采取防卫的态度，这样来观察他的应变能力。

面试中应注意：过早作结论。面试者经常在和应聘者交谈的最初几分钟内，甚至只根据应聘者的申请表和外表，在开始面试之前，就已做出了是否聘用的决定，而使面试流于形式。

a. 过分强调应聘者的缺点。面试者经常把面试过程当成收集应聘者缺失资料的过程，特别是在面试前就已得到的这方面的资料，其对面试影响很大。

b. 对工作缺乏了解。不清楚究竟需要聘用什么样的员工，只能凭面试对"良好员工"的主观想象，因此，容易做出错误判断。

c. 用人的压力。如果面试者得知组织急于用人，他对应聘者的评价会明显偏高。

d. 权重置错。在面试过程中，要求主考官根据对申请人多方面的考查，对其表现进行综合考虑。但是，现实中，主考官往往会不恰当地强调某些方面。而忽略另一方面。导致面试产生误差。

e. 求职者次序的影响。求职者的次序会影响主试者对求职者的评价。

f. 面试中除了一些常见的错误会影响面试的有效性外，重视与工作无关的身体语言和性别的影响，也会妨碍面试者对应聘者做出准确的评价。

②测试。在人员的选择过程中，应用较多的是心理测验技术和评价中心技术。心理测验是判定候先人个体差异的有效手段，一般包括能力测验、能力倾向测验、人格测验、成就测验和情境测验法。

能力测验。能力测验分为普通能力测验和特殊能力测验，前者就是通常所说的智力测验，后者多用于测量个人在音乐、美术、体育、机械、飞行等方面的特殊才能。

a. 能力倾向测验。能力倾向测验也称为性向测验，是测量一个人从事某一种职业的潜能或能力，分为综合性向测验和特殊性向测验两种。综合性向测验用以鉴别个人多种特殊潜在能力，特殊性向测验只为鉴别个人在某一方面具有的特殊潜能。

b. 成就测验。成就测验的目的在于测量一个人对某项工作实际上能完成到什么程度，能分辨出哪些人较有能力去执行某项工作。

c. 人格测验。人格测验的目的是为了了解候选人的人格特质，一般采用“自陈法”和“投射法”。“自陈法”就是按事先编好的人格量表(若干问题)，由候选者本人挑选适合于描写个人人格特质的答案，然后从量表上所得分数判断候选者的人格类型。“投射法”就是提供一些未经组织的刺激材料，让候选人在不受限制的条件下自由地表现出他的反应，使其不知不觉的将自己的感情、欲望、思想投射在其中，从而可以窥见其人格。

d. 情境测验法。这种方法是将候选者置于一个模拟的工作场景中，从而观察和评价他们在模拟的工作场景压力下的行为。通过情境模拟，可以直接观察候选人的实际工作能力，准确判断他们是否胜任所申请的职位。

e. 在标准的选择程序模式下，我们可以采取面试和测试两种方法来具体地选择，即将面试(非结构化面试、结构化面试、群体面试、压力面试)与测试(能力测验、能力倾向测验、成就测验、人格测验、情景测验法)相结合，从而及时且准确选择项目所需的人力资源。

第二节 项目组织

一、项目组织简介

组织是一切管理活动取得成功的基础，包括与它要做的事相关的人、资源及其相互关系。“组织”一词含义较广，它既是一个名词又是一个动词。当组织被用作名词时，组织是由人员、职位、职责、关系、信息等组织结构要素所构成的一个实体概念；当组织被用作动词时，更为确切的表达就是“组织工作”。

项目组织是指为了完成某个特定的项目任务而由不同部门、不同专业的人员所组成的一个特别的工作组织。在一个既定的项目中，项目组织是所有活动的焦点，它从总体上表明一个项目。它的性质是综合的，并成为所有影响项目的内部与外部的活动中心，根据项目活动的集中程度，它的机构可以是由少量的人组成，也可以是一个很庞大的系统。项目组织不受现存的职能组织构造的束缚，但也不能代替各种职能组织的职能活动。

项目组织与其他组织一样，要有好的领导、章程、沟通、人员配备、激励机制，以及好的组织文化等。同时，项目组织也有其与其他组织不同的特点：为实现项目的目标，项目组织和项目一样有其生命周期，经历建立、发展和解散的过程；项目组织根据项目的任务不断地更替和变化，它因事设人、事毕境迁，及时调整，甚至撤销；项目组织的利益相关者通过合同、协议、法规以及其他各种社会关系结合起来，它们之间的联系是有条件的，松散的；项目组织不像其他组织那样有明晰的组织边界，项目利益相关者及其个别成员在某些事务中属于某项目组织，在另外的事务中可能又属于其他组织。总之，项目组织与传统的其他组织相比最大的特点是其有机动灵活的组织形式和用人机制，更强调项目负责人的作用，强调团队的协作精神，组织形式具有更大的灵活性和柔性。

二、项目组织规划

组织规划包括确定书面计划并分配项目任务，职责以及报告关系。任务、职责和报告关系可以分配到个人或团队。这些个人和团队可能是执行项目的组织的组成部分，也可能是项目组织外部的人员。内部团队通常和专职部门有联系。如工程部、市场部或会计部。

在大多数项目中，组织规划主要作为项目最初阶段的一部分。但是，这一程序的结果应当在项目全过程中经常性地复查，以保证它的持续适用性。如果最初的组织规划不再有效，就应当立即修正。

组织规划总是和沟通规划紧密联系，因为项目组织结构会对项目的沟通需求产生主要影响。

（一）组织规划初始

在组织规划的初始阶段我们要明确三个方面：

1. 项目层次。项目层次通常有组织层面、技术层面、人际层面三个方面。而这些层面往往同时存在。

（1）组织层面。不同的组织单位之间正式的或非正式的报告关系。组织层面可能十分复杂，也可能非常简单。例如，建设一个复杂的电信系统可能需要花费几年时间去协调无数分包商的关系，而修正一个要装在简单地点的系统中的程序错误只需要通知用户和工作人员完成工作。

（2）技术层面。不同的技术规程之间的正式或非正式的报告关系。技术层面既存在于项目各阶段之中，也存在于项目各阶段之间。

（3）人际层面。在项目中工作的不同个人之间的正式的或非正式的报告关系。

2. 人员需求。人员需求界定了在什么样的时间范围内，对什么样的个人和团体，要求具备什么样的技能。人员需求是在资源规划过程中决定的整体资源需求中的一部分。

3. 制约因素。制约因素是限制项目小组选择自由的因素。一个项目的组织选择可以从很多方面加以制约。常用的可以制约团队如何组织的因素包括以下几点：

一是执行组织的组织结构。一个以强矩阵型为基础结构的组织，意味着它的项目经理承担着与此相关重大责任，比以弱矩阵型为基础结构的组织中的项目经理所担负的责任更为重大。

二是集体协商条款。与工会或其他雇员组织达成的合同条款可能会要求特定的任务或报告关系。

三是项目管理小组的偏爱。如果项目管理小组在过去运用某些特定的管理结构取得过成功，他们就可能在将来提倡使用类似的结构。

预期的人员分配。项目的组织常受专业人员的技术和能力的影响。

（二）管理规划的手段和技巧

1. 样板法。虽然每个项目都是独一无二的，但大多数项目会在某种程度上与其他项目类似。运用一个类似项目的任务或职责的定义或报告关系能有助于加快组织规划程序的运行。

2. 人力资源经验。许多组织有各种政策指导和程序，在组织规划的各方面为项目管理小组提供帮助。

3. 组织理论。有大量的书面规定阐述了组织能够而且应当如何构建。虽然这些书面规定中仅有一小部分是以项目组织为专门目标的，但项目管理小组仍应从总体上熟悉组织理论的主旨，以便更好地满足项目的需要。

4. 相关人员分析。各个相关人员的需求应得到仔细分析，保证他们的要求能得到满足。

（三）组织规划的结果

1. 任务和职责的分配。项目任务和职责必须分配到合适的项目相关人员。任务和职责可能会随时间而改变。大多数任务和职责将分配给积极参与项目工作的有关人员，例如项目经理、项目管理小组的其他成员，以及为项目做出贡献的个人。

项目经理的任务和职责在多数项目中通常是一致的，但在不同的应用领域会有明显改变。

项目任务和职责应当与项目的范围界定紧密相连。有一种职责分配矩阵模型（RAM）常用于此目的。在大型项目中，RAM 可用于各个项目层次。例如，一个应用于项目层次的 RAM 可以界定每一个工作障碍结构因素由哪个团队或单位负责；而应用于项目低层次的 RAM 用于在团队中将特定活动的任务和职责分配到专门人员（如表 2－1 所示）。

表 2－1　　职能分配模型

人员 项目阶段	A	B	C	D	E	F	－－－－
要求	S	R	A	P	P		
功能	S		A	P		P	
设计	S		R	A	I		P
开发		R	S	A		P	P
测试			S	P	I	A	P
P:参与者	A:负责者	R:复查需求	I:输入需求	S:潜在需求			

2. 人员管理计划。人员管理计划阐述人力资源在何时、以何种方式加入和离开项目小组。人员计划可能是正式的，也可能是非正式的，可能是十分详细的，也可能是框架概括型的，皆依项目的需要而定。它是整体项目计划中的辅助因素。

应特别注意项目小组成员不再为项目所需要时，他们是如何解散的。适当的再分配程序可以是：通过减少或消除为了填补两次再分配之间的时间空当而“制造工作”的趋势来降低成本。通过降低或消除对未来就业机会的不确定心理来鼓舞士气。

3. 组织表。组织表是项目报告关系的图表展示。它可以是正式的或非正式的，十分详细的或框架概括型的，依据项目的需要而定。

项目分层结构（OBS）是一种特殊类型的组织表，它显示了哪些组织单位负责哪些工作。

4. 详细说明。组织规划的详细说明随应用领域和项目规模的不同而改变。通常作为详细说明而提供的信息包括以下几点：

组织的影响力。哪些选择被组织工作以这种方式排除。

职务说明。写明职务所需的技能、职员、知识、权利、物质环境，以及其他与该职务有关的素质。又称职位说明。

培训要求。如果并不期望供分配的人员具备项目所需要的技能，则需要把培训技能作为项目的一部分。

三、项目组织的类型及其优缺点

组织结构是组织内部结构要素相互作用的联系方式或形式，是组织内的构成部分所规定的关系的形式。一般来说，项目的组织结构有三大类型：职能型、项目型和矩阵型。

（一）职能型项目组织

项目的各个任务分配给相应的职能部门，项目成员按专业划分形成部门，每个成员都有一个明确的直接上司，职能部门经理对分配到本部门的项目任务负责，职能部门在自己职能范围内独立于其他职能部门进行工作。而涉及职能部门之间的项目事务和问题由各个部门负责人处理和解决，在职能部门经理层进行协调。职能型项目组织结构如图 2－1 所示。

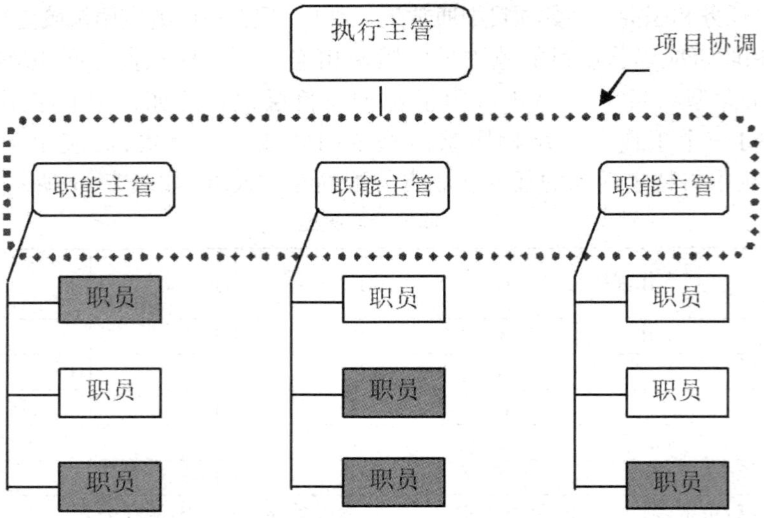

图 2－1　职能型项目组织结构示意图

（二）项目型项目组织

项目型项目组织又称线性组织结构。与职能型项目组织结构完全相反，其系统中的部门全部是按项目进行设置的，每一项目部门均有项目经理，负责整个项目的实施。系统中的成员或调用或招聘，以项目进行分配和组合，接受项目经理的领导。项目可直接获得系统中大部分的组织资源，项目经理具有较大的独立性和对项目的绝对权力，对项目的总体负全责。在项目型项目组织结构中，也常设置有若干部门，但是这些部门一般直接向项目经理报告工作，或为不同的项目提供支持服务。项目型项目组织结构如图 2－2 所示。

项目型项目组织的设置完全是为了迅速、有效地对项目目标和客户需要作出反应，此结构常见于一些涉及大型项目的公司，这类大型项目价值高、期限长。

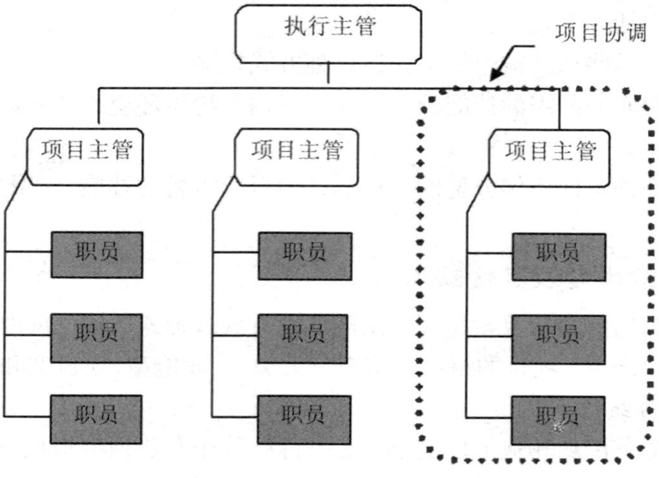

图 2－2　项目型项目组织结构示意图

(三)矩阵型项目组织

矩阵型项目组织是职能型项目组织结构和项目型项目组织结构的一种混合体。它既有项目型项目组织结构注重项目和客户的特点，也保留了职能型项目组织结构的职能特点。矩阵型项目组织结构中每个成员和职能部门各司其职，共同为公司和每个项目的成功贡献力量。项目经理对项目的结果负责，而职能经理则负责为项目的成功提供所需资源项。矩阵型项目组织结构如图2－3所示。

根据项目组织中项目经理和职能经理责、权、利的大小，又可以分为弱矩阵式、平衡矩阵式和强矩阵式三种形式。

(1)弱矩阵式组织。由一个项目经理来负责协调各项项目工作，项目成员在各职能部门为项目服务。但是项目经理没有多大权力来确定资源在各个职能部门分配的优先程度，项目经理有职无权。

(2)强矩阵式组织。项目经理主要负责项目，职能部门经理辅助项目经理分配人员。项目经理对项目可以实施更有效的控制，但职能部门对项目的影响却在减小。强矩阵式组织类似于项目式组织，项目经理决定什么时候做什么;职能部门经理决定派哪些人，使用哪些技术。

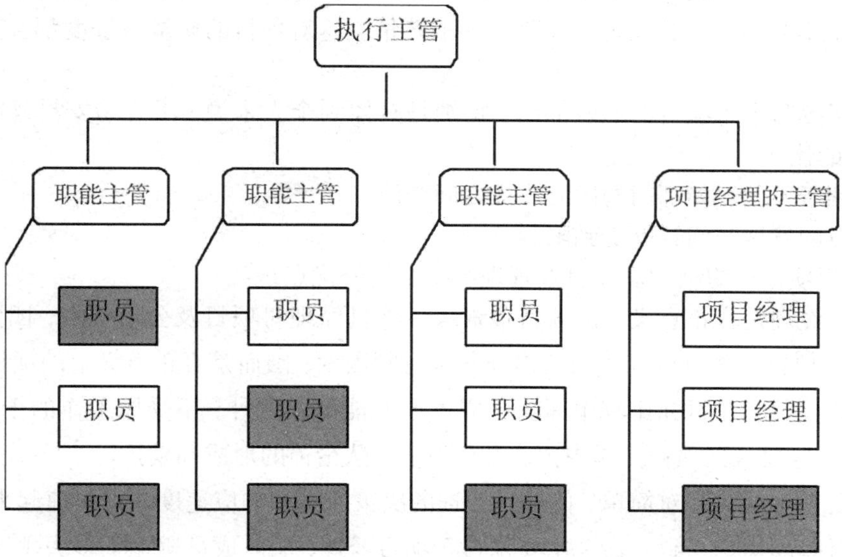

图2－3 强矩阵式组织结构示意图

(3)平衡矩阵式组织。项目经理负责监督项目的执行，各职能部门经理对本部门的工作负责。项目经理负责项目的时间和成本，职能部门经理负责项目的界定和质量。一般来说平衡矩阵很难维持，因为它主要取决于项目经理和职能经理的相对力度。平衡不好，要么变成弱矩阵，要么变成强矩阵。

以上述三种基本的项目组织结构模式为基础，可以推衍派生出其他形式的项目组织结构。项目组织应结合项目的内外环境和实际情况，综合地构建能最好地实现项目目标的合适的组织结构形式。

(四)不同组织结构的优缺点及其适应性

1. 职能型项目组织结构。职能型项目组织结构的优点：

(1)项目团队中各成员无后顾之忧。由于项目各成员来自各职能部门，在项目工作期间所属关系没有发生变化，项目成员不会为将来项目结束时的去向担忧，因而能客观地为项目去考虑、去工作。

(2)各职能部门可以在本部门工作任务与项目工作任务的平衡中去安排力量。当项目团队中的某一成员因故不能参加时，其所在的职能部门可以重新安排人员予以补充。

(3)当项目工作全部由某一职能部门负责时，项目的人员管理与使用变得更为简单，使之具有更大的灵活性。

(4)项目团队的成员有同一部门的专业人员作技术支撑，有利于项目专业技术问题的解决。

(5)有利于公司项目发展与管理的连续性。由于是以各职能部门作基础，所以项目管理的发展不会因项目团队成员的流失而产生过大的影响。

虽然职能式结构具有一些优点，但是其缺点也是很明显的：

(1)项目管理没有正式的权威性。由于项目团队成员分散于各职能部门，团队成员受其所在职能部门与项目团队的双重领导，而相对于职能部门来说，项目团队的约束显得更为无力。

(2)项目团队中的成员不易产生事业感与成就感。团队中的成员普遍会将项目的工作视为额外工作，对项目的工作不容易激发更多的热情。这对项目的质量与进度都会产生较大的影响。

(3)对于参与多个项目的职能部门，特别是具体到个人来说，不容易安排好在各项目之间投入力量的比例。

(4)不利于不同职能部门的团队成员之间交流。

(5)项目的发展空间容易受到限制。

2. 项目型项目组织结构。项目式管理组织结构的优点是：

(1)项目经理是真正意义上的项目负责人。项目经理对项目及公司负责，团队成员对项目经理负责，项目经理可以调动团队内外各种有利因素，因而是真正意义上的项目负责人。

(2)团队成员工作目标比较单一。独立于原职能部门之外，不受原工作的干扰，团队成员可以全身心地投入到项目工作中去，也有利于团队精神的形成和发挥。

(3)项目管理层次相对简单，使项目管理的决策速度和响应速度变得快捷起来。

(4)项目管理指令一致。命令主要来自于项目经理，团队成员避免了多头领导、无所适从的情况。

(5)项目管理相对简单，使项目成本、质量及进度等控制更加容易进行。

(6)项目团队内部容易沟通。

项目型项目组织结构的缺点是：

(1)容易出现配置重复、资源浪费的问题。如果一个公司多个项目都按项目式进行管理组织，在资源的安排上很可能出现项目内部利用率不高，而项目之间则是重复与浪费。

(2)项目组织成为一个相对封闭的组织，公司的管理与决策在项目管理组织中贯彻可能遇到阻碍。

(3)项目团队与公司之间的沟通基本上依靠项目经理，容易出现沟通不够和交流不充分的问题。

(4)项目团队成员在项目后期没有归属感。团队成员不得不为项目结束后的工作考虑投入相当的精力，影响项目的后期工作。

(5)由于项目管理组织的独立性，使项目组织产生小团体观念，在人力资源与物资资源上出现"囤积"的思想，造成资源浪费；同时，各职能部门考虑其独立性，对其资源的支持会有所保留，影响项目的最后完成。

项目式组织结构形式就是将项目的组织独立于公司职能部门之外，由项目组织自己独立负责项目的主要工作的一种组织管理模式。项目的具体工作主要由项目团队负责。项目的行政事务、财务、人事等在公司规定的权限内进行管理。

3. 矩阵型项目组织结构。矩阵型项目组织在组织内既按履行职能的不同设立职能部门，又按项目任务的不同设立项目部门(项目负责人)，项目负责人对项目结果负责，职能部门提供完成项目所需资源，二者共同发挥作用完成项目任务，该结构力求发扬职能型结构和项目型结构的优点，克服二者的不足之处。

很明显，矩阵式项目组织结构具备了职能式组织结构和部分项目式组织结构的优点：

(1)团队的工作目标与任务比较明确，有专人负责项目的工作。

(2)团队成员无后顾之忧。项目工作结束时，不必为将来的工作分心。

(3)各职能部门可根据自己部门的资源与任务情况来调整、安排资源力量，提高资源利用率。

(4)提高了工作效率与反应速度，相对职能式结构来说，减少了工作层次与决策环节。

(5)相对项目式组织结构来说，可在一定程度上避免资源的囤积与浪费。

(6)在强矩阵式模式中，由于项目经理来自于公司的项目管理部门，可使项目运行符合公司的有关规定，不易出现矛盾。

矩阵式组织结构的缺点：

虽然矩阵式组织结构有许多优点，但同样也有一些不足，主要有：

(1)项目管理权力平衡困难。矩阵式组织结构中项目管理的权力需要在项目经理与职能部门之间平衡，这种平衡在实际工作中是不易实现的。

(2)信息回路比较复杂。在这种模式下，信息回路比较多，既要在项目团队中进行，还要在相应的部门中进行，必要时在部门之间还要进行，所以易出现交流、沟通不够的问题。

(3)项目成员处于多头领导状态。项目成员正常情况下至少要接受两个方向的领导，即项目经理和所在部门的负责人，容易造成指令矛盾、行动无所适从的问题。

没有一种项目组织结构是十全十美的，关键在于针对不同的项目采用不同的管理方法，应用不同的组织结构，才能收到良好的效果，表2－2列出了三种组织结构形式的比较。

表 2－2 **三种组织结构形式比较**

组织结构	优　点	缺　点
职能型	没有重复活动 职能优势	狭隘，不全面 反应缓慢 不注重客户
项目型	能控制资源 向客户负责 成本较低	项目间缺乏知识信息交流
矩阵型	有效利用资源 所有专业知识可供所有项目使用 促进学习、交流知识 沟通良好 注重客户	双层汇报关系 需要平衡权力

前述三种项目组织结构其实有着内在的联系，它们可表示为一个系列的变化，职能型组织结构在一端，项目型组织结构在另一端，而矩阵型组织结构介于二者之间的一种结构，如图 2－4 所示。

随着某种组织结构的工作人员人数在项目团队中所占比重的增加，该种组织结构的特点也渐趋明显；反之，则相反。

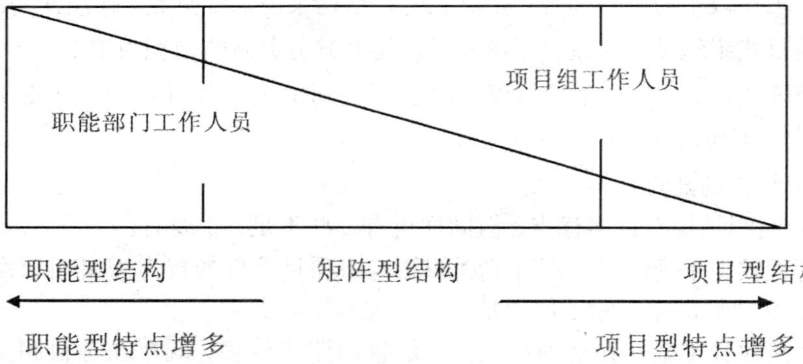

图 2－4　组织结构的变化

一般来说，职能型项目组织结构比较适用于规模较小、偏重于技术的项目，而不适用于环境变化较大的项目。因为，环境的变化需要各职能部门间的紧密合作，而职能部门本身的存在以及权责的界定成为部门间密切配合不可逾越的障碍。当一个公司中包括许多项目或项目的规模较大、技术复杂时，则应选择项目型项目组织结构，同职能型项目组织相比，在对付不稳定的环境时，项目型项目组织显示出了自己潜在的长处，这来自于项目团队的整体性和各类人才的紧密合作。同前两种项目组织结构相比，矩阵型项目组织形式无疑在充分利用企业资源上显示出了巨大的优越性，由于其融合了两种结构的优点，这种组织形式在进行技术复杂、规模巨大的项目管理时呈现出了明显的优势。

四、项目组织的设计

人类由于受生理的、生物的、心理的和社会的限制，为了达到个人的目的，不得不进行合作。而要使这样的合作以较高的效率实现预定的目的，就必须形成某种组织结构，因此，现代社会存在着难以计数的组织。尽管这些组织形态各异，但它们均有目的性、专业化分工、依赖性、等级制度、开放性等共同特征。任何组织都为了实现某个目的而产生，在分工的基础上形成，组织中的不同职务和部门相互联系，具有一定的上下级关系紧密地相互依赖性，所有组织都与外界环境存在着资源和信息的交流，因而使其具有开放性的显著特征。

根据组织论的观点，组织设计的一般原则有：

(一)目标一致性原则

组织的设计应有利于实现组织的总目标，真正建立起上下层层保证，左右协调的目标体系。

(二)有效的管理层次和管理幅度原则

管理幅度是一个上级管理者直接领导下级人数的多少。管理层次是一个组织中从最高层到最低层所经历的层次数。管理幅度与管理层次成反比，增加管理幅度则会减少管理层次，相反减少管理幅度会加长管理层次，要结合具体情况制定出合理的管理层次和管理幅度。

(三)责任与权利对等原则

组织设计要明确各层次不同岗位的管理职责及相应的管理权限，特别注意的是管理职责要与管理权限对等。

(四)合理分工与密切协作原则

组织是在任务分解的基础上建立起来的，合理的分工便于积累经验和实施业务的专业化。合理的分工有利于明确职责，密切协作才能将各部门各岗位的工作努力合成实现组织整体目标的力量。

(五)集权与分权相结合的原则

集权有利于组织活动的统一，便于控制。分权则有利于组织的灵活性，但使得控制变得困难。因此集权与分权要适度，适合组织的任务与环境。

(六)环境适应性原则

组织是一个与环境有着资源、信息等交换的开放系统，并受环境发展变化的制约，因此组织的设计要考虑到环境的变化对组织的影响，一方面要建立适应环境特点的组织系统，另一方面要考虑在环境发生变化时组织所应该具有的灵活性及可以变革性。

一般组织的特征及设计原则同样适用于项目组织，只是必须同时反映项目工作的特征。

不同的项目组织形式对项目实施的影响各不相同，表2－3列出了主要的组织结构形式及其对项目实施的影响。

在具体的项目实践中，究竟设计何种项目的组织形式没有一个可循的公式，一般在充分考虑各种组织结构的特点、企业特点、项目的特点和项目所处的环境等因素的条件下，然后才能作出较为适当的选择。因此，在选择项目组织形式时，需要了解哪些因素制约着项目组织的实际选择，表2－4列出了一些可能的因素与组织形式之间的关系。

实际中存在多种项目组织形式、并没有证据证明有一个最佳的组织形式，每一种组织形式有各自的优点与缺点，有其适用的场合。因此人们在进行项目组织设计时，要采取具体问题具体分析的方法，选择合适的满意的组织形式。

表 2－3　　组织结构对项目的影响

组织类型 / 项目特征	职能型	矩阵型			目型
		弱矩阵型	平衡型矩阵	强矩阵型	
项目经理的权力	很少或无	限制较多	低－中	中－高	高－所有
专职负责项目工作的人员在执行组织中的百分比	完全没有	0－25%	15%－60%	50%－95%	85%－100%
项目经理	兼职	兼职	专职	专职	专职
项目经理的一般头衔	项目协调人/项目负责人	项目协调人/项目负责人	项目经理/项目主管	项目经理/企划经理	项目经理/企划经理
项目管理行政人员	兼职	兼职	兼职	专职	专职

表 2－4　　影响组织选择的关键因素

组织结构影响因素	职能型	矩阵型	项目型
不确定	低	高	高
所用技术	标准	复杂	新
复杂程度	低	中等	高
持续时间	短	中等	长
规模	小	中等	大
重要性	低	中等	高
客户类型	各种各样	中等	单一
对内部依赖性	弱	中等	强
对外部依赖性	强	中等	弱
时间限制性	弱	中等	强

第三节　项目经理及项目团队

项目的成功除了优良的设备、先进的技术之外，更重要的是人的因素。项目经理作为项目管理的基石，他的管理、组织、协调能力，他的知识素质、经验水平和领导艺术，甚至是个人性情都对项目管理的成败有着决定性的影响。

同样，为了完成某个项目，需要把各种技能的人组织起来，并要求大家关注同样的目标，密切配合，协同工作，这便形成了项目团队。项目团队的优劣很大程度决定着项目的成败。因此，为项目组建一个优秀的团队，并在项目实施中不断建设、发展之，是项目成功的有力保障。

一、项目经理角色定位

项目组织结构模型表明，在整个项目组织中，项目经理就是项目的负责人，有时人们也称为项目管理者或项目领导者，他们领导着项目组织的运转，其最主要的职能是保证组织的成功，在项目及项目管理过程中起着关键的作用，是决定项目成败的关键角色。项目经理是一个管理者，但他与其他管理者有很大的不同。首先项目经理与部门经理及公司总经理职责不同，这在矩阵组织形式中可以明显看出：项目经理对项目的计划、组织、实施负全权责任，对项目目标的实现负终级责任，是项目的直接管理者、一线的管理者。而部门经理只能对项目涉及本部门的部分工作施加影响，公司的总经理通过项目经理的选拔、使用、考核等来间接管理一个项目。因此项目经理对项目的管理比部门经理和公司总经理更加系统全面，要求具有系统思维的观点。同时，由于项目本质上就跨越各种领域，穿过许多组织界限，所以不存在常规，要经常地、快速地做出决策，实施项目成员、项目执行过程和项目成果的管理，这要求项目经理必须具备多种技能。

（一）项目经理的职责

如果没有一位合适的项目经理，项目管理就不会成功，项目经理在整个项目实施中需要履行以下职责：

（1）计划。项目经理要高度明确项目目标，并就该目标与客户取得一致意见，其次，在与项目团队成员的充分沟通基础上共同制订实现项目目标的计划，并建立项目管理信息系统，以便将项目的实际进程与计划进行比较。

（2）组织。组织职能的履行主要是为项目获取适合的资源，将项目任务分解授权予项目内部成员或项目团队外部承包商，在给定预算和时间进度计划下完成项目任务。组织职能还有一个更重要的内容是营造一种高绩效的工作环境。

（3）控制。对项目实施过程进行控制，是项目成功的有力保障。因此，项目经理应设计一套项目管理信息系统跟踪实际工作进程并将其与计划安排进程进行比较，不断纠正项目偏差，完善项目计划。

（二）项目经理的能力要求

由于项目的复杂性和多样性，要求项目经理具备各方面的能力，包括：

1. 领导能力。项目经理的领导能力是项目成功的重要前提之一，它要求项目经理能对项目有明确的领导和指导，能解决和处理各种问题，善于启用新人，并使之与团队融洽相处，能迅速作出集体决策与个人决策，能准确无误地沟通信息，能代表项目团队与外界交流，能平衡经济与人力间的矛盾。

2. 冲突处理能力。各种纠纷、冲突和矛盾在项目管理中难以避免。当纠纷与冲突对项目管理功能产生危害时，会导致项目决策失误、进度延缓、项目搁浅，甚至彻底失败，所以项目经理应保持对冲突的敏锐观察，识别冲突可能产生的不同后果，尽量利用对项目管理有利的冲突，同时降低和消除对项目产生严重的危害。

3. 建设项目团队的能力。建设项目团队的能力是项目经理的主要责任之一，为保证项目有一个高效运作的团队，项目经理应利用项目对团队成员进行训练和培养，创造一种学习的环境，鼓励成员在项目活动中自我发展、勇敢创新，并努力减少他们对失败的恐惧，造就项目团队良好的协作氛围、相互信任的人际关系，从而建设一支有着不竭动力的高绩效的项目团队。

4. 解决问题的能力。项目经理应该有一个及时准确的信息传送系统，要在项目团队、承包商及客户之间进行开放而及时的信息沟通以及早发现项目中存在的问题，设计成熟而成本低廉的解决方案来解决问题，把问题可能对项目造成的影响或危害降到最低。

不仅项目经理自身要有解决问题的能力，更要鼓励和培训项目团队成员及早发现问题并独立解决问题的能力。当项目出现较复杂的问题时，项目经理要具有洞察全局的能力，领导团队成员及项目利益关系者共同提出最佳的解决方案。

（三）项目经理的工作技巧

在具备以上能力的同时，项目经理还应该具备以下一些与人相处的重要技巧。

1. 影响。项目经理的正式权力通常是由项目组织中的高层领导授予的，我们称之为“合法权力”。但项目经理的正式权力往往不大，他们的权力通常来自大家对他们的经验、过去的优秀成绩、说服力和彻底而果断的决策能力的尊重，即影响力。有的时候，项目经理的“影响力”甚至比正式权力更能在项目组织的领导中发挥作用。因此，项目经理应注意培养自己的其他权力形式，不断提升因其具有的专长而形成的“专长权力”，或与组织中更有权力的人在一起而获得的“联合权力”，或通过获取同事与上司的支持而形成的“政治权力”。以增强对项目团队的影响力，获得所有项目组织成员的支持。

2. 授权。和影响力一样，授权也是项目经理的重要能力。授权明确组织成员在目标实现过程中的地位与角色，授权是一个过程，在这一过程中挑选出合适的人选，在合适的范围内给予其做出决策和采取行动的合适权力。

授权可以使项目经理从日常琐事中脱身，全力处理全局性、战略性问题；同时也是充分利用项目成员人才资源，提高决策速度及科学性的有效措施。成功授权应在充分了解项目成员的基础上选择适当的人选，阐明所授权力的内容、时间、成本及成果要求，并建立适当的控制机制确保授权在正确的范围内运行。但授权不等于下放责任，项目经理仍必须对整个项目负责。

3. 谈判。谈判是在满足项目要求的前提下，与他人达成协议或妥协的过程。项目经理需要就项目的各个方面进行谈判，如资源、时间、质量、程序、成本及人员。在谈判中，结果总是对一方比对另一方更有利或不利。一个优秀的项目经理必须是一个优秀的谈判者，尽量使谈判双方的受益差距最小，以避免矛盾。

4. 沟通。经常而有效的沟通是项目顺利进行，获取改进项目工作的建议、保持客户满意度的保证。项目经理应具备良好的沟通能力，通过多渠道进行及时、真实和明确的沟通，以获得客户对项目预期目标的清晰理解，获得项目团队内部相互信任，协同工作。

二、项目团队的建立和发展

（一）项目团队的定义

团队就是指为了达到某一确定目标，由分工与合作及不同层次的权力和责任构成的人群。团队是相对部门或小组而言的。部门和小组的一个共同特点是：存在明确内部分工的同时，缺乏成员之间的紧密协作。团队则不同，队员之间没有明确的分工，彼此之间的工作内容交叉程度高，相互间的协作性强。在组织中的出现，根本上是组织适应快速变化环境要求的结果，“团队是高效组织应付环境变化的最好方法之一”。项目团队，就是为适应项目的实施及有效协作而建立的团队。

项目团队的具体职责、组织结构、人员构成和人数配备等方面因项目性质、复杂程度、规模大小和持续时间长短而异。简单地把一组人员调集在一个项目中一起工作，并不一定能形成团队。项目团队不仅仅是指被分配到某个项目中工作的一组人员，它更是指一组互相联系的人员同心协力地进行工作，以实现项目目标，满足客户需求。而要使人员发展成为一个有效协作的团队，一方面要项目经理作出努力，另一方面也需要项目团队中每位成员积极地投入到团队中去。一个有效率的团队不一定能决定项目的成功，而一个效率低下的团队，则注定要使项目失败。

(二)项目团队的组建

要成功组建项目团队，项目经理首先必须拥有一定的人事管理权，能直接参与项目成员的选择，决定其去留，决定其在项目中的角色。所有项目成员的工作必须直接向其汇报等。项目经理拥有人事管理权，便可为项目选择最胜任的成员，并为这些成员分配适宜的角色，使他们各得其所，发挥出较高工作水平。

在项目中，项目经理常会和一些不太了解的人一起工作，这些人性格特点、知识技能和兴趣偏好各不相同，组合在一起不一定能很好地合作。正如将全世界最出色的足球明星组合成一个足球队，并不一定就是全世界最棒的球队一样。一个优秀的足球队不仅要有能够胜任各关键位置的球员，还要求球员能够配合默契。为了选择最胜任的成员，项目经理必须努力去了解项目团队成员的技能、知识和兴趣，把个人的偏好与角色要求相匹配，恰当地运用每个成员的才能，使其各得其所，团队成员才能够相互促进和协作，项目团队才能理想工作。

找到了优秀的项目人员，并将他们组织起来后，项目经理需要不断地对项目成员构成的小组进行调适，建立起广泛的信任基础，并促进真正的合作，才能真正形成项目团队。

项目团队的建设要以形成以下五种特点为目标：

1. 共同的目标。每个组织都有自己的目标，项目团队更不能例外。共同的目标是项目团队存在的基石，正是在这一目标的感召下，项目队员凝集在一起，并为之共同奋斗。

共同目标包容了个人憧憬与个人目标，充分体现了个人的意志与利益，共同目标能产生足够的吸引力，能够引发并保持团队成员的激情，并随着环境的变化而有着相应的调整。每个队员也都了解它、认同它，都认为共同目标的实现是达到共同憧憬的最有效途径。

2. 合理分工与协作。项目团队中每个人的行动都会影响到其他人的工作，因此团队成员都需要了解为实现项目目标而必须做的工作及其相互间的关系。每个成员都应该明确自己的角色、权力、任务和职责，即项目共同目标在团队成员间的分解及具体化，同时，更重要的是在目标明确之后，必须明确各个成员之间的相互关系，以便在以后项目执行过程中少花许多时间和精力去处理各种误解。

3. 高度的凝聚力。凝聚力指成员在项目内的团结与吸引力、向心力，它能使团队成员积极热情地为项目成功付出必要的时间和努力。

4. 团队成员相互信任。项目团队成员相互关心，承认彼此存在的差异，信任其他人所做和所要做的事情，能自由地表达不同意见，不怕打击报复地大胆提出一些可能产生争议或冲突的问题，这样的团队必将是一个有效的团队，必将使团队能力得到充分发挥。项目经理应认识到这一点，通过委任、公开交流，自由交换意见来推进彼此之间的信任。努力建立团队成员间的相互信任。

5. 有效的沟通。高效的项目团队还需具有高效沟通的能力，拥有全方位的、各种各样的、正式的和非正式的信息沟通渠道，能保证沟通直接、高效、层次少，实现信息和情感上的沟通，形成开放、坦诚的沟通气氛。

（三）项目团队的发展

一个项目团队从开始到终止，是一个不断成长和变化的过程。项目管理近20年来的研究表明，项目团队的发展没有任何标准的模式，项目团队不是静止不变的，在小组成员的态度和行为不断的调整过程中，项目经理必须要敏锐地辨识各种冲突的性质，制定并实施切实可行的团队建设措施，建立健全科学的授权与控制机制，使项目团队能长久保持高绩效的运作状态，确保项目任务能顺利完成。

项目团队的生命历程，一般要经历形成、磨合、规范、执行和解散五个阶段。不同的阶段，项目成员的工作任务及团队间的人际关系，有很大的差别，项目经理应采用不同的领导策略加以适应。

1. 形成阶段。在形成阶段，团队成员因项目而走到一起，大家互不相识，不太清楚项目是干什么的和自己应该做些什么。这一时期的特征是队员们既兴奋又焦虑，而且还有一种主人翁感，他们从项目经理处寻找或相互了解，谨慎地研究和学习适宜的举止行为，以期找到属于自己的角色。

在这一阶段，每个成员都试图了解项目目标和他们在团队中的合适角色，项目经理在这个阶段的领导任务是要让成员了解并认识团队有关的基本情况，明确每个人的任务，为自己找到一个有用的角色，培养成员对项目团队的归属感，激发其责任感，努力建立项目团队与项目组织外部的联系与协调关系。

当团队成员感到他们已属于项目并且有了自己作为团队不可缺少的一部分的意识时，他们就会承担起团队的任务，并确定自己在完成这一任务中的参与程度。当解决了定位问题后，团队成员就不会感到茫然而不知所措，从而有助于其他各种关系的建立。

2. 磨合阶段。这一阶段队员们开始执行分配到的任务。但由于现实可能与当初的期望发生较大的偏离，于是，团队的冲突和不和谐便成为这阶段的一个显著特点。成员之间由于立场、观念、方法、行为等方面的差异而产生各种冲突，人际关系陷入紧张局面，队员们可能会消极地对待项目工作和项目经理，甚至出现敌视、强烈情绪以及向领导者挑战的情形。冲突可能发生在领导与个别团队成员之间，领导与整个团队之间以及团队成员相互之间、团队成员与周围环境之间、团队成员与项目外其他部门之间。这些冲突或是情感上的，或是与事实有关的，或是建设性的，或是破坏性的，或是公开性的，或是隐瞒性的，整个项目团队工作气氛趋于紧张，问题逐渐暴露，团队士气较形成阶段明显下沉。

不管怎样，在这一阶段，团队成员逐步在明确自己所扮演的角色及其功能、权限和责任感，项目经理的领导任务是建立切实可行的行为和工作标准，在团队中树立威信、排除冲突，以理性的、无偏见的态度来解决团队成员之间的争端。

3. 规范阶段。经历了磨合阶段的考验，项目团队确立了成员之间、成员与项目经理之间、团队与外部环境之间的良好关系。在这一阶段随着个人期望与现实情形——要做的工作、可用的资源、限制条件、其他参与人员的逐步统一，队员的不满情绪不断减少，项目团队逐步适应了工作环境，项目规程得以改进和规范化，控制及决策权从项目经理移交给了项目团队，团队凝聚力开始形成，每个成员为取得项目目标所做的贡献都能得到认同和赞赏，团队成员开始自由地、建设性地表达他们的情绪及评论意见，成员之间开始相互信任，合作意识增强，团队的信任得以发展。

团队经过这个社会化的过程后，建立了友谊、忠诚和信任，团队成员大量地交流信息、观点和感情，团队成员有了明确的工作方法、规范的行为模式，这一阶段的矛盾程度明显低于磨合时期，项目经理的领导任务主要是在项目成员及任务间进行适当的资源配置。

4. 执行阶段。经过前一阶段，团队确立了行为规范和工作方式，能开放、坦诚、及时地进行沟通，有集体感和荣誉感，信心十足，工作积极，急于实现项目目标。在这一阶段团队能感觉到高度授权，会根据实际需要，以团队、个人或临时小组的方式进行工作，团队相互依赖度高，他们经常合作，并在自己的工作任务外尽力相互帮助。随着工作的进展并得到表扬，团队获得满足感，个体成员会意识到为项目工作的结果是他们正获得职业上的发展。

相互的理解、高效的沟通、密切的配合、充分的授权，这些宽松的环境加上队员们的工作激情使得这一阶段容易取得较大成绩，实现项目的创新。团队精神和集体的合力在这一阶段得到了充分的体现，每位队员在这一阶段的工作和学习中都取得了长足的进步和巨大的发展，这是一个 $1+1>2$ 的阶段。

在这一阶段，项目成员相互配合，充分发挥着团队集体的主动性、积极性和创造性。项目经理的领导任务主要是适当授权和分派工作，放手让成员自主完成项目任务，通过有效的控制，尊重和信任来激发成员。

5. 解散阶段。对于完成某项任务，实现了项目目标的团队而言，随着项目的竣工，团队准备解散，团队成员开始骚动不安，考虑自身今后的发展，并开始做离开的准备，团队开始涣散。有时，团队仿佛回到了组建阶段，必须改变工作方式才能完成最后各种具体任务，但同时由于项目团队成员之间已经培养出感情，所以彼此依依不舍，惜别之情难以抑制，团队成员们领悟到了凝聚力的存在。

在这一阶段，项目经理的主要任务是收拢人心，稳住队伍，适度调整工作方式，向团队成员明确还有哪些工作需要做完，否则项目就不能圆满完成，目标就不能成功实现。只有根据项目团队成员在这一阶段的具体情况不断调整领导艺术、工作方式，充分利用项目团队凝聚力和团队成员的集体感和荣誉感，才能完成最后的各项具体项目任务。

团队发展包括提高项目相关人员作为个体做出贡献的能力和提高项目小组作为团队尽其职责的能力。个人能力的提高（管理上的和技术上的）是提高团队能力的必要基础。团队的发展是项目达标能力的关键。

团队发展贯穿于项目全过程。

团队建设活动包括专门采取的管理活动和个人行动，且首要目的是提高团队绩效。许多行动，诸如在规划过程中参加无管理层小组，或为平息和处理人际冲突制定基本规则等，其间接结果都是可以提高团队绩效。团队建设可以有多种形式：从常规情形下复查会议中五分钟的议事日程，到为了增进关键性的项目相关人员之间的人际关系而设计的广泛的，地点不固定的，专业的促进关系体验。

在团队建设方面有大量的书面文件资料规定。项目管理小组应从总体上熟悉各种队伍建设活动。

奖励和表彰体系是正式的管理措施，为了鼓励和促进符合项目需要的行为。为了达到效果，这种体系必须在绩效和奖励之间建立一种清晰、明确和易于接受的联系。例如，一个因达到项目成本目标而受奖励的项目经理应当具有相当的控制人员过度配置和聘用的决策水平。

由于执行组织的奖励和表彰体系可能并不适用于具体项目，各项目必须拥有自己的奖励和表彰体系。例如，为了达到积极有效的进度目标而加班工作的意愿应当得到奖励或表彰，但因为计划不当而需要加班工作就不应得到奖励。

奖励和表彰体系还必须考虑文化差异。例如，在一个崇尚个人主义的文化背景中，建立一个适当的集体奖励体系可能会十分困难。

人员包括将大多数积极工作的项目小组中的所有（或几乎所有）成员安排在同一个工作场所，以提高他们作为一个团队执行项目的能力。人员安排广泛应用于较大型的项目中，在较小型的项目中也很有效（例如在一个“作战室”中，团队随着项目工作的进展集中工作或解散）。

人员培训包括为了提高项目小组的技能知识和能力水平而设计的各种活动。有些作者将培训、教育和理解加以区分，但是三者之间的差别既不明显也未得到广泛认可。培训可以是正式的（例如：课堂培训，以电脑为基础的培训）或非正式的（例如：来自其他小组成员的反馈）。关于如何提供成人培训有大量书面资料。

如果项目小组成员缺乏必要的管理和技术方面的技能，则必须将提高此类技能作为项目的一部分，或者采取一定步骤将人员重新进行适当分配。直接或间接的培训费用通常由执行组织支付。

协商是指与他人交换意见以便得出结论或达成共识，为了达成共识可能需要进行直接的协商或者通过一些辅助手段进行协商、调解和仲裁就是协商的两种辅助手段。项目在许多层次、许多观点上会有多次的协商，比如说范围、成本和进度目标，范围、成本或进度的变动，合同条款，任务分配，资源等。

解决问题包括明确问题和制定解决方案两方面的组合。它所关注的是那些已经出现的问题（与风险管理相反，风险管理涉及的是潜在的问题）。

明确问题要求将原因和现象进行区分，问题可能出自于内部（一个主要成员被分配到别的项目上去了），也可能来源于外部（开始工作所需得到的许可延迟了）。问题可能出在技术上（对产品设计的最佳方案有不同的观点），也可能出在管理上（一个职能部门没有按计划完成工作）或是出在内部内员（个性或办事风格有冲突）。

制订解决方案包括分析、寻求可行的各种解决办法，以及从中作出选择。我们可以制定解决方案，我们也以从顾客、工作组或是某一部门主管那儿寻求解决方案，一旦明确了解决方案，就必须实行，解决方案是具有时间性的，如果解决方案制订得太早或太晚，那么即使是正确的解决方案也不一定是最好的解决方案。

团队发展的首要成果就是项目绩效的提高。这种提高可能来自许多资源，并能对项目绩效的许多方面产生影响。例如：个人技能的提高，可以使专业人员更高效地完成所分配的活动。团队行为的改善（如：平息和处理冲突）可以让项目小组成员将更多的精力投入技术工作。个人技能或团队能力的提高可以对确定和开发完成项目工作的更好方法起到促进作用。

第四节 人员组织和绩效管理

一、人员组织

项目组织管理包括一些程序，要求充分发挥参与项目人员的作用，包括所有与项目有关的人员——项目负责人、客户、为项目做出贡献的个人及其他人员。这些程序互相之间有影响，并且同其他知识领域中的程序相互影响。依据项目的需要，每道程序可能都包含一个或更多的个人或团队的努力。虽然这里列出的程序如同界限分明的一个个独立要素，实际上它们可能以某些没有在此详述的方式相互重合或相互影响。

项目的暂时性特征意味着个人之间和组织之间的关系总体而言是既短又新的。项目管理小组必须仔细选择适应这种短暂关系的管理方式。

在项目生命周期中，项目相关人员的数量和特点经常会随着项目从一个阶段进入另一个阶段而有所改变，结果使得在一个阶段中非常有效的管理方式到了另一个阶段就会失去效果。项目管理小组必须注意选用适合当前需求的管理方式。

组织人员的行政管理工作一般不是项目管理小组的直接责任。但是，为了深化管理力度，小组必须对行政管理的必要性有足够的重视。

人员组织包括得到所需的人力资源，将其分配到项目中工作。在大多数情况下，项目管理小组必须注意保证所利用的人力资源能符合项目的要求。指导和管理这两者对项目而言都是不可或缺的。缺少两者中的任何一个都很能会产生不良的结果，管理从根本上而言关注的是稳定得到项目涉及人员所期望的主要成果，而指导涉及的则是:(1)确定方向。规划出对未来的构想及发展战略以便能实现这一构想。(2)明确表达。实现这一构想需要很多人的协助，那么就有必要通过语言或行动让所有这些人明白这一构想。(3)激发和鼓励。激励大家去努力克服在变革过程中可能会遇到的政策上的、官僚主义的、资源上的种种障碍。

在一个项目中，尤其是在一个大的项目中，项目经理通常也被期望成为项目的指导者。但是，并非只有项目经理可以对项目进行指导，项目中众多不同的个体在各个不同的时间都有可能对项目进行指导。项目的各个层次上都需要有指导(项目指导、技术指导、团队指导)。

管理小组的影响在人员分配协商中扮演着十分重要的角色，如同组织工作中的政治手段的重要性一样。其中包括:①预先分配。在某些情况下，可以预先将人员分配到项目中。这些情况常常是:该项目是完成一项提议的结果，而使用特定的人员是该项提议允诺的一部分，该项目是一个内部服务项目，且人员的分配已在项目安排表中有规定。②临时雇佣。项目采购管理可用于开展项目工作而取得特定个人或团队的服务。当执行组织缺少内部工作人员去完成这个项目时，就需要临时雇佣人员。

项目人员的组织和整体管理涵盖面非常广泛，组织作为行为和整体管理要处理一个连续运转企业在管理中方方面面的问题，它包括:财务和会计、推销和市场、研究和开发、生产和分配;战略性计划、战术性计划、操作性计划;组织结构、组织行为、人事管理、补助方式、利益分配、晋升方式;通过鼓励、授权、监督、团队建设、冲突管理及其他技巧处理好工作关系;通过个人时间管理，压力管理和其他方法实现个人管理等 。

整体管理方法为项目管理奠定了基础，对项目经理而言是必须了解和掌握的，在任何一个项目中都可能要求运用一定的整体管理方法。也有许多整体管理的方法仅仅与某一类项目或某一些应用领域有关系。比如，工作成员的人身安全在所有建筑都是至关重要的，而在大多软件开发项目中就没有那么重要了。

二、人力资源培养与开发

人力资源的培训与开发是指为提高员工技能和知识，增进员工工作能力，从而促进员工现在和未来工作业绩所做的努力。其中，培训集中于现在的工作，而开发则是员工们对未来工作的准备。简单地讲，培训类型有三种：技术培训、取向培训和文化培训。

（一）培训和发展需求的确定

人力资源培训和发展项目的第一阶段是需求估计，由组织需求分析、工作需求分析和个人需求分析组成。

1. 组织需求分析。组织需求分析始于对组织短期和长期目标的考察，以及对影响这些目标的趋势的分析。在这一分析中，应予以关心的是组织面临的，能够通过培训加以解决的问题。组织需求分析要把组织目标变成人力资源需求、技能要求以及技能和人力资源供给项目。

进行组织需求分析可以采取以下几种方式。一种方式是进行人力资源的调查，收集组织各类人员的情况资料，以此确定组织及企业人力资源的需求情况，提出解决各类人员后备力量的办法和培训需要；另一种方法是考察组织效力指标，从而决定培训的需要。

2. 工作需求分析。工作需求分析如同组织需求分析一样重要，它是确定培训内容的重要依据，但经常被忽略。由于组织需求分析太广泛，无法确定具体工作特定的培训和发展需求，因此必须进行工作需求分析。这种分析提供每一工作的任务信息，完成任务必需的技能和最低限度的可接受水平。

3. 个人需求分析。个人需求分析可通过两种不同的方式完成。一种是通过实际工作表现和最低可接受表现标准的比较；另一种是通过员工的效率估计和每种技能应有效率水平的比较，就可区分员工工作表现的差异。前者以员工实际的现行工作业绩为基础，它可用以确定培训和发展需求；后者可用以识别未来工作的培训和发展需求。

（二）培训和发展项目的实施

1. 确定培训目标。一旦组织识别出培训需求，培训方案的设计者必须具体说明培训目标。目标要描述受训者应该能做些什么作为培训结果。培训结果越具体，就越有可能设计出正确的培训方案。同时，目标可以被用来判断培训方案的有效性，作为评估培训效果的依据。

2. 选择培训对象。虽然人人都可以被培训，所有职工都需要培训，但由于组织的资源有限，不可能提供足够的资金、人力、时间作漫无边际的培训，因此，所有员工不一定都得到同一层次的培训，必须有指导性地确定组织急需人才培训计划，根据组织目标的需求选择被培训人员。

3. 选择培训方法。培训方法随工作水平的不同而不同，每种培训方法都有自己的优点，常见的有以下几种培训方法。

（1）在职培训。在职培训是历史最长、采用最普遍的培训方式。最常见的在职培训有工作轮换和见习两种。前者是将某一员工安排到一个新的工作岗位，横向调整工作，目的在于让员工学习各种工作技术，后者是新职工向年长资深的有经验的老职工学习的一种培训方法。在职培训的最大优点是经济、学员学习时所处的工作环境与他们以后在实际工作中的环境相同。缺点是指导人员不得不放下正常工作。

(2)工作指导培训。工作指导培训方案的开发始于工作分解，就是分步骤地列出应如何进行工作。伴随工作分解的是对每一步骤的关键点进行描述。关键点就是提供建议帮助员工有效而安全地执行任务。使用工作指导培训方法时，培训者首先讲解并演示任务，然后让受训者进一步地执行任务，必要时给予纠正性反馈。这种培训对指导受训者如何执行相对简单并可以一步步地完成任务非常有效。

(3)讲授法。讲授法就是课程学习，它最适合于以简单地获取知识为目的的培训。其优点是效率高，一个培训者同时可以培训很多员工。其缺点是一种被动的培训方法。

(4)工作模拟培训。工作模拟是能够提供几近真实的工作条件，同时以不失去对培训过程的有效控制，从而为受训者创造了一种较好的学习条件。它适合于对管理人员进行培训，以提高管理人员的认知技能、决策能力和处理人际关系的能力。

4. 评估培训效果。培训效果是指在培训过程中受训者所获得的知识、技能、才干和其他特性应用于工作的程度。培训效果可能是积极的，也可能是消极的或中性的。组织在评估培训效果时所采用的标准很重要，评估标准可分为：反映标准、学习标准、工作标准和结果标准四种类型。反映标准是通过学员对培训的印象和感觉来评价培训效果；学习标准主要用来评价学员在培训中学到了多少知识和技能；工作标准是以学员回到工作岗位以后工作实绩的变化作为评价标准；结果标准是指培训对于组织的最终价值，主要是对培训代价和效益进行评估。结果标准是最重要的，但又是最难制定的。在评价结果标准时，应先计算所有培训成本和培训后学员的生产率，然后再决定培训的得失。

对项目管理人才培养来说，应适应当今项目管理人才竞争的国际化趋势，借鉴国外项目管理人才资源开发的有益经验，拓宽培养渠道，创新培养手段，扩大培养覆盖面，形成更为灵活的人才管理体制；应发挥高等院校、科研机构在项目管理人才培养方面的重要作用，利用其人才优势、环境优势，建立健全项目管理学科点，完善项目管理理论，建立健全项目管理人才培养体系；加强人才中介机构和科技服务组织在项目管理人才开发中的作用；着力培育并形成与其他要素市场相贯通的项目管理人才市场，鼓励人才合理流动；应在课程设置、培训重点等方面注意区分工程项目与科研项目、队伍建设项目管理人才培养的区别，一般项目与特殊项目管理人才培养的区别。

从项目管理人才培养的角度来看，推动项目管理人才工作信息化，提高管理人员应用现代信息技术的能力，是项目管理自身发展的迫切需要。伴随项目管理的范围进一步拓展，从工程项目到科研项目，从高新技术发展到传统产业改造，项目管理的外延一步步扩大，呈现出点多、面广、线长的特点。这种客观情况，对管理手段提出了更高的要求。实现有效管理，管理组织就有必要建立起良好的项目综合管理信息系统，就需要提高管理人员应用现代信息技术的能力，把项目前、项目中、项目后的各项内容以及可能发生的情况进行综合归纳、分析、总结和预测，实施动态监管，以实现更高效的管理。

三、人力资源的绩效管理

人力资源的绩效管理是项目管理的核心内容，是实现项目目标的基础和前提。它是依据项目团队成员和他们的项目负责人之间达成的协议，来实施一个双向式互动的沟通过程。该协议对成员的工作职责、工作绩效如何衡量，员工和负责人之间应如何共同努力以维持、完善和提高成员的工作绩效，成员的工作对项目目标实现的影响，找出影响绩效的障碍并排除等问题做出了明确的要求和规定。

（一）项目人力资源的激励

1.激励。顾名思义，就是“激”和“励”的组合。可定义为：通过调整外因来调动内因，从而使被激励者向着预期的方向发展。因此，“激”即引发动机，“励”即强化行为，所以激励实质上是一个通过外部引导行为来激发内部动机的过程。

所谓动机，是指人去行动的主观原因，经常以愿望、兴趣、理想等形式表现出来。它是个人发动和维持其行为，使其导向某一目标的一种心理状态。产生动机原因有二：一是需要，包括生理需要和社会需要；二是刺激，包括内部刺激和外部刺激。在同一时刻，人的动机有若干个，但真正影响行为的动机只有一个，有时还会产生复杂多样的甚至互相矛盾的动机，这时就须通过思想斗争，使其中一种动机占优势，即为优势动机。动机具有始发功能、选择功能、强化功能和为了达到目标而形成一定模式的调整功能。

美国心理学家马斯洛提出著名的“需求层次理论”，假设每个人都有五个层次的需要：生理需要、安全需要、社会需要、尊重需要、自我实现的需要。从激励的角度来看，员工未被满足的需要是有效激励的前提条件。马斯洛认为，上述五种需要是按次序逐级上升的。当下一级需要获得基本满足后，追求上一级的需要就成为驱动行为的动力。实际上今天社会中大多数人在正常情况下，每种基本需要都是部分得到满足，部分得不到满足。

因此，项目管理人员必须要了解项目团体中每个成员的主要需要，以便于组织满足这些人的特别需求，引导他们为项目目标服务。

2.激励理论。了解了人的动机以后，如何有效地将人的动机和项目所提供的工作机会、工作条件和工作报酬紧密地结合起来，就是项目人力资源激励的主要内容。

以下四个理论将对激励过程的具体实施起指导作用：

（1）赫茨伯格的双因素理论。美国心理学家赫茨伯格调查后发现，促使员工在工作中产生满意或良好感觉的因素与产生不满或厌恶感觉的因素是不同的，前者往往和工作内容本身联系在一起，后者则和工作环境或条件相联系，它们分别被定义为“激励因素”和“保健因素”。

赫茨伯格指出，激励因素包括工作富有成就感，工作成绩能得到社会承认，工作本身具有挑战性，负有重大责任，在事业上能得到发展和成长等。这类因素的改善，往往能给员工以很大程度的激励，产生工作的满意感，有助于充分、有效、持久地调动他们的积极性。保健因素是指和工作环境或条件相关的因素，包括组织的政策与行政管理、技术管理、工资、工作条件、安全设施和人际关系等，这是保持职工达到合理满意水平所必需的因素，不具备这些因素，员工则不满意。但是这些因素并不构成激励，就像保健可以防病，但不可治病一样。

赫茨伯格认为，在两种因素中，保健因素的扩大会降低一个人从所做的工作中得到的内在满足，而外部动机的扩大会引起内部动机的萎缩，因此，要避免削弱内在动机的作用，应该尽量扩大个人努力工作的内在动机的积极作用。

管理人员必须了解哪一种因素导致个人满意，哪种因素使人不满意。为了调动个人积极性，管理者应该设法利用这些因素，将个人的不满意降低到最低程度，增加个人的满意程度。根据具体情况，采取适宜的措施，既要认识“保健因素”的重要性，又要注意更多地用“激励因素”来调动职工的积极性。

(2)弗隆姆的期望理论。维克多·弗隆姆队为，员工选择做或不做工作主要基于三个具体因素：

第一个因素是员工对自己做某项工作的能力的知觉。如果员工相信他能够做，则动机就是强烈的；如果认为不能，动机将降低。

第二个因素是员工的期望。如果他做了这件事，会带来一定的结果。换句话说，如果员工相信从事这项工作会带来渴望的结果，则做这项工作的动机会很强烈；相反，员工若认为不能带来所期望的结果，则动机不足。

第三个因素是员工对某种结果的偏好。如果一位员工真的渴求加薪、晋升或其他结果，则动机会很强烈；但如果员工认为这是一个消极的结果，如额外压力、更长的工作时间或合作者的嫉妒，则他就不会受到激励。

根据弗隆姆的理论，员工的动机依赖于三个因素。换句话说，动机依赖于员工认为他们是否能达到某种结果，这种结果是否能带来预期奖赏以及员工是否认为此奖赏有价值。如果这三个因素员工评价都很高的话，动机强度便可能很高。

因此，第一，项目管理人员者必须根据每一个人的能力，分配给他们合适的岗位职责，使他们发挥出自己的专长；第二，管理人员同时也要让下属知道，表现好、绩效高会受到组织奖励；第三，管理人员还要能确定哪些奖励对哪些人适用。只有三者具备，才可能实现对项目人员的有效激励。

(3)斯戴西·亚当斯的公平理论。公平理论是美国心理学家斯戴西·亚当斯提出的一种激励理论。该理论着重研究工资报酬分配的合理性、公平性对职工产生积极性的影响。公平理论指出，职工的工作动机，不仅受到其所得绝对报酬的影响，而且受到相对报酬的影响。即一个人不仅关心自己收入的绝对值，而且也关心自己收入的相对值。每个人都会不自觉地把自己付出的劳动和所得的报酬与他人付出的劳动和所得的报酬进行社会比较，也会把自己现在付出的劳动和所得报酬与自己过去劳动和所得报酬进行历史比较。如果当他发现自己的收支比例与他人的收支比例相等，或者现在的收支比例与他人或过去的收支比例相等时，则认为是应该的、正常的，因而心情舒畅，努力工作。但如果当他发现自己的收支比例与过去不相等时，就会产生不公平感，从而影响工作的积极性。

亚当斯的研究结果显示，如果报酬制度要有效地促进个人的动机行为，激发职工积极性的话，个人必须相信这种报酬制度是公平合理的。公平理论的关键是输入与输出结果的概念。输入是指个人向组织投人工作上的努力、技能、教育、资历，社会地位等因素。输出是个人感到应获得一定报酬的依据。输出结果是指组织向个人提供的报酬，如工资、福利、表扬、晋升等因素。在同一组织内，一个人的输入与输出结果必须与其他人相同。亚当斯的研究表明，个人将自己的情况与别人相比后，总会调整他们的输入，以求获得输入、输出关系的平等待遇。项目管理人员必须做到合理分配，同工同酬，公平对待组织内的每一个成员。

(4)斯金纳的强化理论。强化理论关注通过运用积极或消极的后果来改变行为。斯金纳认为，人们体验到的需要或动力导致了他们以某种方式行动，这种行动的后果将影响个体是否会重复这种行为。

如果某种行为产生了一种积极的结果，个体就可能有重复它的动机，斯金纳把这叫“积极强化”。如果行为并未产生消极后果，个体也可能重复它，斯金纳把这叫“消极强化”。另一方面，如果某种行为产生消极后果或因此而受到惩罚，个体很可能会减少这种行为。如果一种行为并未产生积极后果，人们可能会决定不再做它，这种选择斯金纳戏称为“消亡”。斯金纳认为运用积极和消极的后果能影响人们的行为，这叫“行为塑造”。而且，要想使后果积极，它们必须在行为发生后不久就出现。因此，当员工工作表现好、圆满完成任务时，项目经理人员必须强调从正面引导、强化，而且管理人员应及时发扬好的表现行为。

3. 项目成员激励的协调关系。项目成员在团队中的表现，不仅取决于其个人的态度及努力程度，管理者的管理策略对项目成员也有影响。

（1）管理者采取的激励措施与项目成员为实现组织目标付出的努力成正比。管理者采取的激励措施可以按强度和类型进行分类，较强的激励措施将使得成员更加积极地朝着管理者所期望的目标努力，调整个人目标与组织目标之间的差距。这些激励措施可以是物质的，也可以是精神的。

（2）激励措施的边际效用与双方目标的差异程度成正比。采取激励措施的目的是协调管理者和成员之间的不一致性，因此，激励措施的边际效用取决于双方目标的一致程度。如果成员感到努力工作将很自然地给他带来收益，即使管理者采取的激励措施非常少，成员也会努力工作，此时激励措施的边际效用就比较低。相反，双方目标差异大，激励措施的边际效用越高。

（3）基于结果的激励措施与基于行为的激励措施对成员有不同的影响。总的来讲，基于结果的激励措施对成员的影响比基于行为的激励措施效果更大。

（4）激励措施对不同的成员有不同的影响。

（二）项目人力资源的绩效评估

1. 绩效评估概述。对于绩效有多种理解。有人认为绩效应当着眼于工作结果，是个体或群体劳动的最终成绩或贡献；也有人认为，绩效既应当考虑员工的工作业绩，又应当考虑员工的工作过程和行为方式，认为绩效是员工与客观环境之间有效互动的结果。较为普遍的观点是，绩效是个体或群体工作表现、直接成绩、最终效益的统一体。

绩效评估就是工作行为的测量过程，即用过去制定的标准来比较工作绩效的记录及将绩效评估结果反馈给职工的过程。它以工作目标为导向，以工作标准为依据，对员工行为及其结果的综合管理，目的是确认员工的工作成就，改进员工的工作方式，奖优罚劣，提高工作效率和经营效益。

现代人力资源管理系统有以下几个方面，即人力资源的获得、挑选与招聘、培训与提高、激励与报酬谢等。绩效评估特别重要，因为绩效评估给人力资源管理的各个方面提供反馈信息，它是整个系统必不可少的部分，并与各个部分紧密联系在一起，它一直被人们称为组织内人力资源管理最强有力的方法之一。没有绩效评估就无法作出最佳管理决策，没有绩效评估就使项目成员在提升职务、工资晋级以及进一步培训提高上缺乏凭据，没有绩效评估管理者就无法考察下属的工作行为。

同样，绩效评估的作用在项目中主要表现在以下几个方面。

（1）确定项目员工的薪资报酬。合理的薪酬不仅是对员工劳动成果的公正认可，而且可以产生激励作用，在组织内部形成进取与公平的氛围。

(2)决定项员工的升降调配。通过绩效评估，可以提供有关员工的工作信息，根据这些信息，可以进行人员的晋升、降职、轮换、调动等人力资源管理。

(3)进行项员工的培训开发。在组织竞争与发展中，努力使人力资源增值，从长远来说是一项战略任务。培训开发是人力资源投资的重要方式，绩效评估可以检查出员工在知识、技能、素质等方面的不足，使培训开发有针对性地进行。

(4)加强组织与员工共同愿景的建立。绩效评估要求上下级之间对评估标准、评估方式以及评估结果进行充分沟通，因此，绩效评估有助于项目成员之间信息的传递和感情的融合。

2. 绩效评估的程序。

(1)建立业绩考核体系。员工的绩效受多种技能、激励、环境和机会等多种因素的影响，是员工个人素质和工作环境共同作用的结果，因此，绩效评估是一项较为复杂且具有一定难度的工作，为实施对人力资源绩效的有效评估，必须建立绩效考核体系。一般认为有效的绩效考核体系应同时具备以下五个特征：

①敏感性。敏感性指的是绩效评估系统具有区分工作效率高低员工的能力。

②可靠性。可靠性指的是评估者判定评价的一致性，不同的评估者对同一员工所做的评价应该基本相同。

③准确性。准确性指的是应该把工作标准和项目目标联系起来，把工作要素和评价内容联系起来，来确定一项工作成败的界限。

④可接受性。绩效评估体系只有得到管理人员和员工的支持才能推行。

⑤实用性。绩效评估体系的实用性指的是评估系统的设计、实施和信息利用都需花费时间、努力和资金，项目使用绩效评估系统的收益必须要大于其成本。

(2)将业绩期望告知项目成员。标准建立后，要将业绩标准告知员工，并将这些标准进行双向交流。

(3)测量实际业绩。测量实际业绩必须取得有关信息：如何测量、测量什么等。通常有四种信息来源：个人观察、统计报表、口头报告、书面报告。

(4)比较实际业绩和标准。将实际标准与评价标准进行比较，通过与员工的讨论对偏差进行矫正。

(5)进行矫正。矫正有两种类型，一种是迅速及时的，并且主要处理征兆问题；另一种是基础的，主要探讨原因。

3. 绩效评估的方法。绩效评估的方法很多，但没有适合一切目的的通用方法。管理方面的问题就是确定某种绩效评估方法以达到所追求的目的。此外，也没有一种普遍的评估方法能适用于一切项目的一切目的。因此，绩效评估方面的问题就是要设计一种方法，既适合评估目的又适合每一组织的特点。下面介绍一些绩效评估的主要方法及其优缺点。

(1)描述法。这是传统的评估方法，分鉴定法和关键事件法两类：

①鉴定法。评估者以叙述性的文字描述评估对象的能力、态度、成绩、优缺点、发展的可能性、需要加以指导的事项和关键性事件等，由此得到对评估对象的综合评价。优点是结果比较可靠，资料相对完整。但是往往费时较多、篇幅长，而且写作水平直接影响评价印象，难以对多个对象进行相互比较。

②关键事件法。在应用这种评价方法时，负责评估的主管人员把员工在完成工作任务时

所发现出来的特别有效的行为和特别无效的行为记录下来，形成一份书面报告。评估者在对员工的优点、缺点和潜在能力进行评论的基础上提出改进工作绩效的意见。如果评价者能够长期观察员工的工作行为，对员工的工作情况十分了解，同时也很公正和坦率，那么这种评价报告是很有效的。缺点是记录事件本身是一项很烦琐的工作，还会造成上级对下级的过分监视。

(2)比较法。对评估考评对象作出相互比较，是用排序而不是用评分，从而决定其工作业绩的相对水平。

排序形式有多种，如:简单排序、配对比较或强制分布。简单排序要求评定者依据工作绩效将员工从最好到最差排序。配对比较法则是评定者将每一个雇员相互进行比较。如将雇员1与雇员2、雇员3相比，雇员2与雇员3相比。赢得最多“竞赛”的雇员获得最高等级。强制分布法要求评定者在每一个优胜档次上都分派一定比例的雇员。强制分布法类似于在曲线上划分等级，一定比例的学生得A，一定比例的学生得B，等等。

比较法的优点是成本低、实用，评估所花费的时间和精力非常少。而且，这种绩效评估方法可有效地消除某些评估误差，如避免了评估者可能给每位员工都作出一个优秀评价的宽厚性错误。实际上，依照定义，只有50%的雇员能在平均水平之上。通过强制使评估者具体指出绩效最好的人和最差的人，从而使雇佣决策也更容易做了。

比较法有几个缺点。因为判定绩效的评分标准是模糊或不实在的，评分的准确性和公平性就可能受到严重质疑。而且比较系统没有具体说明一个员工必须做什么才能得到好的评分，因而它们不能充分地指导或监控雇员行为。最后，组织用这样的系统不能公平地对来自不同项目的员工的绩效进行比较。例如，A项目的第6名雇员可能比B项目的第1名做得更好。

(3)量表法。量表法是利用一系列标准化的量表进行考核评价，将一定的分数分配给各项考绩因素或指标，使每项考绩因素都有一个评价尺度，然后由评估者用量表对评估对象在各个考核因素或指标上的表现情况作出评判、打分，最后汇总引算出总分，作为评估对象的考绩结果。现在，量表法已经在各类项目得到广泛的采用，常用有图式评定量表、行为锚定式评定量表和行为观察量表，

(4)AFP法。此法是三种方法的综合，其中A表示层次分析法，它主要解决考核的项目指标体系结构的设计问题;F表示模糊测评法，它主要解决对考核项目的打分、评定问题;P表示模式识别，它主要解决对评分结果的认定问题。

(5)目标管理在项目管理中已得到广泛应用，而作为一种绩效评估工具许多研究表明它更具有有效性。这些研究认为，目标管理通过指导和监控行为而提高工作绩效，也就说，作为一种有效的反馈工具，目标管理使雇员知道期望于他们的是什么，从而把时间精力投入到能最大程度实现重要的组织目标的行为中去。研究进一步指出，当目标具体而具有挑战性时，当雇员得到目标完成情况的反馈以及当雇员因完成目标而得到奖励时，他们表现得最好。

从公平的角度来看，目标管理较为公平，因为绩效标准是按相对客观的条件设定的，因而评分相对没有偏见。目标管理相当实用且费用不高。目标的开发不需要像开发行为锚定式评定量表或行为观察量表那么花力气。必要的信息通常由雇员填写，由主管批准、修订。

目标管理的另一个优点是，因为它使员工在完成目标中有更多的切身利益，对其工作环境有更多被知觉到的控制，目标管理也使雇员及上级之间的沟通变得更好。目标管理也有若

干潜在的问题，在这里讨论其中的四个：

一是尽管目标管理使雇员的注意力集中在目标上，但它没有具体指出达到目标所要求的行为。这对一些雇员尤其是需要更多指导的新雇员来说，是一个问题，应给这些员工提供“行为步骤”，具体指出他们需要做什么才能成功地达到目标。二是目标的成功实现可能部分地归属于员工可控范围之外的因素，如果这些因素影响结果，就难决定员工是否要负责任或在多大程度上负责任。三是绩效标准因雇员不同而不同，因此，目标管理没有为比较提供共同的基础。例如，为一位“中等”的雇员所设置的目标可能比那些“高等”雇员所设置的目标挑战性较少，两者如何比较呢？因为有这个问题，所以目标管理作为一种决策工具的有效性就受到了限制。四是目标管理经常不能被使用者接纳。经理不喜欢他们所要求的大量书面工作，也许会担心雇员参加目标设定而夺取了他们的职权，这样想的经理，就不会恰当地遵循目标管理程序。而且，雇员也经常不喜欢目标带来的绩效压力和由此产生的紧张感。

案例

案例一

小王最近刚当项目经理就碰到了头疼事。刚进入一家新的公司没多久，小王就被任命为项目经理，项目组里面有个员工老吴比小王资格老得多，他技术很好，小王一直很想跟他搞好关系，但是俩人的关系好像一直不冷不热，小王给老吴安排工作他反应也不是很热心，后来有几次因为技术问题俩人发生过争执，谁也说服不了对方，小王挺生气的，小王觉得老吴有点倚老卖老，结果后来没多久老吴就辞职离开公司了，说实话他的离开对项目造成的损失挺大的，因为一时找不到像老吴技术这么好的人，搞得项目很被动，小王心里也挺难受的，领导也有微词，离开后过了几天小王在 MSN 上遇到老吴了，聊天，问老吴是不是因为自己才离开的，他说不是，是因为他遇到了更好的机会，但是小王觉得没那么简单。

因为这件事情搞得小王现在对自己很没信心，想请教各位，小王到底哪错了呢？以后遇上这种情况小王到底该怎么解决？

案例二

假如你最近被公司任命为项目经理，负责一个重要但不紧急的项目实施。公司项目管理部为你配备了 7 位项目成员。这些项目成员来自不同部门，大家都不太熟悉。你召集大家开启动会时，说了很多谦虚的话，也请大家一起为做好项目出主意，一起来承担责任。会议开得比较沉闷。

项目开始以后，项目成员一有问题就去找项目经理，请你给出意见。同时，你为了树立自己的权威，表现自己的能力，总是身体力行。其实有些问题项目成员之间就可以相互帮助，但是他们怕自己的弱点被别人发现，作为以后攻击的借口。所以他们一有问题就找经理，即使你的做法也不全对，但成员发现了也不吭声，因为他们认为我是按你说的做的，有问题你经理负责。

团队成员之间一团和气，“找经理去”“我们听你的”成为了该项目团队的口头禅。但随着时间的推移，这个貌似祥和团结的团队在进度上很快出现了问题。该项目由“重要但不紧急的项目”变成了“重要而且紧急的项目”。项目管理部意识到问题的严重性，派某高级项目经理直接指导该项目的实施。

问题：该项目问题出在哪里？你应该怎么改进？

※ 思考题：

1. 组织的定义与特征是什么？
2. 如何理解项目团队？项目团队的特点有哪些？
3. 项目经理在组织中扮演什么角色？
4. 如何对应聘者进行甄选？
5. 你认为应当进行有效的激励？加以实例说明。

第三章 项目论证与评估

第一节 项目论证与评估概述

一、项目论证与评价的概念

项目的论证与评价主要是指对拟实施项目的经济合理性、技术先进性、实施的可能性和风险性等各方面进行科学、全面的技术经济分析，项目的论证与评价是项目管理的首要环节和重要方面，其对项目能否取得既定的社会效应和经济效益起着关键作用

当谈到项目论证与评价，人们往往想到的是项目的可行性论证与评价，其实，项目论证与评价的实际工作远远不止这些。项目从开始到完成一般都会经历相类似的项目生命周期，也就是识别需求、提出解决方案、项目的执行和项目的结束四个阶段，在项目的每一个阶段都会遇到项目评价的一系列问题，同时，每个阶段的项目管理和实施的好坏也应该作为项目评价的一项内容。随着社会的不断发展，项目的种类和复杂程度都在不断地上升，项目的管理工作也越来越注重于项目生命周期的全过程评价，在此背景下，广义的项目评价理论也就应运而生了。广义的项目评价就是指项目在其生命周期全过程中，出于更好地进行项目管理的目的，针对项目生命周期各个阶段的特点，应用科学的评价理论和方法，采用适当的评价尺度，进行的一种计值或者主观效用的行为。

而项目论证则是指对拟实施的项目，从技术上的先进性、适用性，经济上的盈利性、合理性，以及实施上的可能性、风险性等方面，进行全面科学的综合分析，为项目决策者提供客观依据的一种技术经济研究活动。项目论证主要围绕着市场需求、财务、工程技术三个方面来展开调查和分析，其中，市场需求是前提，工程技术是手段、财务是核心，对以下几方面问题进行详细的论证：

(1)项目的最终产品市场的需求如何?

(2)实施项目需要多少人力、物力资源?

(3)整个项目需要多少资金?

(4)项目采用的工程技术是否具有先进性?

(5)项目规模如何设定?

从上可知，项目评价是在可行性研究的基础上，站在宏观和微观的角度，全面地对项目技术经济的进行预测、论证和评价，项目的技术经济评价包括技术评价、财务评价、社会评价、国民经济评价、风险评价等，进而确定项目的投资经济效果，以及未来发展的前景。根据广义的项目评价理论，项目评价大致可分为三个部分：即项目前评价、项目中评价、项目后评价。当然，因为这三个阶段项目管理的内容和侧重点各有不同，其项目评价内容也不尽相同。

项目前评价也正是前面所讲的传统定义的项目评价，一般在项目生命周期的初始立项阶段进行，并且通过预测、论证和评价，辅助项目决策者进行项目决策，所以也称为项目可行性论证。项目中评价是在项目执行过程当中进行的，通过以项目的状态和项目的进展为对象，进行衡量、监测和对已完成的工作的评价，为项目干系人对项目的监督和控制提供信息，同

时也为顺利实现项目既定目标，提供项目管理所需信息。项目后评价一般是在项目竣工以后的项目运作阶段进行，对项目投资实际经济效果的再评价，总结整个项目过程中的经验教训，为提高项目的投资效益，同时也为今后作相关项目的决策时，提供了借鉴和反馈信息。由于项目前评价是在项目的立项阶段进行，而且评价所依据的全部数据都是预测数据，有很大的主观性，也带有非常强烈的估计色彩，因此项目前评价也称为“项目评估”。

二、项目论证的作用及基本原则

项目论证主要是通过对实施方案的工程技术、产品、原材料、未来市场需求和供应情况，以及项目的投资与收益情况进行分析，比较各种方案的优劣，以及在项目的技术上是否可行，经济上是否合算等信息提供相应的决策参考。一般而言，项目前评价的作用主要体现在四个方面：

(1)确定项目是否实施的依据。

(2)筹措资金的依据。

(3)编制项目计划、项目进度、项目资源配置的依据。

(4)项目论证有利于防范风险、提高项目效率。

如今，科学技术飞速发展，为了实现相同的目的或为了满足相同的需要，可供采用的方案愈来愈多。那么，如何在多种可靠的方案中作出正确的抉择呢?

第一，必须明确方案的评价标准。比如不能与国家有关的规划、政策和法规相抵触，必须与国家经济和社会发展的长远规划，部门与地区规划相一致;同时可以参照国家颁布的建设项目可行性研究及经济评价的有关规定以及各种市场信息的市场调研报告等。

第二，为了正确处理各个方面的关系，保证项目前评价和决策的科学性，应该遵循以下几个原则：

(1)政策、技术和经济相结合。评价方案的技术和经济效果，要综合考虑项目技术上的先进性、经济上的合理性以及政策上的正确性。例如:采用先进技术是技术上的一项重要标准，然而，在一定条件下并不是所有的先进技术都能发挥最佳的经济效果，这是因为它要受到技术消化能力和投资能力制约。因此，在对技术方案进行评价时，必须要统一评价技术的经济性、先进性和适用性，而不能片面追求最新技术。

项目决策目标的依据必须与发展国民经济的战略相一致。没有明确的目标，那么，拟定方案就没有依据，进而决策也就成了盲目的东西。因此，目前造成的重复建设、重复引进等失误，统统都可归结为目标不正确。所以，项目决策就必须和国民经济发展的战略相结合，是实现决策科学化的首要的工作，也是决策能否做到正确的前提。

(2)重视数据资料。数据资料是项目前评价的支柱。在项目前评价过程中常常依赖于假设条件，但是假设的条件越多，尤其对基本问题的假设越多，风险也就越大，进而失去了项目前评价的本来含义和价值。所以，必须从组织机构上加强统计数据和情报资料的工作。

我国项目前评价所需要的数据由于缺乏专门机构和专业人员的统计、分析和研究，再加上项目管理上的混乱，同时，内部参考的经济资料难于得到，国际行情更是茫然不清，从而导致有的数据资料缺乏真实性。所以，项目前评价要高度重视数据资料，最大可能地收集各种数据资料，并对数据资料加以分析，充分考虑其来源、日期、目的，以及数据运用的条件和应用于不同条件下的换算方法，等等。

(3)加强科学的预测工作。美国学者西蒙说，管理就是决策。决策是管理者的一项重要职责，对项目管理者而言，必须对经济和技术的发展情况做出准确的预测，这无疑会为正确的决策提供前提条件，从而可以减少决策失误的发生，少犯错误。因此，对任何决策而言，预测都是一个关键问题，特别是对需要有大量数据进行分析的项目前评价的决策来说，更是如此。其实，预测就是对围绕决策问题的各种内部情况和外部情况所进行的预计，并且对尚未发生或不明确的事物所进行的事先估计和推测，也是对未来将要发生的结果所进行的探讨和估计。随着系统管理的重要性日益突出，预测也就成为了项目前评价的一项重要工具和一个重要组成部分。对未来的预测，实际上也是分析制订项目目标的重要依据。

(4)微观经济效果和宏观经济效果相结合的原则。微观经济效果就是从一个单纯的项目出发，来考察方案的经济效果，而宏观经济效果则是从整个国民经济出发，来考察方案的经济效果。同时，微观经济效果是宏观经济效果的基础，而宏观经济效果也是衡量微观经济效果的最终标准，两者往往是相一致的，但是在某些特定情况下也可能发生矛盾。微观经济效果和宏观经济效果相结合的本质，就是处理好局部利益与整体利益的关系，在微观项目利益服从宏观经济的整体利益的基础上，选择最佳的项目方案。

(5)短期经济效果和长期经济效果相结合。短期经济效果和长期经济效果相结合，实质上就是要正确处理短期利益与长期利益之间的关系。一般而言，只有把短期利益与长期利益结合起来，才能保证国民经济的稳定、持续、健康的发展。所以，在评价项目方案时，不仅要看短期的经济效果，更要考察长期的经济效果。即:要从经济发展上进行动态的考察，要克服静态考察时容易产生的片面性，从而避免贪图眼前小利而为将来带来无穷后患。

(6)定量分析和定性分析相结合。定性分析为主的决策方法，是一种传统的决策方法，是在掌握了一定资料的基础上，根据决策人自身的经验、学识、洞察力、直觉和逻辑推理能力来进行的决策方法，是一种相对主观性、经验型的决策方法。20 世纪 50 年代以后，随着应用数学和计算机科学的发展，在经济决策过程中引入了较多的定量分析方法，通过定量计算及分析，对问题的相关因素进行更为精细的研究，来发现研究对象的实质和规律，使得决策更具有科学性。尤其是对决策中可能出现的不确定因素和风险问题，可以做出更为准确的判断与分析，有利于决策者进行选择。由于经济问题变化很多，十分复杂，而且有的指标还根本无法用数量来表示，因此，采用定量分析的决策方法时并不排斥定性分析，这也说明，定性分析方法还是必不可少的。

三、项目论证的基本内容

项目论证的内容主要包括项目的项目财务评价、项目技术评价、运行环境评价、项目国民经济评价、项目社会影响评价、项目环境评价、项目不确定性和风险评价、项目综合评价，等等。这里仅介绍几个比较重要的论证内容：

1. 项目财务评价。财务评价是项目经济评价的主要内容，从项目的微观角度出发，在符合国家现行财税制度和价格体系的条件下，从财务角度来分析和计算项目的财务盈利能力、清偿能力以及外汇平衡等一系列财务指标，并以此来判断项目或其他方案在财务上的可行性的技术经济活动。

2. 项目国民经济评价。也称为项目的社会经济评价，通常主要运用影子汇率、影子价格、影子工资、社会贴现率等工具或者通用参数，来计算和分析项目能为国民经济带来的净效益，可以更为合理的配置有限的社会资源，从而实现国民经济的可持续发展。

3. 项目环境影响评价。环境影响评价是指对可能影响到环境的重大工程建设、区域开发建设以及区域经济发展规划或者其他一切可能影响环境的活动，在项目立项前进行调查研究，预测和评定项目对环境可能造成的影响，为了防止和减少该影响，制订出最佳的行动方案。

此外，项目的环境影响评价既要考虑项目对环境的短期影响，也要考虑项目对环境的长期影响，有可能的话，要考虑和研究项目结束几年、几十年后对环境的影响，当然，还要考虑环境变化带来的成本与效益的时间价值。

4. 项目社会影响评价。项目的社会评价通常包括了三个方面的内容，即:社会经济、环境与可持续发展和社会影响。但是，传统的工业化和现代化发展过程中所产生的一些负面后果，使得人们更为关注投资项目对社会的影响和社会条件在项目实施过程中的作用，在“以人为本”的发展观念指导下，人们逐渐尝试从社会学、人类学的角度来分析项目，对实现国家或地方各项社会发展目标所做的贡献和影响，以及项目与当地社会环境的相互影响。项目的社会评价主要集中分析项目与当地的社会、人文环境之间的相互作用，预测项目实施对人民生活、安全、人口、收入分配、社区结构、福利、教育、健康、文化、娱乐、风俗习惯及社区凝聚力等方面有可能产生的影响及社会问题。

通常，投资项目的社会影响的评价主要从以下方面来进行:

第一，对与投资项目紧密相关的利益群体进行评价。项目的社会评价，必须要检验项目设计是否考虑了社会文化及人口统计特征，包括投资项目地区的人口规模、人口密度、社会结构以及社会分层模式，评价他们是否能在项目的实施、运营、维护和监督过程中继续或扩大他们的参与活动。

第二，对项目地区人口生产活动的社会组织进行评价。比如，评价项目地区所流行的家庭体系特点和居民模式、所有制的形式和劳动力的可获得性;小型生产者能否合理地利用市场，是否能获得地区经济的相关信息;进行评价土地所有权和使用权;投资项目地区利用可获得的相关生产性资源的使用方式，进行评介其中包括自然资源等。项目的社会评价不仅要充分评估以上因素在项目实施后的变化，而且要保证投资项目地区的社会组织能够适应所引入的技术条件的变化。

第三，对项目的文化可接受性及预期受益者需求的一致性进行评价。投资项目必须要考虑项目地区的风俗习惯、信仰、价值观和感知需要。投资项目必须在文化上是可以接受的，也必须被当地的社会活动者及其相关机构和组织所理解，并且能够运行和维护。比如，一个投资项目地区是处在牧业用地和农业用地之间的中间地带，如果忽视牧人与耕作者两个群体之间原有的历史关系，这个项目可能很难实施。

第二节　项目论证的程序和方法

项目生命周期中每个评价问题都会有相对应的评价理论和评价方法，而且这些理论和方法的集合也构成了比较完整的项目评价理论与方法体系。从目前的情况来看，项目评价大多集中在项目前评估上，而对项目中评价及项目后评价的重视程度则不够。

一、项目论证的程序

一般讲，项目论证是一个连续的过程，包括的主要内容有问题的提出、制定目标、拟订方案、分析评价、最后从多种可行的方案之中选出一个比较理想的最佳方案，以便投资者决策。项目论证的步骤主要如下：

1. 明确项目范围和项目目标。主要是明确问题，包括弄清楚项目论证的范围以及项目实施后的目标。

2. 收集和分析相关资料。获取相关资料的方法通过实地调查以及技术研究和经济研究等。

3. 拟订多种切实可行而且能够互为替换的实施方案。由于项目论证主要的核心点是从多种可供实施的方案中优中选优，所以应该根据调查研究的结果及掌握的全部资料进行全面和详细的考虑。拟订相应的实施方案也是项目论证的一项关键工作。

4. 多个方案的分析与比较。从技术上、经济上的优缺点方面，分析各个可行方案，并对各个可行方案进行综合评价与选优，然后根据评价结果选择一个最优方案。

5. 最优方案的全面详细论证。从市场分析、项目经济财务分析、工艺流程分析、项目组织与经营管理、项目地址及服务设施等角度出发，进一步全面、详细论证最优方案。

6. 编制项目论证报告和环境影响报告书。

7. 编制资金筹措计划及项目实施进度计划。

值得注意的是，以上步骤是进行项目论证的一般程序，但并不是唯一的程序。在实际工作当中，应根据所研究问题的条件、性质、方法的不同，而采用其他适宜的程序。

二、项目论证的方法

项目财务评估是项目前评价的一个重要的评估方法。其中资金的时间价值又是项目财务评估的一个重要原理。比如于2009年1月20日将100元存入银行，到了2010年1月20日可以得到105元。这种由于时间的推移而产生的资金的增值就是资金的时间价值，也叫作货币的时间价值，它主要由资金的时间价值、通货膨胀、风险价值三部分构成，并且以利息的形式进行表示。

在进行项目论证时，对比不同的备选方案时，往往会发现其现金流量存在两种性质的差异：

一是现金流量大小的差异，也就是投入和产出数量上的差异；二是现金流量在时间分布上的差异，也就是投入和产出发生在不同的时点。

如果仅仅只是简单地对比两个方案的现金流量，或者将前期费用和后期收益作静态对比，那么，是不可能得出正确结论的。所以，为了使项目寿命期内不同时间点发生的费用及收益具有可比性，就必须运用相关的资金时间价值的理论，将不同时间点的现金流量换算成相同时间点的具有可比价值的现值，只有这样，才能科学判断方案优劣。

1. 项目论证的静态评价方法

所谓的静态评价方法是指不考虑资金时间价值的一种投资项目评价方法。静态评价方法的指标体系主要有静态投资回收期、投资利税率、投资利润率、资本金利润率等。如图3－1所示。

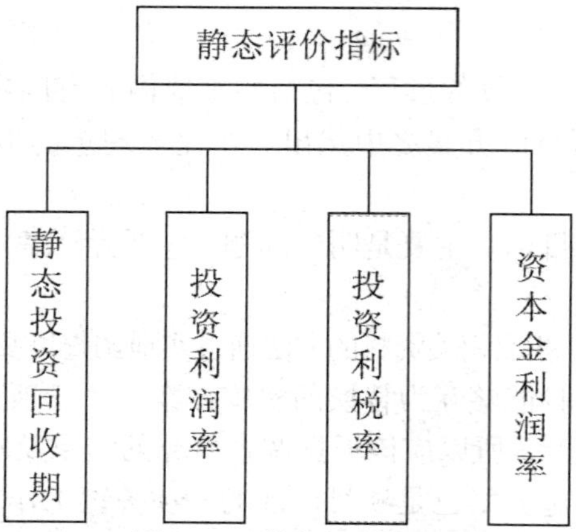

图 3－1　静态评价指标

（1）静态投资回收期。静态投资回收期是指用项目每年的净收益收回项目投资所需要的时间。其中项目投资包括固定资产投资、建设期利息和流动资金等，且静态投资回收期用符号 P_t 表示。

其中，静态投资回收期 P_t 的表达式为：

$$\sum_{t=1}^{n}(CI-CO)_t=0$$

式中：P_t－以年为单位表示的静态投资回收期；

CI—现金的流入；

CO—现金的流出；

（CI－CO）—第 t 年的净现金流量；

t—年份。

在实际的计算过程中，静态投资回收期 P_t 可以根据项目现金流量表来计算，当现金流量表中的累计净现金流量的数值由负变为零时的时点，就是静态投资回收期。其计算公式表示如下：

Pt＝累计净现金流量开始出现正值的年份－1＋（上年累计净现金流量的绝对值/当年净现金流量）

判别标准如下：

当 $P_t \leqslant P_c$ 时，认为该项目在财务上是可以接受的；而当 $P_t > P_c$ 时，则认为项目在财务上不可取。其中，P_c 表示的是预估的项目完成年数；

（2）投资利润率。投资利润率是指当项目达到设计生产能力以后，正常生产年份的年利润总额和项目总投资的比率。对于生产期内各年的利润总额变化幅度很大的项目，需要计算生产期年平均利润总额和项目总投资的比率。投资利润率是考察项目单位投资盈利能力的一项静态指标。其计算公式如下：

投资利润率 ＝（年利润总额或者年平均利润总额/项目总投资）×100%

年利润总额 ＝ 年产品销售收入（包括增值税）－年产品销售税金及附加－年总成本费用

（3）投资利税率。投资利税率是指在项目达到设计生产能力以后，正常生产年份的年利税总额或者项目生产期年平均利税总额和项目总投资的比率。其计算公式如下：

投资利税率 =（年利税总额或者年平均利税总额/项目总投资）×100%

年利税总额 = 年利润总额 + 年产品销售税金及附加

(4)资本金利润率。资本金利润率是指在项目达到设计生产能力以后，正常生产年份的年利润总额或者项目生产期年平均利润总额和项目资本金的比率。其计算公式如下：

资本金利润率 =（年利税总额或者年平均利税总额 / 项目资本金）×100%

项目资本金是指项目的全部注册资金。

2. 项目论证的动态评价方法

相对于项目论证的静态评价方法，动态评价方法是充分考虑了资金时间价值的评价方法，因此，是比静态评价更为科学、更为全面的评价方法。动态评价指标体系主要包括净现值、动态投资回收期、内部收益率等。如图 3－2 所示。

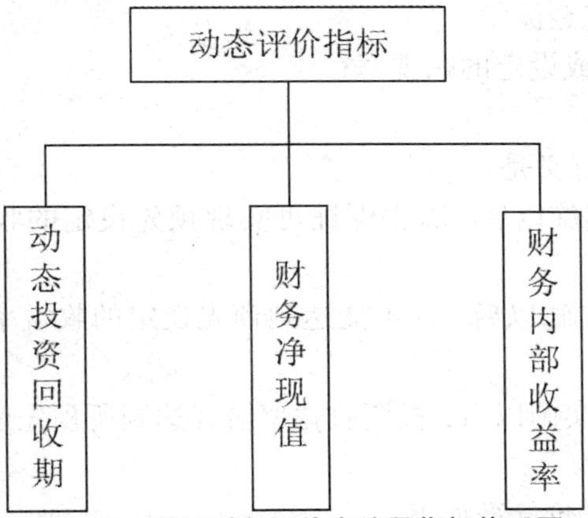

图 3－2 项目财务评价方法及指标体系图

(1)动态投资回收期 。动态投资回收期充分考虑了资金的时间价值，并且按照现值法计算出投资回收期。用符号 Pt, 表示，动态投资回收期可用下式求得：

$$\sum_{t=0}^{P_t'}(CI-CO)_t\frac{1}{(1+i_c)^t}=0$$

式中：Pt' – 动态投资回收期；

CI – 现金流入；

CO – 现金流出；

t – 第 t 年的净现金流量；

i_c – 基准收益率或设定的贴现率。

动态投资回收期 Pt' =（净现金流量现值累计开始出现正值的年份）－1 +（上年净现金流量现值累计的绝对值/当年净现金流量现值）

例：假设某公司的总投资为 490 万元，投产以后每年的产值为 99 万元，同时，企业的年经营成本为 45 万元。试求其投资回收期。

在不考虑时间因素时，投资回收期 T 可以由总投资额和年利润值计算出来，即：

$$T=490/(99-45)\approx 9 \text{ 年}$$

如果企业的投资是向银行贷款的，那么，除偿还成本外，每年还要支付利息，且年利率为 10%。考虑以上因素，则应该按动态投资回收期计算，即

$$T_d = 23 \text{年}$$

当不考虑时间因素时，投资回收期是9年，可以认为经济效益可取，但考虑了贷款利息以后，投资回收期变成了23年，从经济效益上来看，可能就是不可取了。

(2)净现值 。净现值是指投资项目按照基准收益率或者设定的贴现率将每年的净现金流量折现到投资起点的现值之代数和。净现值是考察项目盈利能力的主要相对量指标，还是对项目进行动态评价的一个重要的指标。表达式如下：

$$NPV = \sum_{t=0}^{n}(CI - CO)_t \frac{1}{(1+i_c)^t}$$式中：NPV－净现值；

式中，CI—现金流入；

CO—现金流出；

t—第t年的净现金流量；

i_c—基准收益率或设定的贴现率；

n—计算期。

净现值所表示的经济意义是：

NPV >0 表示在项目实施以后，除去保证可实现预先设定的收益率外，还可以获得更高的收益。

NPV <0 表示在项目实施以后，尚不能达到预先设定的收益率水平，但是也不能确定项目已亏损。

NPV ＝ 0 表示在项目实施以后，投资收益率恰好达到所预先设定的收益率标准，但并不是投资项目的盈亏平衡。

因此，净现值指标的评价标准如下：

当NPV≥0，项目的盈利能力达到或者超过了所要求的盈利水平，是合理的，可以考虑接受项目。

当NPV <0，项目的盈利能力不能满足要求，项目是不经济的。

(3)内部收益率 。内部收益率是指能使项目在整个计算期内各年净现金流量现值累计等于零时的贴现率，用符号IRR表示，内部收益率不仅是考察项目效益的相对量指标，而且也是最重要的动态评价指标之一，其表达式如下：

$$IRR = i_1 + \frac{NPV_1}{NPV_1 + NPV_2}(i_2 - i_1)$$

式中，IRR－内部收益率，即能使项目在整个计算期内，各年净现金流量现值累计等于零时的折现率；

i_1－偏低的折现率；

i_2－偏高的折现率；

NPV_1－偏低的折现率下的净现值；

NPV_2－偏高的折现率下的净现值；

利用IRR，对项目进行评价的判别标准是：

若 $IRR \geq i_c$，则表示项目在经济效果上是可以接受的。

若 $IRR < i_c$，则表示项目在经济效果上应当拒绝。

其中 i_c 是项目在整个计算期内，每年净现金流量现值累计等于零时的折现率，在这样的利率下，当项目寿命终了时，每年的净收益正好把全部的投资都收回来了。因此，项目到计算期末正好将未回收的资金全部收回来的折现率是项目对贷款利率的最大承受能力。

3. 项目前评估的不确定性分析

对于项目风险问题，也就是项目投资的安全性问题，在项目评估过程中，应当给予充分的关注。一般采用的分析方法如下：

(1) 盈亏平衡分析。盈亏平衡点是指项目盈利与亏损的分界点。通过对产品产量、成本与盈利能力关系的分析，找出盈利和亏损在产品价格、产量、生产能力利用率等方面界限，进而确定当经营条件发生变化时的承受能力。通常，影响盈亏产量的因素主要有产品价格、固定成本和单位产品变动成本。产品价格与单位产品变动成本之差通常被称为"单位产品边际贡献"。当固定成本越高时，盈亏平衡产量就越高；那么，相对于预期的产品销售量，单位产品边际贡献就越高，而盈亏平衡产量就越低，项目发生亏损的可能性也就越小。除此之外，从企业的经营角度来讲，由于外部经营环境的变化可能会引起销售量和利润的波动，从而引发业务风险，这也是较常见的风险因素。如果固定成本在总成本构成中所占的比例越大，那么，企业所面临的业务风险也就越大，即：固定资产可以起到放大企业业务风险的作用。所以，正确判断项目风险情况及合理选择项目的成本结构有着不同寻常的意义。

(2) 敏感性分析。敏感性分析就是通过一个或多个不确定因素的变化引发决策指标的变化的幅度，从而判断各因素的变化对实现预定目标的影响程度。不确定因素涵盖了制约和影响投资效益的各种因素，比如：投资额的变化；原材料与产品价格变化；产品质量与销售量变化；项目建设期的时间变化；项目投产后的产出水平和达到设计能力所需的时间变化；项目经营成本的变化以及贷款利率变化；等等。假如某个因素的变动幅度可能大于最大允许变动幅度，那么，该因素就是方案的一个敏感因素。也可以假设要分析的各因素均从其基本数值开始变动，在同一变动幅度下比较各因素的变动对经济效果评价指标的影响幅度，从而判断方案经济效果对各因素的敏感程度。有时不但需要进行单因素敏感性分析，而且还要进行多个因素同时变动对经济效果的影响，以此来判断方案的风险情况及克服单因素敏感性分析的局限性。敏感度分析在分析过程中，存在着一个基本假设，那就是各不确定因素发生变动的概率是相同的。但实际上，任何方案的各不确定因素在未来发生某一幅度变动的概率一般而言是不相同的。

(3) 概率分析。所谓的概率分析，就是通过研究各不确定因素发生不同幅度变动的概率分布及其对项目方案的经济效果的影响，以便利用某种概率分布来描述评价结果，以此来判断项目的风险情况。但前提是，必须掌握足够多的信息资料，并且对这些信息资料进行了深入的分析与研究，否则将无法进行。

第三节 项目论证报告格式

下面以生产型企业建设项目的项目前评价为例，对项目论证报告的一般格式进行介绍。生产型企业的建设项目的论证报告全文共分为十章，详细内容如下所示：

第一章：实施要点

在实施要点中，主要反映了项目论证报告的各章节中最为关键的部分及其最基本的结论，涵盖了以下几个方面：

(1)项目背景和历史；

(2)市场和工厂生产能力；

(3) 项目设计；

(4)坐落地点和厂址；

(5)原材料和投入；

(6)人力资源；

(7)执行时间安排；

(8)工厂机构和企业管理费用；

(9)财务和经济评价；

(10) 结论。

第二章：项目背景和历史

为了使得项目论证报告取得成功，就必须清楚地了解项目设计和一个国家的经济状况及其一般发展及工业发展等基本情况，确保项目与地区和国家的发展相适应。通常，本章主要包括如下几个方面：

(1) 项目背景；

(2) 项目历史；

(3) 项目主办者和发起者；

(4) 预备性研究及有关调查的费用。

第三章：市场和工厂生产能力

在拟定项目之前，必须分门别类地确定当前市场的有效需求规模及其组成情况，以方便日后估计某一产品可能的市场渗透程度，在综合考虑了各种可供选择的投资支出、生产和销售收益水平的基础上，进而确定工厂的生产能力，并据此拟订较为详细的生产计划。本章主要包括如下几个方面：

(1)市场有效需求预测及其组成；

(2)主产品及副产品的销售预测；

(3)工厂的生产能力；

(4)生产计划。

第四章：项目设计

项目设计需要定义出项目范围，确定项目所需进行的相关活动，其中包括厂区建设、以原材料为主的供应投入以及对辅助基本设施进行投资的活动等。在明确项目整个范围之后，根据已确定的工厂生产能力，决定所需采用的合适的工艺过程，确定所需机器设备的类型和范围，以及涉及的相关技术和设备的费用。本章主要包括如下几个方面：

(1)项目范围；

(2)项目布置；

(3)技术；

(4)设备；

(5)土建工程。

第五章：坐落地点和厂址

项目论证报告中，对合适的项目地点或厂址必须给与充分的说明。不仅需要从一个大的地理区域来选择地点，而且还必须从中筛选出几个可供选择的厂址，以便综合考虑，多方论证。一旦选定厂址，必须对建立及经营工厂对周边环境的影响进行研究。本章主要包括如下几个方面：

(1)坐落地点；

(2)厂址；

(3)当地条件；

(4)对环境的影响。

第六章：原材料和投入

根据市场需求分析以及由此得出的生产计划和工厂生产能力，确定原材料和投入的数量，同时，对相关的原材料进行控制，甄别供应商。本章主要包括如下两个方面：

(1)原材料和投入；

(2)供应计划。

第七章：人力

在工厂的生产能力及所使用的生产工艺确定之后，就必须审议项目中的各级管理部门所需人员的配置，并且作出相应规定，定编定岗；在对生产及其他活动进行评估时，也应该对项目各阶段各级人员进行必要的培训。本章主要包括如下几个方面：

(1)工人；

(2)职员。

第八章：项目执行时间安排

从项目决定投资到项目开始大规模生产之前的这段时间就是项目执行时间。这一时间段包括了谈判、签订合同、项目设计、项目施工及试运转等若干阶段。假如时间安排不当，那么，这个时间段将会延长项目时间，严重的话，可能影响到项目的潜在盈利性。所以，在项目论证报告中必须编制并且提出最佳的执行计划及时间安排。本章主要包括如下几个方面：

(1)项目执行计划和时间安排；

(2)项目执行的基本数据和活动；

(3)项目执行的成本估计。

第九章：工厂机构和企业管理费用

在确定了人力资源的投入后，需要对工厂的组织架构进行设计，即确定工厂机构，机构规划和项目的人力是密切相关的，应在一系列反馈活动中共同进行。同时，制订机构规划也使得计算管理费用成为可能，有时管理费用在某些项目中对项目的盈利性起到了决定性的作用。要比较客观对管理费用进行评估，就必须把全厂有机地分成几个组成部分，比如：生产部门、服务部门和行政部门等，然后计算相应的成本费用。本章主要包括如下几个方面：

(1)工厂机构；

(2)企业管理费用。

第十章：财务和经济评价

项目编制必须符合财务和经济评价的要求。项目论证报告在编写完前面各部分之后，最后一步就是计算项目的总投资。往往在很多情况下，必须假设在项目论证研究阶段中，已经有了项目筹资的资料;然后再根据筹资的资料，计算项目所涉及的财务问题，并且将其归入到生产总成本中。在进行财务评价时一般采用的是动态评价法，并与敏感性分析相结合。与此同时，还应从项目对国民经济的直接影响和间接影响两个方面对项目进行评价。

第四节　项目评估

项目评估是指在项目可行性研究的基础上，由第三方根据国家颁布的政策法规、条例、参数和方法等，从项目、国民经济和社会的角度出发，对拟建项目建设的必要性、产品市场需求、建设的条件、工程技术、生产条件、经济效益和社会效益等进行评价、分析和论证，从而判断该项目是否可行的一个评估过程。可见，项目评估是项目投资前期进行决策管理的一项重要环节，主要目的是审查项目可行性研究的可靠性、真实性和客观性，并为银行的贷款决策及行政主管部门的审批决策提供科学依据。

上文提及的第三方可以是国家、银行或者有关机构。由于一个独立的项目评估机构或投资咨询机构是从第三者的角度对拟建项目进行评价的，可以使评估结论更具有客观性和公正性。同时，运用了一套比较完整的评估理论及评估方法，因此可以得出较为科学的结论。项目评估工作主要特点如下：

一、项目评估的特点

1. 一个独立的项目评估机构或投资咨询机构只对委托部门负责或者对委托评估的项目负责，而委托部门既可以是政府机构、投资贷款银行，也可以是独立的法人。独立的项目评估机构或者投资咨询机构由于代表和维护利益的角度不同，因此，更能摆脱部门、地区的行政干预和局限性。

2. 就可行性研究报告而言，仅仅提供多方案的比较依据，而项目评估报告通常则是对多方案择优。因而，项目评估报告是项目取舍的主要依据。

3. 项目评估从大局的角度出发，因此更能确保宏观与微观、全局和局部利益的和谐统一，也就更能避免投资失误。

4. 项目评估充分体现了投资决策的科学性、程序性和公正性。这是因为项目评估有它的自有的评价方法、程序和决策原则，而且还有一套比较完整的评估理论。

二、项目评估原则

通常,进行项目评估时,应遵循如下几项原则：

1. 项目必须符合国家制定的国民经济和社会发展规划及经济建设方针政策，严格执行国家相关经济部门制定的各项规章制度和技术经济政策，特别是国家颁发的《建设项目评价方法和参数》。

2. 项目评估必须满足技术功能要求，并且切实可行，项目所采用的工艺技术应该是经过试验鉴定或者是实际验证，并已证明其是合适过关和稳妥可靠的，还应有相应的市场、原材料、能源和人力资源供应等必要条件作为保障。

3. 项目评估应该遵循可比原则，涉及到的效益和费用的计算口径要保持一致。在计算期内价格和参数应该保持一致。

4. 项目评估主要以动态分析为主，且采用国家规定的动态指标。在必要时也可采用一些静态指标进行辅助分析。在分析过程中，评价指标既可采用价值指标、时间指标和实物指标，也可采用补充比较指标。

5. 项目经济评估工作的质量不仅与评估方法本身的科学性有关，同时还取决于基础数据的可靠性。这些数据包括市场需求预测、固定资产投资估算、工程技术方案选择、项目实施进度计划、产品成本估算等。评估时要对上述的基础数据的准确程度认真审核。

6. 项目评估的内容、深度和计算指标必须要满足审批项目建议书和设计任务书的要求。

7. 项目评估主要是从经济角度来进行评估，但并不意味着降低了其他因素的重要性，在评估时，还是需对其他因素进行综合考虑，结合环境、工程技术、政治和社会各方面因素综合评价，从而选定最佳方案。

8. 项目评估必须坚持实事求是的原则，确保科学性、公正性和可靠性，不允许搞实用主义或无原则的迁就。

三、项目评估的内容

在社会生产实践中，市场、资源、技术和经济四者之间从来就是紧密联系在一起的，它们之间的关系既可以是相互依赖、互相促进的，也可以是是互相矛盾、互相制约的，所以，四者之间的关系是复杂的、多方面的。那么，如何正确处理它们之间的关系，使得经济效益和社会效益最大化，这不仅是社会经济发展过程中的重要问题，也是项目评估与投资决策的重要研究课题。项目评估的主要内容有如下五个方面：

1. 项目建设的必要性、可行性、现实性和市场需求预测的评估。评价一个拟建项目，首先要了解拟建项目的背景，并且充分考虑市场的需求，包括原材料和产品的市场需求，也是衡量项目建设的必要性、现实性的一个重要前提。评估的目的是基于市场需求及现有的生产能力状况来推断建设项目产品的目标市场潜量，是否有建设的必要，从经济、政治和社会的角度，来分析建设该项目的意义，判断生产的产品是否能满足消费者的需要及有无竞争力。

2. 建设条件的评估。项目的建设条件是项目建成的重要物质保证。建设条件主要涵盖原材料、能源、矿产资源、动力等各种投入的需求平衡，以及生产过程中废水、废气和废渣等各种排弃物的处理。

3. 技术方案的评估。在充分认识技术与经济的关系之后，技术选择成为项目中最重要的问题之一，也就是在特定的社会和经济条件下，为了实现特定的目标，对相关的技术如何进行选择。技术方案的评估关键在于多方案选优。首先是找出最优方案；如果不存在最优方案时，应采各方案之长，根据实际需要产生一个次优方案。技术方案评估时，应遵循国家对某一行业或者产品的技术政策，从而确保该项目选用工艺技术和技术装备的先进性、实用性、可靠性和经济性，并且进行评价。

4. 管理机制和机构设置的评估。通过多年的实践经验，人们逐渐认识到项目的管理机制和机构设置也是影响项目成败的重要因素。所以，项目的管理机制和机构设置也必须逐步适应建立现代企业制度的需要及项目的实际。

5. 社会经济效果的评估。一般情况下，项目的经济效果评估主要进行财务评价，有些涉及到国计民生或者投资额巨大的项目还必须进行国民经济评价。一般的财务评价主要是从企业角度出发，以企业利润最大为目标对拟建项目进行评价。对项目的财务收支一般进行动态分析，必须给予货币的时间价值、边际效益、机会成本和投入产出效果充分的考虑。

6. 社会效益评估。社会效益的主要内容有劳动就业效果、环境保护效果、节能效果、收入分配效果、技术进步、创收效果和获取技术决策效果等。评估时应将各个效果逐一分析比较。特别是对项目改善地区经济结构、行业经济结构、劳动就业结构、生产力布局、城市规划及提高居民的物质及精神生活水平的效果方面进行评估。

7. 综合评估。在上述几方面的分析比较和评估后，再从社会及国民经济的宏观效果的角度出发，结合拟建项目微观经济的优缺点，对项目进行综合评估，并提出意见或修改方案。

四、项目评估的程序

项目评估工作一般可分为以下几个程序：

1. 成立评估小组，制定评估工作计划。评估工作计划主要包括：评估目的、评估内容、评估方法及评估进度。

2. 通过调查研究，收集相关数据资料，并对可行性研究报告及相关数据资料进行审查和分析。虽然可行性报告中已经提供了大部分的数据资料，但评估单位基于公正性原则，必须核准已有数据资料的可靠性，如有可能还应收集补充必要的数据资料，提升评估的准确性。

3. 分析与评估。在上述工作完成后，按照项目评估内容及要求，对项目进行技术经济分析及评估。

4. 编写评估报告。

五、项目评估的方法

由于项目的类型不同，需采用相适应的评估方法。项目评估的方法有如下几种：

1. 局部评估法和全局评估法。局部评估法也可称为项目评估法，其评估对象主要是具体的技术改造项目。所产生的费用、效益等的计量范围也仅限于项目本身。该方法主要适用于关系简单，费用及效益容易分离的技术改造项目。比如，为了节能降耗，将高耗能设备更换为低能耗设备，只需投入一笔资金，进行项目评估时，只需对投资和节能导致的费用节约额进行比较，就能计算出节能的经济效果。

全局评估法也可称为企业评估法，是站在企业全局的立场上，通过比较改造和不改造两个不同方案，给企业带来的经济效益的变化来评估项目的经济效益。这种方法既考虑了项目本身的效益，同时也考虑了给企业的其他部门带来的相关效益。方法主要适用于生产系统复杂，而且效益、费用不好分离的技术改造项目。比如，某炼油厂拟上一个节能项目，能节约燃料油，而且节约的燃料油又可被焦化或重油催化装置进一步深度加工，转化成高附加值的轻质油及低分子烯烃，由于节能改造的效益既在燃料油的节约上得以体现，也在高价值油品的增产上体现出来，所产生的费用及效益不能很清楚地分离，所以，应该采用全局评估法来对此项目进行评估。

2. 总量评估法和增量评估法。使用总量评估法时，项目的费用、效益测算都采用总量数据及指标，但确定原有固定资产的重估值是估算总投资的难点之一。总量评估法比较简单，易于接受，主要侧重于经济效果的整体评估，但却无法准确确定新增投入资金的经济效果。比如，对于一个小型炼焦厂，是进一步进行技术改造，还是做出关、停、并、转的决策。由于该项目需从整体上把握企业经济效益的变化以及能够达到的经济效益指标，因此应该采用总量法。

增量评估法主要采用增量数据及指标，并满足可比性原则。该方法实际上是将“改造”与“不改造”这两个方案转化为一个方案来进行比较，利用两个方案之间的差额数据来评估追加投资的经济效果。该方法不涉及原有固定资产重估问题，但就原有固定资产对项目的影响给与了充分的考虑。

其中，增量评估法又可分为前后法和有无法。两者的主要区别是：前后法使用增量数据来评估项目改造的经济效益，而增量数据由项目改造之后的每年的费用及效益减去某一年的费用及效益得到。有无法则在完全可比的条件下对“有项目”及“无项目”两个方案进行全面对比，对两个方案的未来费用及效益进行预测，并且计算出改造后能带来的增量效益。显然，前后法是有无法的一个特例。例如：某项目如果不进行改造，在未来若干年内经营状况则保持不变。实际上，这是不可能的，因为一个企业的经济效益总是处在变化当中的，不是上升，就是下降。因此，有无法也可对一般技术改造项目进行评价。

3. 费用效益分析法。所谓费用效益分析法，就是比较为项目所支出的社会费用与项目对社会所提供的效益，进而评估项目建成之后对社会做出的贡献程度。其中，社会费用包括国家和社会为项目所付出的代价等，运用费用效益分析法，应遵循的最重要的原则是项目的总收入必须超过总费用，也就是效益与费用之比必须大于1。

4. 成本效用分析法。所谓成本效用分析法，就是分析效用的单位成本，即：为获得单位效用而必需耗费的成本或者节约的成本，也就是分析净效益。如果存在功能或效益相同的多项方案，那么，应该选用单位成本最低者。

由于效用包括效能、使用价值、受益、质量等，而这些标准很难用数量来衡量，且这些标准之间不具可比性，从而导致评价效用的标准很难用绝对值表示。所以，效用通常用相对值来表示。比如：利用率、移动率、保养率和可靠程度等。

采用成本效用分析法，应遵循的原则如下：

(1)假如成本相同，应该选择效用高的方案；

(2)假如效用相同，应该选择成本低的方案；

(3)假如成本随着效用的提高而增大时，则应选择增效的单位追加成本低的方案。

5. 多目标系统分析法。假如项目具有多种用途，而且很难将其按用途单独分解，那么，这时应采用多目标系统分析法，从整体的角度来分析项目的效用及成本，效益及费用，从而计算出净收益和成本效用比。

六、项目评估报告

项目评估小组在完成了项目评估之后，应形成以项目评估报告为主的书面材料，进而完成项目评估。项目评估报告是项目评估的最终成果，项目评估报告主要包括如下几个方面的内容：

1. 项目概况(项目基本情况、综合评估结论)；

2. 详细评估意见；

3. 总结和建议(存在或遗留的重大问题、潜在的风险、建议)。

案例

案例一

为某省某运营商建立一个业务平台，并采用合作分成的方式。也就是说所有的投资由A公司负担，平台投入商用之后运营商所收取的收入按照一定的比例跟A公司分成。同一时间，平台有两个厂家一起进行建设，设备以及技术均独立，也就是说同时有两个平台提供同一种服务，两个平台分别负责不同类型的用户。但是整个项目进行了10个月，并经历了一个月试用期之后。准备商用的第一天，运营商在没有任何通知的情况下，将所有用户转到了A公司竞争对手的平台上去，也就是停止使用A公司的平台。整个项目投资超过200万元，包括软、硬件以及各种集成、支持、差旅费用等等。现在A公司所有的设备被搁置但不能搬走，并没有被遗弃，运营商口头声称还会履行合同，按照原来的分成比例给A公司收入。但是A公司无法得知每个月的使用情况、用户多少，所以根本无法知道A公司究竟应该拿到多少分成。所以，运营商的口头承诺根本如同鸡肋。

问题：

1. 出这样的事情，项目经理有没有责任?

2. 对于“合作分成”这样的平台建设方式，项目本身有什么样的特点?

案例二

St. Dismas医疗中心是市区一家非盈利性的康复中心，拥有450张床位。目前入住病人开始明显减少。St. Dismas的使命是致力于重伤和重病的住院病人和门诊病人的康复。尽管病人人数每月不同，但St. Dismas理事会却感到住院病人在缓慢且稳定地下降。医院市场调研人员报告，由于汽车安全带和自行车/摩托车头盔的普及，重伤人数越来越少。为了把握未来，理事会和CEO——弗雷德·斯普林特要求在策略计划上狠下功夫。

于是,St. Dismas召开了一个计划会议，确定未来的发展机会。会议的结果是，医疗中心需要致力于两项主要的战略创举。第一项是一个短期的行动，即在住院病人的服务上降低成本。第二项是一个长期的战略，即利用现有的、能力很强的康复治疗人员和St. Dismas在这个地区的优秀声誉开展新活动和服务。

召开会议的时候弗雷德一家人与父母住在一起。弗雷德属于“三明治代”的一员。他的父母年事已高，有着许多老年人常见的问题，他们逐步增加的医疗需要正在成为弗雷德及其家庭的负担。弗雷德突然想到，如果医院的理事会批准在医疗中心增加一个生活帮助机构，那么生活可能会变得愉快得多。

弗雷德让他的业务发展团队准备一份初步的估算，看看生活帮助机构的投资回报可能是多少。他要求团队确定建设该机构的可选择方案及其相应的成本。团队还作了一份完整的竞争分析，并根据St. Dismas潜在的病人数量和病人的区域对提供的服务选项进行了认真的分析。业务开发团队参观了几家机构，还与可以为St. Dismas对此机构的设计、建造和运营进行监督的公司进行了交谈。发展团队根据他们为机构建议的结构制订了一份初步的业务计划，估算了资产支出需求和机构运营的收入，以及该机构的病人将为医疗中心的其他活动带来的营业额。

弗雷德和他的团队向理事会介绍了在St. Dismas院内建立一个生活帮助机构的构想，并提将发计划书。该机构将作为医疗中心一个盈利性分公司，这样机构不但可以取得利润，而且不受制于医院各主管部门的条条框框。而作为分公司，理事会仍然拥有控制权。

机构选定的设计是独立的公寓式设施，有一段非露天的通道与医院的厨房和医疗服务区相连接。机构有100个单元，其中15～30个定为“特别帮助”单元，供那些在生理上和精神上都残疾的人使用。其他为较大一些的“少量帮助”单元公寓。人数大约为110～150人，大部分为单身，也有少数的夫妇。

“少量帮助”公寓居住的人只需要少量的医疗和社交帮助。特别帮助区的人则需要更多的医疗，并需要护理人员在旁边照顾。业务开发团队建议采用这种类型的活动模式的依据是，尽管国内建立了许多生活帮助机构，但很少有医疗服务和 St. Dismas 能提供的服务类型——生理上和职业上的治疗活动及行为管理活动等等。

理事会确信这样的机构符合业务增长战略的初衷。业务计划预计转到门诊的病人人数会立刻得到增加。项目另一个可预计的成果是，可以使 St. Dismas 加强其对于较健康的老年人的预防性服务。项目长期的目标是增加医院住院病人的人数。采用的方法是，把那些需要帮助的人安置在医院附近的一个地方，当他们需要治疗时，医院就在隔壁。

根据公寓的实际大小、设备及特别帮助和少量帮助单元的比例，弗雷德估计整个项目耗资为＄8500000～＄10000000。估算包括了土地费用、家具设备及通向医院的通道建设。当该机构建成投入使用后，每单元每年的净收入为＄9000～＄12000。团队估算整个项目的净现金流量每年在＄1500000左右。

弗雷德请求理事会批准这一构想，并同意他的团队准备一份正式的计划供理事会批准。该计划应包括“特别帮助”和“少量帮助”公寓的建议性设计，还应包括所有土地、建筑施工、装饰装潢和人员的成本，还有预期收入，这一点要有点保留。另外还要包括一份时间表。

理事会召开了几次执行理事会议，最终投票批准了这一构想。并批准了由团队推荐的建筑施工管理公司进行建设，要求弗雷德制订一份完整的项目计划。理事会还指派了两名理事作为弗雷德的计划编制组成员。

弗雷德博士将他的执行团队召集起来，介绍了项目的使命、范围和目标。他报告说，理事会已经批准了一小笔预算作为计划阶段的费用。理事会还规定施工必须全城选举后开始，因为有两名理事要参加选举，另一个是竞选市政委员，一个是竞选县级委员。CEO 和他的执行团队现在非常有信心，认为他们已经准备好启动该项目了，可以在 St. Dismas 计划、建造和开设一家生活帮助机构。

几天后，弗雷德决定成立一个团队，并将该项目称为 ALF，他在项目启动会议上很快就决定以下人员作为项目团队成员：

· 首席财务执行官（CFO）；
· 业务发展和营销副总裁；
· 康复服务医疗主任；
· 资产设施项目的施工项目经理；
· 首席运营执行官（COO）（看护、设施、食品服务及家务管理）；
· 信息服务主任；
· 支持服务主任（中心供应、采购和保安）；

·理事会的两个成员，一个具有施工经验，另一个是有望成为市政委员的候选人。

尽管来自支持服务和信息服务部门的主任不需要在此阶段介入，弗雷德还是决定从一开始就包括他们。弗雷德明白，团队的一些成员如果觉得自己是被排除在外的，就会成为项目进展的障碍。

弗雷德将团队命名为ALF项目筹划指导委员会，并召开了第一次会议。弗雷德介绍了他对此机构的憧憬。他告诉团队他会亲自管理此项目。他主持讨论了项目计划中必须包括的主要步骤，要求每个成员确认他们愿意负责的方面。医院施工项目经理负责机构的施工，COO自愿负责监督建筑物的设计以及确定所需的食品服务、家务管理、人员配备和政策及程序的制定。CFO同意制定项目各方面的预算及机构的营业预算。还同意建立机构运行所必需的工资支付和会计系统。

信息服务主任负责确定和建立机构所需的所有电信和信息系统。业务发展副总裁同意制订初步的营销计划及用于社区和医院的一套沟通方案。此外，她提议组织一次破土动工活动。医疗主任说他会设计一个评估工具来确定居民在搬进机构时对医疗的需求水平，他觉得这是确定给居民提供什么样的医疗服务的前提。弗雷德告诉团队，他将为新机构确定管理结构，与医疗中心的法律顾问一起找出所有与生活帮助机构有关的政府规定及行业标准，并督促机构执行。弗雷德给团队两个月的时间，让他们针对其负责的方面制订出详细的行动计划。

◇ 问题：

1. 确定项目的可交付成果。
2. 确定项目的约束和假定条件。
3. 制订初步的第一层行动计划。
4. 弗雷德博士是不是项目经理的合适人选？对你的观点给出理由。

※ 思考题：

1. 什么是可行性研究？什么是项目评估？可行性研究与项目评估有何区别和联系？
2. 可行性研究一般分为几个阶段？每个阶段的主要任务是什么？
3. 开展项目评估应遵循哪些原则？
4. 项目评估有哪些基本要求？
5. 项目评估的基本程序是什么？

第四章 项目的范围管理

第一节 项目范围管理概述

一、项目范围的含义

对于做过项目的人来说，可能都会经历这样的事情：一个项目做了很久，但感觉就像个"无底洞"一样，总是做不完。客户总是不断地提出新的需求，要项目开发方实现他们的目标，项目的开发过程就像是用户在"漫天要价"，而开发方在"就地还钱"。出现了这种情况，实际上涉及一个"项目范围管理"的概念。"项目范围管理"决定了项目中哪些该做，应该做到何种程度，而哪些不该做。那么，"项目范围管理"又是什么呢？

项目范围就是指为了达到项目目标，而必须完成的工作。简单言之，确定项目范围就是为项目划定一个界限，明确规定哪些属于项目应该做的，而哪些不该包括在项目中，从而为项目管理定义工作边界，项目的目标和主要的项目可交付成果清晰化。

"范围"(Scope)在项目管理中，涵盖了两方面的含义：一方面是产品范围，包括产品或服务所包含的特征或功能；另一方面是项目范围，也就是为完成具有规定特征及功能的产品或服务而必须完成的工作。在确定范围时，首先要根据项目目标，确定在项目完成后最终输出什么，同时，它具有哪些可清晰界定的特性。值得注意的是，特性必须清晰，用文字、图表或某种标准以认可的形式表达出来，并能被项目参与者所理解，绝不能模棱两可、含含糊糊，使项目参与者出现异议。然后，为了产生所需要的产品，明确下一步需要做什么工作。显然，产品范围决定了项目范围。

确定了项目范围也就意味着划定了项目的工作边界，使得项目的目标和主要的项目可交付成果得以明确化。通常，项目的可交付成果又被划分为更小的、更易于管理的各个组成部分。所以，对项目管理而言，确定项目范围可以产生如下作用：

(1)提高对时间、费用和资源估算的准确性。一旦项目的工作边界定义清楚了，项目的具体工作内容也随即明确，这样，项目所需的时间、费用、资源的估计就趋于准确。

(2)确定进度测量和控制的基准。由于项目范围是项目计划的基础，当项目范围确定后，相应的项目进度计划和控制就可以确定基准了。

(3)有利于清楚地分派责任。随着项目范围的确定，项目的具体工作任务也就得到确定，这为下一步分派任务奠定了基础。

对项目而言，正确地确定项目范围是十分重要的，一旦项目范围确定得不好，很有可能造成项目费用的提高，这是因为项目范围确定得不好，会导致意外的项目变更，从而打乱项目的实施进度，或造成返工，延长项目完成时间，降低项目组成员的劳动生产率，影响干劲。

二、项目范围管理的主要过程

项目范围管理不仅包括该项目所覆盖的整体工作要求，还包括单项工作要求，从而确保项目工作成功地完成。项目范围管理涉及界定与控制项目的内容。图 4 – 1 提供了项目范围管理的主要内容：

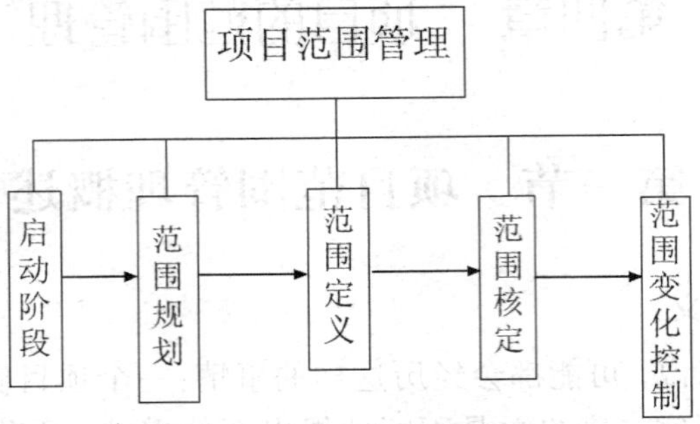

图 4－1　项目范围管理的主要内容

项目范围管理定义了项目应该包括什么，而不应该包括什么，使得项目管理者与项目干系人对作为项目输出结果的项目产品或服务以及生产这些产品或服务的过程有一个共同的了解和认识。因此，项目范围管理主要考虑的是确定与控制哪些过程必须包括在项目中，而哪些过程不应该包括在项目中。项目范围管理的主要过程如下所示：

（1）启动阶段——正式确认一个新项目的存在。

（2）范围规划——编制项目范围管理计划，确定、核实及控制项目范围，并制定及定义工作分解结构（WBS）。

（3）范围定义——编制详细的项目范围说明书，在项目的执行中，据此做出决策。

（4）制作工作分解结构——将项目较大的可交付成果及项目工作划分为较小并更易于管理的组成部分。

（5）范围核实——正式验收已完成的项目可交付成果。

（6）范围变化控制——项目范围的变更进行控制。

以上过程不仅彼此之间相互作用，而且还会与相关知识领域过程交互作用。根据项目需要，每个过程都有可能涉及一个或多个个人或集体所付出的努力。

第二节　启动阶段

启动阶段是正式确认一个新项目的存在，或使一个已存在的项目进行下一阶段工作的过程。在某些组织当中，一个项目计划的正式启动，必须是在对初步的计划进行必要的学习，以及划分项目开始阶段的工作完成之后才能进行的。比较而言，有些项目形式，比如特殊的内部服务项目或者新产品开发项目，它们的启动不是很正规，受到所从事工作的制约。通常，项目是由于如下的需要而被核准的：

（1）市场需求。比如：某石油公司批准新建一家炼油厂的项目，就是依据长期的汽油发展战略而作出的反应。

（2）商业需求。比如：某旅游公司为了增加营业收入，批准开辟一条新的旅游线路的项目，以增加它们的利润。

（3）客户的需求。比如：某电力公司批准新建一家发电厂的项目，是为新的工业园提供更好的电力保障服务。

(4)工艺的进步。比如:某电影公司批准一个引进音像设备的项目，是出于发展影视娱乐业的目的。

(5)法律要求。比如:某涂料生产厂家批准建立一个处理有毒物品的生产线的项目，是为了遵循国家的相关法律法规。

项目启动阶段的主要工作如图4－2所示:

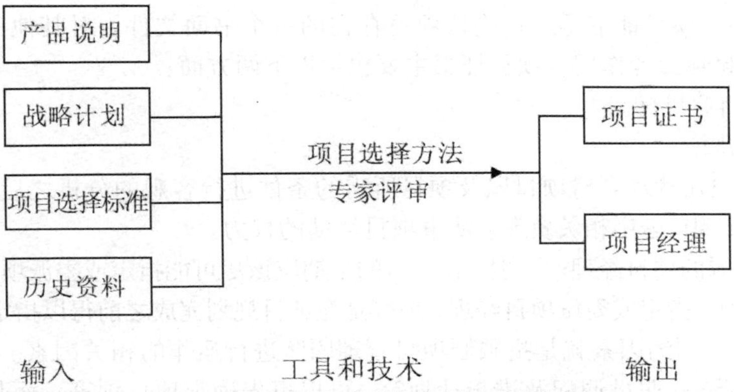

图4－2 项目启动阶段的主要工作内容

一、启动阶段的输入

1. 产品说明。产品说明必须阐明在项目工作完成后，产出的产品或服务的基本特征。通常，产品说明对早期项目工作阐述较少，而对后期的项目工作阐述增多，这主要是因为产品的特征是逐步显现出来的。产品说明必须记载已产出的产品或服务与商家的需要或其他影响因素之间的关系，它能对项目产生积极的影响。虽然产品说明的形式与内容呈现多种多样性，但是，它必须对以后的项目规划提供详细而充分的资料。在许多项目中，都包括一个按客户合同进行工作的销售组织。因此，项目的最初的产品说明一般是由客户提供的。

2. 战略计划。项目组织都需要提供项目执行组织的战略目标，因为在项目决策的选择中，应该将执行组织的战略计划作为一个考虑因素。

3. 项目选择标准。通常，项目选择标准是通过项目产品来界定的，其涉及管理包含的全部范围，比如:市场份额、财政收入和公众的观念等。

4. 历史资料。历史资料主要包括先前项目选择决策的结果及先前项目执行的结果，在可获得的范围内加以考虑。如果在项目启动阶段就涵盖了对项目下一阶段工作的认可，那么，有关项目前阶段的结果信息就变得非常重要了。

二、启动阶段的工具和技术

1. 项目选择方法。通常，项目选择方法主要有是如下几种:

(1)利润测量方法。主要包括比较研究法、评分模型及利润贡献模型等。

(2)制约最优化方法。利用数学模型，比如线性、非线性、动态及混合目标项目来规则系统。

上述方法通常被用于决策模型当中。决策模型不仅包括一些常规技术，比如:决策树、核心选择等，也包括特殊技术，比如:历史进程分析、逻辑结构分析等。通常，在一个成熟的模型当中，通常，对项目选择标准的应用被看作是一个分离独立的阶段。

2. 专家评审。专家评审必须对该项目的投入进行评估。像这种专家评审，主要通过某些组织或拥有特殊知识及受过专门培训的个人来进行，而这些人员可以通过以下途径获得。

(1)该执行组织中的其他单位；

(2)顾问；

(3)专家及技术联合会。

三、启动后的输出

1. 项目证书。项目证书是正式确认项目存在的一个书面文件。对其他的项目文件不仅有直接作用，也起到参考作用。项目证书主要包括以下两方面：

(1)既定的商业目标。；

(2)产品说明书。

项目证书必须在管理者对项目以及项目所需的条件进行客观的分析之后，加以颁发，它赋予了项目经理组织、运用相关资源，从事项目活动的权力。

2. 指定或委派的项目经理。一般，在项目的早期应该尽可能指定或委派项目经理。在项目计划实施开始之前，指定或委派项目经理，最好是在项目规划完成之前得以指定或委派。

3. 制约因素。制约因素就是指限制项目管理团队进行运作的相关因素。比如：为了制约项目团队的操作范围、职员调配及进步计划等，可以事先确定项目预算。而某项目按照合同执行时，合同条款对项目的执行起到制约作用。同时，为了项目目标规划的准确性，所考虑的假设因素应该具有一定的科学性、确定性和真实性。比如：假设某位关键人物的到场日期不能确定，那么就应该为项目设置一个具体的开始时间。

第三节　项目范围规划

项目范围规划是指确定项目范围并且编写项目说明书的过程。项目范围的确定将会影响到整个项目的成功。因此，每个项目都必须慎重考虑与权衡数据来源、方法、工具、过程及程序以及其他因素，使得为确定项目范围而付出的努力与项目的重要性、复杂程度及项目的大小程度相匹配。

在项目立项并得到正式确认之后，就需进行项目规划了，这其中的关键环节之一就是确定项目的范围，形成详细的书面材料——项目范围说明书。项目范围说明书在项目当中有何作用呢？项目范围说明书主要解释为什么要进行该项目，搭建项目的基本框架，使该项目管理者能够系统地、逻辑地分析项目关键问题以及项目形成过程中的相互作用要素，确保项目的相关利益人员在项目实施或者在项目有关文件书写以前，能就项目的基本内容及组织结构达成一致意见；对项目有关文件格式进行注释，用以指导项目有关文件的编写；编制项目结果核对清单，在项目终止后或者项目最终报告完成前作为项目评估的一个工具使用，以此来判断和评价项目的成败；同时，也可作为相关项目计划的基础，作为背景文件对项目的整个生命周期进行监督以及评价项目的实施情况。

在进行范围规划时，一般地，根据项目许可证、项目初步范围说明书、组织过程资产、事业环境因素以及制约因素等，通过一些工具及技术的处理，形成包括项目范围说明书在内的项目范围管理计划。

项目范围规划的主要工作如图 4－3 所示：

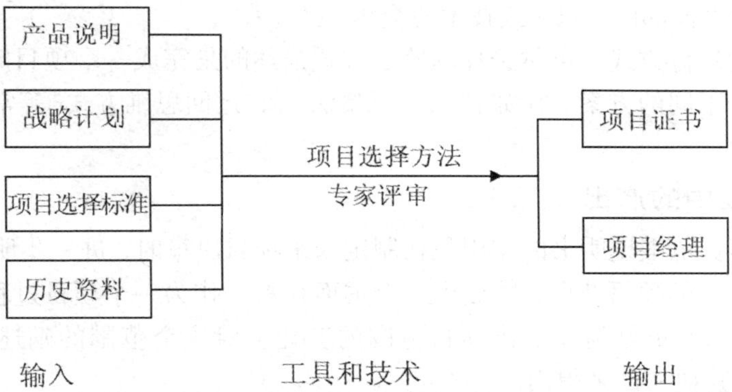

图 4－3 项目范围规划的主要工作内容

一、范围规划的输入

范围规划的目的就是创立书面文件，解释项目范围为项目可能提供的基础条件的过程，尤其是包含了用以检验项目或者阶段是否完成的评判标准。比如：某工程公司签订了一份合同，合同内容是设计一个石油处理工厂，那么在设计具体目标时，就需界定出具体的工作范围。范围规划的最终目的是通过确认项目目标及主要项目的子项目，使得项目团队和项目客户达成一致协议。

项目及子项目均需编写相关项目范围说明书。一般而言，项目范围说明书需由项目管理团队来写，项目管理团队在编写项目范围说明书时，必须根据以下的几个依据。

1. 产品说明书。项目成果也就是项目初步范围说明书中必须交付的产品或服务，也是在项目结束时，客户要求项目管理团队交出的成果。在产品说明书中，必须对需交付的成果进行明确的要求及说明。

2. 项目证书。项目证书就是正式确认某项目存在的一种文件。既可以是一个特别的文件形式，也可以使用其他文件进行替代，例如：企业要求说明书或产品说明书等。项目证书必须由项目外部的企业高层领导颁发，因为项目证书赋予了项目经理利用企业资源来完成项目的有关活动的权力。签署的合同对于一个合同项目而言，可以视作卖方的项目证书。

3. 制约因素。制约因素是指限制项目团队行动的因素。比如说，事先确定好的项目预算在项目的实施过程中将会限制项目团队对项目范围、日程安排以及人员配置的选择。而就一个合同项目而言，合同条款往往也被看成制约因素。

二、项目范围规划的工具及技术

1. 产品分析。产品分析的目的就是要开发一个更好、更明确的项目产品。通过产品分析可以加深项目团队对项目成果的理解。通常，产品分析主要运用价值工程、系统工程、功效分析、价值分析和质量功能展示等技术来研判项目的最终的输出产品是否必要、是否有价值。

2. 利润/成本分析。利润/成本分析也就是估算项目选择的各种有形成本（利润）及无形成本（利润）。利用投资收益率或者投资偿还期限等经济方法，来评估方案的相对优势以及估算项目投入——产出情况。

3. 专家评审。召集各领域专家对各种项目方案进行评价。其中，经过专门训练或者具有某一专门知识技能的集体或者个人均可视为某领域的专家。某领域专家可以来自咨询顾问，行业协会，组织的其他部门，职业或技术协会等。

4. 可供选择的签订方式。可供选择的鉴定方式描述的是完成一个项目时，用任何一种技术就有能产生一个不同的方案。比如："头脑风暴法"和"迂回思维方式"等常用的一般性的管理技术。

三、范围规划中的产出

1. 范围说明书。范围说明书的作用是在制定未来项目决策时，进一步明确和规划一个项目参与者能达成共识的项目范围，并提供一个书面材料。作为一个项目过程，可能需要修改项目范围的阐述，从而更好地反映出项目范围的变化。对这个范围的阐述既可直接进行分析，也可通过参考其他文件来得出。

(1)项目的合理性说明。解释说明为什么要进行该项目。项目合理性说明为日后权衡项目中的各种利弊关系提供了依据。

(2)项目成果的简要描述。确定项目成功时必须满足的一些数量标准，通常，这些数量标准应包括费用、时间进度、质量标准和技术性能等。尽可能采用量化标准，因为未被量化的目标往往具有风险性。

(3)工作细目成果。工作细目成果就是要一份主要的且具有归纳性的产品清单。如果这些产品完全、满意的交付，也就意味着项目的完成。比如，某软件开发项目的主要可交付成果是可独立运行的电脑程序及用户手册等。

(4)项目目标的实现程度。为了确保项目的成功，成果的质量标准必须要满足项目的要求，且项目目标必须要包括成本、进度表及质量检测。项目目标必须要有标志，比如:成本；单位，比如:美元、英磅等;以及绝对或相对的价值，比如:少于150万美元等。而像客户的满意程度等不可量化的目标则要承担很高的风险。

同时，项目目标也为项目范围阐述进行辅助说明，通过其他项目管理程序，将需要记录和编组的一些文件变成易于利用的东西。

2. 范围管理计划。范围管理计划是指项目范围如何进行管理，如何不断地调整项目范围与项目要求相一致等问题的。它主要包括:如何管理项目范围;如何在项目的范围之内进行项目变更;评价项目范围的稳定性，也就是项目范围变化的频率、幅度和可能性;如何识别项目范围变更;如何对项目范围分类等。

依据具体的项目工作需要，项目范围管理计划大致可分为正式的和非正式的两种，既可以是详细的，也可以是一个简明的框架。且范围管理计划是整个项目计划的一个重要附属部分。

第四节　范围定义

一、项目范围定义的内容

范围定义是把项目的主要可交付成果划分为更小的、更易于管理的单元。

定义项目范围要以项目组成的所有产品的范围定义为基础，是一个由一般到具体，并层层深入的过程。即使一个项目有可能是由单独一个产品组成的，但由于产品本身包含了一系列要素，各要素有其独自的组成部分，且每个组成部分又有其各自独立的范围。比如，一个监控系统可能包含 4 个重要组成部分——硬件、软件、培训以及安装施工。就硬件及软件而言是具体产品，而培训及安装施工则隶属于服务，具体产品及服务形成了监控系统最终产品的整体。假如项目是为客户开发一套监控系统，在定义出项目的范围前，必须先确定该监控系统应具备哪些功能，然后具体定义监控系统的各个组成部分的功能及服务要求，最后明确项目要实现该功能及特征，需要开展哪些工作。

范围定义的目的是为了：

（1）提高对时间、成本和资源进行估算的准确性；

（2）为项目控制及绩效考核确定一个标准；

（3）通过对工作的分解，使工作更易于操作，责任分工更明确。

正确的范围界定是项目成功的关键。糟糕的范围界定会使最终的项目成本升高，因为项目会出现不可避免的变化，而这些变化会破坏项目节奏，致使工作的重复、延长了项目运行的时间，进而降低生产功效及工作人员的士气。

首先，正是由于需求具有模糊性及动态变化性的特征，导致需求认识的困难。需求往往在一闪念中产生，代表着某种新鲜事物或者是某种不同的想法，具有非常强的不确定性，同时，客户在描述自己的需求时，大多提供的是一些含混的信息。比如：虽然我说不清楚，什么是我想要的，但见到东西时，就会知道。这也反映出，客户对自己的需求只是一个模糊的概念，而且会随着环境的变化而变化，但这并不表明客户的需求不实在，只是比较粗略，认识需求随着周围环境的变化而变化。

其次，项目人员需求认识能力的缺陷，也会导致需求定义困难。项目的目的是满足客户需求，但实际上，项目不可能满足所有项目干系人的需求，所以，按照项目特征来选择需求来源及需求讨论对象，这是极其重要的一个环节。比如，三峡移民项目中工程业主的需求和搬迁工程居民“迁得走、留得住、能发展”的需求对项目而言，具有同等的重要性。当认识需求与选择需求讨论的对象不对时，必将导致需求认识方向上的错误。这时，项目人员在需求认识过程中，往往容易陷入“镀金需求”、“误解需求”、“自我定义需求”以及“选择性过渡需求”等误区。

从上可知，一方面，由于客户模糊且粗略的需求在不断地变化，永不满足的诉求使得没有经验的项目管理人员产生不满情绪，导致误解的发生，而且仅仅根据客户的陈述来做项目计划，也很难给客户交付能真正满足其需要的产品。另一方面，项目管理人员出于对自己职业及技术能力的自负，不经意间根据自己的经历、价值观及专业知识来过滤客户的需求陈述，从而狭隘地对其妄下定义，不愿以简单、直接的方案满足客户的需求，也放弃了程度复杂且技术难度高的“最优方案”，最终提供的是“项目开发认为客户需要的东西”。出现这种情况，症结相当简单，问题出在项目开发人员所认识的需求不是客户所需要的。进而造成项目工期延长，成本增加，致使项目失败。

一般而言，项目范围的定义可以从两方面来进行阐述，分别为项目需求的识别及项目需求的表达。

1. 项目需求的识别。一个项目范围如果没有进行明确地定义，项目像一艘无舵的船，在茫茫大海中会迷失自己的方向，最终的目的地并不一定是它想去的地方。项目范围的定义来源于项目的需求，如果不能正确地、全面地理解一个需求及其内在含义，就不能正确地阐述并表达它，项目管理最终也将迷失方向，成为那艘无舵的船。所以，将项目需求从开始的不确定，逐步勾勒出一个清晰的框架，到最终获得正确的理解，这一过程是项目管理中至关重要的环节之一。

项目主要是满足客户的需求，但识别客户需求却是件非常困难的事情。必须在充分了解客户及其政治、经济、社会背景的基础上，与之建立坦诚的合作关系，进行全面的交流，剖析客户凌乱的需求建议及观点，并对此进行详尽的研究，不断地深化对需求认识的理解，最终归纳并整理出清晰的需求说明。改善需求定义的有效措施主要有:第一，全面理解项目的状态及项目已有的现行系统，只有准确认识目前的现实，才能为未来更好地解决问题打下坚实的基础;第二，需识别客户以优先顺序对其需求进行排列;第三，组成一个由不同利益方代表参与的需求定义小组，使项目干系人各方需求都能充分表达，进而更好地定义项目需求;第四，对客户进行教育，让客户了解项目所涉及的技术、功能及问题，使客户认识到定义需求的责任，积极配合需求的定义。

2. 项目需求的表达。识别了项目需求之后，就必须将其清楚地表达出来，在简明及全面地表达需求之后，可用词语规定怎样做才能满足项目的需求。一般可以按以下步骤来表达项目需求：

(1)让提出需求的人将其对需求的理解尽可能清楚地表达出来；

(2)从不同的角度来理解需求的真实性、可行性及重要性；

(3)利用相关技术及方法，对项目进行必要的研究，更好地处理需求；

(4)基于以上得出的结论，尽可能详尽且清楚地描述出项目需求；

(5)根据客户的反馈意见进行适当修改，使得客户最大程度地认可项目管理人员的需求认识，并符合其真实需求。

项目范围定义的主要工作如图 4 –4 所示：

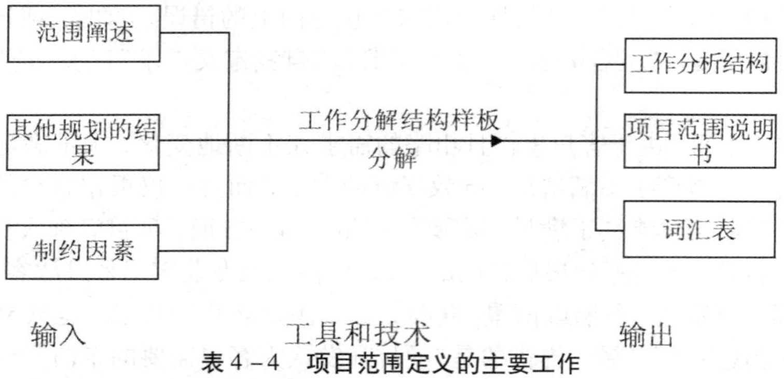

表 4 –4　项目范围定义的主要工作

二、项目范围定义的依据

根据项目许可证、项目组织过程资产及项目制约因素等，结合项目范围规划所形成的项目范围说明书及项目范围管理计划，利用相关的技术和工具，进行项目范围定义。项目范围定义主要依据以下几个方面：

1. 范围阐述。项目规划输出的范围阐述。

2. 制约因素。项目在启动阶段中，所输出的制约因素。一个项目在执行过程中，由合同条款定义的制约因素，通常在定义项目范围中作为一个重要的考虑因素。在项目范围界定期间，还应该对以前项目计划的有关历史资料给以充分的考虑。就目前的项目而言，资料中的有关错误可以被借鉴，使得项目规避一下风险，少走一些弯路。

3. 其他规划输出。出于对影响当前项目范围界定的考虑，还应对其他规划的输出进行适当的考虑。

三、范围定义的工具及技术

1. 工作分解结构样板。工作分解结构是指由项目各个部分构成且面向成果的树型结构。该结构定义了项目的各个项目子范围，并由子范围组成了项目的全部范围。通常，一个组织过去所实施项目的工作分解结构可以被新项目的工作分解结构所借鉴。尽管每个项目都有唯一性，但很多项目都存在着某种程度的相似之处。而且，在许多应用领域中，行业都提供标准的或半标准的工作分解结构样板，以便于项目工作分解。

2. 分解。分解顾名思义就是把项目及其主要可交付成果细分成较小的，更易于管理的组成部分，直至可交付成果被定义得足够详细且足以支撑项目将来的活动，比如计划、实施以及控制等。分解的一般过程如下：

(1)识别项目的主要组成部分。一般情况下，项目的主要组成部分可以理解为项目的主要可交付成果，而且也可以根据项目的管理方式来定义项目的主要组成部分。比如：项目的第一层次分解可根据项目寿命周期来进行，而项目的可交付成果则可作为第二层次的分解。

(2)确保每一组成部分得到足够详细的分解，以便可以精确地估算项目的进行费用及时间。假如每一组成部分都已经足够详细，则可以跳至第四步，否则依然进行第二步。由此可见，不同的组成部分有不同的分解水平。

(3)确定可交付成果的构成要素。构成要素尽量用有形且可核查的结果进行描述，以便根据描述对项目绩效进行评价；有形且可核查的结果既包括产品，也涵盖了服务。比如，对某个制造项目而言，其构成要素可能包括几个单独的配件以及提供最后的装配的服务。

(4)核对分解是否正确。可通过回答以下几个问题，来判断核对分解是否正确。

①低层次的要素对于分解要素的完成是否充分必要？

②每个组成要素是否都被清楚、完全地定义？

③每一构成要素都已做了预算及时间安排吗？

④是否每一构成要素都已经落实了相应的责任部门或人员，如若不然，就需要进行修改，以保证管理控制。

四、范围定义的输出

项目范围定义主要形成以下成果：

1. 工作分析结构。一个工作分析结构就是项目要素的一个子项目定位组，对项目总范围起到组织和界定的作用：作为对项目范围的阐述，WBS 通常用于开发或巩固一个达成共识的项目范围。如果某项工作不在 WBS 系统内，那么，该工作就是项目范围以外的工作。当项目的划分每降低一个层次阐述时，必须增加一个项目要素的详细描述。

通常，为 WBS 中的每一个具体项目工作指定唯一的代码。WBS 的最低层次一般是指工作包。

2. 项目范围说明书。形成的项目范围说明书对项目团队控制整个项目范围的好坏起到了重要的作用，其详细地说明了项目的可交付成果，以及为提交该可交付成果而必须开展的工作；明确了项目的主要目标，使得所有项目利害关系者对项目范围达成共同理解；确保项目团队能实施更详细的项目规划，在项目的执行过程中，用以指导项目团队的工作，并为评价项目变更请求或判断新增工作是否超出了项目边界，提供相应的准绳。

3. 工作分解结构词汇表。在制作工作分解结构过程中，生成工作分解结构词汇表，并且在项目过程中，其必须与工作分解结构配合使用。典型的项目分析字典不仅包括了对工作包的阐述，也涵盖了对其他规划资料的阐述。比如：进度表的日期、成本预算及员工分配等。

第五节　项目范围管理技术方法

一、WBS 概述

工作分解结构（WBS. Work Breakdown Structure）是指以项目产品或服务为中心的子项目所组成的一个项目“家族树”，对项目的全部范围进行了规定。工作分解结构图是实施项目、创造项目最终产品或服务所必须进行的全部活动的一张清单，也是进度计划、人员分配、成本计划的基础。同时也是项目范围管理的一种系统方法。它的主要工作内容是为方便项目管理及控制，而将项目按等级分解成易于识别和管理的子项目，再将子项目分解成更小的工作单元，直到分解成具体的工作或者工作包。

在 Microsoft Project 2000 中，WBS 是用数字、字母或者二者的组合来表示的任务层次结构。以项目的范围说明书为基础，进行项目的工作分解，确定为实现项目目标所必须完成的各项工作，以及其实施过程的顺序或内在结构，并以工作分解结构图的形式将其表达出来。工作分解结构图可以将项目分解成内容简单、相对独立、易于成本核算及检查的工作包或工作单元，并将各工作单元在项目中的地位及构成直观地表示出来。

二、项目工作分解的原则

在进行项目工作分解时，应该遵循如下几项主要原则：

1. 按照项目的实施过程、产品的开发周期或者项目活动的性质等因素，对项目的各项活动进行分类。

2. 在进行项目分解时，不必过多考虑工作进行的顺序。

3. 对于不同的项目，分解的层次也不尽相同，不必强求项目工作分解的结构对称。

4. 将工作分解成可用可靠的工作量来进行估计为止。

5. 确定最低一级的具体工作时，应能由某个或某几个人具体负责。

三、工作分解结构的设计

通常，工作分解结构 WBS 具有的三个基本要素：层次结构、编码及工作分解报告。三个基本要素如下：

1. 分解层次与结构。对于一个有效的工作系统来说，项目工作分解结构的设计是一项关键活动。根据项目管理及控制的需要，项目工作分解不仅可按照项目的内在结构进行分解，也可按照项目的实施顺序进行分解，但由于项目本身的复杂程度及规模大小各不相同，所以项目可分成很多级别，这样也就形成了工作分解结构的不同层次。

当工作分解结构每细分一个层次时，意味着对项目元素更为细致的描述。任何分支中最低层的细目就叫作工作包。工作包是完成一项具体工作所要求的一个可确定的、可交付的、特定的以及独立的工作单元，为项目控制提供充分且合适的管理信息。WBS 结构主要用等级状或者树状结构进行表示，其底层范围很大，代表大量详细的信息，能够满足项目执行组织在管理项目时对信息的需要，一般而言，从结构上来看，处于上一个层次的结构应该比处于下一层的结构要窄，而且各层次中用户所需的信息应由本层提供，依次类推，逐层向上。

在进行项目结构设计时，通常要遵从以下几项原则。

第一，必须有效及分等级，但不宜在结构内构建太多的层次，因为层次过多，不利于有效管理，一般设计结构时，4 到 6 个层次就足够了；

第二，必须确保信息在各层次之间能自然且有效地交流；

第三，必须保证结构具有足够的灵活性，并在设计之初就应注意，结构被译成代码对于用户来说是容易理解的。

工作分解结构图如图 4－5 所示。

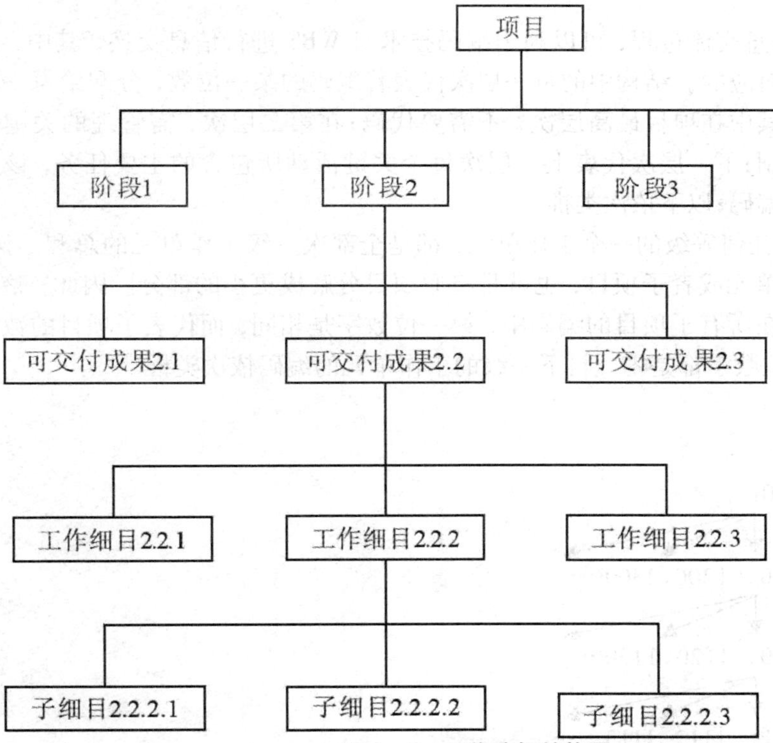

图 4－5 工作分解结构图

目前，制定工作分解结构的方法多种多样，主要包括了类比法、基于项目功能的分解法等。

(1)类比法。类比法就是参照一个类似项目的 WBS 来制定本项目的工作分解结构的一种方法。比如，某客机制造公司计划设计生产某新型战斗机时，就可以参考以往制造客机而设计的子系统，并以此为基础，开始编制新项目的 WBS。这样，一般性产品导向的 WBS 就成为了新飞机项目的范围定义及新型战斗机成本估算等工作的起点。

（2）根据项目的功能进行分解。按项目的功能进行工作分解，可以将总体目标分解成设计、制造、市场和服务等，如图 4 －6 所示：

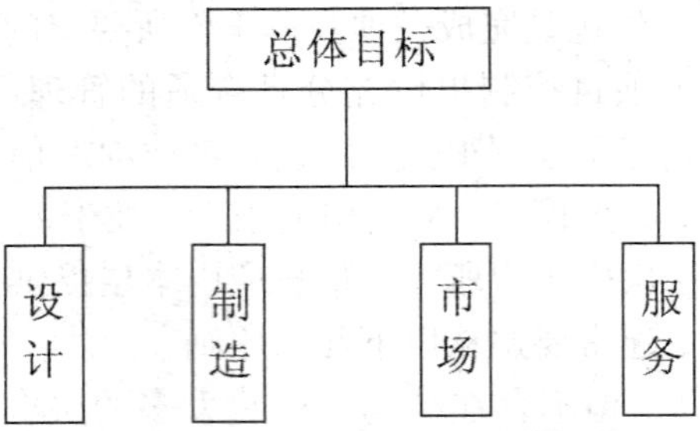

图 4 －6　基于项目功能的分解结构

2. WBS 编码设计。由于工作分解结构中的每项工作都必须编上号码，用以唯一确定其在项目工作分解结构中的唯一身份，而这些号码的全体就叫作编码系统。编码系统与项目工作分解结构具有同样的重要性，在项目规划及其后的各个项目阶段，项目所涉及的各基本单元的变更、查找、时间安排、费用计算、质量要求、资源安排等方面的工作内容都需参照这个编码系统进行。

为简化 WBS 的信息交流过程，可以利用编码技术对 WBS 进行信息交换，其中，编码设计与结构设计是相互对应的。结构中的每一层次代表着编码的某一位数，分配给每一层次一个特定的代码数字。其中在项目最高层次，不需要代码；在第二层次，需管理的关键活动用代码的第一位数来编制；下一层次代表上一层次每个关键活动所包含的主要任务，该层次将是一个典型的两位数编码；以下依次类推。

在 WBS 编码中，任何等级的一个工作单元，都是全部次一级工作单元的总和。例如：第二个数字代表子工作单元或者子项目，也就是将原项目分解成更小的部分。因此，整个项目就是子项目的总和。在所有子项目的编码中，第一位数字是相同，而代表子项目的数字不尽相同，紧接着后面两位数字都是零。再下一级的工作单元的编码依次类推。

例如：

第 1 层编码为：1000；

第 2 层编码为：1100、1200、1300……

第 3 层编码为：1110、1120、1130……

第 4 层编码为：1111、1112、1113……

下面给出了制造机器人项目的工作分解结构图编码，编码标注在括号里。如图 4 －7 所示。

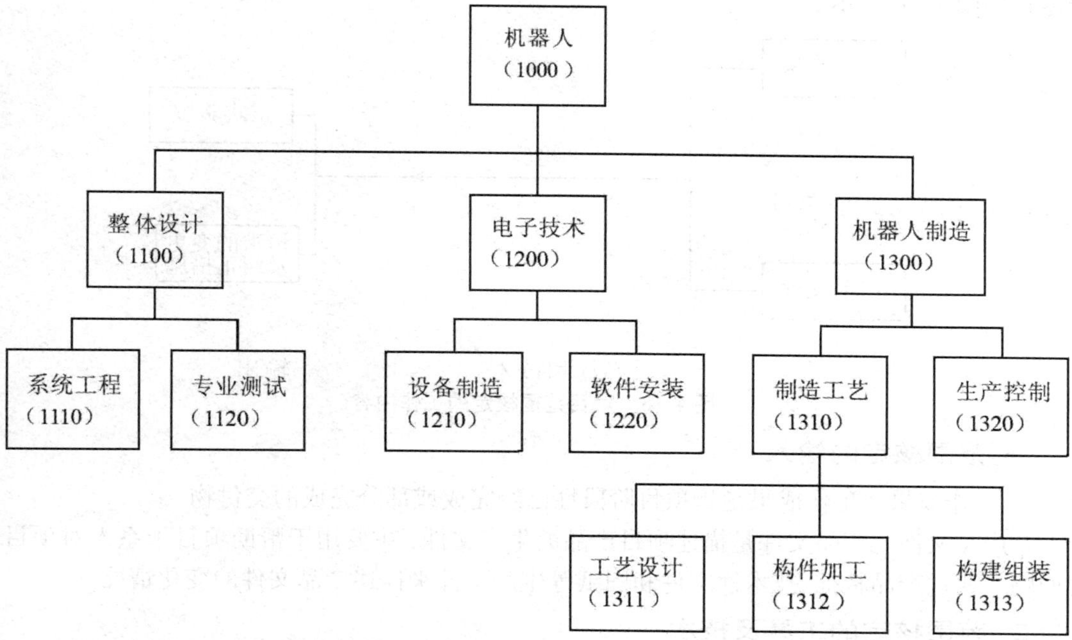

图 4－7 机器人项目的工作分解结构图编码

四、注意事项

对于实际的项目，尤其是对于较大的项目而言，进行项目工作分解的时候，应该注意以下几点：

1. 要清醒地认识到，确定项目的分解结构过程就是按照项目的产品或服务、组织及过程这三种关键因素对项目进行分解的过程，同时，也是对项目的组织人员分派各自角色及任务的过程。

2. 项目最底层的工作必须非常具体，而且还要完整无缺地分配给项目中的不同个人或组织，从而便于明确各个工作的项目目标、具体任务及所承担的责任，也方便项目管理人员对项目的执行情况进行监督及业绩考核。

3. 通常，必须要有详细、全面及明确的文字对项目最底层的工作块进行说明，并汇集编制成项目工作分解结构词典，对工作包进行描述，提供成本预算、进度计划及人员安排等计划编制信息，便于在需要时能随时查阅。

4. 工作分解结构中所有的分支并非都必须分解到同一水平，且各分支中的组织原则可以不相同。任何项目也并不一定只有唯一正确的工作分解结构。

第六节 项目范围核定

范围核定就是指通过项目参与者或倡议者等的行为正式确定出项目范围的过程。它要求回顾生产工作及生产成果，确保所有项目都能够准确地、满意地完成。假如项目已提前终止，则该范围核实过程也应该证实，并应以书面文件的形式记录其完成情况。项目范围核定的工作内容如图 4－8 所示。

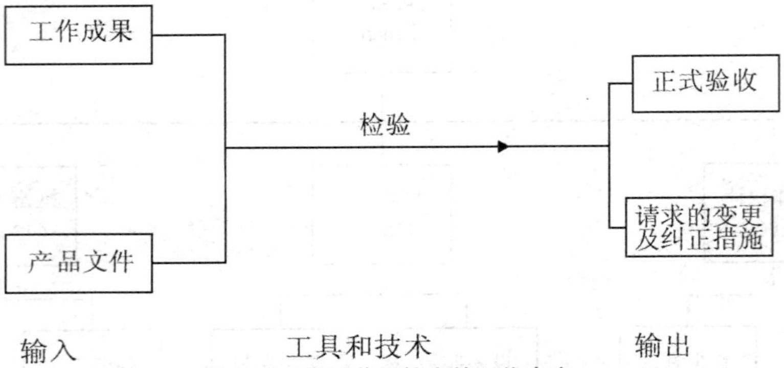

图 4－8　项目范围核定的工作内容

一、范围核定的输入

1. 工作成果。工作成果是指项目阶段性已经完成或部分完成的交付物。

2. 产品文件。产品文件是描述项目产品的生产文件，主要用于帮助项目干系人对项目进行回顾。通过产品特征、技术性文件和图纸等生产文件来描述产品文件的变化情况。

二、范围核定的工具及技术

项目范围核实的主要工具及技术就是检查。检查涵盖了通过诸如测量、仔细检查及核实等过程来判断工作及可交付成果是否符合要求及产品验收原则的各项活动。检查包括产品评审、评审、审计与演练等。

三、范围核定的输出

根据对项目范围的核定，进行正式验收，最终形成以下成果：

1. 验收的可交付成果。范围核定过程记载了已完成并经过验收的可交付成果。已经完成但尚未验收的可交付成果也记载下来，并附有未验收的理由。范围核定包括收到的顾客或赞助人证明文件，并记载利害关系者验收项目可交付成果的事实。验收文件是当事人或投资者已经认可了这个项目产品或某个阶段的文件，他们必须为完成这项工作准备条件，做出努力。

2. 请求的变更及纠正措施。在范围核定过程中可能提出变更请求，并通过整体变更控制过程进行审查与批准。纠正措施是为了保证项目将来的绩效符合项目管理计划而提出并形成了文件的建议。

第七节　项目范围控制

在项目的生命周期中，项目始终处于一个变化的环境之中，因为有各种因素不断干扰着项目的进行。无论项目管理得如何好，采用的管理方法如何科学，项目也不可避免地会发生变化，依据项目管理的哲学思想可知，这种变化是绝对的。但对于项目管理者而言，关键的问题则是如何有效地预测可能发生的变化，以便采取切当的预防措施确保项目目标的实现。实际上，做到这一点是相当困难的，较为实际的方法则是通过认真地分析研究，有效地沟通、协调，不断地监控，力求掌握项目变化的规律，进而妥善处理各种变化。

所谓项目的变化是指项目的目标、项目要求、项目的范围、内部环境和项目的技术质量指标等与原先确定的项目计划相比较，出现了偏离。在项目变化中，项目范围的变化是最重要并最受项目经理关注的变化之一。即使一个项目的范围计划制订得非常好，但是在实施过程中，不作任何更改几乎是不可能的。所以，项目变更的管理也成为项目经理必备的素质之一。项目范围发生变化并不一定是件糟糕的事情，糟糕的则是缺乏规范的变更管理过程来对项目变化进行管理。引起项目范围变更的原因有很多，例如:客户增加产品功能;设计方案因环保问题而作修改，导致增加施工内容等。在管理过程中，项目经理必须通过监督绩效报告及当前进展情况等，来分析及预测有可能出现的范围变更，当项目发生变更时，遵循相应的变更程序来管理变更。

为了规范项目变更管理，必须制定明确的项目变更管理流程，其主要内容就是识别并管理引起扩大或缩小项目范围的所有因素。主要可以划分为三个主要过程:首先，识别引起工作范围变更的因素;其次，对确实需要发生的变更进行确定，并施加影响以确保变更是有益的;最后，对那些实际发生的变更进行管理。项目范围变更管理的一般流程如图 4 -9 所示。

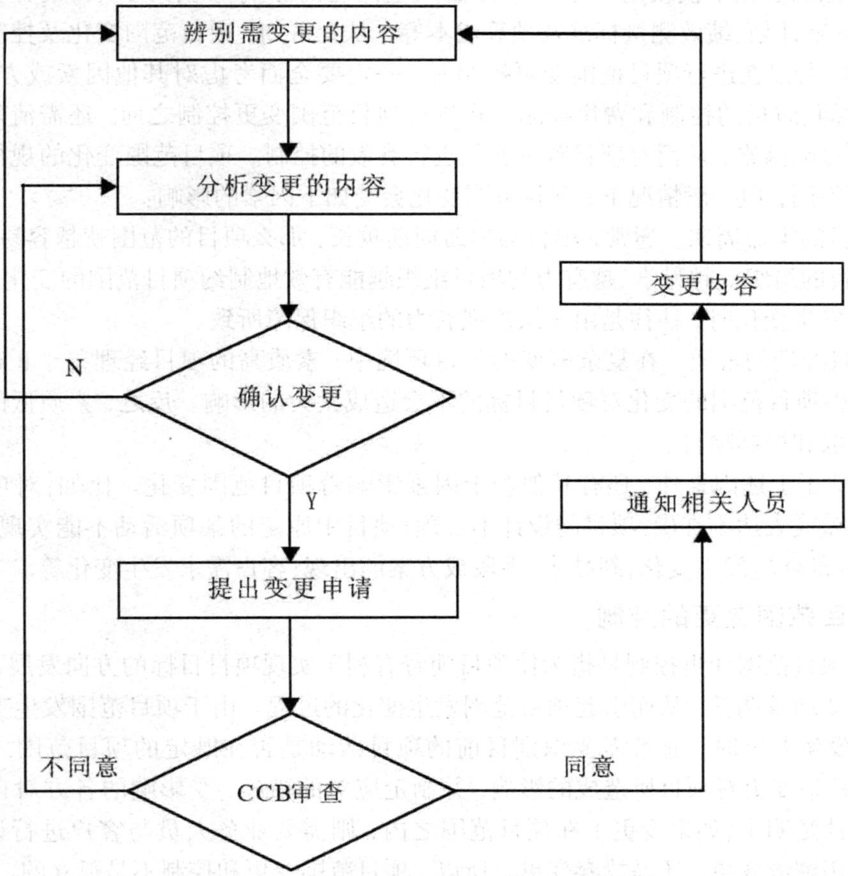

图 4 -9 项目范围变更管理的一般流程

项目范围变更控制所关心的是对导致项目范围变更的因素施与影响，并控制好这些变更所造成的后果，确保所有请求的变更，通过项目整体变更控制过程得以处理。项目范围控制应该在实际变更出现时，对这些变更进行管理。而未得到控制的变更通常被称为项目范围潜变。项目变更是不可避免，因此必须强制实施某种形式的变更控制过程。

一、项目范围变更的原因分析

通过工作分解结构详细地界定出项目的范围，也确定项目的工作边界，明确了项目的目标及主要的项目可交付成果。假如项目的范围发生了变化，必然会对项目产生影响，而这种影响可能有利于项目目标的实现，但更多的可能是不利于项目目标的实现。

一般而言，项目范围的变化会对项目带来如下影响：

1. 项目的目标。项目范围的变化可能会直接造成项目工期的延长或缩短；项目质量的降低或提高；项目费用的增加或减少。项目目标的影响对项目而言是最重要的问题，也是项目管理人员最为关心的问题之一。

2. 生产要素。项目所需材料、设备或工具等生产要素可能会由于项目范围的变化而发生变更。

项目范围的变化不仅仅对以上两个方面产生深远的影响，还涉及项目的方方面面，例如：项目的进度计划、绩效测量标准及预算成本等。从上可知，项目范围变化及控制在项目中不是孤立的，所以在进行项目范围变更控制时，一定要全面考虑对其他因素或方面的控制，尤其是对时间、质量的控制和费用控制。在进行项目范围变更控制之前，还需清楚识别项目范围变化的影响因素，从而对项目范围变化进行有效的控制。项目范围变化的规律可能随项目的不同而不同，但一般情况下，项目范围变化会受如下因素的影响：

(1)项目的生命周期。通常，项目的生命周期越长，那么项目的范围就越容易发生变更。

(2)项目的组织。越科学、越有力的项目组织越能有效地制约项目范围的变化。反之，项目范围容易发生变化时，往往是由于缺乏强有力的组织保障所致。

(3)项目经理的素质。在复杂多变的项目环境中，素质高的项目经理善于正确决策，应付自如，使得项目范围的变化对项目目标的不会造成太大的影响。反之，素质低的项目经理往往难以驾驭和控制项目。

显然，除了上述因素外，还有其他若干因素影响着项目范围变化。比如：对项目的需求识别出现偏差或表达不准确；项目的设计不合理；项目中原定的某项活动不能实现；项目计划出现错误；外部环境发生变化；新技术、手段或方案的出现；客户需求发生变化等。

二、项目范围变更的控制

所谓的项目范围变更控制是指为使项目朝着有利于实现项目目标的方向发展，对某些方面因素进行变动及调整，从而引起项目范围发生变化的过程。由于项目范围发生变更是不可避免的，当发生变更时，通常需要识别目前的项目活动是否在既定的项目范围之内。如果是，就需要评估变更对项目所造成的影响，并制定应对的措施，受影响的各方对自己所受的影响都应该清楚明了；如果变更不在项目范围之内，则需要业务人员与客户进行谈判，以决定是增加费用继续变更，还是放弃变更。所以，项目范围变更和控制不是孤立的。

1. 范围变更控制实施的基础及前提：

(1)进行工作任务分解。确定项目范围的基础和前提就是将工作任务进行分解，并建立工作任务分解结构。

(2)提供项目实施进展报告。项目实施进展报告包含了与项目范围变化有关的相关信息。通过项目实施进展报告便于掌握将会影响项目的范围变化的因素，比如:哪些工作已经完成，而哪些尚未完成，哪些问题有可能会发生等。

(3)提出变更要求。一般以书面的形式提出项目的变更要求。变更要求的提出既可以是来自项目内部，也可以来自项目外部;既可以是自愿的，也可以是被迫的，既可以是直接的，也可以是间接的。

(4)项目管理计划。项目管理计划应该对项目的变更控制提出明确的要求及相关规定，使得进行变更控制时，有章可循。

2. 项目范围变更控制的作用。项目范围变更控制的作用主要体现在如下几个方面：

(1)合理调整项目范围。范围变更指的是对已经确定并已通过审批的 WBS 的项目范围所进行的调整及变更。通常，项目范围随着项目成本、项目进度、项目质量或项目其他目标的变更而变更。

(2)纠偏行动。项目变化所引起的项目变更必然使项目偏离原有计划轨道，出现偏差。为确保顺利实现项目目标，就必须对出现偏差的活动进行纠正。因此，单从这个角度来看，项目变更实际上就是一种纠偏行动。

(3)总结经验教训。应该以文字、数据及资料的形式记录下导致项目范围变更的原因、项目所采取的纠偏行动及其他任何来自项目变更控制实践的经验教训，以此作为项目组织保存的历史资料，给后续的项目提供借鉴。

3. 项目范围控制的主要步骤。项目范围控制的主要步骤如下：

(1)对已完成活动的实际范围及项目变更所带来的影响收集相关数据，并以此对项目范围进行更新，对新产生的项目范围进行分析，并与原项目范围进行比较，找出需要纠正的地方。

(2)对需要纠正的地方，确定应采取的具体纠正措施。

(3)对所采取纠正措施的效果进行估计，假如所采取的纠正措施没有达到预期的项目范围调整效果，则重复以上步骤。

4. 变更控制委员会。许多变化控制系统都包括一个变化控制委员会，CCB 是变更控制委员会(Change Control Board)的简称，负责批准或抵制变化要求。当进行项目范围变更时，很可能会涉及额外的项目资金、额外的项目资源及项目时间等，所以，必须建立变更控制委员会，CCB 应当由来自各个不同领域的项目利益相关人组成，且有能力在管理上作出承诺，并具有代表性的人员组成。变更控制委员会的权力及责任需仔细界定，且还要取得主要参与者的同意。CCB 就项目范围的变更对项目或组织带来的影响进行评估。CCB 需要对以下几个问题进行界定：

(1)当项目范围变更发生时，要确定项目经理的职权范围，对项目经理进行约束，确定什么能做以及什么不能做；

(2)就项目变更流程及评估标准，各方达成一致意见；

(3)在评估项目变更后，对批准或者不批准变更所需的时间、经费、工作量等进行说明。

项目范围变化控制的主要工作如图 4－10 所示：

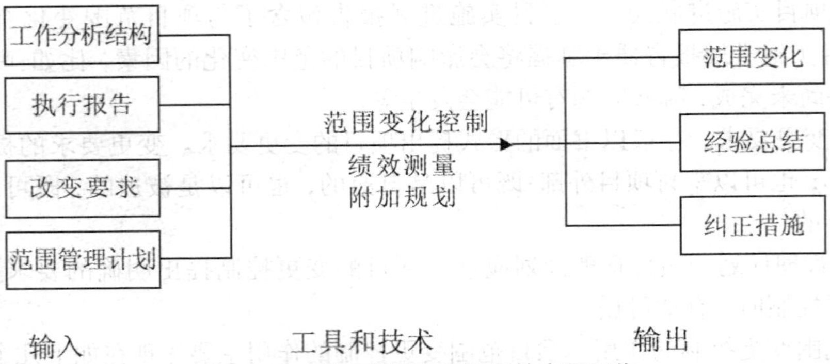

图 4－10　项目范围变化控制的主要工作

三、对范围变化控制的输入

1. 工作分析结构。根据工作分析结构来确定项目范围的基准线。

2. 执行报告。执行报告提供该项目范围的执行情况，比如:中间产品是否完成的资料。同时，执行报告也需对未来可能发生的情况提醒项目团队。

3. 改变要求。改变要求即项目范围变更的需求，可以通过口头或书面、直接或间接、从内部或外部等多种形式对项目的范围进行变更。改变的要求可能是扩大项目范围或者缩小范围。许多要求的改变可能是如下一些情况导致的:

(1)发生了一个与项目联系紧密的外在事件，如:政府的法规发生了变化。

(2)产品范围的界定有错误或疏漏，如:由于程控交换系统的覆盖面不够大，导致程控交换系统设计的失败。

(3)项目范围的界定出现错误或疏漏，如:将材料清单代替了工作分析结构。

(4)产值增加的变化，如:通过采用先进的技术，对项目的发展环境进行改变，则可降低成本，当项目的发展环境还保持原来的情况时，降低成本则是不可能的。

4. 范围管理计划。

四、范围变化控制的工具及技术

1. 范围变化控制系统。该系统主要用于明确项目范围变更的处理程序，包括项目计划范围文件、跟踪系统以及项目偏差控制和决策机制。范围变更控制系统必须全方位与变化控制系统相集成，尤其是与输出产品密切相关的系统集成。只有这样才能使得项目范围变更的控制和其他目标变更控制的行为相兼顾。如果项目必须完全按合同要求运行时，那么，项目范围变更控制系统还应该与所有相关的合同要求保持一致。

2. 绩效测量。绩效测量技术主要用于帮助人们对所发生的重大变化进行评估。当变化发生后，需要有相应纠正措施，这时可以通过绩效测量技术来分析导致变化的原因是什么，制定相应的处理决定。

3. 附加规划。通常，很少有项目能精确地按合同的要求运转。在影响项目范围的变更请求批准之后，可能会对工作分解结构及工作分解结构词汇表、项目范围说明书及项目范围管理计划等进行修改。而批准的变更请求很有可能会成为更新项目管理计划组成部分的重要原因。

五、范围变化控制的输出

1. 范围变化。范围变化是指对已被认可的 WBS 所规定的项目范围的进行的修改。在进行范围变化时，首先需要对时间、成本、质量及其他项目目标进行判定。根据需求，通过项目规划程序对项目范围变化情况，技术信息及规划文件进行更新，要并适当地通知参与者。

2. 纠正措施。通过项目纠正措施，使未来项目按照人们的预期并纳入项目计划所要求的轨道进行运作。

3. 经验总结。项目管理人员应该将项目的各种变化的原因，进行项目纠正行为选择的相关理由，以及从范围变化控制中得到的经验教训等，用文件的形式将其记录下来，使得将这些资料变成历史记录的一部分，为项目执行组织执行该项目及其他项目提供参考意见。

案例

案例一

2008 年 12 月，北京 A 公司与 B 公司签署合作协议，实施 SCM（在线供应链管理系统）。但是，直到今年 6 月，双方也没有确定出一个认可的方案，项目的进展几乎陷入困境，用 A 公司项目经理张凯的话说："我现在已经害怕接到 B 公司 CIO 李励的电话。"这是为什么呢？

1. 何以反复修改解决方案？

B 公司是宁波市的一家小型零售连锁企业，总部设在宁波，目前已在宁波下属一些县区设有分部。业务扩张后，企业内却出现了一系列的问题：各门店之间、门店与总部之间、与供应商之间的信息管理系统是不相联结的，各店也是分别向供货商采购，这样一来，B 公司实际上就成了单店经营，一个个店其实就是一个个"信息孤岛"，规模优势和集团优势难以发挥。面对这些问题，B 公司急于借信息技术来提升整体管控能力。

最初，张凯为 B 公司量身打造了一个以门店为中心的 B2B 电子商务平台，包括基于 Intranet 内网的报表统计系统，基于 Extranet 外网的 e－SCM 供应链管理系统等。系统功能包括在线结算、信息分享（销售、库存、补货、结算）以及品类管理及分析。方案实现了 B 公司多家门店与供货商之间的电子订单、对账、经营数据分析、查询等协同商务工作。

没过多久，李励就发现，上游供货商出于各自业务统计和分析的需要，会对自己所经营的商品采取一定的分类标准和编码规则，即使同一连锁集团内，各门店所经营的商品种类、商品编码、价格等属性也可能各不相同。所以，方案必须解决一定标准下信息转换的问题，否则 B2B 电子商务平台就是一句空谈。针对李励提出的问题，张凯把方案做了调整，开发出了异构系统之间的"翻译"模块。

不久，李励又提出了新的要求：在总部建设数据中心系统，包括基于数据仓库的 CRM 顾客关系管理系统。当然，张凯对项目方案也做了再次调整。

每一次方案的调整，对张凯都意味着繁重的工作量，要对 B 公司的工作流程仔细调研，制订方案，甚至要与其上游厂商进行沟通，确保方案的可行性。满以为经过几次的调整，这回应该让李励满意了。然而事情又出现了新的变化，李励需要一套 BI 商业智能系统为企业的决策提供支持。

到底怎么做，客户才满意？

这一回，张凯再也坐不住了。第一，项目方案又要调整，这会是一个较长的时间，而且不知道以后还会怎样变化；第二，张凯认为，对于 B 公司来说，BI 商业智能系统的考虑太长远，目前的数据量太少，项目实施后数据量的增加也会是一个长期过程，没必要现在就做全部规划。

作为企业 CIO，李励有不同的意见：现在的零售连锁竞争相当激烈，企业要考虑长远的规划。系统上线后，随着供货商和各门店的数据共享，信息量不断扩大，需要一套 BI 商业智能系统为企业领导的决策提供帮助。这样才会在竞争中保持不败。

项目初期就遇到了如此多的问题，李励认为"用户更喜欢一个能提出个性化解决方案、碰到问题都能够解决的供应商，能根据企业的发展提供符合要求的差别化服务。"而张凯却有自己的苦恼，客户不断要求改变方案，经常把做好的方案推倒重来，解决方案的供应商根本没有办法控制成本且无所适从。更何况，有些方面的规划并非客户所急需。

问题：1. 在项目规划上，解决方案供应商与客户之间如何才能更好地沟通和协调？2. 项目究竟应该满足现有的应用需求，还是也要满足未来的应用需求？

分析：

B 公司的项目规划案例是一个普遍现象，折射出当前许多企业在软件选型过程中所遇到的问题，而"软件项目规划应该如何做"正是该问题的核心。

众所周知，不管做什么事情都需要有一个总体目标和规划，在总体规划下进行目标分解，不断细化阶段性目标和规划，才能保证把事情做对，不脱离正常的轨道，从而让投资得到最大的回报。软件作为一种信息化管理的工具和手段，是为管理服务的，因此它的规划必须能够适应企业的发展，满足企业某一时间段的需要。

综观这个案例，当事双方存在如下几个问题值得思考。

(1)项目的目标和范围定义不够明确。不难看出，两家公司在目标上是有些不一致的。B 公司认为他们只要是碰到的问题，包括以后可能遇到的问题以及对未来的一些想法就应该在此次项目中实现。而 A 公司则认为他们的目标只是解决目前已经存在的问题，过于长远的问题不是他们此次项目需要考虑的。这样就因为目标、范围不够明确，导致双方各自站在自己的角度和立场去想问题，从而产生了一些分歧。

(2)没有进行业务框架梳理，缺少咨询环节。此次项目一开始就很仓促，B 公司没做好需求整理及规划就找来软件厂商进行选型，可以说，B 公司只是大概知道他们需要什么，但还不能清晰定义出这次项目的具体范围及未来 IT 架构整合的问题，这是一个主要原因，也是起因。

而 A 公司在作为合作伙伴进行调研时，也只是对现存的问题进行了规划，没有帮助 B 公司对整体的业务框架进行梳理，同时也没有从软件公司的专业角度提供一些建设性参考意见，而只是单纯从目前业务需要给出方案，没有从更为长远的角度帮助客户去考虑问题。

(3)项目方案没有一个总体构架。方案多次修改虽然同用户的项目目标、范围不明确有关，但 A 公司没有帮助一起进行总体构架也逃不了干系。如果 A 公司能够多花一些时间同 B 公司讨论总体构架，那么后面所碰到的编码转换、商务智能等问题可以提早被挖掘出来，不至于最后被动应付方案的不断调整。

2. 解决问题：信息化规划四步走。

针对企业信息化规划，我们应如何进行，在每个步骤中又应注意什么要点呢？

首先，需要按照企业运营模式和业务特点进行总体规划。从企业的运营模式和业务特点入手，明确了解企业的发展方向、业务模式及其核心竞争力，定义出核心业务与辅助业务，则整个信息化的核心目标就能够体现出来。

需要强调的是，除了需要考虑到现有状况之外，还需要能够兼顾未来，也就是说在做这样的规划时，需要为未来的10到20年打下一个基本框架。后期可以随业务做一定的调整和扩充，但整体的框架是不能够随意更动的。当然，这样的工作企业自身未必能够独立完成，可以找软件咨询公司协助规划，提供业内的最佳实践案例作参考，以保证规划的合理性。

其次，将信息化目标进行分解和排序。建立企业的整体信息化框架，这只是一个框架性的目标，是无序的。应该把这些目标细化、分解，根据企业的发展阶段按重要性排序，以确定什么时候需要完成什么样的信息化目标。

再次，进行IT系统规划。把阶段性的信息化目标都定义清楚之后，就能够进行IT系统的规划，对一些业务边界进行细分，以明确定义出有哪些IT系统，分别负责什么样的业务，IT系统之间有什么样的联系，需要什么样的建制关系等。

最后，分步实施。通过前面的三步，这时，每个软件应该大致负责的业务范围都已明确，同其他系统的整合要求及未来的功能预留也有了定义，软件选型也会更有目的性，更容易操作，容易通过软件实现管理效益和避免软件投资风险。

所以概括来说，这个案例所碰到的客户同软件厂商之间的项目沟通和协调问题，以及到底是满足目前业务还是未来业务的问题，都可以通过总体规划、分步实施来从根本上解决。

案例二

一个项目经理在开发一个为期10个月的项目的3个月后得到客户通知，项目要在不增加成本、不影响范围和质量的情况下，需要在8个月内完成，项目经理应该怎么做？

分析：

1. 了解客户计划改变的真实原因。

在做项目的很多时候，客户方会要求项目在不增加成本、不影响范围和质量的情况下，提前完成，但是一定有他的理由，也许是你的竞争对手采取的措施，也许是我们在做项目的时候有哪些不对的地方，或者是客户遇到新的其他情况等，但是在客户提出之后，不能明确地答应也不能以强势的态度拒绝，等了解真正的原因后再做打算。

2. 向客户沟通。

假如必须提前完成任务，要向客户说明其困难，假如公司真的有实力，那就答应他，并适当的拿出合同进行说明，是否在其他方面给予公司补偿。

如果公司的把握不是很大，那就站在客户的立场为他考虑，本来十天完成的任务现在八天完成，困难是什么，结果会怎么样，是否采取，按照客户的要求完成部分功能，比如为了迎接上级领导检查，那就把系统的表面工作都做好，要是真正的使用的话，那就把不影响工作进行的部分往后推迟等，一个项目实施后，所有功能在一定的时间都能使用上的概率不是很大，另外也可以采用在主要功能方面做好，次要方面稍往后放等方法。

3. 从公司本身出发。

在不影响范围和质量的情况下，提前完成，只有在加班或加人中选择，但是一定要谨慎，因为加人是存在一定的风险的，毕竟项目已经进行了3个月。假如公司实在没有办法的话，那就把部分较独立的功能模块外包出去，当然这是下下策了。

4. 团队的管理。

在这个时候，一定要在团队的管理方面做好工作，无论从人员的到位，还是人员的情绪，或者其他方面等做到恰到好处。

※ 本章思考题：

1. 了解项目范围、项目启动、项目规划、范围定义、范围控制、范围确定等基本概念。
2. 理解项目范围管理的主要内容和主要作用。
3. 熟悉项目范围管理的五个工作过程的依据和结果。
4. 掌握工作分解结构的编制方法。

第五章 项目时间管理

在项目管理过程中，人们讨论项目进度的时候，有时会隐含的一个前提条件，即:项目所需的人员、设备及资金等项目资源都是富裕且可以随时得到，但是现实的情况往往不是如此，主要受到如下两方面的制约：

一方面，几乎所有的项目都受到时间、成本、工人熟练水平及竞争等资源因素的限制，有些资源可能根本得不到，有些可能得到一部分，得到的资源也有可能不具备所期望的能力等。

另一方面，因为人员、设备及资金等项目资源之间的搭配不合理，常常使得实际项目在关键时刻发生延误，导致项目的推迟，人力成本随着加班加点而增加，而设备可能已提前租赁或在需要使用时却租赁不到，进而造成设备成本的增加。

在项目的各种工序进行过程中，可得到的资源数量及质量都是有限的，项目的某些任务可能在同一时间需要同一种资源，但项目却不可能得到满足所有需要的资源，那么，这些任务对同一种资源的需求就具有竞争性。同时，假如得不到充分的资源，这些任务就不得不重新设计，且要等到所需资源能够得到时这些任务才能进行;要是增加项目资源投入以保证项目任务按时完成，项目成本可能又会超出预算。

由上可知，项目资源对项目具有约束性，这就是资源约束。在一定范围内，客观上，项目进度、成本及资源三者之间存在的一定的约束关系，即:项目必须在给定的时间内，尽可能少地使用资源，达到预期的成本控制指标。不能仅仅根据项目的里程碑是否达到来评估项目进度，还必须兼顾时间进度节奏及稀缺资源的使用等问题。统筹资源的使用可以使得只在项目需要的时候获取资源，从而大量减少资源的传递工作，并能使相关的成本趋于平衡，将成本控制在预计范围内。一项判断项目经理在项目管理中是否成功的标准是其在工作绩效、时间及成本之间进行综合平衡的能力。

在时间就是金钱、效率就是生命的市场经济条件下，一个项目可否在预定的时间内完成，是项目管理人员追求的目标，假如项目不能如期完成，必然会对项目的范围、时间、成本、质量等各方面产生相应的负面影响。而项目进度管理就是利用科学的方法来确定项目目标的进度，编制进度计划及资源供应计划，对项目进度进行控制，在项目的进度、质量和费用目标协调的基础上，实现预定的工期目标。所以，工期、费用和质量构成了项目管理的三大目标。其中，工期依赖于项目进度上的时间保证，费用在项目的各项作业中发生，质量则取决于每个作业过程，以上指标均能通过对项目进度的控制来加以掌握，因此，项目进度控制是项目控制工作的首要内容，是项目控制的核心。

项目进度的管理又可称为项目时间管理或工期管理，是指为了确保项目按时完成的一系列管理活动，具体内容包括项目进度计划编制和项目实施进度控制等。项目时间管理的主要工作内容如图 5－1 所示。

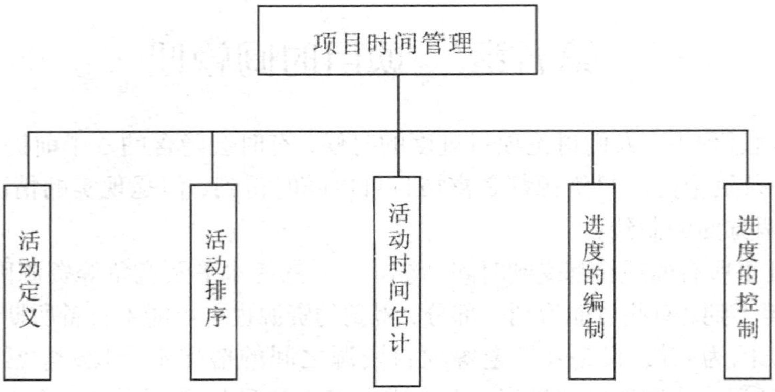

图 5－1　项目时间管理的主要工作内容

第一节　项目活动定义

项目活动定义是指对项目团队成员及项目干系人为实现项目目标，并完成项目可交付成果而必须开展的具体活动的确定。项目的每一项活动都可看作是一个工作单元，它们都有预期的历时、成本及资源要求。对项目活动的定义是一个过程，它涉及确认及描述一些特定的活动，当完成了这些活动，则意味着完成了 WBS 结构中的项目细目及项目子细目。通过项目活动的定义这一过程可使项目目标体现出来。

成功的项目活动定义必须要能够实现项目目标，因此，项目活动定义需从项目目标出发，通过项目专家及项目问题领域的专业人士共同系统分析和详细调查，并且参照类似项目的历史资料，确保项目顺利实现。

一般，项目活动定义常用的方法如下：

1. 头脑风暴法。将项目团队成员、项目干系人和专家召集在一起，大家集思广益，最终生成项目活动清单。此方法仅适用于规模较小的简单项目。

2. 工作结构分解法。在项目初始的工作分解结构的基础，将原先相对粗略的项目工作结构 WBS 向下层层分解，直到最底层。最底层的活动称为工作包，它们任务较少，相对独立且易于管理和控制。

3. 项目活动平台界定法。该方法又称原型法，主要是套用一个类似的历史项目的活动清单，以此作为新项目活动界定的原型或平台，根据新项目自身的特点，直接在此原型或平台上增减活动，从而定义出新项目的活动清单。

上述三种项目活动定义的方法各有利弊，有一定的局限性，分别适用于不同的情况。头脑风暴法简便快捷，但其效果的好坏主要往往取决于专家们的经验，采用此方法对大型复杂项目进行活动定义时，极易出现疏漏；工作结构分解法过度强调项目的“自上向下”逐层分解，过分注重项目的整体性及全局性，但其活动分解过程烦琐复杂、代价高且周期性长；项目活动平台界定法虽然也具有简明快捷的优点，但要找寻到一个与新项目完全类似的历史项目，实非易事，从而使得新项目活动的定义受到来自原型或平台的限制，可能遗漏一些的必要活动或增添一些多余的活动。

第二节 项目活动排序

一、项目活动排序的定义

在项目活动定义确定了项目目标所必须完成的活动之后，需要对项目活动进行排序了。所谓的项目活动排序，就是指识别项目活动清单中各项目活动之间的相互关联及依赖关系，并以此对项目各活动的先后顺序进行编排及确定的工作。

假设一个项目有若干项工作及活动，而这些工作及活动在时间上的先后顺序则称之为逻辑关系。一般，逻辑关系可分为两类，一类是客观存在且不变的逻辑关系，即强制性逻辑关系。强制性逻辑关系是指生产项目产品的过程需要遵循的工艺流程或项目提供的服务需要遵守的先后顺序，该逻辑关系取决于项目活动之间的必然联系，因此也被称为项目活动之间的硬逻辑关系或强制依存关系。比如:要建一座厂房，首先要进行基础施工，而后才能进行主体施工。另一类是可变的逻辑关系，也可称为组织关系。可变的逻辑关系是指由于项目活动排序人员主观因素而造成的排序差异，又被称为软逻辑关系或自由依存关系。该逻辑关系随人为约束条件的变化而变化，也随人员调配、实施方案、资源供应条件的变化而变化。

项目活动的排序是由项目活动之间的软、硬逻辑关系、项目的假设前提及约束条件以及项目的内、外部依存关系共同决定。另外，项目活动排序还受诸如资源、项目工期以及成本等方面的假设前提和约束条件的限制，而且还同项目组织内部的非项目活动，同项目组织外部的其他活动之间存在着相互影响的外部依存关系。所以，在进行项目活动的排序前，应该综合考虑以上因素的影响，并且注意如下几个重点:

(1)选择费用最少的排序方案，提高经济效益;

(2)选择能有效节约工期的排序方案，以缩短工期;

(3)将技术复杂、持续时间长且难度大的工作视为先期完成的关键工作，并作优先安排;

(4)合理利用资源，找寻资源利用及供应之间均衡;

(5)环境、气候对排序的影响。

二、项目活动排序的工具及方法

网络技术方法是比较常用的项目活动排序方法。排序可以由计算机来执行或用手工进行排序。对于小型项目而言，手工排序很方便;对于大型项目来说，手工编制及计算机排序的排序方法应结合使用。

1. 前驱图法(PDM)。前驱图法是编制项目网络图的一种方法，其利用节点代表活动，而用节点之间的箭头表示活动的相关性。该方法也被称为活动在节点法，简称 AON，是被绝大多数的项目管理软件包所采用的方法。PDM 法可用手算也可用计算机实现。一个用 PDM 法编制的简单网络图如图 5 - 2 所示。

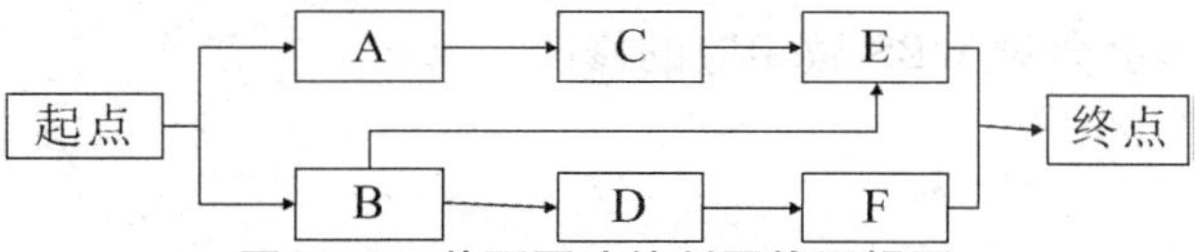

图 5 - 2 前驱图法编制网格逻辑图

前驱图法有如下的四种相关的前驱关系：

(1)结束→开始：某项活动必须在另一项活动结束后开始。

(2)结束→结束：某项活动必须在另一项活动结束后结束。

(3)开始→开始：某项活动必须在另一项活动开始前开始。

(4)开始→结束：某项活动结束前，另一项活动必须开始。

在PDM法，结束→开始是最为常见逻辑关系，而开始→结束关系在项目中极少使用。在管理软件中，如果使用诸如开始→开始、结束→结束及开始→结束关系时，会产生混乱的结果，这是由于很多管理软件在编制时，没有对以上三种类型的相关性加以考虑。

2. 箭头图方法(ADM)。箭头图方法是项目网络图的另一种方法，其中，箭线表示活动，用节点连接箭线以表示相关性。虽然与PDM法比较而言，该方法更少使用，但在某些应用领域依然一种可供选择的方法。ADM只是利用结束→开始关系且可用虚线来表示活动间的逻辑关系。ADM法既可手编，也可在计算机上得以实现。图5－3表示用ADM法做的一个简单项目网络图。

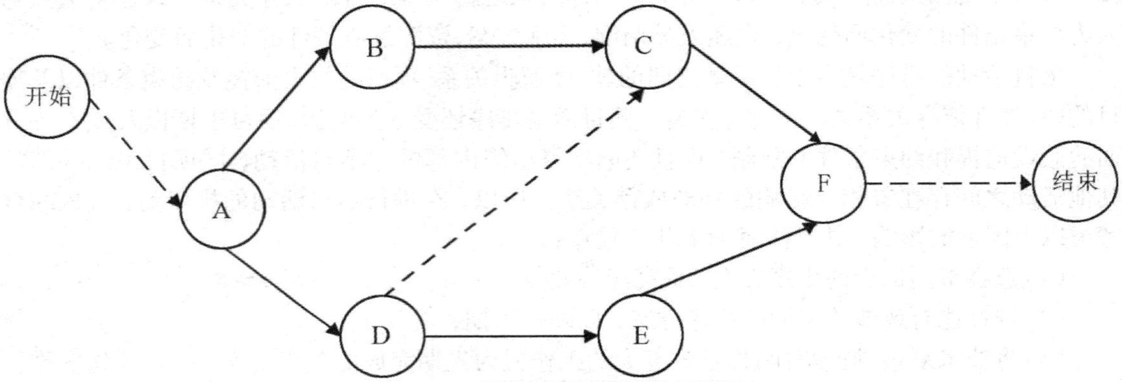

图5－3 用箭头图画的网络逻辑图

3. 网络参考样板。利用各种标准网络可加快项目网络图的编制速度。网络的一部分叫作子网络，当两个项目包含几个相同或几乎相同内容时，子网络就显得特别有用。

三、活动排序过程的结果

1. 项目网络图。一个项目网络图就是项目所有的活动及各活动之间逻辑关系的一个图解表示。网络图可以通过手工编制获得，也可利用计算机来实现。项目网络图需有一个简洁图表说明，用以描述网络图的基本排序方法，并对不平常排序给予充分地叙述。通常，项目网络图经常被不正确地称为PERT图。实际上，PRET图仅仅是项目网络图中的一类特殊类型而已，如今这种图较少应用。

2. 修改后的活动目录。前文已提及，活动定义的过程会对WBS做相应的修改，与活动定义相同，编制网络图也会对WBS做相应的修改。

第三节 活动时间估计过程

活动时间估计是指预计完成各种项目活动所需时间的长短，在项目团队中由熟悉该活动特性的个人及小组对各种项目活动所需时间进行估计。对某项活动所需的完成时间进行估计时，要对该活动所需“持续”时间给予充分考虑。比如，某工程的混凝土养护需要4天时间，即需要2或4个工作日，到底是几个工作日，取决于下面两个因素：

(1)混凝土养护的开始日期是星期几？

(2)周末是否算工作日？

目前，绝大多数的计算机排序软件都会自动处理这类问题。在软件中设定周末是否为工作日。同时，整个项目的所需时间也可以通过该软件加以估计。

项目活动时间估计的主要工作如图5-4表示。

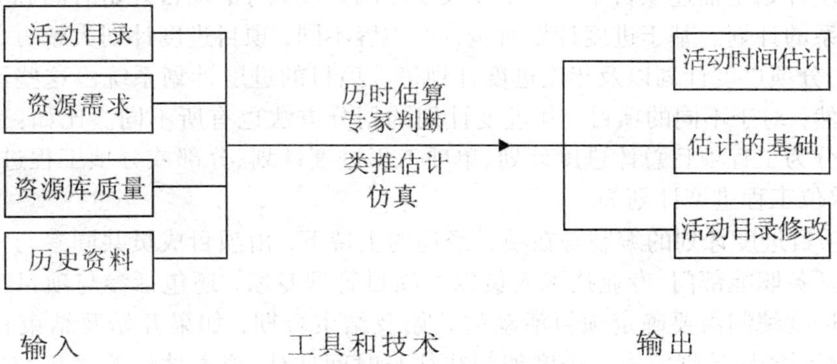

图5-4 项目活动时间估计的主要工作

通常，估计项目活动时间时，需对活动目录、资源需求、资源库质量及历史资料等相关数据综合考虑，并利用相关工具及技术，来进行分析。目前，活动时间估计的工具及方法主要有如下几种：

(1)专家判断。对活动所需时间进行估计往往是困难的，因为有许多因素会影响到项目活动的所需时间，比如:资源质量及工人的劳动生产率等。面对错综复杂的情况，专家依靠过去的项目资料信息及项目经验对项目活动时间进行判断。但是，如若找不到合适专家，而由此得出的项目活动时间估计结果往往是不可靠的，并具有较大风险。

(2)类推估计。类推估计就是以一个先前类似活动的实际时间为基础，来估计未来活动所需时间，但类推估计只能提供很有限关于项目的资料及信息。类推估计能较准确地对项目活动所需时间进行估价，必须符合以下两个条件：

①先前活动与当前活动在本质上是类似，而不仅仅表现为表面相似。

②专家必须拥有项目所需的专长。

(3)仿真。仿真是指用不同的假设来计算相应的时间的一种方法，最为常见的是蒙特·卡罗方法。在此方法中，对各活动所用时间的概率分布进行假设，用以计算整个项目完成所需时间。

(4)项目活动历时估算。所谓项目活动历时估算就是指对已确定的项目活动的可能完成时间进行估算的工作。除取决于活动本身的任务难度及数量以外，完成一项活动所需的时间还受到许多其他的外部因素影响，比如：项目的假设前提及约束条件、项目资源供给情况等。主要的项目活动历时估算方法有一时估算法及三时估算法。

①一时估算法。一时估算法对活动历时进行估算时，只给出一个最终值，所以，该值必须尽可能地准确，应该对各种活动历时估算有帮助的资料，给予充分考虑，并通过统计分析及专家会商来确定。此方法也是关键路径法（CPM）所采用的活动历时估算方法。

②三时估算法。三时估算法是分别对一项活动的最乐观、最可能、最悲观的三个历时时间进行估算，并赋予各个历时时间一个权重，通过综合计算，然后得出活动的期望完成时间。此方法也是计划评审技术（PERT）所采用的项目历时估算方法。

第四节　进度编制

项目进度计划是描述项目中各项工作及工序的开展顺序，项目开始时间和完成时间以及相互衔接关系的计划。基于进度计划所包含的内容不同，项目进度计划大致可分为项目的总体进度计划、分项进度计划以及年度进度计划等。项目的进度计划系统由这些不同的进度计划构成。显然，对于不同的项目，其进度计划的划分方法也有所不同。比如：工程项目的进度计划就可分为工程项目总体进度计划、单项工程进度计划、分部或分项工程进度计划、年度进度计划、单位工程进度计划等。

通常，项目进度计划的编制是在项目经理的主持下，由项目成员共同参与完成的。项目成员不仅包括各职能部门、专业技术人员以及项目管理专家，还包括参与项目工作的其他相关人员等。进度编制需要确定项目活动的开始及结束日期，如果开始及结束日期是不现实的，项目则不可能按计划完成。进度编制往往与时间估计、成本估计等过程交织在一起，经过对几个过程反复不断地调整，最终才能确定项目进度。

经过进度编制所确定的项目进度一定不能超过合同工期，所以，项目进度计划的制定必须以项目已签署的合同工期为基准。首先，依据合同工期制定项目阶段性的进度控制目标；然后逐级分解直至项目最低级，对项目最小工作包，制订出相关进度计划；最后依据项目活动的资源计划用量，对进度计划进行调整及优化。

一、进度编制的依据及优化

由于项目进度计划的编制，项目的实施可以看作是一个有机整体。进度计划是项目进度控制及管理的重要依据。

1. 编制进度计划的主要依据：

（1）项目的技术经济条件；

（2）项目各项工作的时间估计；

（3）项目对工期的要求；

（4）项目的资源供应状况；

（5）项目的外部条件。

2. 编制进度计划的基本要求：

（1）提高计划的科学性及质量，运用科学管理方法来编制进度计划；

(2)充分考虑编制进度计划的条件，但应避免过多的项目假设而使得计划失去指导作用；

(3)对大型、复杂且工期长的项目，必须分期、分段编制进度计划，对项目的不同阶段及不同时期，给出相应的进度计划，确保进度计划对项目的实施起到指导作用；

(4)进度计划必须保证项目工期目标的实现；

(5)确保项目进展的均衡性及连续性；

(6)进度计划必须与费用、质量等项目目标相一致，既要有利于工期目标的实现，也要有利于费用、质量以及安全等目标的实现。

3. 项目进度计划的优化。项目进度计划的优化是指调整初始项目进度计划，使之在符合项目合同工期和质量要求的前提下，项目更经济、更高效的过程。一般，项目进度计划的优化可以通过以下几种途径实现：

(1)在不增加项目资源的前提下压缩工期。进行工期优化时，首先在保持原有项目资源的基础上，压缩工期。如若不能满足要求，再考虑增加项目资源。在不增加项目资源的条件下，可通过如下两条途径来压缩工期：

一是不改变网络计划中各项目活动的持续时间，改变某些活动间的逻辑关系，使得项目总工期的缩短；

二是改变项目内部的资源配置，对某些非关键活动的资源进行削减，再将削减下来的资源集中调至关键活动，以缩短关键工作的持续时间，进而达到缩短总工期的目的。

(2)平衡项目资源供应，压缩关键活动工期。由关键路径的定义可知，关键路径的长度往往就是项目的工期，因此，缩短关键活动的时间必然导致项目工期的压缩。将初始网络计划的项目工期和合同的指令工期进行比较，得出需要缩短的工期数，通过对关键路线压缩的方法进行多次修改，直至项目工期符合指令工期的要求。

假如项目初始进度计划的工期是根据各项目活动的正常工期计算出来的，则各项目活动都有一个对应的成本值。对项目活动的成本费用率及极限工期进行分析可知，压缩项目活动的时间必然导致相应的成本的增加。在项目管理的实际工作中，压缩任何项目活动的持续时间都必然会引起费用的增加，所以，在压缩关键活动的工期时，必须抓住问题的关键，合理地压缩工期，从而使得项目的费用最小。

项目进度编制的主要工作如图 5－5 所示。

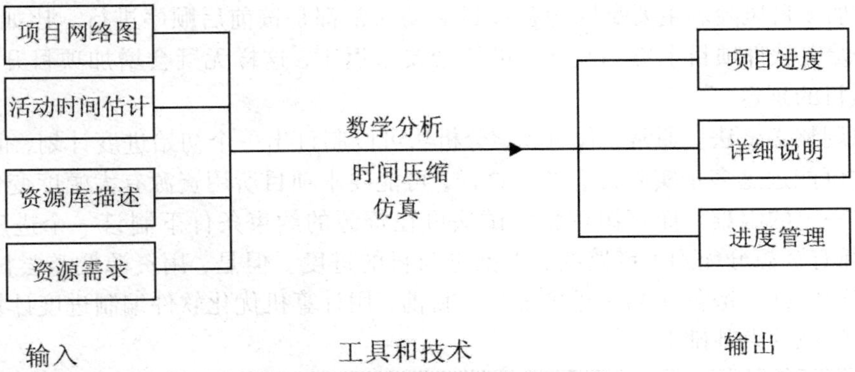

图 5－5 项目进度编制的主要工作

上图中的资源库描述表示的是在进行进度编制时，在什么时候，需要什么项目资源，并以何种方法提供等进行描述。比如：由于项目资源的可利用性是高度可变的，所以安排共享的项目资源是一件特别困难的事。在资源库描述中，对各种项目资源的要求总是处在变化当中的。比如，在编制一个咨询项目最初的进度计划时，只须知道在某一时间段内有一个咨询人员可供使用即可，然而当该项目在进行最终进度编制时，就必须确定项目使用那一位特定的咨询人员。

二、进度编制的工具及方法

所谓的项目进度计划制订是指以项目活动定义、项目活动工期、项目活动排序及所需资源配置等为依据，编制及平衡项目进度计划的工作。项目进度计划制订的方法主要有如下几种：

1. 数学分析。数学分析包括在理论上计算所有项目活动各自的最早及最迟的开始与结束日期，但在计算日期时，没有考虑资源对项目的限制。如此计算出来的日期并不是项目的实际进度，仅仅表示项目活动所需时间的长短，结合项目活动的资源限制及其他约束条件的考虑，将项目活动的工期安排在上述时间区间内，最常用的数学方法有如下几种：

(1)关键路线法(CPM)。借助网络图及各活动所需时间的估值，计算每一项目活动的最早或最迟开始和结束时间。CPM 法的关键是计算项目的总时差，从而决定哪一活动有最小时间弹性。

(2)图表审评技术(GERT)。对网络结构及项目活动作相应的概率估计，即:某些活动可以不执行，某些活动仅需部分执行，某些活动可不止一次执行。

(3)计划评审技术(PERT)。利用项目的网络图及各项目活动通过加权平均得到所需时间的估值，计算出项目总时间。PERT 与 CPM 的主要区别在于:PERT 利用期望值估计项目活动的所需时间，而在 CPM 法中，是利用最可能的活动所需时间进行估计。目前，PERT 法已很少应用，但类似 PETR 的估计方法常在 CPM 法中得以体现。

2. 时间压缩法。时间压缩也是数学分析方法的一种。在不改变诸如规定的项目日期或其他唯一计划目标等项目范围前提下，寻找缩短项目计划的途径。时间压缩法主要包括如下几种方法：

(1)应急法。在权衡成本及进度之间的得失关系的基础上，决定如何用最小增量成本达到最大量的时间压缩的方法。应急法往往导致项目成本的增加，且并不总是产生一个可行的方案。

(2)平行作业法。按照同等的次序平行地执行各项目活动，平行作业法常常导致项目的返工，并增加项目风险。主要是因为各项目活动通常都是按前后顺序进行。比如:在设计完成前，就开始在软件项目上编写程序，可能会要求返工，这样无疑会增加项目开发的成本，可能导致项目的延迟。

3. 资源调整尝试法。通常，利用数学分析法可以制订出一个初始进度计划，但实施该计划所需资源可能远远多于实际拥有的。这样，可能要求项目所用资源有大幅度变化，也给项目管理带来一定的困难。而资源调整尝试法可在资源的约束条件下制订一个进度计划，比如:首先将稀有资源分配到关键路线，以推进项目的进度。但是，用资源调整尝试法计算出来的项目完成时间一般都比初始进度要长。目前，用计算机优化软件编制进度计划时，尝试法是建立在资源约束基础上。

4. 项目管理软件。如今，项目管理软件已得到了广泛地使用，以帮助项目进度的编制。这些软件都可自动进行数学计算及资源调整，并能迅速地对许多方案加以考虑及选择。使用这些软件，还能将计划编制的结果打印显示出来。

三、进度编制的结果

1. 项目进度。项目进度必须要包括每一项目活动的计划开始日期及期望完成日期，项目进度不仅可用简略形式，也可用详细形式进行表示，虽然项目进度可用表格的形式表示出来，但通常是以图的形式来表示，具体有如下几种：

(1)有日期信息的项目网络图。有日期信息的项目网络图不仅能显示出项目间前后次序的逻辑关系，同时也显示了项目的关键路线与相应的活动。有进度日期的项目网络图如图5－6所示。

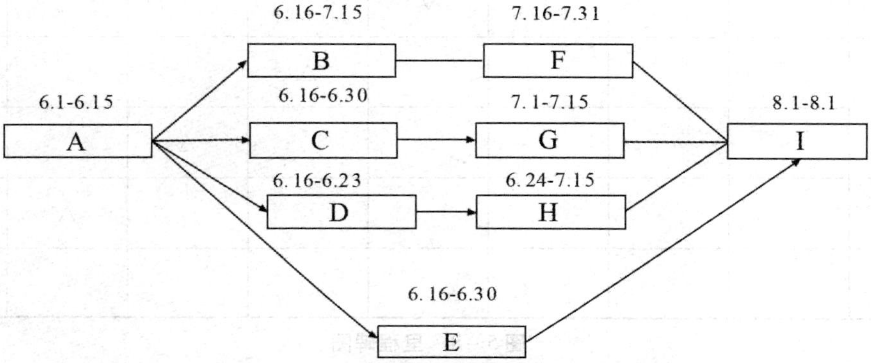

图5－6 有进度日期的项目网络图

还有许多其他唯一方法可用以显示日期信息，上图中显示的日期信息是各活动的开始及结束日期。

(2)条形图。条型图也被称为甘特图，该图既显示了项目活动开始及结束日期，也显示了项目活动的期望时间。虽然条型图容易读懂，且易于直观显示。但是图中并不显示项目活动的相关性。条形图如图5－7所示。

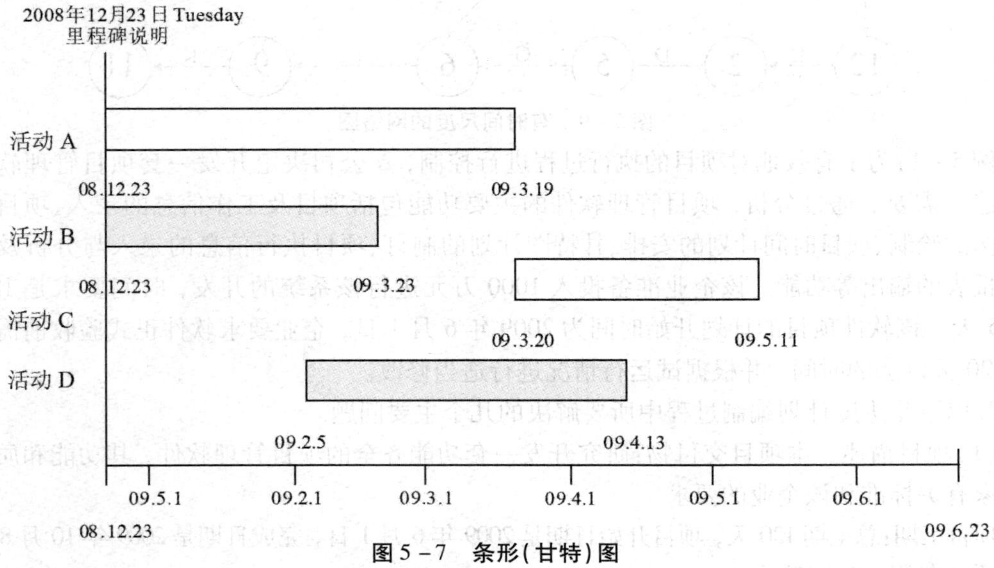

图5－7 条形(甘特)图

(3)里程碑计划。里程碑计划是一种项目规划或战略计划，根据中间产品的交付情况，将项目中关键的项目活动的开始及完成时间点作为基准而形成的计划。图 5－8 表示的是里程碑图。

事件	一月	二月	三月	四月	五月	六月	七月	八月
A			△ ▼					
B				▽				
C					△			
D						△		
E							△	
F								△

图 5－8　里程碑图

(4)有时间尺度的项目网络图。有时间尺度的项目网络图是项目网络图与条图的一种混合图。该网络图显示了项目的活动所需时间、前后逻辑关系和进度方面信息。有时间尺度的网络图如图 5－9 所示。

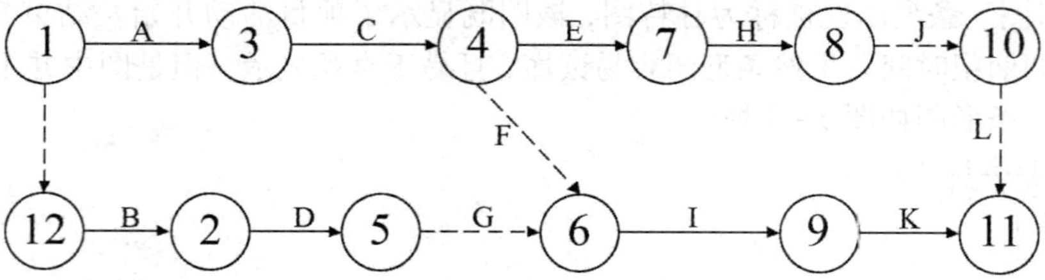

图 5－9　有时间尺度的网络图

例 5－1:为了有效地对项目的执行过程进行控制，A 公司决定开发一套项目管理软件以满足这一需要。通过分析，项目管理软件的主要功能包括项目及工作信息的录入、项目网络计划图的绘制、项目时间计划的安排、甘特图计划的制订、项目执行信息的录入与分析及各种计划报表的输出等功能。该企业准备投入 1000 万元进行该系统的开发，时间要求是 120 天～145 天。该软件项目的计划开始时间为 2009 年 6 月 1 日，企业要求软件正式验收前需要试运行 20 天以上的时间，并根据试运行情况进行适当修改。

2. 以下是进度计划编制过程中所要解决的几个主要问题。

(1)项目描述。本项目交付物:研究开发一套功能齐全的项目管理软件，其功能和质量符合国家有关标准和该企业的要求。

项目工期:总工期 130 天，项目开始日期是 2009 年 6 月 1 日，完成日期是 2009 年 10 月 8 日。

项目费用:1000 万元。

(2)项目分解。根据该项目的特点和研究开发过程，采用 WBS 方法进行项目分解，其结果如表 5－1 所示。

(3)工作排序分解结构及项目研究开发过程等因素，确定各工作之间的关系；根据各项目工作的工作量及所安排的人力资源数量估计各项工作的持续时间，结果如表 5－1 所示。

(4)绘制网络图并计算网络参数。根据工作关系表绘制双代号网络图并计算网络参数，如图 5－10 所示。带时间的甘特图如图 5－11 所示。图 5－10 表示的只是一个初步进度计划，要使计划具有可行性，尚需进一步优化。

表 5－1　　项目工作关系表

任务编码	任务名称	工作代号	紧前工作	紧后工作	持续时间/天	负责人
111	用户需求调研	A		112	10	
112	用户需求分析	B	111	113	5	
113	用户需求确认	C	112	121、131	5	
121	硬件环境准备	D	113	122	2	
122	软件环境准备	E	121	133	3	
131	系统分析	F	113	132	15	
132	功能模块设计	G	131	133	15	
133	数据库设计	H	122、132	141	5	
141	文档制作	I	133	142	15	
142	源代码编写	J	141	143、144	15	
143	程序测试	K	142	150	10	
144	美工界面设计	L	142	150	5	
150	系统测试	M	143、144	160	10	
160	试运行	N	150	170	20	
170	用户验收	O	160		5	

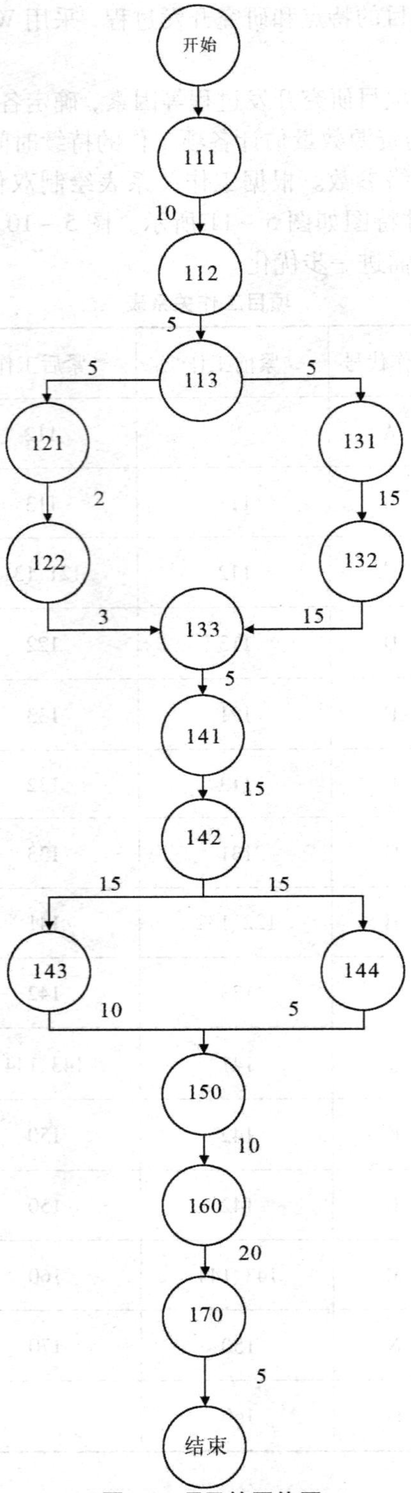
开始
111
10
112
5
113
5
5
121
131
2
15
122
132
3
15
133
5
141
15
142
15
15
143
144
10
5
150
10
160
20
170
5
结束

图 10　项目的网络图

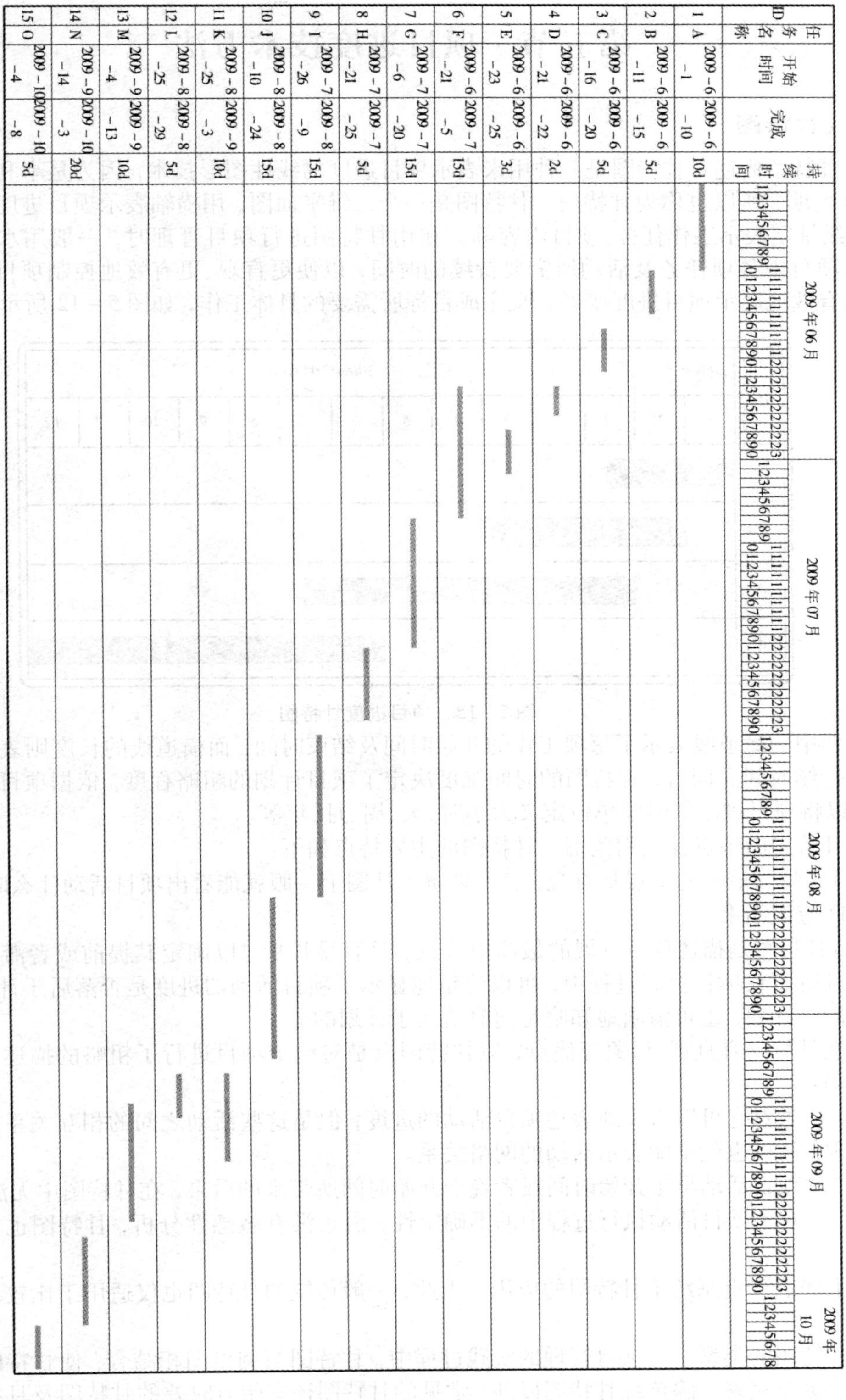

图5-11 带时间安排的甘特图

第五节　项目进度技术方法

一、甘特图

1. 甘特图概述。甘特图是一种用来表示项目进度的线性图形技术，因为是亨利·甘特于1900年发明，所以也称为甘特图。甘特图是一个二维平面图，用横轴表示项目进度或活动时间，而纵轴则表示工作任务、项目内容等。在用甘特图进行项目管理时，一般用水平长条线来表示项目中各项任务及活动所需要持续的时间，以便更直观、更有效地控制项目进度。甘特图能有效地展示项目进度或者定义完成目标所需要的具体工作，如图5－12所示。

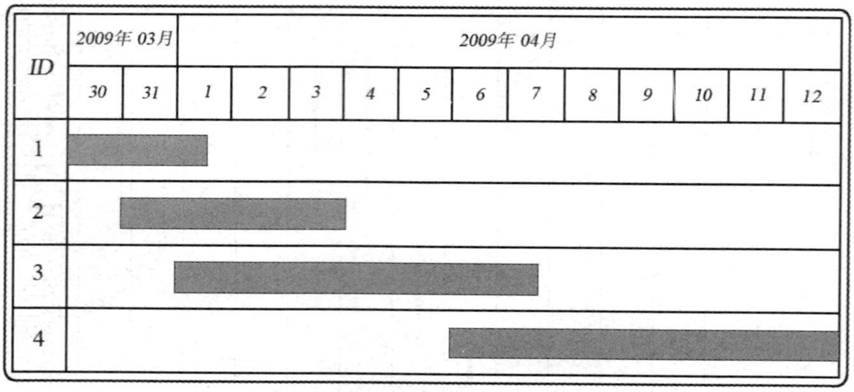

图5－12　项目进度甘特图

上图中的横道线表示了每项工作的开始时间及结束时间，而横道线的长度则表示了该项工作的持续时间。同时，甘特图的时间维度决定了项目计划的粗略程度，依据项目计划的需要，可以将项目进度的时间单位定义为小时、天、周、月、年等。

2. 甘特图的特点及适用范围。甘特图的主要特点如下：

（1）甘特图最大的优点是直观，容易理解。从图上一眼就能看出项目活动什么时间开始，什么时间应该结束。

（2）甘特图是描述项目进展的最简单方式，且容易扩展，以确定其提前或者滞后的具体因素。甘特图在项目控制过程中，可以清楚地显示了项目活动的进度是否落后于计划，假如进度落后于计划，也可清晰地知晓是何时落后于计划的等。

虽然甘特图有直观、形象等优点，但甘特图只是对整个项目进行了粗略的描述。它具有以下缺陷：

第一，虽然它可以直观地表述项目活动的进度，但是这些活动之间的相互关系却不没有得到体现，所以也就不能表示活动的网络关系。

第二，项目活动早于开始时间或者晚于开始时间所带来的后果，在甘特图中无法体现。

第三，对于项目活动执行过程中的不确定性，由于没有敏感性分析，甘特图也没有反映出来。

以上弱点严重制约了甘特图的应用。因此，一般传统的甘特图也仅适用于比较简单的小型项目。

3. 甘特图的类型。在项目管理的实践过程中，甘特图与网络图相结合，使甘特图得到了长足的改进及完善。除传统甘特图以外，常见的甘特图还有带有时差的甘特图及具有逻辑关系的甘特图。

(1)带有时差的甘特图。网络计划中，在不影响工期的前提下，有些工作的开始及完成时间并不是唯一的，通常有一定的机动时间，即时差。而该时差在传统的甘特图中并没有得到充分地表达，但在改进后的甘特图中得以体现，如图5－13所示。

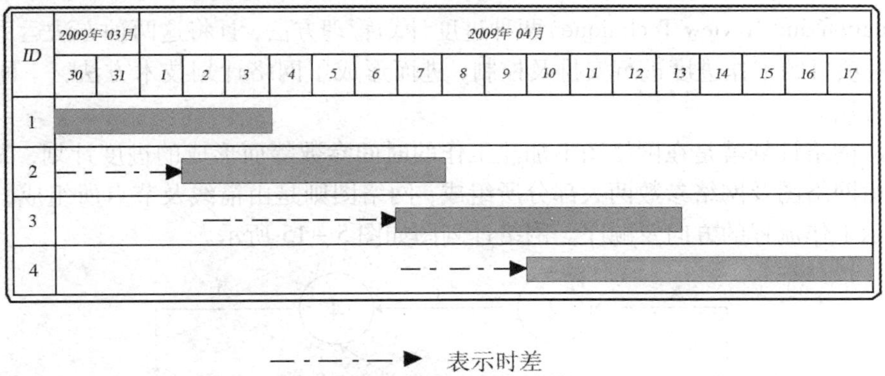

图5－13 带有时差的甘特图

(2)具有逻辑关系的甘特图。把项目计划及项目进度安排两种职能组合在一块，并在传统的甘特图中体系出来，于是形成具有逻辑关系的甘特图。如图5－14所示。

实际上，以上两种类型的甘特图是网络计划原理与甘特图两种表达形式有机结合的产物，它们不仅具备了甘特图的直观性，而且也兼备了网络图各工作的关联性。

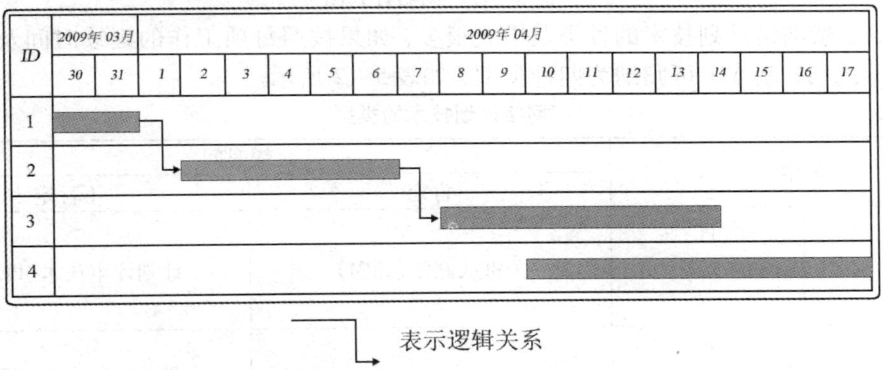

图5－14 具有逻辑关系的甘特图

4. 甘特图的作用。甘特图的主要作用如下：

(1)标识代表工作包的条形图在时间坐标轴上的点位及跨度，以此直观地反映工作包中各有关的时间参数；通过条形图中诸如实线、波浪线等不同图形特征来表示各个工作包的不同状态，比如：反映计划、时差或实施中的进度等；并利用箭线来表示各工作之间的逻辑关系。

(2)进行项目进度控制。在同一项目的进度计划甘特图中，将实际进度状况用条形图的形式表示出来，以此直观地比照实际进度与计划进度之间的偏差，进而调整进度计划。

(3)优化项目资源，据此编制项目资源和项目费用计划。

二、网络计划技术

1. 网络计划技术概述。项目的规模随着现代化生产的不断发展也日趋变大，其影响因素越来越多，也日趋复杂，因此，项目的组织管理工作也越来越复杂。而用传统的进度管理方法甘特图已经不能明确地表示各项目活动之间的相互依存、相互作用的关系，项目管理人员很难根据甘特图，迅速地判断出某一项目活动时间有推迟或变化，从而无法确定项目中最为重要且起支配作用的关键工作和关键线路。20 世纪 50 年代末，美国为了完善对复杂系统的管理，相继开发并使用了关键线路法 CPM（Critical Path Method）及计划评审技术 PERT（Program Evaluation and Review Technique）两种进度计划管理方法，且将这两种方法运用于项目进度管理，对项目的工作进度进行安排及控制，进而形成了网络计划技术方法，一种新的进度计划管理方法。

所谓的网络计划就是在网络图上加注工作的时间参数等而形成的进度计划，因此，网络计划主要由网络图及网络参数两大部分所组成，网络图则是由箭线及节点所组成，通过箭线和节点表示工作流程的方向及顺序。网络计划图如图 5 – 15 所示。

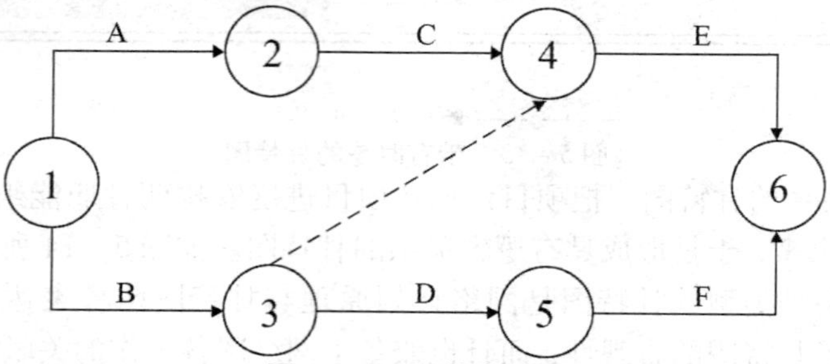

图 5 – 15　网络计划图

目前，虽然网络计划技术的种类及模式很多，如果按照每项工作的延续时间及逻辑关系来进行划分的话，基本上可归纳为四种类型，如表 5 – 2 所示。

表 5 – 2　网络计划技术的类型

类型		延缓时间	
		肯定	不肯定
逻辑关系	肯定型	关键线路法（CPM）	计划评审技术（PERT）
	非肯定型	决策关键线路法（DCPM）	图形评审技术（GERT） 随机评审技术（QGERT） 风险评审技术（VERT）

网络计划脱胎于关键线路法 CPM 及计划评审技术 PERT，两种方法虽无本质区别，但使用目的却略有不同。在 PERT 法中，用“箭线”或“事项”来代表工作进行项目进度计划的编制，按照项目的工作顺序，依次进行联结完成网络结构图，计算出整个项目工期，最后确定关键线路。该方法着重研究项目所包含的各项目活动的持续时间。而对于 CPM 法，除了图形与 PERT 法基本相同之外，CPM 法还能够调整项目的费用及工期，以此来研究项目中的项目费用和项目工期之间的相互关系，力争用最低的费用及最短的工期来完成项目。PERT 法不能准确地确定项目活动的持续时间，只能用概率方法进行估算，并计算出网络的时间参数；而 CPM 法能根据项目的经验数据，相对准确地确定各项目活动的持续时间。对于一般项

目而言，根据项目以往的经验及知识就能够合理、准确地确定各项目活动所需时间。因此，CPM 法在项目管理中是最常用的。

网络计划技术为了适应不同的管理需要，在项目管理的实践当中生成了侧重点不同的管理技术，比如：决策关键线路 DCPM 将决策点的概念引入到网络计划中，在项目的执行过程中，可依据项目的实际情况对多种计划方案进行选择；图形评审技术 GERT 将概率和概率分支的概念引入工作的执行完工过程，使得项目工作的完成结果可能会出现多种情况；风险评审技术 VERT 利用仿真技术，以项目的质量、费用及时间作为三个坐标进行综合仿真及决策。

网络计划技术不仅是一种科学的计划方法，也是一种有效的科学管理方法。该方法既能完整地揭示各个项目活动之间的关系，也能基于数学原理的基础，运用最优化技术来揭示整个项目的关键工作，并对计划中各项目活动进行合理地安排，可以预先防止项目进展过程中工期延误等问题的出现，结合合理的处置，可使项目管理人员能够按照项目计划执行的情况，对项目进行科学预测，监督及控制项目计划，使得项目能以最佳的工期、最低的费用、最好的流程、最少的资源完成。

2. 网络图。绘制网络图是网络计划技术的基本应用。按照网络结构的不同，网络计划技术被分为双代号网络及单代号网络两种，相应地，网络图也就被分为双代号网络图及单代号网络图两种了。

(1) 双代号网络图。在双代号网络图（AOA）中，用箭线来表示活动，用节点来表示事件。由于项目活动的名称可以用前后两个事件的编号进行表示，所以叫作双代号网络图。双代号网络图主要是由箭线、节点及线路三个基本要素所组成。在双代号网络图中，每一条箭线分别表示一项工作。其中，箭线的箭尾节点表示的是项目工作的开始，箭线的箭头节点则表示的是项目工作的结束。双代号网络图表示方法如图 5－16 所示。

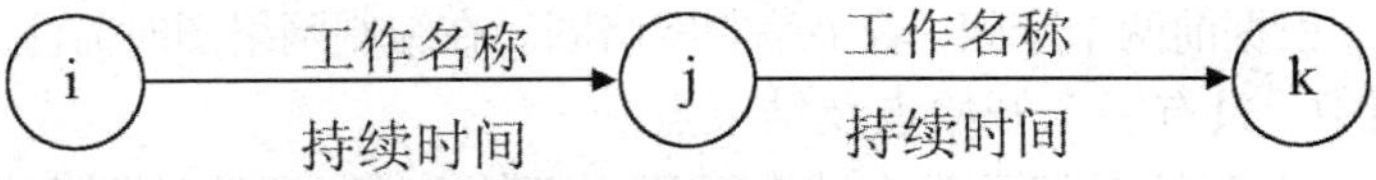

图 5－16 双代号网络图表示方法

(2) 单代号网络图。在单代号网络图（AON）中，用节点来表示活动，用箭线来表示事件，而箭线则仅仅表示各个项目活动之间的先后顺序，因此，也被称为单代号网络图。在单代号网络图中，如果有多个项目活动不存在前导活动，一般就将该项目活动从一个叫作“开始”的节点处引出。同样道理，如果多个项目活动不存在后续活动，一般就将该项目活动引到一个叫作“终止”的节点上。单代号网络图的表示方法如图 5－17 所示。

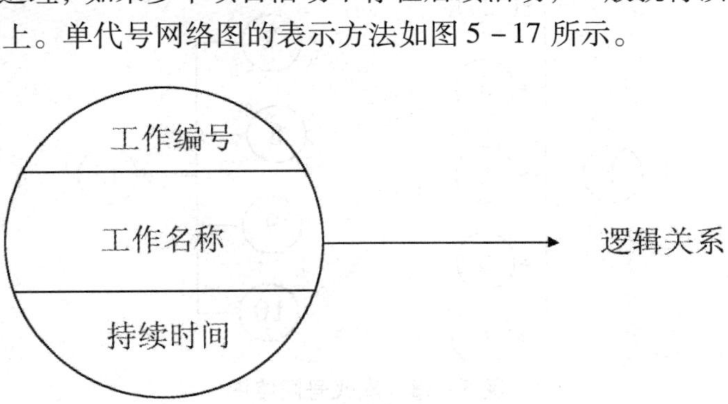

图 5－17 单代号网络图表示方法

项目管理人员在管理项目的过程中，究竟是使用双代号网络图还是使用单代号网络图，这往往取决于项目管理人员的个人偏好。目前，两种网络表示方法都已在计算机软件中得以应用，基于两种网络表示方法的商业性计算机软件包也成功开发了。通常，双号网络图相对而言比较难绘制，却可以清楚地标识各项事件；而单代号网络图则不需要使用虚拟活动，且画起来也相对容易。单代号网络图和双代号网络图相比较，主要有以下几方面的特点：

①绘制比较简单，不用虚箭线，且易于表达各项目活动之间的逻辑关系。

②单代号网络图易于检查及修改。

③由于在节点之中包含了工作持续时间，不能形象直观地表示时间长度。

④由于项目活动之间逻辑关系复杂，箭线可能会产生纵横交叉的现象。

除以上分类方法外，还可按照时间的标注情况进行分类，网络图因此也可分成逻辑网络图、计划网络图及日历网络图三种。在逻辑网络图中，项目时间不予注明，仅仅表示逻辑关系；在计划网络图中，时间及逻辑关系同时被注明；而在日历计划网络图中，则需要带有日历坐标。

（3）网络图的绘制。其实，网络图的编制过程也就是网络模型的建立过程，是根据网络图编制网络计划的第一步，以实现项目时间及项目资源合理地利用。网络图的编制大致可以分为以下三个步骤：

①项目分解。在绘制网络图之前，必须将项目进行分解，以明确项目的名称、范围及内容等。

②工作关系分析。通过深入了解项目，在充分考虑项目资源及时间的基础上，项目管理人员利用比较及优化等方法来进行工作关系分析，确定项目活动之间科学合理的逻辑关系，明确项目活动的前置任务和后置任务的关系，以此形成项目工作列表。

③编制网络图。根据前两个步骤，着手编制网络图。在编制网络图时需注意以下几个问题：

a. 一个网络图中，只有一个开始点及结束点。

由于项目只有一个开始时间及一个结束时间，相对应地，项目计划也只有一个开始节点及一个结束节点。假如多个项目活动同时开始或同时结束，在双代号网络图中可将这多个项目活动的开始节点合并为一个节点，如图 5－18 所示；而在单代号网络图中，通过设置一个虚拟开始或者结束活动来作为该网络图的开始节点或者结束节点，如图 5－19 所示。

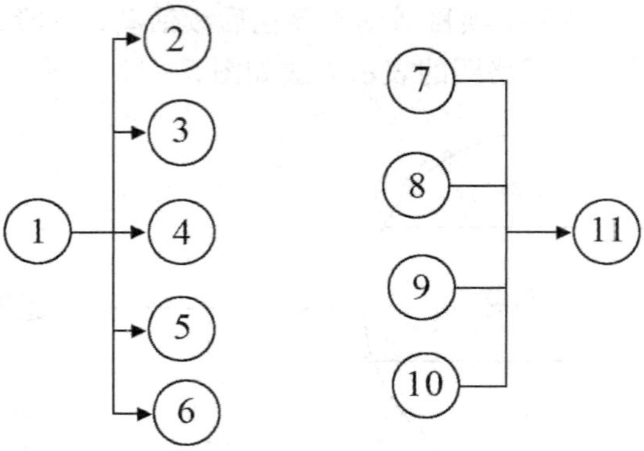

图 5－18　双代号网络图

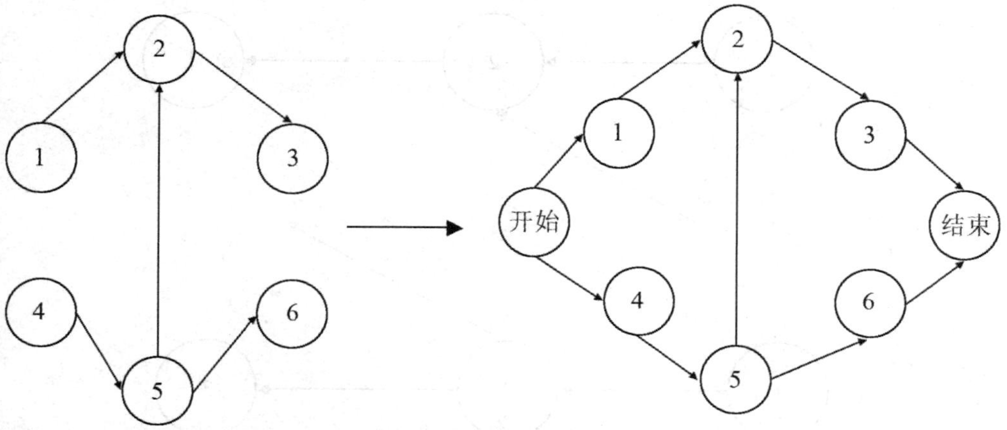

图 5-19 单代号网络图

b. 网络图是有方向的，不允许出现循环回路。

从网络图中的某一节点出发，如果沿着某个路径出发，最后又回到该节点，那么，所经过的路径必然形成一个循环回路，此时由该网络图表示的逻辑关系就会出现混乱，无法判断各个工作之间的先后次序。

c. 一对节点不能同时出现两项活动。

当一对节点需要出现两项活动时，必须引入虚工作。它主要是为了消除项目活动之间含混不清的现象，表明相互依存的逻辑关系而设置的，同时，虚工作既不消耗资源，也不占用时间，可以用虚箭线进行表示，如图 5-20 所示。图中 2 ┈┈→ 3 工作表示的就是虚工作。

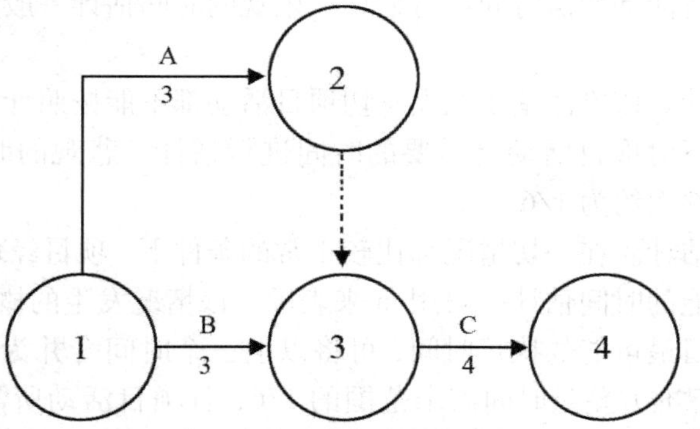

图 5-20 虚工作网络图

d. 网络图中不能出现无箭头的箭线及双箭头的箭线。

由于网络图中箭头所指方向表示项目活动进行的先后次序，网络图中如果出现无头箭线及双头箭线，项目活动的先后顺序则无法进行正确判断，从而造成各个项目活动之间的逻辑关系混乱。

e. 网络图中不能出现无节点的箭线。

无节点的箭线违背了网络图中关于项目活动的定义，无箭尾节点箭线及无箭头节点的箭线都是不允许出现在网络图中的，无节点的箭线图如图 5-21 所示。

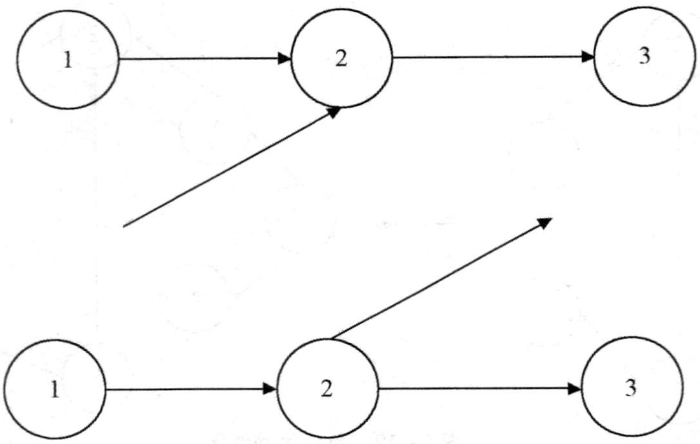

图 5－21 无节点的箭线图

f. 相同的编号不能在同一个网络图中出现。

网络图中用数字进行编号时，一般要求每根箭线箭头节点的编号必须大于其箭尾节点的编号。

（4）活动时间计算。依靠大量的历史数据，项目经理对每项活动的完工时间进行估算。如果历史数据的可用性越高，那么所做的估计的准确就越高。由于许多项目的事件及活动都具有唯一性，不重复，因此，项目经理往往会使用以下方法来估计时间：

①乐观的时间估计。该方法基于假设一切项目活动都按照计划进行，并且在所遇到的困难最少的情况下对项目活动所需时间进行估计。乐观的时间估计一般用 a 来表示。该情况发生的概率大约为 1/6。

②悲观的时间估计。该方法基于假设一切项目活动都不能按照计划进行，并且在潜在困难都将会发生的情况下对项目活动所需要的时间进行估计。悲观的时间估计一般用 b 来表示。该情况发生的概率大约为 1/6。

③最可能的时间估计。在一切情况都比较正常的条件下，项目经理认为项目活动最有可能需要的时间。最可能的时间估计一般用 m 来表示。该情况发生的概率大约为 4/6。

为了准确估计项目最可能的执行时间，可将以上三个时间合并为单个时间期望值，用 T 来表示。首先，假设标准方差是时间需求范围的 1/6，且项目活动所需时间的概率分析可近似用 β 分布来表示，则期望时间 T 的计算公式可表示为：

$T=(a+4m+b)/6$

且为了测算各个项目活动工期的不确定性，引入方差，计算公式可表示为：

$\sigma^2=[(b-a)/6]^2$

因此，标准差可以由方差求出，即方差的平方根。

下面以表 5－3 中数据为例，计算期望时间、方差及标准差。

从表 5－3 可知，活动 C 的工期是确定的，因为 a，b，m 都是一样的；活动 G 的最可能时间和乐观时间相同，即：a＝m；活动 D 的最可能时间和悲观时间相同，即：b＝m。

表 5-3 项目活动时间表

活动	乐观时间	最可能的时间	悲观时间	前序活动
A	12	22	26	-
B	14	18	22	-
C	12	12	12	-
D	5	11	11	A
E	7	14	15	B
F	3	4	5	B
G	9	9	21	C
H	5	8	11	B,D
I	4	11	12	G,H

由此，可得到如下结果(表 5-4)：

表 5-4 项目活动的方差和标准差

活动	期望时间 T	方差	标准差
A	21	5.44	2.33
B	18	1.78	1.33
C	12	0	0
D	10	1	1
E	13	1.78	1.33
F	4	0.11	0.33
G	11	4	2
H	8	1	1
I	10	1.78	1.33

(5)关键路径和时差。假设这个项目是从第 0 天开始实施的，那么，可以同时开始实施活动 A，B，C。由于项目活动 A，B，C 每一个都没有前序活动。根据表 5-3 的相关数据，编制图 5-20，从图中可以发现共有 5 条路径从事件 1 通向事件 7。它们分别是：

A-D-H，总共需要时间为 21+10+8=39 天；

B-虚拟-H，总共需要时间为 18+8=26 天；

B-E，总共需要时间为 18+13=31 天；

B-F-I，总共需要时间为 18+4+10=32 天；

C-G-I，总共需要时间为 12+11+10=33 天。

以上五种路径中，A-D-H 是最长的，总共需要花费时间 39 天，这意味着整个网络能够完工的最短时间是 39 天。将其称之为网络的关键时间，因此，A-D-H 就是整个项目的关键路径，通常用加黑或加粗线加以表示。

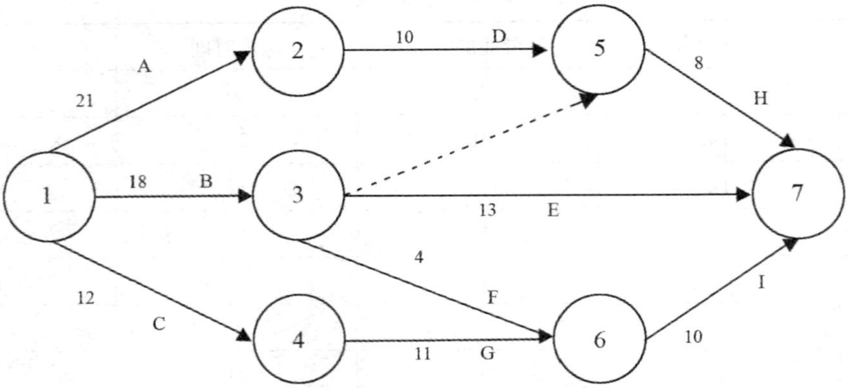

图 5-22　网络的关键时间图

由以上简单的例子可知，图中可以很容易就找到并计算出从开始到结束的每一条路径，在分析比较之后，可以找出关键路径。但是在现实当中，网络图往往都相当复杂，想要从中找出并计算出所有的路径是一件非常繁重的工作，甚至是不可能的。面对这种情况，下面介绍一种相对容易、切实可行的方法以得到关键路径。

①事件的时间。

事件的时间分为最早时间及最迟时间。如果某事件是某一项目活动或者若干项目活动的箭尾事件时，该事件的最早时间就是各项目活动的最早可能开始时间。如果某事件是某一项目活动或者若干项目活动的箭头事件时，该事件的最早时间就是各项目活动的最早可能结束时间。

一般，按照箭头时间来计算事件的最早时间，并用 $T_E(j)$ 表示，表示从开始事件到本事件最长路径的时间长度。开始事件的最早时间往往假设等于零，即：$T_E(1)=0$，具体可表示为：

箭头事件的最早时间 = 箭尾事件的最早时间 + 活动作业时间

当有两个或者若干个箭线同时指向箭头事件时，则选择这些项目活动中的箭尾事件最早事件和各自项目活动持续时间之和的最大值。具体计算公式如下：

$T_E(1)=0$

$T_E(j)=MAX\{T_E(i)+T(i,j)\}(j=2,\cdots,n)$

上式中，$T_E(j)$ 表示箭头事件的最早时间；

$T_E(i)$ 表示箭尾事件的最早时间；

$T(i,j)$ 表示项目活动持续时间。

根据上述的计算方法，可以计算出上例中各个事件的最早时间，它们的最早时间分别是：$T_E(1)=0$，$T_E(2)=21$，$T_E(3)=18$，$T_E(4)=12$，$T_E(5)=31$，$T_E(6)=23$，$T_E(7)=39$。

事件的最迟时间表示的是各项目活动的最迟必须结束时间，或者各项目活动的最迟必须开始时间。为了尽可能地缩短项目的完工时间，将结束事件的最早时间，也就是整个项目的最早可能结束时间作为结束事件的最迟时间。

通常，事件的最迟时间是按照箭尾事项的最迟时间来进行计算，从右到左反顺序进行。具体可表示为：

箭尾事件的最迟时间 = 箭头事件的最迟时间 − 项目活动的持续时间

当出现两个以上箭线的箭尾时间时，则该箭尾事件的最迟时间必须同时满足这些活动的最迟时间必须开始的时间。因此，在这些活动的最迟必须开始的时间中挑选出一个最早的项目活动时间。即：

$T_L(n)=T_E(n)$（n 是结束事件）

$T_L(i)=MIN\{T_L(j)-T(i,j)\}(i=n-1,\cdots,1)$

式中：$T_L(j)$表示箭头事件的最迟时间；

$T_L(i)$表示箭尾事件的最迟时间；

$T(i,j)$表示为相应活动的作业时间。

根据上述的计算方法，可以计算出上例中各个事件的最迟时间：$T_L(7)=T_E(7)=39$，$T_L(6)=29$，$T_L(5)=31$，$T_L(4)=18$，$T_L(3)=26$，$T_L(2)=21$，$T_L(1)=0$。

②项目活动的时间。

第一，项目活动的最早开始时间。

表示每个项目活动只有在其前序活动结束之后才能够开始，前序活动的最早结束时间也就是获得最早可能的开始时间，或称为活动最早开始时间，可用$T_{ES}(i,j)$来表示。它等于该项目活动的箭尾事件的最早时间，即：

$T_{ES}(i,j)=T_E(i)$

第二，项目活动最早结束时间。

项目活动最早可能结束时间的简称，它等于项目活动最早开始时间加上该活动的作业时间，即：

$T_{EF}(i,j)=T_{ES}(i,j)+T(i,j)$

第三，项目活动最迟结束时间$T_{LF}(i,j)$。

在不影响项目活动最早结束的情况下，工序最迟必须结束的时间，或称为活动最迟结束时间，等于活动箭头时间的最迟时间，即：

$T_{LF}(i,j)=T_L(j)$

第四，活动最迟开始时间$T_{LS}(i,j)$。

在不影响项目最早结束的情况下，项目活动最迟必须开始的时间，或称为活动最迟开始时间，等于活动最迟结束时间减去活动的持续时间，即：

$T_{LS}(i,j)=T_{LF}(i,j)-T(i,j)$

③时差。

在不影响项目最早结束时间的情况下，项目活动最早开始或者最早结束时间可被推迟的时间，称作该项目活动的总时差，即：

$T_E(i,j)=T_{LS}((i,j)-T_{ES}(i,j)$

从上式可以看出，当总时差为零时，项目的开始时间和结束时间就没有一点回旋的余地，则由这些项目活动及事件所组成的线路也就是网络图中的关键路径了。因此，总时差为零的活动就是项目的关键活动。利用计算项目活动总时差的方法来确定网络图中的关键活动及关键路径是确定项目关键路径最常用的方法之一。此外，当项目活动的总时差越大，则表明该项目活动在整个网络中的机动时间就越大，那么，将该项目活动的资源在一定范围内运用到关键程序上去，可以达到缩短项目结束时间的目的。

上例中，各个项目活动的总时差的计算结果如表5－5所示。

表5－5　　总时差计算结果

活动	最迟开始时间	最早开始时间	总时差
A	0	0	0
B	7	7	0
C	6	6	0
D	21	21	0
E	26	18	8
F	25	18	7
G	18	12	6
H	31	31	0
I	29	29	0

第五节　项目进度的控制

项目的进度监控是为了在项目进度计划实施过程中能够掌握进度计划的实施状况，对比分析计划与实际情况，当实际进度偏离计划且超出给定的限度时，对实际进度采取纠正措施，让项目按预定的进度目标进行，以免延误项目工期。该过程就称之为进度控制。

一、进度控制的内容

所谓的项目进度控制就是在既定的工期内，编制出最优的项目进度计划，在执行计划的过程当中，不断检查项目的实际进度情况，并与进度计划进行比对，当出现了偏差时，分析偏差产生的原因以及对项目工期的影响程度，进而确定必要的调整措施，对原计划进行更新。该过程周而复始，不断地进行循环，直至项目完成。项目实际进度控制的目标就是要确保项目的既定工期目标能够得以实现，在不增加项目实际成本的条件，保证项目质量，并适当缩短项目工期。项目进度控制过程如图5－23所示。

项目进度的控制可从控制项目进度变更原因及项目实际进度变更这两个方面来进行。能够引起项目进度发生变更的原因有很多种，最有可能性的是：编制的项目进度计划与实际情况不符；资金、材料、设备等原因的影响；不可预见的政治、经济、气候的影响；人为因素的不利影响；设计因素发生变更等项目外部环境等因素的影响。在引起项目进度变更的影响因素当中，有些因素是项目管理者可以实施控制的，比如：项目进度计划的制订、人为因素的影响；资金、材料、设备的准备等；有些因素则是项目管理者无法控制的，比如：政治、经济等。所以，要控制项目进度变更，重点是控制项目的可控因素，通过有效控制这些可控因素，给项目进度计划的实施提供一个良好的内部环境。而对不可控影响因素，则要动态掌握变更信息的发展情况且加工利用，适时、适度地调整项目进度，尽可能地为项目进度营造一个适宜的外部环境。

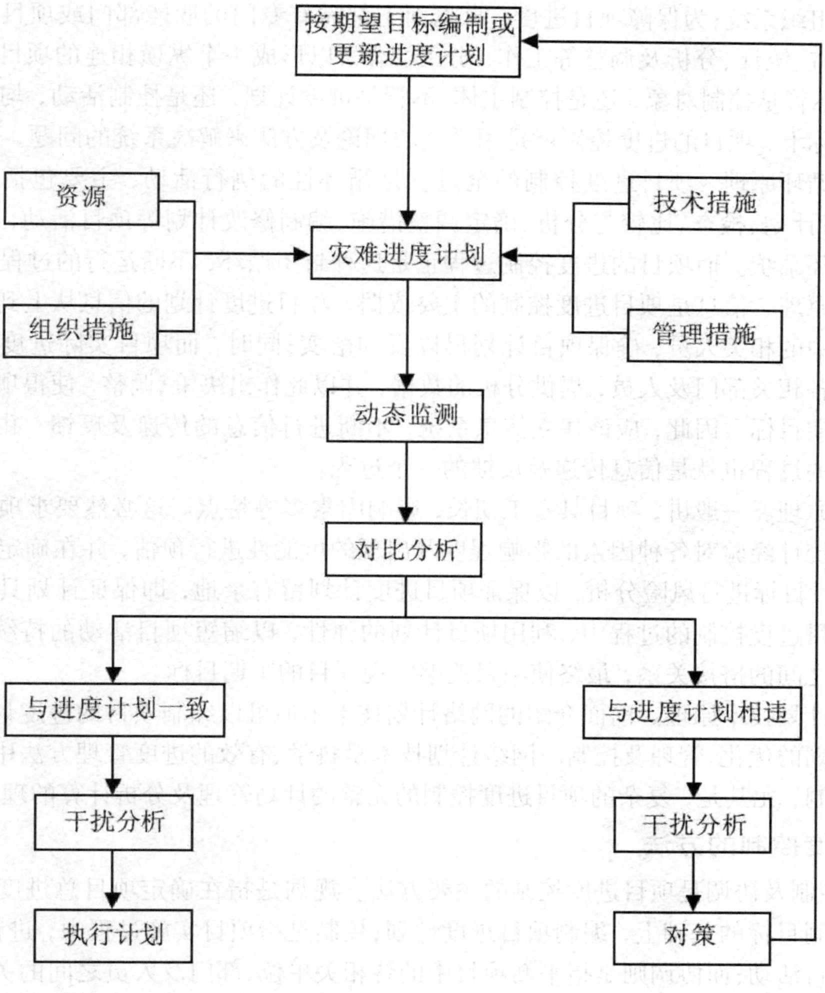

图 5－23 项目进度控制过程

二、项目进度控制的原理

1. 动态控制原理。项目进度控制随着项目的实施而不断进行。它不仅是一个动态过程，也是一个循环进行的过程。当项目开始时，计划进入了执行的阶段，实际进度在按计划进行时，如果符合计划，则计划的实现能得以保证；如果与进度计划不一致时，产生了偏差，如若不采取相应的措施进行处理，那么项目的工期目标就可能无法实现。因此，当偏差产生时，应立即分析产生偏差的原因，果断采取措施，实时调整计划，使实际进度和计划安排能重合在新的起点上，并使项目能够按照调整后的计划继续进行。但是，项目往往在新的因素干扰下，又产生新的偏差，这又需按上述方法继续进行控制，项目的进度控制正是采用这种动态循环的控制方法来实现的。

2. 系统原理。在实施项目进度控制前，首先必须编制完成项目的各种计划，诸如项目进度计划、项目资源计划等，项目计划的对象应由大到小，内容应从粗到细，并形成项目的计划系统；当项目涉及各个相关主体以及各类不同人员时，就必须建立组织体系，从而形成完整的项目实施组织系统;为保障项目进度，自上而下都需有专门的职能部门或项目管理人员负责项目的检查、统计、分析及调整等工作，分工协作，以形成一个纵横相连的项目进度控制系统。因此，不管是控制对象，还是控制主体;不管是进度计划，还是控制活动，均是一个完整的系统。实际上，项目的进度控制就是用系统的理论及方法来解决系统的问题。

3. 封闭循环原理。项目进度控制的全过程是循环性的例行活动，主要包括编制项目计划、实施项目计划、检查、比较与分析、确定调整措施、编制修改计划等项目活动，从而形成一个封闭的循环系统。而项目的进度控制过程正是这种封闭循环，不断运行的过程。

4. 信息原理。信息是项目进度控制的主要依据。项目进度计划的信息从上到下传递给项目实施过程中的相关人员，确保项目计划得以贯彻落实;同时，而项目实际进度信息则自下而上反馈到各相关部门及人员，提供分析的数据，并以此作出决策、调整，使得项目进度计划符合预定工期目标。因此，应该建立信息系统，不断进行信息的传递及反馈。由此可见，项目进度控制的过程也就是信息传递及反馈的一个过程。

5. 弹性原理。一般讲，项目具有工期长，影响因素多等特点。这必然要求项目计划编制人员需根据统计经验对各种因素的影响程度及出现的可能性进行预估，并在确定项目进度目标时，对项目目标进行风险分析，以保证项目进度计划留有余地，即保证计划具有一定的弹性。而在项目进度控制的过程中，利用项目计划的弹性，以缩短项目活动的持续时间，或改变项目活动之间的搭接关系，最终使项目能够实现项目的工期目标。

6. 网络计划技术原理。前面介绍的网络计划技术不但可以编制项目的进度计划，还可以进行项目计划的优化、管理及控制。网络计划技术是科学、有效的进度管理方法中的一种，是项目进度控制，尤其是，复杂的项目进度控制的完整的计划管理及分析计算的理论基础。

三、进度控制的方法

规划、控制及协调是项目进度控制的主要方法。规划是指在确定项目总进度的控制目标及分进度控制目标的基础上，编制项目进度计划;控制是指项目实施过程中，进行检查、比较及调整的项目活动;而协调则是指平衡项目中的各相关单位、部门及人员之间的关系，利于项目的进展。

进度控制过程中，所采取的措施大致有技术措施、经济措施、合同措施、组织措施及管理措施等。技术措施主要是采用能够加快项目进度的技术方法;经济措施主要是提供资金保证从而实现项目进度计划;合同措施主要是项目的发包方及承包方之间，总包方及分包方等各项目干系人之间通过签订合同的方式来明确项目的工期目标，以此来制约项目的完成时间;组织措施主要是按项目结构、工作流程或合同结构等进行项目的分解，完成项目的任务分解，并落实项目各实施人员的具体任务及工作责任;建立项目进度控制的组织系统;确定项目进度目标，建立项目控制的目标体系并确定项目进度控制的相关工作制度，比如:检查项目时间、协调项目会议时间以及参加项目会议的人员等;对可能影响项目进度的因素进行分析及预测;管理措施主要是加强项目信息管理，动态、实时地收集有关项目实际进度的信息资料，进行整理统计，定期地与进度计划相比较，并提交项目进展报告，以此来作为决策的依据。

四、进度计划的执行

要使项目进度计划得以顺利执行，必须采取相应措施。在项目进度计划的执行过程中，会遇到各种各样的阻力，比如:项目实施人员对计划的必要性认识不足，认为计划只是一种形式而已，在项目的执行过程中，不完全按计划执行或完全不按计划执行，最终导致项目实施进度与项目计划脱节;项目实施必须的材料、设备、劳力以及资金等项目资源不能按项目计划及时提供，或者提供的资源在数量、质量上不能满足项目的要求;受反常气候或不可预见的地质条件等不利的外部环境因素的影响，都可能会使项目进度计划延误，这些都需要项目管理人员根据项目的具体情况预测及分析可能会遇到的瓶颈，并提出突破这些瓶颈的措施，以此保证项目进度计划的实施。

1. 计划执行准备。计划执行的准备工作主要是建立组织机构、编制实施计划、培训有关人员。

(1)建立组织机构。组织机构的建立是项目进度计划得以顺利执行的必要的组织保证。其主要作用就是制定实施项目计划以及项目计划实施的保证措施;监测项目计划的执行情况;分析并控制项目计划执行状况。总而言之，组织机构的作用就是执行项目进度计划并对项目工期进行控制。而组织机构的形式没有统一的模式，需根据项目实施过程中的具体条件来确定。但是必须做到项目工期控制及项目的管理工作层层有人抓，环环有人管。

(2)编制进度补充计划。由于项目实施过程复杂多变，进度计划在编制时，不可能考虑到项目进展过程中的所有变化，也不可能一次性地安排好未来项目实施过程中的全部细节。所以，项目进度计划是比较概括的，具体的细节应该由符合实际的实施性计划加以补充。根据项目计划时间的长短，项目的实施计划大致可以包括年度计划、季度计划以及月计划等。

(3)人员培训。为了提高项目计划实施的有效性，需根据项目的特点，对项目中的各类人员进行分期、分层培训，以此提高项目参与者的素质，为项目进度控制奠定良好的基础。

2. 建立保证措施。由于项目进度会受到来自方方面面的许多因素的制约，所以，需要采取一系列措施，来保证项目能够按照项目时间进度进行。对于不同的条件，不同的项目，所采取的措施亦不相同，而且措施还是多方面的，但是不管是什么项目，以下措施却是必要的。

(1)贯彻进度计划。进度计划的贯彻不仅是项目计划实施的第一步，还是项目计划实施的关键一步。其工作内容主要有如下两方面:

①对项目计划进行层层分解，以形成严密的项目计划保证系统。其中，高层次的计划是编制低层次计划的重要依据，而低层次计划则是高层次计划的具体表现。因此，在执行项目进度计划时，首先应该检查项目计划是否协调一致，计划目标的分解是否互相衔接。然后，以此为基础，构建一个计划实施的保证体系，通过任务书的形式，将任务下达给项目实施者，确保任务的实施。

②明确项目参与者的责任。在计划实施前，对所有项目参与者进行全面交底工作，使得项目经理、项目管理人员以及项目作业人员等项目参与者对各项计划的目标、任务、实施方案以及采取的措施等都有明确地认识，项目参与者自觉按照项目计划进行工作，项目管理层与项目作业层能协调一致。

(2)加强调度工作。调度工作作为实现项目工期目标的一项重要手段，主要任务就是全面掌握项目计划的实施情况，以此来协调项目各干系人之间的关系，并且采取恰当的措施来解决项目中的各种矛盾，对薄弱环节进行加强，对项目实施动态平衡，确保计划的完成及进度目标的实现。通常，调度工作是通过项目监督、协调以及调度会议等方式实现的。

(3)狠抓关键工作。所谓的关键工作就是项目实施过程中的主要矛盾，需要紧抓不懈。

对于项目的关键工作，可采取以下措施以推动项目的实施。

①采用组织技术骨干力量或优先提供项目资源等措施，集中项目所拥有的优势资源按时或提早完成项目的关键工作。

②专项承包。即:对项目的关键工作采用专项承包的方式来进行运作，对承包人定任务、定人员以及定目标。

③采用新技术、新工艺。假如在项目的实施过程中，选择不当的技术、工艺，可能会严重影响到项目的进度。但是，采用了一项好的、先进的技术或工艺对于项目的实施可能会起到事半功倍的作用。因此，有成功案例的新技术、新工艺，在项目实施过程中都应积极采用。

(4)保证资源的及时供应。根据项目资源供应计划，做好项目资源的供应工作，同时也要加强对项目资源的管理工作。

(5)加强组织管理工作。建立项目组织及各部门的责任制度，使得项目进度计划指标的完成情况同各部门、单位以及个人的利益分配紧密结合起来，真正做到责、权、利一体化。

五、项目进度更新

在项目实施过程中，由于受到项目内、外部各因素的影响，项目进度计划发生变化是绝对的，而不变则是相对的。所以，项目进度控制的核心问题就是要根据项目的实际进度，分析比较各因素可能会对项目产生的影响，进而不断地更新项目的进度计划。即:项目进度计划的更新不仅是项目进度控制的起点，同时也是进度控制的终点。

1. 比较与分析。比较分析项目的实际进度与项目的计划进度，发现两者之间的差距，查找项目实际进度与项目计划不一致的原因，并评估其对项目工期的影响，进而找出相应的对策，比较与分析是项目进度控制的重要环节之一。比较与分析的方法主要有以下几种:

(1)甘特图比较法。甘特图比较法就是对项目实施过程中所观测、检查及搜集到的项目信息进行整理，然后将项目进度的横道线直接与原计划的横道线并列标示在一起，进行直观比较的一种方法。比如，某混凝土基础工程的实际施工进度同项目计划进度的比较图，如图5－24所示。

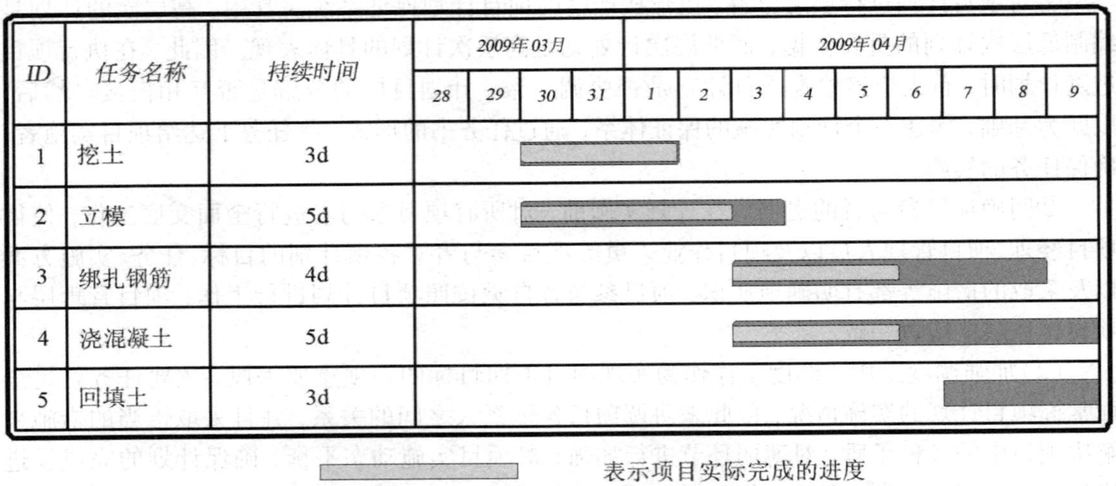

图5－24 某钢筋混凝土基础实际施工进度同项目计划进度的比较图

在2009年4月6日检查时，挖土已按计划完成;立模比进度计划拖后1天;绑扎钢筋的实际进度与计划进度一致；回填土工作尚未开始。

通过上图进行比较，明确地标识出项目的实际进度与计划进度之间的偏差，为项目管理者提出了明确任务，必须采取调整措施来缩小偏差。该方法是项目进度控制中最简单的方法之一。然而，该方法仅仅适用于项目中各项目工作都按照均匀的速度进行，也就是说，在单位时间内各项目工作所完成的任务量都是相等的。

通常，用实物工程量、劳动消耗量以及工作量三种物理量来表示项目完成的任务量情况。出于方便比较的考虑，一般用实际完成量的累计百分数同计划应完成量的累计百分数进行比较。

(2)S 型曲线比较法。S 型曲线比较法就是在项目计划实施前，在项目图中绘制出项目计划的 S 型曲线，而在项目的实施过程中，也将项目的实际执行情况绘制在项目图中，与项目计划进度进行比较的一种方法。如图 5－25 所示。

可以从图上得到以下信息：

①项目实际进度状况。当实际进展点落在项目计划 S 型曲线左侧时，说明项目的实际进度超前；如果在右侧，则表示项目进度滞后；如果正好落在项目计划的曲线上，那说明项目的实际进度与计划一致。

②项目实际进度偏差。图中，$\triangle T_a$ 表示 T_a 时刻项目实际进度超前的时间；$\triangle T_b$ 表示 T_b 时刻项目实际进度滞后的时间。

③项目实际完成任务量偏差。图中，$\triangle Q_a$ 表示 T_a 时刻项目超额完成的任务量；$\triangle Q_b$ 表示在 T_b 时刻项目少完成的任务量。

④项目进度预测。如果项目后期仍按原计划速度进行，那么项目工期拖延预测值为 $\triangle T_c$。

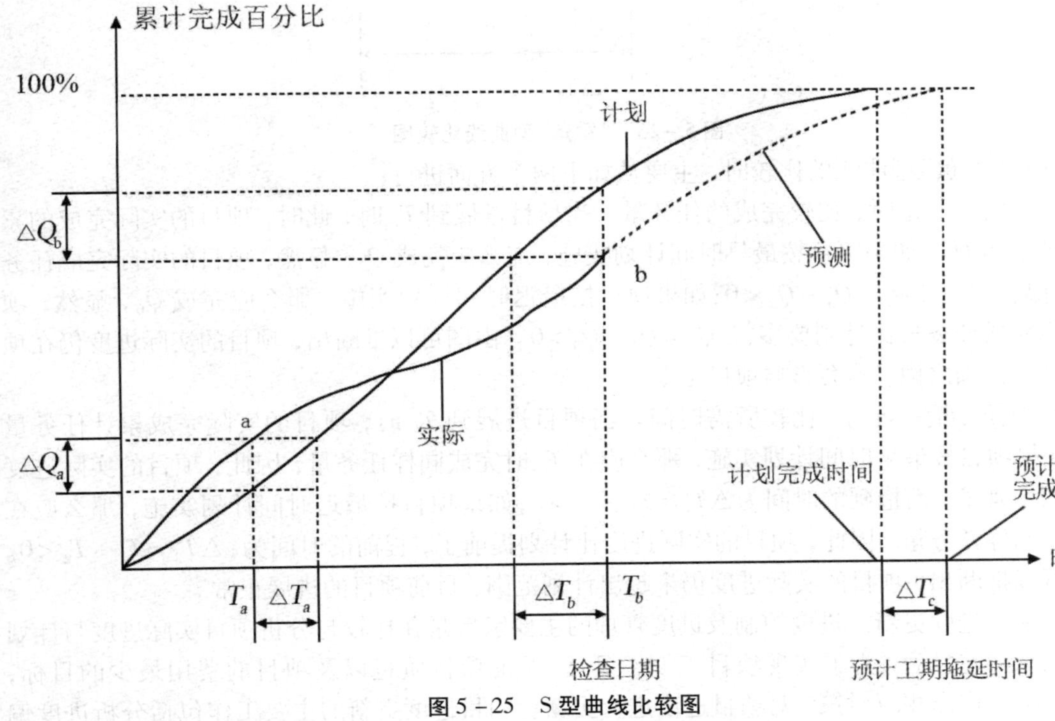

图 5－25 S 型曲线比较图

(3)“香蕉”型曲线比较法。“香蕉”型曲线是由两条 S 型曲线组合而成的闭合曲线。依据网络计划中的最早及最迟两种开始及完成时间分别绘制相对应的 S 型曲线，前者被称作 ES 曲线，后者则被称作 LS 曲线。在项目的实施过程当中，检查各项目工作任务量的实际完成情况，计算出项目在不同时间点上的实际任务量完成的百分比，并且在“香蕉”型曲线的平面内绘制出项目的实际进度曲线。如图 5－26 所示。

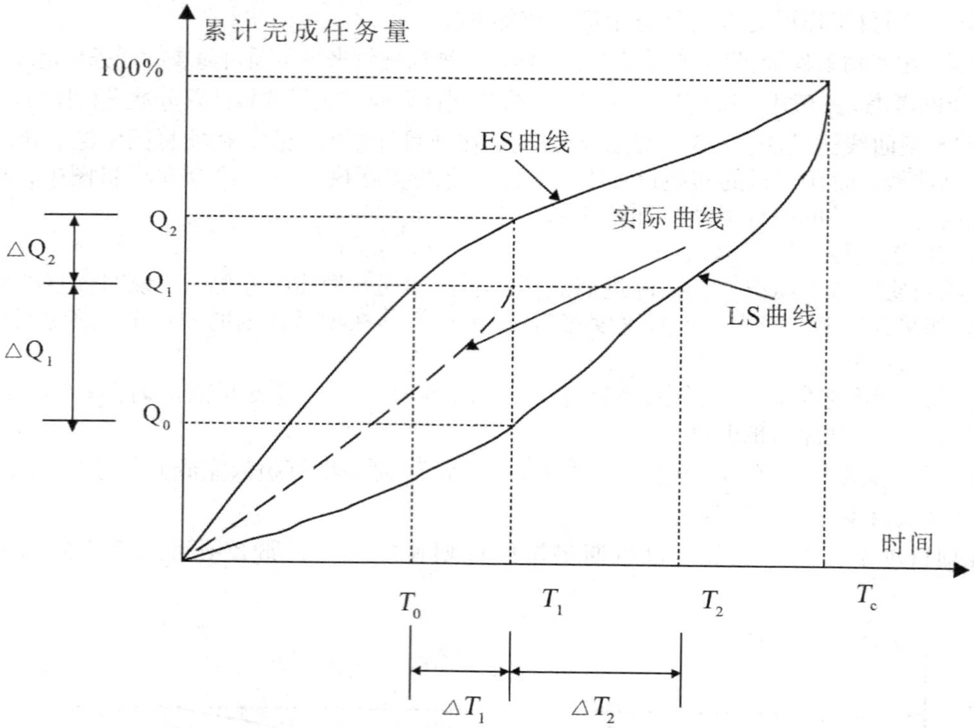

图 5－26 “香蕉”型曲线比较图

使用“香蕉”型曲线的比较时，主要从如下两个方面进行：

①当时间一定时，比较完成的任务量。当项目进展到 T_1 时，此时，项目的实际完成的累计任务量为 Q_1，如果项目按最早时间计划实施，那么应完成 Q_2，显然，项目的实际完成任务量比计划要少：$\triangle Q_2 = Q_1 - Q_2 < 0$；如果项目按最迟时间计划实施，那么应完成 Q_0，显然，项目实际完成任务量比计划要多：$\triangle Q_1 = Q_1 - Q_0 > 0$。由图可以推断出，项目的实际进度仍在项目的计划范围之内，不会影响项目工期。

②当任务量一定时，比较所需时间。当项目进展到 T_1 时，项目的实际完成累计任务量 Q_1，如果项目按最早时间计划实施，那么应在 T_0 时完成同样任务量，因此，项目的实际进度比计划拖延了，而拖延的时间为 $\triangle T_1 = T_1 - T_0 > 0$；如果项目按最迟时间计划实施，那么应在时完成同样任务量，因此，项目的实际进度比计划提前了，提前的时间为：$\triangle T_2 = T_1 - T_2 < 0$。由图可以推断出，项目的实际进度仍未超出计划范围，目前项目的进展正常。

2. 项目进度更新。进度控制及进度管理的主要宗旨是在比较与分析项目实际进度与计划进度之间的差异后，为了实现项目工期不延后、保证项目质量以及项目的费用最少的目标，从而对项目作出相应对策，对项目进度进行更新。项目进度更新的主要工作包括分析进度偏差的影响以及进行项目进度计划的调整两方面。

(1)分析进度偏差的影响。在运用上述进度比较方法之后，如果实际进度与计划出现偏差时，则应分析该偏差可能对后续工作及总工期的影响。主要通过以下几方面来分析：

①判断产生进度偏差的工作是不是关键工作，如果是关键工作，则不论其偏差大小，对后续工作及总工期都将产生影响，必须对项目进度计划进行更新；如果不是非关键工作，依据偏差值与总时差以及自由时差的大小关系来确定该偏差对后续工作及总工期的影响程度。

②判断进度偏差是不是大于总时差。如果项目工作的进度偏差大于总时差，那么必将影响到项目的后续工作及总工期，所以应采取相应的调整措施；如果项目工作的进度偏差不大于该工作的总时差，说明目前的项目进展符合总工期的要求，但项目的进度偏差对后续工作的影响，则需将该偏差与项目工作的自由时差相比较才能作出判断。

③判断进度偏差是不是大于自由时差。如果项目工作的进度偏差大于该工作的自由时差，则表明该偏差将对后续的项目工作产生影响，但是如何进行调整，需要根据后续的项目工作所允许的影响程度而定；如果项目工作的进度偏差不大于该项目工作的自由时差，那么对后续的项目工作影响不大，项目的进度计划可以不作调整更新。

因此，通过上述分析可知，项目管理人员可以通过采取项目的更新措施，调整项目中产生进度偏差的工作，并且对偏差值的大小进行调整，以便形成更符合实际进度情况及计划目标的进度计划。

(2)项目进度计划的调整。一般，对项目进度计划的调整主要有以下几种方法：

①关键工作的调整。由于项目的关键工作没有机动时间，任一关键工作持续时间的缩短或延长均不可避免地会对整个项目的工期产生影响。所以，调整项目的关键工作是项目进度更新的重中之重。主要有如下两种情况：

a. 关键工作的实际进度早于计划进度时，假如项目仅要求按计划工期执行，那么可利用这个机会适度地降低项目资源的强度和费用，也就是在不延误项目工期的前提下，适当延长后续关键工作中资源消耗量大或者费用高的子项目；假如要求缩短项目工期，那么应该对未完成的项目工作进行重新计算和调整，在此基础上编制和执行新的项目计划，确保未完成的关键工作能够按新计划的时间表完成。

b. 关键工作的实际进度晚于计划进度时，那么应该努力缩短后续关键工作的持续时间，确保项目能够按期完成。

②改变某些工作的逻辑关系。当项目工作之间的逻辑关系可以改变时，通过改变项目的关键线路或非关键线路上有关工作之间的逻辑关系，达到缩短项目工期的目的。比如:将原先依次进行的项目工作转变为平行或互相搭接的关系，在改变逻辑关系的过程中，必须以不影响原定计划工期以及其他项目工作之间的顺序为前提，而且调整后的结果不能否定原计划。

③非关键工作的调整。假如项目的非关键线路的工作时间虽然在实施过程中有所延误，但并没有超过该项目工作的时差范围，一般而言不对该项目工作进行调整，因为其并不会影响项目工期。但为了使得项目资源能被充分地利用，对其也可进行适当地调整；假如项目的非关键线路上一些项目工作的持续时间在实施过程中有所延长而且还超出了总时差范围，那么这些项目工作必将会影响到整个项目的工期，项目的关键线路必然发生转移。此时，对项目的非关键工作的调整演变成为关键线路的调整。

对项目中的非关键工作的进度调整不得超出总时差，而且每次调整都必须对时间参数进行重新计算，分析每次调整对项目计划的影响，对非关键工作的进度调整的方法主要有三种：在总时差范围允许的情况下，一是延长其持续时间；二是缩短其持续时间；三是调整其开始或完成时间。

④增减项目工作。由于编制项目计划时考虑不周，或者是出现某些原因导致需要增加或取消某些工作，那么就需对网络计划重新调整，并且计算出网络参数。增加项目工作，是补充原先遗漏或者不具体的逻辑关系；而减少项目工作，是删除项目中原不应设置的工作项目。增减工作项目都不应该影响到原计划总的逻辑关系以及原计划工期，如果有影响，必须采取措施保证原计划工期保持不变，并且确保原计划能得以实施。

⑤资源调整。当项目资源供应发生异常时，就必须对项目资源进行调整。进行资源调整的方法就是资源优化。项目资源供应发生异常就是指由于资源供应满足不了需要，比如：资源强度降低或中断从而影响到计划工期的实现。进行项目资源调整的前提是保证项目工期不变或使项目工期更加合理。

六、项目进度报告

项目进度观测、检查的结果通过项目进度报告的形式向有关部门和人员报告。项目进度报告是记录观测检查的结果、项目进度现状和发展趋势等有关内容的最简单的书面形式报告。

项目进度报告根据报告的对象不同，应确定不同的编制范围和内容，一般分为项目概要级进度控制报告、项目管理级进度控制报告和业务管理级进度控制报告。项目概要级进度控制报告是以整个项目为对象说明进度计划执行情况的报告；项目管理级进度控制报告是以分项目为对象说明进度计划执行情况的报告；业务管理级进度控制报告是以某重点部位或重点问题为对象所编写的报告。

项目进度报告的内容主要包括项目实施概况、管理概况、进度概要；项目实际进度及其说明；资源供应进度；项目近期趋势，包括从现在到下次报告期之间将可能发生的事件预测等内容；项目成本费用发生情况；项目存在的困难与危机，困难是指项目实施中所遇到的障碍，危机是指对项目可能会造成重大风险的事件。

项目进度报告的形式可分为日常报告、例外报告和特别分析报告。日常报告是根据日常监测和定期监测的结果所编制的进度报告，是项目进度报告的常用形式。例外报告是为项目进度计划执行中的例外情况进行分析所产生的报告。特别分析报告，是就某个特殊问题所形成的分析报告。

项目进度报告的报告期应根据项目的复杂程度和时间期限以及项目的动态监测方式等因素确定，一般可考虑与定期观测的间隔周期相一致。一般来说，报告期越短，早发现问题并采取纠正措施的机会就越多。如果一个项目远远偏离了控制，就很难在不影响项目范围、预算、进度或质量的情况下实现项目目标。明智的做法是增加报告期的频率，直到项目按进度计划进行。

下面介绍几种常见的项目进度报告：

(1) 进度计划执行情况报告：该报告包括报告期各项工作的计划执行状况。

(2)项目关键点检查报告。项目关键点是对项目工期影响较大的时间点，如里程碑事件点。对项目关键点的监测、检查是项目进度动态监测的重点之一。将关键点的检查结果加以分析、归纳所形成的报告就是项目关键点检查报告。

(3)项目执行状态报告。项目执行状态报告反映了一个项目或一项工作的现行状态。

(4)任务进度报告。项目进度报告反映了报告期项目进度的总体概况。

(5)项目管理报告。该报告反映了报告期项目管理的总体状况。

以上报告从不同的侧重点对项目进度的监测结果进行反映,可根据需要选择使用。

案例

A公司是一家美资软件公司在华办事机构,其主要的目标是开拓中国市场、服务中国客户,做一些本地化和客户化的工作。它的主要软件产品是由总部在硅谷的软件开发基地完成,然后由世界各地的分公司或办事机构进行客户化定制、二次开发和系统维护。这些工作除了日常销售和系统核心维护之外,都是外包给本地的软件公司来做。东方公司是A公司在中国的合作伙伴,主要负责软件的本地化和测试工作。

Bob先生是A公司中国地区的负责人,Henry则是刚刚加入A公司的负责此外包项目的项目经理。东方公司是由William负责开发和管理工作,William本身是技术人员,并没有项目管理的经验。

当Henry接手这项工作后,发现东方公司的项目开发成本非常高,每人每天130美金,但客户的满意度较差,并且每次开发进度都要拖后,交付使用的版本也不尽如人意。而且,东方公司和A公司硅谷开发总部缺乏必要的沟通,只能把问题反馈给Henry,由Henry再反馈给总部。但由于Henry本身并不熟悉这个软件的开发工作,也造成了很多不必要的麻烦。

为此,Bob希望Henry和William用项目管理的方法对该项目进行管理和改进。随后,Henry和William召开了一系列的会议,提出了新的做法。

首先,他们制订了详细的项目计划和进度计划;其次,成立了单独的测试小组,将软件的开发和测试分开;并且,在硅谷和东方公司之间建立了一个新的沟通渠道,一些软件问题可以与总部直接沟通;同时,还采用了里程碑管理。

六个月后,软件交付使用。但是客户对这个版本还是不满意,认为还有很多问题。为什么运用了项目管理的方法,这个项目还是没有得到改善?

Henry和William又进行了反复探讨,发现主要有三个方面问题:(1)软件本地化产生的问题并不多,但A公司提供的底层软件本身存在一些问题;(2)软件的界面也存在一些问题,这是由于测试的项目不够详细引起的;(3)开发的周期还是太短,没有时间完成一些项目的调试,所以新版本还是有许多的问题。

此时,Henry向Bob提出是否采用公开招标的方式,选择新的、实力更强的合作伙伴。但Bob认为,与东方公司合作时间已经很长了,如果选择新的伙伴又需要较长的适应期,而且成本可能会更高。于是,Henry向东方公司提出一些新的管理建议。首先,他们采用大量的历史数据进行分析,制订出更详细的进度计划;其次,要求东方公司提供详细的开发文档和测试文档(之前William的团队做的工作没有任何文档,给其他工作带来了很多困难);再次,重新审核开发周期,对里程碑进行细化。

又过了六个月,新的版本完成了。这一次,客户对它的评价比前两个版本高得多,基本上达到项目运行的要求。但客户还是对项目进度提出了疑问,认为实时推出换代产品不需要那么长的时间。

问题:A公司和东方公司如何加快项目的开发进度?

分析:软件外包是现在软件工程中较常见的做法。在软件外包工程中，保证质量的进度是很难控制的。对于项目经理来说需要一整套复杂的能力，比如制订计划、确定优先顺序、干系人的沟通、评价等，每一种能力都与项目的最终结果有直接或者间接的关系。

然而，国内的项目经理大多没有接受过正规训练，缺乏项目管理方面的专业知识和技巧，往往只是凭借以前的少量经验盲目去做，容易出现各种问题。尤其是在管理外包项目时，缺乏足够的经验和技巧，往往造成进度不断推迟，而质量无法保证的情况。

前文是一个比较典型的软件外包项目的案例。在这个案例中，我们可以看到现在 IT 业内许多外包项目的影子。

在该案例中，东方公司没有专门的项目经理，是由技术人员 William 兼做管理。这是国内软件公司经常会出现的问题。最初，出现进度落后的问题时，A 公司的 Henry 与东方公司的 William 讨论后决定采用项目管理中计划管理等手段，其中包括里程碑管理。这是控制进度的较常见做法。

里程碑管理的引入。一般来说，在项目开始时，项目组成员都会对项目制订一个详细的计划。通常情况下，在明确的工作说明书(SOW)和 WBS 的基础上制订具体的进度计划时，需要采用一些具体的技术。像这种软件外包项目，最成熟的技术是里程碑管理。

里程碑一般是项目中完成阶段性工作的标志。不同类型的项目，里程碑也不同。比如，在开发项目中，可以将需求的最终确认、产品移交等关键任务作为项目的里程碑。本案例中，Henry 在接手项目后采用里程碑进行管理是很恰当的。

◇ 问题:

1. PCC 公司片式电阻器生产线技术改造项目的成功，如何证明了在项目管理过程中，实施整体管理的重要性?
2. 该项目目标的确立，从那些方面适应了资源条件对他的约束?
3. 在项目开始，在项目执行过程中，相关部门和人员必须保持哪些持续有效的工作?
4. 检查项目进度，及时发现问题，及时纠正，对保证项目成功起了那些重要作用?

※ 本章思考题:

1. 项目时间计划实施控制有哪些管理原则? 为什么要贯彻这些管理原则?
2. 项目工期变更控制与项目变更总体控制是什么关系?
3. 如何绘制双代号网络和单代号网络?

第六章 项目成本管理

项目成本也被称为项目费用，是整个项目中所发生的各种资源耗费的货币体现。项目成本涵盖了项目生命周期中每个阶段的资源耗费，比如：人工费、设备费、咨询费、材料费、其他费用等。影响到项目成本的因素主要有：项目的范围、工期、质量、资源数量及其价格、项目管理水平等。

项目成本管理就是为了保障项目的实际成本不超过项目预算，并且使项目在预算内按时、按质、经济高效地完成既定的项目目标而开展的管理活动。显然，项目成本管理主要与为完成项目活动所需的资源成本有关。同时，项目成本管理也需考虑项目决策对项目产品的使用成本的影响。项目成本管理的效果对项目的绩效将产生直接影响，所以，成本管理必须坚持全面成本管理原则、全生命周期成本最低原则、成本五分制原则、成本管理有效化原则以及成本管理科学化原则。

虽然在有些项目中，项目成本管理不包括项目的未来财务状况预测及分析等内容，但在许多的应用领域，项目的预测以及分析等内容也包括在项目成本管理的范畴，那么，有时间价值的现金流、投资收益、回收期等技巧都可能在预测与分析过程中被使用。除此之外，项目成本管理还必须考虑到项目干系人对项目信息的需求。在项目成本控制同奖励挂钩时，就应该对项目分别估计与预算可控成本与不可控成本，使得奖励能够真正反映出项目业绩。

因此，项目成本管理是由一些过程组成的，而要在项目预算下完成项目目标，这些过程是必不可少的，图6－1表示了项目成本管理的主要工作。

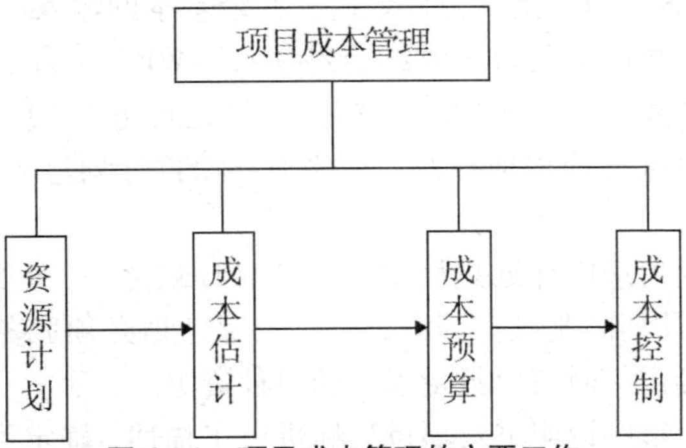

图6－1 项目成本管理的主要工作

第一节 项目资源计划

可以将项目资源看作是一切具有现实及潜在价值的东西。比如：在项目实施过程中，要消耗一定的人力、设备、材料、资金等有形资源，也可能需要消耗其他一些无形的资源。但是由于存在着资源约束，项目耗用资源的质量、数量以及均衡状况均会影响到项目的工期。当有充分的项目资源时，可以按照项目的最短工期来组织完成项目任务；当没有充分的项目资源或项目资源的配置不合理时，可能会造成项目工期拖延，使得项目实际成本超过预算成本。所以，项目成本管理的一项重要内容是在项目的资源需求预测的基础上制订项目资源的供应计划，简称资源计划。

所谓的项目资源计划就是在分析与识别项目的资源需求的基础上，确定项目所需投入资源的种类、数量以及时间，并详细制订出科学、合理以及切实可行的项目资源供应计划的项目成本管理活动。项目资源包括项目实施过程中所需要的人力、材料、设备、能源、设施及其他各种资源等。项目资源计划决定了何种资源以及多少数量的资源将用于每个项目工作的执行过程中，所以，它必然对应于项目费用的估计，是进行项目费用估计的基础。

项目资源计划的主要工作如图 6－2 所示。

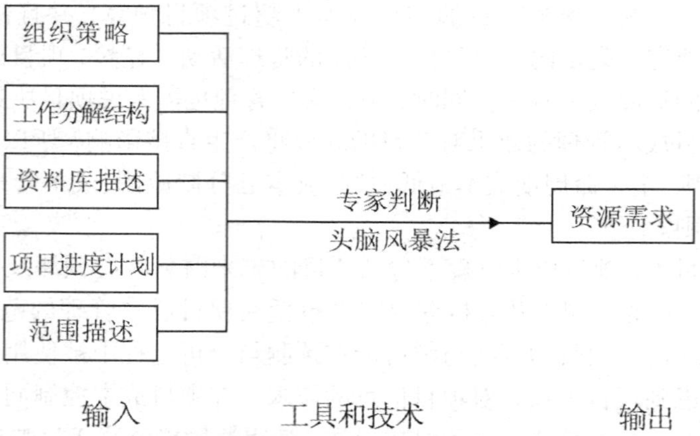

图 6－2 项目资源计划的主要工作

一、资源计划的主要依据

1. 工作分解结构 WBS。WBS 是资源计划过程的最基本的输入。WBS 中的工作划分得越细越具体，项目所需的资源种类及数量就越容易估计。WBS 中的工作分解是自上而下逐级展开的，各类资源的需要量也可以自下而上进行逐级累加，这样便可得到整个项目各类资源的总需要。为确保对项目进行恰当地控制，其他唯一项目计划过程的相关结果都应将 WBS 作为输入。

2. 项目进度计划。项目进度计划是最主要的项目计划之一，也是质量计划、资源供应计划、资金使用计划等其他计划的基础。同时，项目资源计划必须服务于项目进度计划，根据项目进度计划的需要来确定何时需要数量多少的何种资源。

3. 项目范围说明书。范围说明书对项目目标进行了描述，确定了项目的可交付成果，明确了项目的范围，规定了哪些工作是项目该做的，而哪些工作不包含在项目当中。通过对其分析，可以进一步确定项目资源的需求范围以及需求的数量，因此，在编制项目资源计划时必须对项目范围说明书加以考虑。

4. 资源库描述。资源库描述对项目所拥有的资源存量进行了说明。对资源库进行分析以确定资源的供给方式以及资源获得的可能性，而这正是项目资源计划所必须掌握的，对于资源安排而言，资源库详细的数量描述以及资源水平说明都具有特别重要的作用。编制资源计划时，必须知道人力、设备、材料等各种资源类型可供利用。同时，资源库里资源的详尽程度前后可能也会有所不同，比如，在一个项目的早期，资源库的需求可能是“许多初级与高级工程师”，但是，当同一项目进行到后期时，资源库的需求就限定为对该项目有一定了解的工程师，且这些工程师还必须参加过项目早期的工作。

5. 组织策略。实施项目的组织的组织策略主要体现了项目高层在资源使用方面的方针，进而影响到人员的招聘、物资及设备的租赁或者采购等方面，也对如何使用资源起到重要作用。所以，在确保科学合理运用资源的基础上，编制资源计划时必须给予项目的组织策略充分的考虑。

二、资源计划的编制步骤

资源计划的编制步骤主要包括资源需求分析、资源供给分析、资源成本比较与资源组合、资源分配与计划编制四大步骤。

1. 资源需求分析。通过对工作分解结构的分析，确定每个项目任务所需的资源种类、数量以及质量等。在确定了资源需求的种类后，再根据相关项目领域中的消耗定额或者经验数据来确定项目资源的需求量。通常，在工程项目领域内，可按照以下步骤来确定资源数量：

(1)工作量计算；

(2)确定实施方案；

(3)估计人员需求量；

(4)估计材料需求量；

(5)估计设备需求量；

(6)确定资源使用时间。

2. 资源供给分析。资源供给的方式具有多种多样性，既可以从项目组织内部来解决，也可以从项目组织外部来获得。资源供给分析不仅要分别对内部、外部资源进行分析，还要分析资源的可获得性、获得的难易程度以及获得的渠道与方式等。

3. 资源成本比较与资源组合。在确定了项目需要的资源种类及如何获得这些资源之后，就要对这些资源的使用成本进行比较，进而确定主要包括各种资源所占比例与组合方式等内容的资源组合模式。使用不同的资源组合模式，即使是完成同样的工作，其成本也可能会有较大的差异。因此，要根据项目的实际情况，综合考虑成本、进度等目标要求，确定合适的资源组合方式。

4. 资源分配与计划编制。资源分配既要保证各个项目任务得以完成所必须的资源，又要努力使得资源总量最少并且平衡使用资源。对项目资源进行合理分配，使所有项目任务都分配到所需的资源，而且确保所有资源都得到了充分的利用，在此基础上，编制项目资源计划。因此，资源分配与计划编制是一个系统工程。

三、资源计划的工具

通常，制订项目资源计划的主要工具包括：资源矩阵、资源甘特图、资源负荷图或资源需求曲线、资源累计需求曲线等。

资源矩阵、资源数据表均以表格的形式来表示项目的任务、进度及其所需资源的品种、数量以及各项资源的重要程度，项目资源矩阵的格式如表6－1所示，项目资源数据表的格式如表6－2所示。

表 6－1　某项目资源矩阵

工作	资源需要					相关说明
	资源 1	资源 2	…	资源 n－1	资源 n	
工作 1						
工作 2						
…						
工作 m－1						
工作 m						

表 6－2　某项目资源数据表

资源需求种类	资源需求总量	时间安排（不同时间资源需求量）						相关说明
		1	2	3	…	T－1	T	
资源 1								
资源 2								
…								
资源 n－1								
资源 n								

资源甘特图主要利用甘特图技术来表达项目资源的需求，资源甘特图的格式如图 6－3 所示。

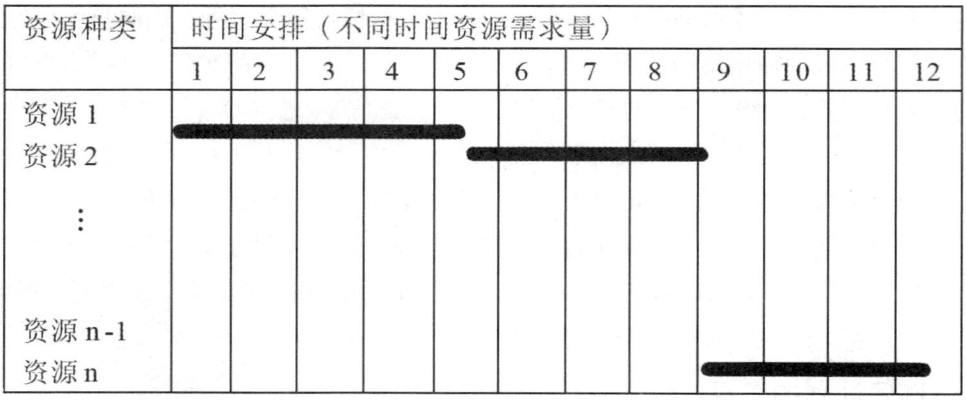

图 6－3　资源甘特图

资源负荷图通常用条形图的方式反映出项目进度与其资源的需求情况，项目资源负荷图如图 6－4 所示。

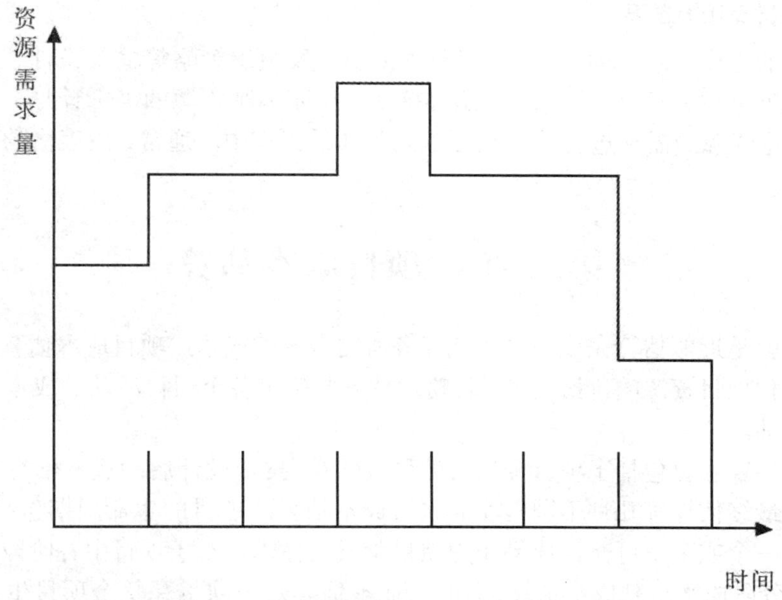

图 6－4 项目资源负荷图/项目资源需求曲线

资源需求曲线通常用线条的方式反映出项目进度及项目资源需求情况，可以分为反映项目不同时间段资源需求量的资源需求曲线，项目资源需求曲线如图 6－4 所示；另外，还可以分为反映项目不同时间段对项目资源的累计需求的资源累计需求曲线，项目累计需求曲线如图 6－5 所示。

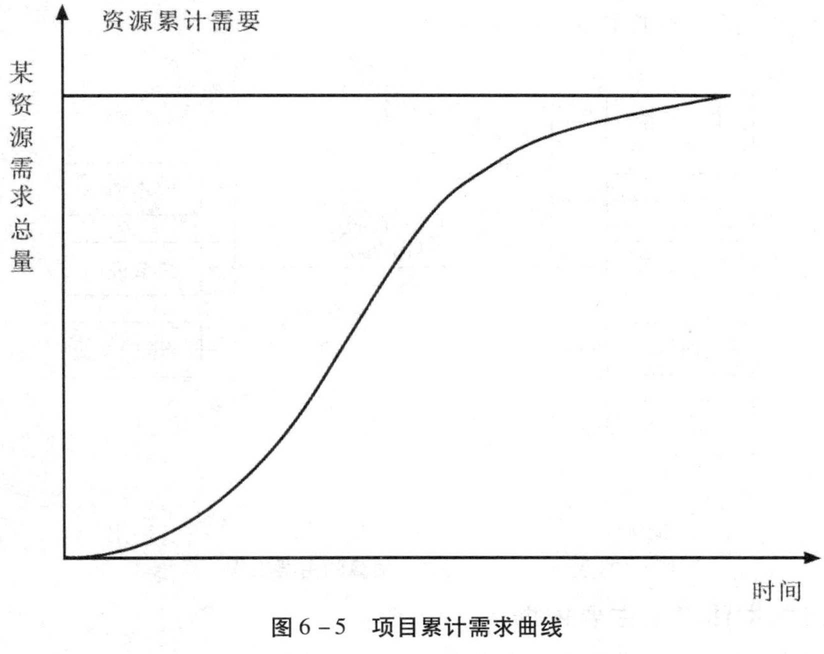

图 6－5 项目累计需求曲线

四、资源计划的结果

根据项目的工作分解结构 WBS、项目范围说明书及组织策略等输入条件，通过专家们的判断或数学模型进行分析、比较、选择，最终确认，从而编制资源的需求计划，并描述各种需求及其计划，将资源的需求进行分解且分配到具体的工作中。通常，用表格的形式来反映资源计划的结果。

第二节　项目成本估算

成本估算就是近似估算完成项目各项任务所需资源的成本。项目成本估算则是根据项目资源计划及各种项目资源的价格信息，粗略地估算与确定各个项目活动的成本及项目总成本的项目管理活动。

项目成本估算主要包括了项目开始时的量级估算、技术设计后的成本估算或预算以及详细设计的成本最终估算等几种不同精度的项目成本估算。项目的生命周期包括了多个阶段，且各阶段都以一个或多个可交付成果作为项目阶段的标志。对于项目中各阶段特定的成本管理目标，需要分阶段来编制成本估算，所以，成本估算是一项贯穿整个项目生命周期的管理活动。而且，随着项目各阶段所具备的条件及掌握的资料不同，成本估算的精度也不同。当然，随着项目阶段的不断进行，经过调查研究后所掌握的项目资料会越来越丰富，项目的确定性条件越来越多，最终，成本估算的精度也随之得以提高。在项目的启动阶段，项目估算只是一个粗略的估算，在项目的实施过程中，对费用的估算也在不断细化，项目估算的准确性随着项目的推进而不断提高。

项目成本估算的主要工作如图 6 – 6 所示。

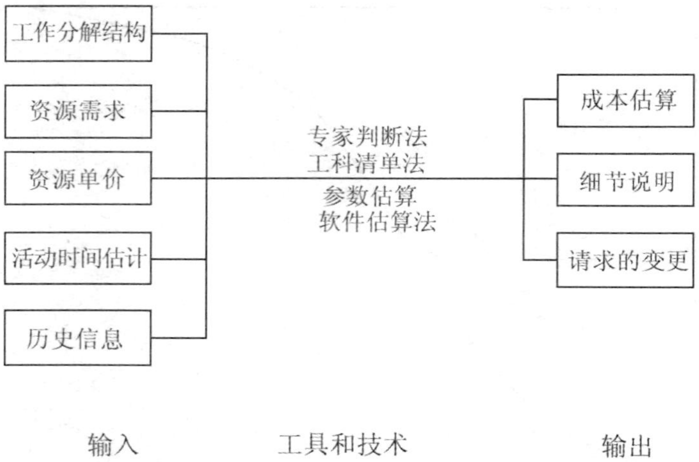

图 6 – 6　项目成本估算的主要工作

一、项目成本估算的主要依据

进行项目成本估算，主要依据以下几点：

1. 工作分解结构 WBS 结构 。结构图可用于成本估计以及确保所有工作均被估计了成本。

2. 资源需求计划。

3. 资源单位价格。项目管理人员做成本估计时，必须知道每种资料单价以计算项目成本，比如：每小时的人员费用，单位体积的材料价格等。假如不知道资料的实际单价，就必须对资料进行估价。

4. 活动时间估计。活动时间估计对项目成本估计会有影响，比如：项目预算中包括财务费用，而因项目工期的延长而带来的银行利息会导致财务费用的增加。

5. 历史信息。类似项目的历史资料一直是项目在执行过程中最有参考价值的资料，包括了项目文件、费用估算数据以及项目工作组的知识等；可从以下一些来源获得有关资源成本的信息：

(1) 项目档案。先前项目的一些记录可能为项目组中一个或多个组织所保留，所保留的这些记录相当详尽，可用于成本估计。特别是在一些应用领域，项目中的个别成员也许保留这样的记录。

(2) 商业性的成本估计数据库。通常，可从市场上买到历史数据。

(3) 项目团队知识。参与过先前项目的项目团队的个别成员也许记得先前项目的实际数或估计数，而这些信息资料对项目也是有用的，但就可靠性而言，通常比档案结果要低得多。

除此之外，与项目有关的一些由国家、行业或部门颁布的一些定额以及收费标准也可以作为成本估算的参考依据。比如：基建概算和预算定额等。

二、成本估算的技术路线和方法

1. 成本估算的技术路线。随着项目进展的不同，项目的工作分解结构的层次也会不同，根据项目成本估算单元在工作分解结构中的层次关系，可将成本估算分为三种：自上而下的估算、自下而上估算、自上而下和自下而上相结合的估算。

(1) 自上而下的估算。自上而下的估算，又可称类比估算，一般在项目的初期或资料信息不足时进行，这时只能确定初步的工作分解结构，工作分解的层次少，不能将项目的基本单元详细列出来。所以，成本估算的基本对象可能是整个项目或其中的子项目，而且估算的精度比较差。实际上，自上而下的成本估算就是以项目成本总体为估算对象，收集高层及中层管理人员的经验判断，在获得先前类似项目的历史数据的基础上，将成本从工作分解结构的上方向下方依次分配、传递，直到工作分解结构的最底层。如图 6－7 所示。

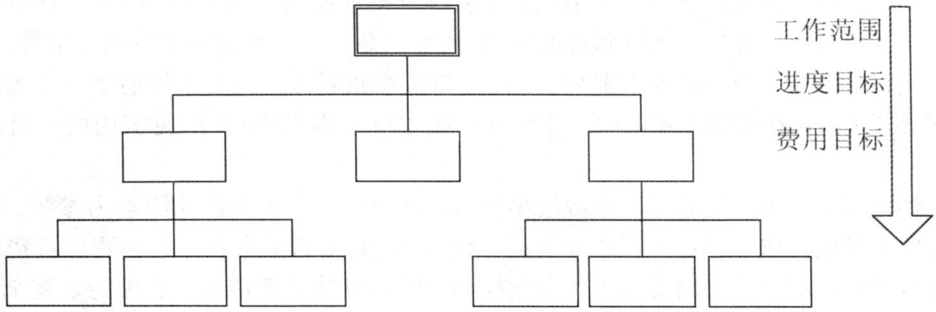

图 6－7 自上而下的估算

(2) 自下而上估算。自下而上的成本估算则是先对各个工作单元的费用进行估算，然后自下而上汇总各个估算结果，计算出项目费用的总和。采用自下而上估算的前提条件是必须确定了详细的工作分解结构。如图 6－8 所示。

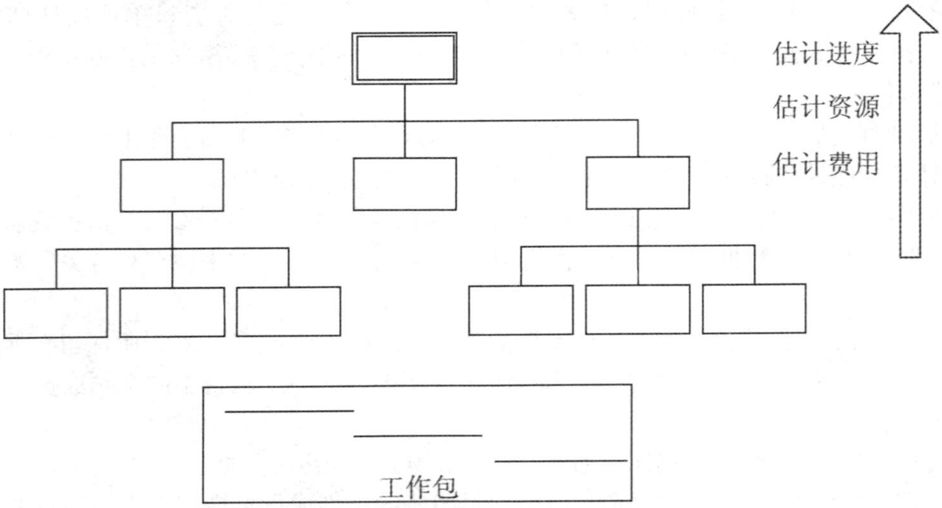

图 6－8 自下而上估算

(3) 自上而下和自下而上相结合的成本估算。由于自上而下的估算路线虽然简便，但估算结果的精度较差；而自下而上的估算路线的估算结果较为精确，且项目所涉及的项目资源数量也较为清楚，但进行估算的工作量很大。因此，可以取长补短，将两者结合起来。从而采用自上而下与自下而上相结合的路线进行成本估算。

自上而下和自下而上相结合的成本估算针对的是项目的某一个或者某几个重要的子项目进行详细且具体的分解，然后，从被分解子项目的最低分解层开始费用估算，并自下而上进行汇总，最终得到该子项目的成本估算值；再根据该子项目的估算值，估算出与其同层次的其他子项目的费用；最后，对各子项目的费用汇总，进而得到项目的总成本估算。

2. 成本估算的技术方法。一般，项目成本的估算方法有专家判断法、参数估计法、工料清单法、软件估算法等。

(1) 专家判断法。专家判断法就是组织并利用专家的项目管理理论及经验对项目成本进行估算的方法。此方法主要适用于项目成本估算精度要求不高的情况。一般，专家判断法有两种组织形式，一种是成立项目专家小组，对项目成本共同进行探讨估算；另一种是专家们互不见面且互不知名，通过一名协调者汇集、整理专家意见，从而编制项目成本估算。通常，专家判断法较其他技术及方法花费要少一些，但准确性也较低。只有当先前项目与现在的项目不仅在形式上，且在实质上相同时，专家判断法才可能提供更可靠、更实用的项目成本估算结果。

(2) 参数估算 。参数估算又叫参数模型法，是以项目成本重要影响因素为参数，通过建立数学模型来对项目成本进行估算的方法。一般，将项目的特征参数作为预测项目费用数学模型的基本参数。不论是费用模型还是参数模型，模型可能是简单的，也可能是复杂的，且模型的形式是各种各样的。但是，假如模型依赖于历史信息，那么参数就容易数量化。

(3) 工料清单法。又叫自下而上法，是以项目的工作分解结构为基础，将较小的、相对独立的工作进行成本估算、加总，最终计算出整个项目成本的估算方法。一般，先估算出各个独立工作的费用，然后再从下往上进行汇总，从而估算出整个项目的成本费用。

工料清单法的优点是较为精确地对项目子任务的费用进行估算，并尽可能精确地确定整个项目费用。相对于高层管理人员，直接参与项目建设的人员更为清楚项目可能所涉及的资源量，所以，采用工料清单法的关键是组织项目最基层的工作负责人参与成本估算，并正确地对其估算结果进行汇总。

(4)软件估算法。随着项目成本估算软件、计算机模拟及统计工具等项目管理软件的出现，进行费用估算时，项目管理软件已被广泛使用。使用这些工具可以简化一些费用估算过程中的工作量，便于快速计算各种费用估算方案。

三、项目成本估算的基本结果

项目成本估算的基本结果主要有如下几方面：

1. 项目的成本估算。通常，用劳动工时、工期、材料消耗量等对完成项目所需的各种资源的成本进行描述。成本估算就是对各项目活动所需资源的成本进行定量估算，项目中所需的所有资源的成本都需要加以估计，其中不仅仅局限于劳力、材料等，且成本估算还是一个不断自我优化的过程。随着项目实施的进展以及相关详细资料的不断出现，需要实时地修正原有成本估算，特别是在某些应用项目中，还要求估算应达什么样的精确度。

2. 细节说明。成本估算的细节说明主要包括：成本估算的范围描述、成本估算信赖的各种假设、成本估计的实施方法、估算结果的有效范围。

3. 请求的变更。在成本估算过程中，有可能会产生影响项目资源计划、费用管理计划以及项目管理计划的相关部分的变更请求，通过整体变更控制过程对请求的变更进行处理和审查。

第三节 项目成本预算

项目成本预算又称为项目成本计划，是基于项目成本估算基础，更为精确地对项目总成本进行估算，并对项目的各项具体活动以及各个具体项目阶段都进行估算，且制订基准计划进行项目成本控制的项目成本管理活动。

成本估算与成本预算两者既有区别又有联系。成本估算的主要目的是对项目的总成本以及误差范围进行估计，而成本预算则是把项目的总成本分摊到各工作项及各阶段上。成本预算是以成本估算的输出结果为基础，将已批准的估算进行分摊。

虽然成本估算和成本预算的目的与任务不同，但两者均以工作分解结构为依据，所运用的工具和方法也相同，两者都是项目成本管理中不可或缺的重要组成部分。

一、成本预算的特征及编制原则

1. 项目成本预算的特征。项目预算具有三大特征：计划性、约束性及控制性。

计划性是指在项目计划中，根据工作分解结构将项目分解成多个工作包，以形成一种系统结构。项目成本预算将成本估算总费用尽可能精确地分解到工作分解结构的每一个组成部分，进而形成与工作分解结构相同的系统结构。所以，预算可谓是项目计划的另一种形式。

约束性是指项目管理人员在制定预算时，希望尽可能“正确”地为各工作包确定预算，既不过分慷慨，以免浪费及管理松散，也不过于吝啬，避免项目任务无法完成或质量低下。所以，项目成本预算是对项目资源的分配计划，预算分配的结果不可能满足所涉及的管理人员的利益要求，而仅仅表现为一种约束，所涉及的管理人员也只能在该约束的范围内行动。

控制性是指项目预算的本质就是项目的一种控制机制。项目管理者的任务不仅要完成预定的目标，而且还必须高效地完成目标，也就是尽可能在完成目标的前提下节省项目资源，以获得最大的经济效益。因此，项目管理者要小心谨慎地控制资源的使用，如果项目进度检查所使用的资源量与预算出现了偏离，就需要不断进行修改，所以，预算可作为度量资源实际使用量与计划量之间差异的基线标准。

另外，在整个计划与实施过程中，项目成本预算起到了重要的作用。成本预算与项目进展中资源的使用密切相关，项目管理者可以通过成本预算实时掌握项目的进度。假如成本预算与项目进度之间没有联系，则项目管理者可能会忽视项目中一些危险情况，比如：费用虽然超出了项目进度所对应的成本预算，但没有突破总预算约束。在项目的实施过程中，必须不断收集及报告有关进度与费用的数据，对未来问题及相应费用进行预估，从而，项目管理者通过对比预算对项目进行控制，在必要时可对预算进行修正。

2. 项目成本预算遵循的原则。为了充分发挥成本预算的积极作用，在编制成本预算过程中，需要掌握以下几项原则：

(1)项目成本预算要与项目目标相联系。成本同质量、进度的关系相当密切，三者既统一又对立，项目成本预算与项目质量目标、进度目标联系紧密。因此，在通过成本预算来确定成本控制目标时，必须同时对项目质量目标与进度目标进行考虑。通常，项目的质量目标要求越高，那么成本预算也越高；项目进度越快，那么项目成本越高。所以，在编制成本预算时，结合项目的质量计划和进度计划，平衡两者之间的关系，避免顾此失彼，相互脱节。

(2)项目成本预算要以项目需求为基础。项目需求是项目成本预算的基础，正是由于项目范围的存在，为项目预算提供了充足的细节信息。假如以模糊不清的项目需求为基础来进行预算，那么成本预算可能就不具有现实性，容易使得项目成本超支。

(3)项目成本预算要切实可行。如果成本预算过低，虽然经过努力，也很难达到目标，那么预算的实际作用就很低；如果预算过高，往往会失去作为成本控制基准的作用。因此，编制项目成本预算时，要充分考虑有关的财经法律、方针政策，结合项目的实际情况，积极挖掘项目组织的内部潜力，努力做到项目成本指标不仅积极可靠，而且切实可行。

(4)项目成本预算应当有一定的弹性。在项目执行的过程中，往往会出现预料之外的事情，其中包括国内外政治经济形势发生变化或发生自然灾害等，而这些变化会对项目成本预算的实现产生重要的影响。所以，在编制成本预算时，必须要留有充分的余地，使得项目成本预算具备一定的适应条件变化的能力，也就是预算要具有一定的弹性。一般，在整个项目预算中留有 10% ~15% 的不可预见费，用来应付项目进行过程中可能出现的意外情况。

二、成本预算的依据与技术方法

主要的项目成本预算的依据有：工作分解结构、成本估算及项目进度计划等。其中，工作分解结构提供需要进行成本分配的各项目组成部分；项目成本估算提供成本预算所需的各项工作及活动的预算定额；而项目进度计划则提供需要分配成本的各项目组成部分的计划开始及预期完成日期，使得成本分配至发生成本的各时段上。

项目成本预算的方法和项目费用估算的方法基本相同。只是项目成本预算的目的与成本估算的目的不同，因此，在具体运用当中存在着差异。项目成本预算的两种基本方法分别是自上而下的预算及自下而上的预算。具体采用哪一种方法，与项目组织的决策系统有密切关系。

1. 自上而下的项目预算。自上而下的预算方法就是主要根据上层及中层项目管理人员的管理经验来进行成本预算。首先，上层及中层管理人员对构成项目整体成本的各子项目成本进行估计，而且将这些估计结果传递给下一层的管理人员。然后，下一层的管理人员再对其职责范围内的任务及子项目的任务的成本进行估计，并向其下一层传递他们的成本估计，依此类推，直至传递到最低一层。

该预算方法的优点之一是总体预算往往比较准确，利用上中层管理人员的丰富经验，项目管理人员能够比较准确地把握项目整体的资源需要，使得项目预算能够控制在比较准确的水平上。另一个优点是，可以避免有些任务被过分重视而获得过多资源，这主要是由于在预算过程中，总是将既定的预算在一系列任务之间进行分配。

当然，该预算方法也不可避免存在着缺点。其缺点是下层人员可能认为对完成任务没有把握，但又不愿提出与上层管理者不一致的意见，而选择沉默地等待上层管理者自行发现其中的问题，并进行纠正，从而可能导致项目在生产过程中出现困难，甚至于失败。

2. 自下而上的预算方法。自下而上的预算方法就是项目管理人员对项目所有工作的时间及需求进行仔细地考察，尽可能精确地对其进行确定。自下而上预算的优点是可以避免上下层管理人员发生争执及不满情况的出现，这是由于预算出自日后将要参与实际工作的项目人员之手。

同自上而下的预算方法比较可知，自下而上的预算方法对任务档次的要求更高且更为准确，主要是要保证考虑到所涉及的所有工作任务，所以，该方法比自上而下的预算方法更为困难。

预算首先是针对资源而进行的。为了建立项目的预算，必须预测项目需耗费何种资源，耗费资源的需求量，资源使用的时间及其对应的成本，还要考虑到未来通货膨胀的影响。当然，任何预测都具有不确定性，只是不确定性会随着所涉及内容的不同而不同。有时预算相当准确，比如，建筑师只要知道了砖墙的长、宽、高就可以得到所需砖的数目，能相当准确地估计出建筑一堵砖墙所需砖的数目，再加上一定的其他消耗，预算的误差可能在1%以下；有时预测可能相当不确定，比如，有经验的工作人员某种特别软件项目所需要的人/时数进行估计后，其结果可能有相当大的误差；而有些时候，对项目进行预测可能会非常困难，比如，进行一种全新技术的开发项目，事前对项目开发结果都难以确定，更不必说项目进展的具体过程了。

三、项目成本预算的编制

项目成本预算的编制工作主要包括三个部分，分别是确定项目的总预算、分解确定项目各项活动的预算、项目成本预算调整。

1. 成本预算总额的确定。进一步精确化估算项目成本，分别为项目各工作包建立预算成本，具体到各成本要素，进而确定项目总成本的过程。

2. 项目各项活动预算的确定。根据项目各工作包的活动进度，将项目预算成本分摊到各工作包和项目整个工期的各阶段中去。

3. 项目成本预算调整。为了使得项目成本预算既先进又合理，必须对已编制的预算成本进行调整。项目成本预算调整如图 6－9 所示。且项目成本预算的调整大致可分为初步调整、综合调整以及提案调整三类。

(1)初步调整。初步调整就是根据项目的工作任务一览表、项目进度计划、工作分析结构、成本估算在内的预算依据，对一些项目工作任务出现的遗漏及不足或一些项目活动出现的偏差等进行调整。通过对项目中一些可能不够准确的地方进行再调查与分析，结合实际情况进行修正。

(2)综合调整。由于项目总是处在不断变化之中，项目预算也必然会随之发生变化，这必然要求对项目预算进行相应的综合调整，只是综合调整不像初步调整那么确定和明了，综合调整更多的是依靠的是项目管理者的直觉和经验。

(3)提案调整。提案调整就是在财务及技术人员编制的项目预算已接近尾声，并认为预算是合理可行的，这时就可把它写进项目预算，提交审议。而且要使多数人都认为该预算是适当的、周密的，不仅必须说服项目经理、项目团队以及主管单位，还要得到客户的肯定，这是一个非常关键的阶段。

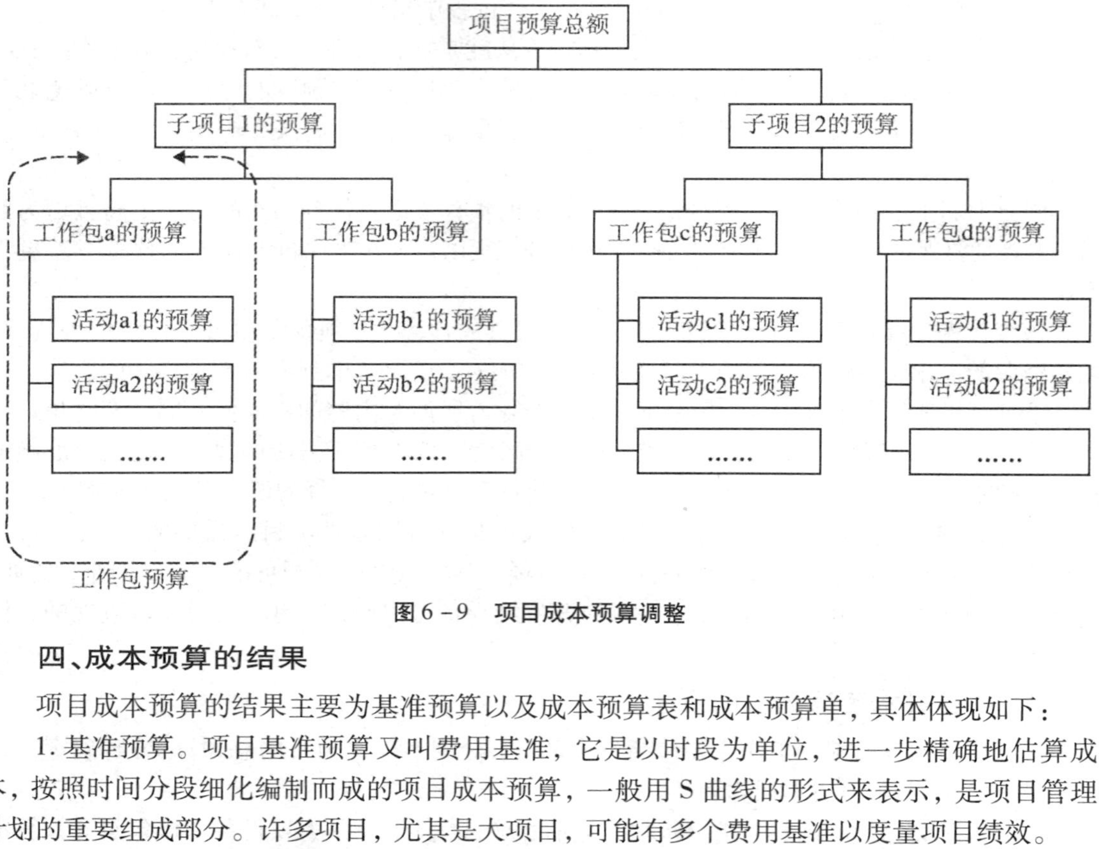

图 6－9 项目成本预算调整

四、成本预算的结果

项目成本预算的结果主要为基准预算以及成本预算表和成本预算单，具体体现如下：

1. 基准预算。项目基准预算又叫费用基准，它是以时段为单位，进一步精确地估算成本，按照时间分段细化编制而成的项目成本预算，一般用 S 曲线的形式来表示，是项目管理计划的重要组成部分。许多项目，尤其是大项目，可能有多个费用基准以度量项目绩效。

成本基准计划按时间对项目成本进行分解，并以此为基础，编制成本基准计划。表示方式主要有两种，一种在总体控制时标网络图上表示，如图 6－10 所示。而另一种利用时间——成本累计曲线表示，又可称为 S 形曲线，如图 6－11 所示。

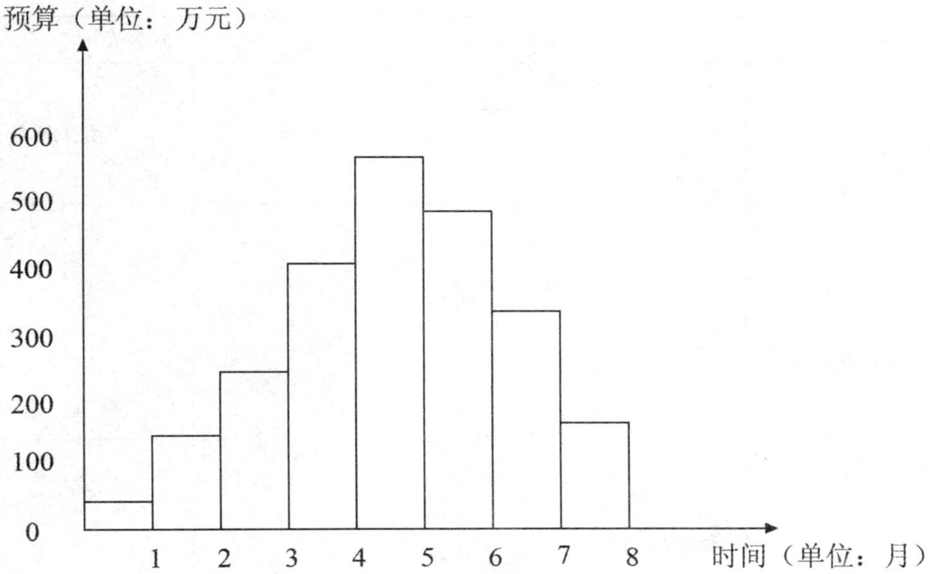

图 6－10 时标网络图按月编制的成本预算

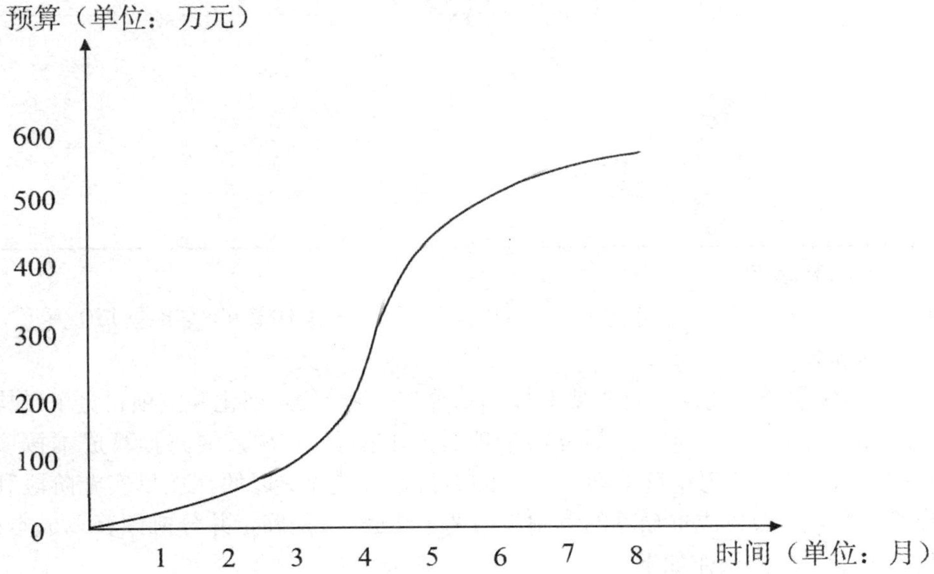

图 6－11 时间——成本累计曲线

2. 成本预算表和成本预算单。在编制项目成本预算的过程中，需要填写项目预算表以完成成本预算。预算表上主要包括劳动力、分包商及顾问、专用设备及工具、原材料等内容。项目预算表如表 6－3 所示。

表 6－3　　　　项目预算表

项目名称：　　日期：　　自　　至于　　制表人：

项目	时间		数量（单位）	预算成本
	开始	结束		
1. 人员 （1）项目团队成员 （2）承包商 （3）咨询商或顾问 ……				
2. 原材料 （1） （2） （3） ……				
3. 租用器具 （1） （2） （3） ……				

成本预算编制案例：

例 6－1：东方公司生产并安装一台大型机床，项目成本估算的结果是 120 万元，请编制该项目的成本预算。

分析：项目成本预算的编制首先要对成本估算进一步精确、细化并按项目分解结构分配到项目各组织部分直至各工作包，以最终确定项目成本预算；其次还要将预算成本按项目进度计划分解到项目的各个阶段，建立每一时段的项目预算成本，以便在项目实施阶段利用其进行成本控制。所以，项目成本预算的编制包括两个步骤：一是确定并分摊预算总成本；二是制定累计预算成本。具体操作如下：

（1）分摊预算总成本。分摊预算总成本就是将预算总成本分摊到各成本要素中去，并为每一个阶段建立预算总成本。其具体方法有两种。一种是自上而下法，即在总项目成本之内按照每个阶段的工作范围，以总项目成本的一定比例分摊到各个阶段中；另一种方法是自下而上法，它是依据与每一阶段有关的具体活动而做成本估计的方法。每一阶段的总预算成本就是组成各阶段的所有活动的成本总和。

东方公司生产并安装一台大型机床，预算总成本分解，如图 6－12 所示。

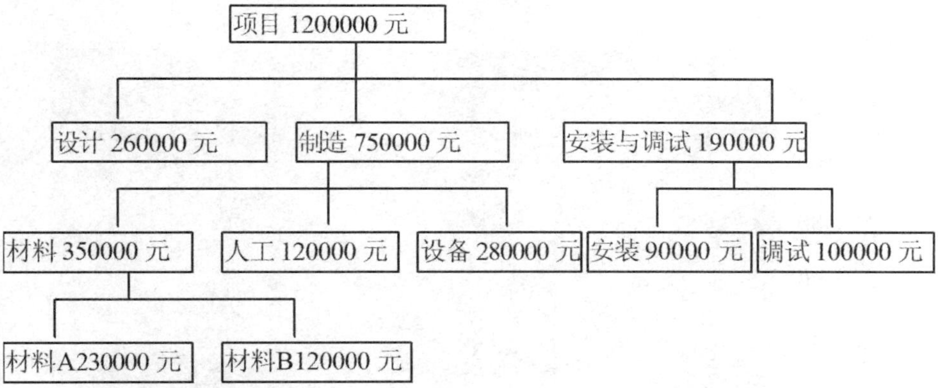

图 6-12 预算总成本分解示意

图 6-12 表明了把 120 万元的项目成本分摊到工作分解结构中的设计、制造、安装与调试各个阶段的情况。

那么，分摊到各阶段的数字表示为完成所有与各阶段有关活动的总预算成本。无论是自上而下法还是自下而上法，都被用来建立每一阶段的总预算成本，所以所有阶段的预算总和不能超过项目总预算成本。

(2)制定累计预算成本。为每一阶段建立了总预算成本，就要把总预算成本分配到各阶段的整个工期中去，每期的成本估计是根据组成该阶段的各个活动进度确定的。当每一阶段的总预算成本分摊到工期的各个区间，就能确定在这一时间内用了多少预算。这个数字用截止到某期的每期预算成本总和表示。这一合计数，称作累计预算成本，将作为分析项目成本绩效的基准。

在制定累计预算成本时，要编制大型机床项目每期预算成本表，如表 6-4 所示。

表 6-4 机床项目每期预算成本表 单位:万元

	合计	周											
		1	2	3	4	5	6	7	8	9	10	11	12
设计	26	5	5	8	8								
建造	75					9	9	15	15	14	13		
安装与调试	19											10	9
合计	120	5	5	8	8	9	9	15	15	14	13	10	9
累计		5	10	18	26	35	44	59	74	88	101	111	120

对于大型机床项目，表 6-4 表示了估计工期如何分摊每一阶段的预算总成本到各工期，也表示出了整个项目的每期预算成本及其累计预算成本。

根据表 6-4 的数据，可以给出时间—成本累计曲线，如图 6-13 所示。

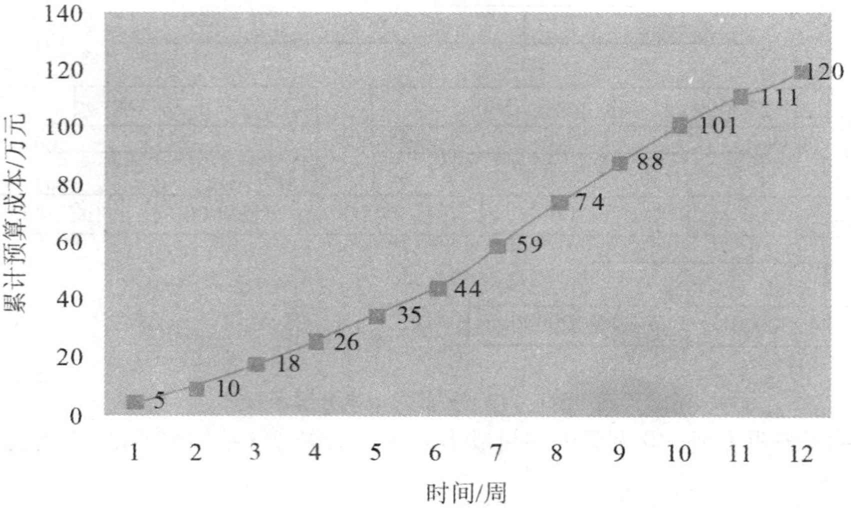

图 6－13　时间—成本累计曲线

整个项目的累计预算成本或每一阶段的累计预算成本，在项目的任何时期都能与实际成本和工作绩效作对比。对项目或阶段来说，仅仅将消耗的实际成本与总预算成本进行比较容易引起误解，因为只要实际成本低于总预算成本，成本绩效看起来总是好的。在大型机床的例子中，我们会认为只要实际总成本低于 120 万元，项目成本就得到了控制。但当某一天实际总成本超过了总预算成本 120 万元，而项目还没有完成，那该怎么办呢？到了项目预算已经超出而仍有剩余工作要做的时候，要完成项目就必须增加费用，此时再打算进行成本控制就太晚了。为了避免这样的事情发生，就要利用累计预算成本而不是总预算成本作为标准来与实际成本作比较。如果实际成本超过累计预算成本时，就可以在不算太晚的情况下及时采取改正措施。

第四节　项目成本的控制

通常，在管理学中的控制是指管理人员根据计划标准来衡量所取得的成果，对所发生的偏差进行纠正，确保计划目标得以实现的管理活动。管理始于计划的制订，随后进行组织以及人员配备，且实施有效地领导，当计划开始实施时，就需对实施过程进行控制，检查计划的实施情况，发现偏离计划的误差，制定应采取的纠正措施，并付诸实施。

项目的成本控制就是指在项目的实施过程中，基于项目实际发生的成本情况的基础，对初始的成本预算进行修正，使得项目的实际成本处于计划和预算范围之内的一项项目管理工作。其主要目的是为了控制项目成本的变更，涉及项目成本的事前、事中以及事后控制。项目成本的事前控制是指对有可能引起项目成本变化因素进行控制；事中控制是指项目实施过程中的成本控制；事后控制是指项目成本的变动实际发生时，对其进行控制。事前控制、事中控制和事后控制的关系如图 6－14 所示。

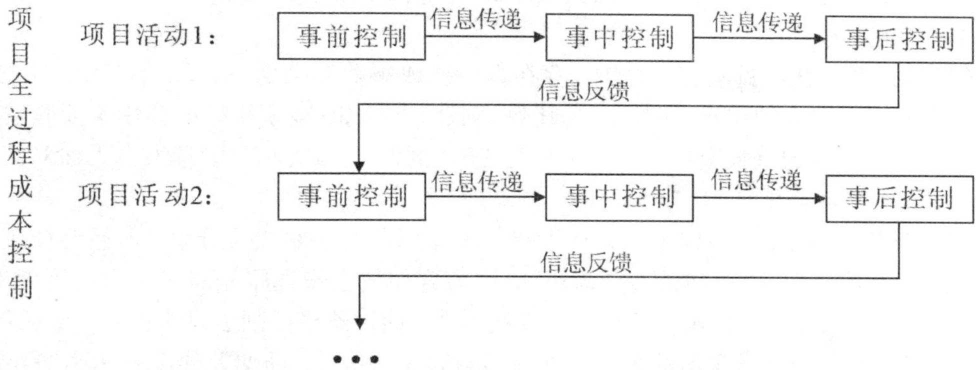

图6－14 事前控制、事中控制和事后控制的关系

一、项目成本控制的原则

在项目实施过程中进行成本控制时，需要遵循以下原则：

1. 节约原则。节约是指项目人力、物力以及财力上的节省，是成本控制的基本原则之一。但节约绝对不是消极的限制及监督，而是要着眼于成本的事前预测及过程控制，在项目实施过程中经常检查是否有偏差出现，优化项目实施方案，提高项目的科学管理水平以实现项目费用的节约。

2. 经济原则。经济原则就是指实施成本控制而发生的成本不许超过因缺少控制而丧失的收益。由于任何管理活动都是有成本的，因此，一项控制所花费的人力、物力以及财力不能超过这项控制所能节约的成本。在很大程度上，该原则决定了项目只能对项目的重要领域中的关键因素加以控制，只要求对例外情况加以特别关注，而对日常开支采取较为简化的控制措施，比如：严格审批超出项目预算的费用支出等。

3. 责权利相结合的原则。要让成本控制真正发挥其效益，就必须认真贯彻责权利相结合的原则。必须赋予成本控制人员应有的权力，且定期考评他们的工作业绩，进行相应的奖惩，以调动其工作积极性与主动性，以更好地履行成本控制的职责。

4. 全面控制原则。全面控制原则包括全员控制与全过程控制两层含义。由于项目成本费用的发生牵涉项目组织中的所有成员，必须充分调动所有成员的积极性，树立起全员控制的观念，使得人人、事事、时时都按照项目目标成本来约束自己行为。由于项目的整个生命周期都会有项目成本的发生，成本控制工作必然伴随着项目实施过程中的每一阶段，这样才能自始至终有效地控制项目成本。

5. 例外管理的原则。通常，日常的成本控制工作就是归集各项目工作的资源耗费，与预算的数量进行比对，分析差异产生的原因，并制定措施以解决问题。而例外管理原则则是为了提高的项目的工作效率，将分析及处理成本差异的的重点放在不正常、不符合常规的关键性差异上，也就是“例外”差异分析上。

确定“例外”的标准一般有以下四条：

(1)重要性。一般，对成本差异额或差异率大或对项目有重大不利影响的差异作为重要差异予以重点控制。由于差异可分为有利差异与不利差异两种，项目成本控制不仅要注意不利的差异，还应注意隐藏在有利差异中的不利因素，比如：为降低采购成本，采购部门采购大量劣质材料，这不仅造成材料用量的大幅增加，还导致项目成本的增加，并带来项目成果质量低下，因此必须高度重视。

(2)可控性。在项目实施过程中，存在着一些成本差异是项目管理人员无法控制的，因此即便是发生了重大的差异，也不应视其为“例外”。比如：国家税率或公用事业收费标准的变更而给项目带来的重大金额差异，就不能视为“例外”，因为项目管理人员无法对其进行控制，也就无须采取措施。

(3)一贯性。虽然有些成本差异从未超过预算规定的金额或百分率，但始终徘徊于控制线的上下限线附近，这时应视其为“例外”。因为这往往意味着原先的成本预测可能不准确，应该进行及时调整；或者意味着项目成本控制不严，通过严格控制予以纠正。

(4)特殊性。对项目实施的全过程都有影响的成本项目，即便差异没有达到“重要性”的标准，也需受到成本控制的密切注意。比如：片面强调机械维修费的节约，虽然在短期内可以降低成本，但可能因设备维修不足而造成机械“带病运转”，甚至停工修理，最终导致项目成本超支并影响项目进度。

二、成本控制的内容和依据

成本控制的主要内容包括：对成本预算执行情况监控，确定实际成本与计划的偏差，对造成费用基准变更的因素进行调整；确保所有发生的成本变化都被准确地记录在费用线上；极力避免不正确的、不合适的甚至无效的变更在费用线上得以反映；确保项目合理的变更请求能够获得批准，在项目变更发生时，对这些实际发生的变更进行管理；确保潜在的费用超支不超过授权的项目阶段成本及项目成本总预算。

成本控制还包括找寻项目成本向正反两方面变化的原因，还须与其他控制过程相协调，比如项目进度控制、范围控制、质量控制等，防止不合适的成本变更导致质量、进度等方面的问题，甚至导致不可接受的项目风险。

进行成本控制的主要依据有以下几项：

1. 项目成本基准。项目基准预算又叫费用基准，它是以时段为单位，进一步精确地估算成本，按照时间分段细化编制而成的项目成本预算，是项目实施过程中度量及监控项目成本费用支出的最基本的依据。

2. 项目执行报告。项目执行报告提供了项目进度、范围、成本以及质量等项目信息，是项目成本分析及控制必不可少的依据。

3. 项目变更申请。事实上，很少有项目能够准确地执行期望的成本预算计划，由于各种不可预见的情况出现，在项目实施过程中必然对项目的费用进行重新地估算和修改，从而形成了项目变更请求。通过各类变更控制程序妥善地处理这些变更请求，项目成本才能更趋于科学，趋于合理，更加与项目实际相符，以更有效地控制项目成本。

4. 项目成本管理计划。当项目实际成本与计划成本发生偏差时，项目成本管理计划指明了如何进行管理的方向，对整个成本控制过程进行有序安排，也是项目成本控制的有力保证。

三、成本控制的方法

根据成本控制的内容可知，项目成本控制其实是一个系统工程，所以成本控制的方法就显得非常重要。通常，对于规模大而且工作内容复杂的项目，均借助项目管理软件及电子表格软件等工具，对计划成本、实际成本进行跟踪，并预测成本变化的影响，从而实施项目成本全过程控制。实践证明，以下成本控制方法被广泛运用于项目管理之中，能简便、有效地控制成本。

1. 项目成本分析表法。项目成本分析表法就是利用项目中的各种表格对成本进行分析及控制的一种方法。通过成本分析表法能清晰地对成本进行比较研究。常用的成本分析主要有月成本分析表、成本日报或周报表、月成本计算及最终预测报告表等。

月成本计算及最终成本预测报告表如表6－5所示，下面以工程项目为例，对月成本计算及最终成本预测报告表的格式进行介绍。该报告主要事项包括项目名称、支出金额、到竣工尚需的金额、盈亏预计等。月成本计算及最终成本预测报告必须在月末会计账簿截至的时间内完成，并随着时间的推移，不断增加各栏目内容的精确性。

表6－5 月成本计算及最终成本预测报告表

序号	科目编号	名称	支出金额	调整			现在的成本			序号	到竣工尚需金额			最终预算工程成本			合同预算金额			预算比较	
				金额		备注	金额	单价	数量		金额	单价	数量	金额	单价	数量	金额	单价	数量	亏	盈
				增	减																

2. 成本累计曲线法。成本累计曲线又称时间—成本累计图，反映了整个项目或项目中某个相对独立部分的开支状况。不仅可以通过成本预算计划直接导出，还可以通过网络图、条线图等图形来描绘成本累计曲线。

在成本累计曲线图上，可将实际支出与计划支出的任何一点偏差都视作一种警告信号，但并不意味着项目工作发生了问题。因为图上的偏差仅仅反映出现实与计划的差别，在出现偏差后需查明原因，判断是正常偏差还是非正常偏差，再采取相应措施进行处理。在成本累计曲线图上，根据实际支出情况的趋势可以对未来的支出进行预测，将预测曲线与理想曲线进行比较，可获得很有价值的成本控制信息。

虽然成本累计曲线能够为项目控制提供重要的信息，但必须基于所有工序时间都是固定的假设。从网络技术的相关知识可以得出，大量非关键工序的开始及结束时间是需要进行调整的。利用工序中的最早开始时间及最迟开始时间制作而成的成本累计曲线称为成本香蕉曲线，如图 6－15 所示。成本香蕉曲线不仅用于成本控制，而且还是有效控制进度的工具。

成本香蕉曲线给出了项目成本变化的安全区间，实际发生的成本如不超出两条曲线所限定的范围，项目实施过程就属正常；如果实际成本超出所限定的范围，必须引起足够的重视，查明情况，分析导致的原因。如果必要，还应迅速采取纠正措施。

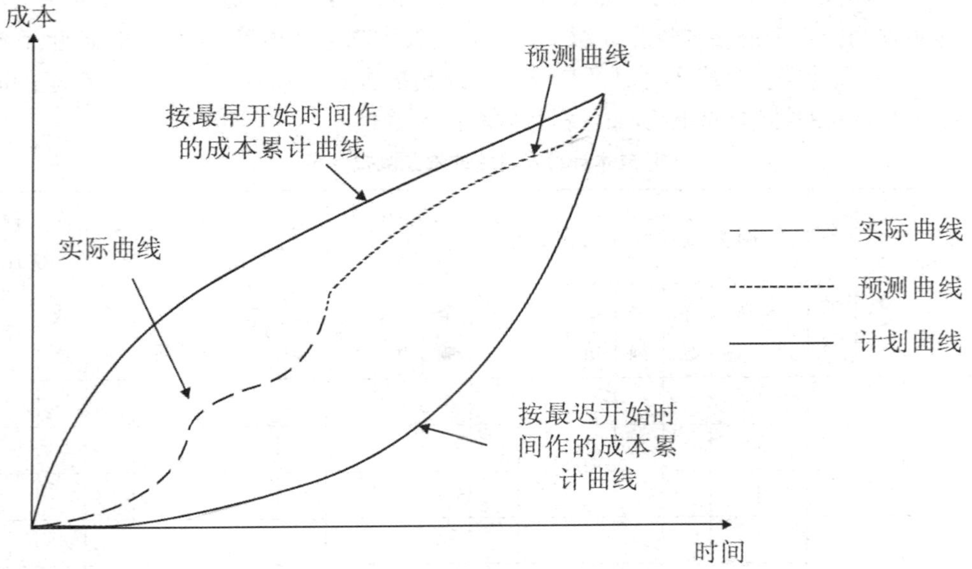

图 6－15　成本香蕉曲线

四、项目费用控制的结果

项目成本控制的结果主要包括修正成本估算更新、预算更新、纠正措施以及经验教训等。

1. 成本估算更新。出于管理项目的需要，需要更新成本估算以修改成本信息。更新后的成本估算主要是对用于项目管理的费用资料所做的修改。如果需要的话，成本估算更新还应通知项目中的相关利害关系者。

2. 成本预算更新。在某些特殊情况下，项目实际成本与计划成本之间的偏差可能相当严重，只有通过修改费用基准，才能为绩效提供一个较为现实的衡量基础，此时成本预算更新就是非常必要的。成本预算更新就是对已批准的费用基准所做的变更，是一项较为特殊的修订成本估计的工作，通常，只在进行项目范围变更的情况下才进行修改。

3. 纠正措施。纠正措施就是为了使得项目未来的预期绩效与项目管理计划保持一致而采取的所有行动，包括任何使项目能够实现原先计划目标的努力。成本管理领域的纠正措施主要涉及调整项目计划活动的成本预算，例如：采取特殊的行动来平衡费用偏差。

4. 经验教训。成本控制中所涉及的各种情况，比如：导致成本变化的各种原因，各种纠正工作的方法等，对今后项目的实施及执行都是一个极好的案例，应以数据库的形式加以保存，供日后参考。

案例

Chaner 财务银行在一个东南方的城市开了 3 家分行。银行总裁最近任命雷·科珀——银行信息技术副总裁负责开发一个网站，来提高银行的服务水平。目的是提高客户获取账户信息的便利性，使个人可以在线申请贷款和信用卡。

雷·科珀决定将这一项目分配给雷切尔·史密斯——两个信息技术主任中的一个。

在他们第 1 次会议结束时，雷要求雷切尔粗略地估算项目在正常速度下需花多长时间，多少成本。由于注意到总裁看上去非常急于启动网站，雷还要求雷切尔准备一份尽快启动网站的时间和成本估算。

在第 1 次项目团队会议上，项目团队确定出了与项目相关的 7 项主要任务。第 1 项任务是比较现有的网站，按正常速度估算完成这项任务需要花 10 天，成本为 15000 美元。但是，如果使用允许的最多加班量则可以在 7 天，18750 美元的条件下完成。

一旦完成比较任务，就需要向最高层管理层提交项目计划和项目定义文件，以便获得批准。项目团队估算完成这项任务按正常速度为 5 天，成本为 3750 美元或赶工为 3 天，成本为 4500 美元。

当项目团队从最高层获得批准后，网络设计就可以开始了。项目团队估计网站设计需求 15 天，45000 美元；如加班则为 10 天，58500 美元。

网站设计完成后，有 3 项任务必须同时进行：(1) 开发网站数据库；(2) 开发和编写实际网页码；(3) 开发和编写网站表格码。估计数据库的开发在不加班时为 10 天和 9000 美元，加班时可以在 7 天和 11250 美元的情况下完成。同样，项目团队估算在不加班的情况下，开发和编写网页码需 10 天和 1 500 美元，加班可以减少两天，成本为 19 500 美元。开发表格工作分包给别的公司，需要 7 天，8 400 美元。开发表格的公司没有提供赶工多收费的方案。

最后，一旦数据库开发出来，网页和表格编码完毕，整个网站需进行测试、修改。项目团队估算需要 3 天，成本为 4 500 美元。如果加班的话，则可以减少一天，成本为 6750 美元。

◇问题：

1. 如果不加班，完成此项目的成本是多少？完成这一项目要花多长时间？

2. 项目可以完成的最短时间量为多少？在最短时间内完成项目的成本是多少？

3. 假定比较其他网站的任务执行需要 13 天而不是原来估算的 10 天。你将采取什么行动保持项目按常规进度进行？

4. 假定总裁想在 35 天内启动网站，你将采取什么行动来达到这一期限？在 35 天完成项目将多花费多少？

※ 本章思考题：

1. 项目资源计划的主要依据是什么？项目费用估计的主要依据是什么？项目费用控制的主要依据是什么？

2. 项目管理费用估计与项目费用预算的联系和区别是什么？

3. 如何进行项目费用预算的分解？

4. 如何进行项目的详细预算？

第七章　项目质量管理

第一节　项目质量管理概述

项目质量管理的目标在于要求保证该项目能够兑现它的关于满足各种需求的承诺。它包括在质量体系中，与决定质量工作的策略、目标和责任的全部管理功能有关的各种活动，并通过诸如质量计划、质量保证和质量提高等手段来完成这些活动。

这些工作程序互有影响，并且与其他唯一知识领域中的程序之间也存在相互影响。依据项目的需要，每道程序都可能包含一个或更多的个人或由团队的努力。在每个项目阶段中，每道程序通常都会至少经历一次。

虽然在这里列出的程序如同划分明确的独立要素，但实践中它们可能会以某些没有在此详述的方式部分重合或相互影响。

项目质量管理必须兼顾项目管理和项目生产。在任何一方面未满足质量要求都可能导致对部分或全部的项目相关人员产生严重的负面效果。如通过项目小组的超量工作来满足客户的要求，可能产生以不断上升的雇员跳槽率为形式的负面效果。通过加速完成列入计划的质量检验工作来满足项目进度计划目标，而当错误因未被发现而放过时，就可能产生负面效果。

质量是一个实体的性能总和，它可以凭借自己的能力去满足对它的明示或暗示的需求。在项目管理中，质量管理的既定方向就是通过项目范围界定管理体制，必须将暗示的需求变为明示需求的必要性。

项目管理小组必须注意，不要把质量与等级相混淆。等级是一种具有相同使用功能，不同质量要求的实体的类别或级别。质量低通常是个问题，级别低就可能不是。例如，一个软件产品可能是高质量，低等级，或者是低质量，高等级。决定和传达质量与等级的要求层次是项目经理和项目管理小组的责任。

应该注意，现代的质量管理是现代的项目管理的补充。例如，这两种管理原则都明确了以下几点的重要性：

(1)满足客户。理解、管理和引导需求，从而达到或超过客户的期望。这就要求项目产品与说明书配合一致，并且适于实用。

(2)通过检验防止错误避免错误的费用通常比纠正它们低得多。

(3)管理责任。成功需要团队全体成员的合作，但提供成功所需要的资源则是管理工作的职责。

此外，由执行组织主动采取的质量提高措施既能够提高项目管理的质量，也能提高项目的生产质量。

然而，项目管理小组必须明确项目的暂时性特征意味着在产品质量提高上的投资，尤其是缺陷的预防和鉴定评估，常常有赖于执行组织的支持，因为这种投资的效果可能在项目结束以后才得以体现。

第二节 项目质量计划

一、质量计划的含义

质量计划包括确定哪种质量标准适合该项目并决定如何达到这些标准。在项目计划中，它是程序推进的主要推动力之一，应当有规律地执行并与其他项目计划程序并行。例如，对管理质量的要求可能是成本或进度计划的调节，对生产质量的要求则可能是对确定问题详尽的风险分析。相比 ISO9000 国际质量体系的发展更进一步的是，这里作为质量计划所描述的工作是作为质量保证的一部分而进行广泛讨论的。

这里所讨论的质量计划是在项目中最常用的那一部分。还有许多其他的质量计划技巧可能在一些特定的项目或者一些应用领域中有用。

项目小组还应注意现代质量管理中的一项基本原则就是质量在计划中确定，而非在检验中确定。

项目质量计划是指为确定项目应该达到的质量标准和如何达到这些项目质量标准而做的项目质量的计划与安排。项目质量计划是质量策划的结果之一。它规定与项目相关的质量标准，如何满足这些标准，由谁及何时应使用哪些程序和相关资源。

质量管理规划或者称为质量规划指识别哪些质量标准适用于本项目，并确定如何满足这些标准的要求。例如，为了达到已确认的质量标准，对项目产品所做的变更，可能要求对费用或进度进行调整；或者所要求的产品质量可能需要对某项已确认的问题做详细的风险分析。

在项目规划中，它是实施规划过程组和制订项目计划期间的若干关键过程之一，也是项目程序推进的主要推动力之一，因此，项目团队应当有规律地执行质量规划，并且与其他项目规划程序结合起来一起执行。例如，对管理质量的要求可能是对成本或进度计划的调节，对生产质量的要求则可能是对确定问题的风险分析。因此，事先不进行规划，仅仅指望在项目实施过程中靠检查和督促来保证项目质量是行不通的。

项目经理在质量规划过程中首先要注意以下一些问题：

(1)质量策略。质量策略是指“项目实施组织领导层就质量问题明确阐明的所有努力和决策，通常称为顶级管理”。项目实施组织的质量策略经常能为项目所采用。例如，某项目实施组织提出“向用户提供最佳的产品和服务”的质量策略，而该组织中的某个项目团队就可能提出的质量策略是“为下面工序提供的成果无可挑剔”。然而，如果项目实施组织没有正式的质量策略，或者如果项目中包含了多个实施组织(比如合资企业)，则项目团队就需要单独为这个项目而提出一次质量策略。但是，不管质量策略的理由是什么，或者来自何方，项目经理有责任确保项目所有的相关人员都了解它。

(2)范围说明和产品说明。范围阐述不仅规定了项目的主要成果，而且也规定了项目的目标，是项目规划的基础和依据，同时也规定了什么样的事项是影响项目的质量问题。虽然产品说明的因素可以在范围阐述中加以具体化，但通常仍需要产品说明来阐明技术要点的细节和其他可能影响质量规划的因素。

(3)标准和规则。项目经理必须考虑可能对该项目产生影响的任何领域的专门标准和规则，考虑这些标准和规则对本项目的质量会带来什么影响，进而为本项目的质量规划所用。

(4)其他过程的结果。除了范围说明和产品说明外，其他过程也可能和质量规划有一定的联系。例如，采购计划就可能对承包商提出各种质量要求，因此，这些也应该在质量管理规划中有所反映。

二、项目质量计划的依据

项目质量计划的依据主要包括如下六个方面：(1)项目特点。(2)项目质量方针。(3)项目范围描述。这包括：项目目标的说明和项目任务范围的说明，它明确地说明了为提交既定特性和功能的项目产出物而必须开展的项目工作和对于这些项目工作的具体要求。(4)项目产出物的描述。项目产出物的描述指对于项目产出物的全面与详细的说明。(5)相关标准和规定。项目组织在制订项目质量计划时还必须充分考虑所有与项目质量相关领域的国家、行业标准、各种规范以及政府规定等。(6)其他唯一的信息。其他唯一的信息指除范围描述和产出物描述外，其他唯一项目管理方面的要求，以及与项目质量计划制订的有关信息。

三、项目质量目标

(一)项目质量目标的定义

项目质量目标的定义是在质量方面所追求的目的。从质量管理学的理论来说，项目质量目标的理论依据是行为科学和系统理论。西方著名的哲学家马斯洛提出人类的“需求层次论”，即人的需求可分层为：生理需求、安全需求、归属与爱的需求、尊重需求、自我实现的需求。他认为当一个人的生理需求和安全需要都得到很好的满足之后，就逐步将关注的重点转向归属与爱的需求、尊重需求和自我实现的需求等高层次方面的需求。到这个时候，作为企业的员工，希望能得到企业的认同和接受，希望自己能够胜任所担负的工作并能有所成就和建树，希望得到他人和企业的高度评价，获得一定的名誉和成绩，甚至能达到自我发挥和完成的境界。因此作为企业的最高管理者和管理者，要调动和激励员工的创造性和积极性，就必须引导全体员工通过自身项目质量目标的成功实现而使其高层次需求得到满足。

项目质量目标就是以行为科学中的“激励理论”为基础而产生的，但它又借助系统理论向前发展。按照系统论的观点，一个企业是一个目的性系统，它又包括若干个带有目的性的子系统，子系统又包括若干个带有目的性的子子系统，子子孙孙系统无穷尽也。以系统论思想作为指导，从实现企业总的项目质量目标为出发，去协调企业各个部门乃至每个人的活动，这就是项目质量目标的核心思想。

企业项目质量目标是企业在质量方面追求的目的。企业项目质量目标的建立为企业全体员工提供了其在质量方面关注的焦点，同时，项目质量目标可以帮助企业有目的地、合理地分配和利用资源，以达到策划的结果。一个有魅力的项目质量目标可以激发员工的工作热情，引导员工自发地努力为实现企业的总体目标做出贡献，对提高产品质量、改进作业效果有其他激励方式不可替代的作用。

(二)制定项目质量目标应考虑的问题

要想使项目质量目标真正地符合企业的实际情况，在管理中起到作用，需要对项目质量目标涉及的问题进行综合考虑，这是质量策划的内容之一。

第一，确保项目质量目标与质量方针保持一致。质量方针为项目质量目标提供了制定和评审的框架，因此，项目质量目标应建立在质量方针的基础之上。我们可以采用从质量方针引出项目质量目标的方法，即在充分理解质量方针实质的基础上，将具体目标引出来，如：质量方针是:开拓创新，可以导出在一定时期内开发多少种新产品;质量方针是:顾客满意，可以导出顾客投诉率应控制在多少等。

第二，应充分考虑企业现状及未来的需求。既不能好高骛远，经过努力也达不到，也不能不用费劲轻松实现，这样的目标都没有激励作用。应考虑“谋其上，得其中;谋其中，得其下”，以不断激励员工的积极性和创造性，实现其增值效果。

第三，考虑顾客和相关方的要求。要使企业的项目质量目标具有前瞻性，应必须关注市场的现状和未来，充分考虑顾客和相关方的需求和期望，考虑各方的要求是否得到满足及满足的程度，才能使项目质量目标有充分的引导作用，并与市场需求相吻合。

第四，考虑企业管理评审的结果。如果企业已经建立了质量管理体系，并进行了管理评审，那么，就需要在管理评审的过程中发现问题，经过对项目质量目标适宜性、充分性和有效性进行评审，提出纠正措施，以改进项目质量目标，使更有针对性，更好地发挥作用。

(三)如何制定项目质量目标

项目质量目标按时间可分为中长期项目质量目标、年度项目质量目标和短期项目质量目标;按层次可分为企业项目质量目标、各部门项目质量目标以及班组和个人的项目质量目标;按项目可分为企业的总的项目质量目标、项目项目质量目标和专门课题的项目质量目标。要制定合理的企业项目质量目标，首先要明确企业存在什么问题，知道企业的强项和弱项，针对目前现状和市场未来的前景来制定企业目标。

第一，找出企业目前的弱项和存在问题。我们可以通过顾客投诉、质量审核的结果、管理评审结果、统计分析结果、不合格出现的情况、纠正或预防措施等来发现企业的问题，找出企业的弱项。从而找出项目质量目标所要解决的包括不合格、缺陷、不足和与先进的差距等问题。

第二，对这些问题进行分析，确定问题的范围。在一个企业中也许存在许许多多的问题，但是，那些是重要的，必须解决的，我们需要考虑其对企业的影响程度，来确定是否将其制定在企业项目质量目标当中，同时考虑这些问题所影响的时间、人员以及资源配置情况。从而，将那些对企业影响大的问题找出来制定项目质量目标。

第三，由所存在的问题引导出项目质量目标。依据企业存在的问题制定的项目质量目标才具有针对性和挑战性，才能在实施过程中具有可操作性。比如:我们发现企业产品不能满足市场需求，这就需要我们对产品进行创新，据此我们可制定出“开发若干新产品”的项目质量目标;发现产品的合格率较低，可以产生一个新的合格率水平点;发现企业质量损失率太高，可以制定一个新的质量损失率标准。

第四，为了使企业项目质量目标便于实施并真正起到作用，我们制定的项目质量目标必须满足以下要求:第一，包括满足产品要求所需的内容。即应当包括对产品的不低于顾客和法律法规规定的质量要求。第二，项目质量目标应是可测量的。只有这样，项目质量目标是否完成或完成到什么程度才可以得到有效地评价，也才能对其完成的好坏进行考核。第三，项目质量目标的挑战性。轻而易举就能达到的目标，往往难以有激励作用，过分保守，就失去了制定项目质量目标的意义。但是，也不能脱离企业实际情况，而一味定得越高越好。项目质量目标要有一定的挑战性，要通过努力才能实现。这样，才能使项目质量目标成为促进持续改进的动力，才能实现其“增值”作用。

(四)项目质量目标分解与展开

企业项目质量目标一经制定，就要考虑如何进行实施，我们需要对其进行展开，从而使项目质量目标纵到底横到边，千斤重担大家挑，人人肩上有指标。将项目质量目标分解落实到各职能部门和各级人员，使项目质量目标更具有操作性，同时，各部门、各级人员只有明确了自己的项目质量目标，知道了努力的方向，明白了应该干什么，什么时候干，怎样去干，干到什么程度，才能够充分调动其积极性，以确保项目质量目标的完成。项目质量目标层层展开以后，各级目标的实现也就保证了企业总项目质量目标的实现。

项目质量目标展开后，具体负责实施的部门及负责人，对每项项目质量目标应编制实施计划或实施方案。在活动计划书或措施计划表中，应详细列出实现该项项目质量目标存在的问题、当前的状况、必须采取的措施、将要达到的目标、什么时间完成、谁负责执行等。从而使项目质量目标的实现步骤一目了然，以确保其实现。

(五)绩效考核是实现项目质量目标的有力保证

绩效考核是把双刃剑，搞不好是会自伤的，但企业要想实现自己的理想目标，不搞绩效考核是不行的，因为绩效考核体系就象钟表的发条，发条不上紧，钟表的动力就会不足，甚至不会转动。从我国的企业看来，绩效管理体系运转良好的并不多，据有关专家估测，比例上不会超过10%，更令人担心的是，国内大部分企业，甚至不少于60%的企业，还没有建立起像样的绩效考核体系，基本上处于老板的人治状态，这样的企业要想按照企业意愿来实现其目标体系是不可能的。

企业在建立绩效考核来实现其项目质量目标时应考虑以下问题。

第一，要教育在先，上下同欲，不能急于求成。许多企业的领导者对绩效考核看得太简单化，认为只要设计一套较为完善的考核体系，并强行推行下去就行了。事实上考核远没有这么简单。绩效考核成功与否的关键点在于企业全体员工的思想是否过关，首先要教育员工绩效考核是不仅有利于公司发展，同时也有利于员工的职业生涯发展的，一箭双雕的好事。你能想象:企业员工都认为绩效考核是企业领导在玩的管理游戏，其目的在于整人，这样的体系能够有效地运行吗？因此，在搞绩效考核以前，要像企业项目质量目标一样，要通过上上下下的几次同欲沟通，要进行多方面多层次的教育培训，使大家的意识首先到位，广大员工能正确理解了我们制定项目质量目标和实施项目质量目标绩效考核的目的和意义，只有在此基础上所进行的绩效考核才有可能获得成功。

第二，绩效考核应考虑正负激励同时进行，激励应考虑员工多层次的需求和期望。许多企业的绩效考核体系只和企业项目质量目标挂钩，而不与员工的薪酬及发展相联系。这些企业的领导往往有意无意地犯一个错误:只想马儿跑得快不想让马儿多吃草，言而无信。

第三，特别是高层管理者应加强这方面思想理念的修养。和企业项目质量目标的制定一样，绩效考核的许多内容也是由企业的最高管理者来决定和拍板的，因此，企业主要领导者的素质要过关，意识要到位，否则，企业项目质量目标绩效考核的目的也是难以实现的。在我们许多企业中，中层管理人员水平比高层还高很多，高层管理者又不努力提高，结果很可悲，最终难逃众叛亲离的厄运。从这个意义上来讲，高层管理者应该首先加强培训，加强学习，中国不缺老板，缺的是能够游刃于世界市场经济的企业家。

四、项目质量计划的常用方法

现代质量管理的一项基本准则是:质量是规划、设计出来的，而不是检查出来的。通常质量规划采用以下工具和技术:

（一）成本效益分析

质量计划程序必须考虑效益与成本平衡，达到质量标准，首先就是减少了返工，这就意味着高效率，低成本，以及提高项目相关人员的满意度。达到质量标准的首要成本是与项目质量管理活动有关的费用。毫无疑问，质量管理的原理表明，效益比成本更重要。

质量规划过程必须考虑成本与效益两者之间的取舍权衡。符合质量要求所带来的主要效益是减少返工，它意味着劳动生产率提高，成本降低，利害相关者更加满意。为达到质量要求所付出的主要成本是开展项目质量管理活动的开支。而质量成本却包括着呈反方向变动的两类成本：

1. 质量纠正成本。包括交货前内部故障成本和交货后的外部故障成本。

2. 质量保证成本。包括预防成本和鉴定成本。

进行质量成本分析的目的，即寻求最佳质量成本。

质量成本的四个项目的比例，在不同项目，项目的不同阶段是不相同的，但它们的发展趋势总带有一定的规律性：如在开展质量管理的初期，质量水平不太高时，一般鉴定成本和预防成本较低；随着质量要求的提高，这两项费用就会逐渐增加；当质量达到一定水平后如再需提高，这两项费用将急剧上升。内部损失成本和外部损失成本的情况正好相反，当合格率较低时，内、外部损失成本较大；随着质量要求的提高，质量内部和外部损失的费用都会逐步下降。

（二）基准对照

基本水平标准包括将实际的或计划中的项目实施情况与其他项目的实施情况相比较，从而得出提高水平的思路，并提供检测项目绩效的标准。其他项目可能在执行组织的工作范围之内，也可能在执行组织的工作范围之外；可能属于同一应用领域，也可能属于别的领域。

（三）流程图

流程图是显示系统中各要素之间的相互关系的图表。流程图能够帮助项目小组预测可能发生哪些质量问题，在哪个环节发生，因而使解决问题手段更为有效。在质量管理中常用的流程图包括：

1. 因果图，又称鱼刺图，用于说明各种直接原因和间接原因与所产生的潜在问题和影响之间的关系，如图 7－1 所示。

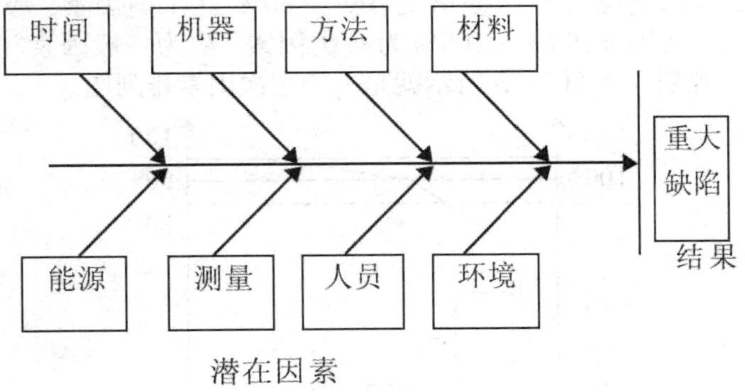

图 7－1 因果图

对于复杂的项目，编制质量规划时可以采用因果分析图，描述相关的各种原因和子原因如何产生潜在问题或影响，将影响质量问题的“人、机、料、法、环”等各方面的原因进行细致地分解，方便地在质量规划中制定相应的预防措施。其次，质量规划中还必须确定有效的质量管理体系，明确质量监理人员对项目质量负责和各级质量管理人员的权限。戴明环作为有效的管理工具在质量管理中得到广泛的应用，它采用计划——执行——检查——措施的质量环，质量规划中必须将质量环上各环节明确落实到各责任单位，才能保证质量计划的有效实施。

2. 系统或程序流程图，用于显示一个系统中各组成要素之间的相互关系。下图是设计复查程序流程图示例，如图 7－2 所示。

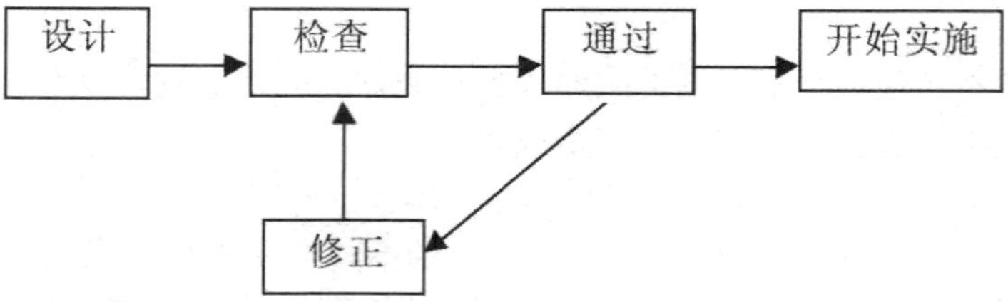

图 7－2　程序流程图

（四）实验设计

实验设计可以说是一种分析技术，它可以帮助鉴定哪些变量是对整个项目产生影响最主要的因素。这种技术最常应用于项目生产的产品。例如，汽车设计者可能希望决定哪种刹车与轮胎的组合能具有最令人满意的运行特性，而成本又比较合理。

但是，它也可应用于项目管理成果，如成本和进度的平衡。例如，高级发动机比低级发动机成本高，但它能用较短的时间完成所分配的工作。一项设计适当的“试验”，在此例中，就是计算项目中各种高级、低级发动机组合装置的成本和使用寿命，常常可以使人从数量有限的几种相关的情况中得出解决问题的正确决策。

下面介绍一种实验设计方法：主次因素排列图法，也叫作帕雷托图法。它是找出影响质量主要因素的一种简单而有效的方法。由于影响质量的因素很多，而主要因素却往往只有其中少数几项，而由它们造成的质量问题却占总数的决定部分。主次因素排列图有两个纵坐标，一个横坐标，几个长方形，一条曲线，左边纵坐标表示频数，右边纵坐标表示频率，以百分数表示。横坐标表示影响质量的各项因素，按照影响大小从左向右排列。曲线表示各因素大小的累计百分数，通常把累计百分数分为：0% ～80% 为 A 类因素，称为主因素；80% ～90% 为 B 因素，称为次要因素；90% ～100% 为 C 类因素，称为一般因素。主要因素找到后，就可以集中力量进行规划。如图 7－3 所示就是一个主次因素排列图。

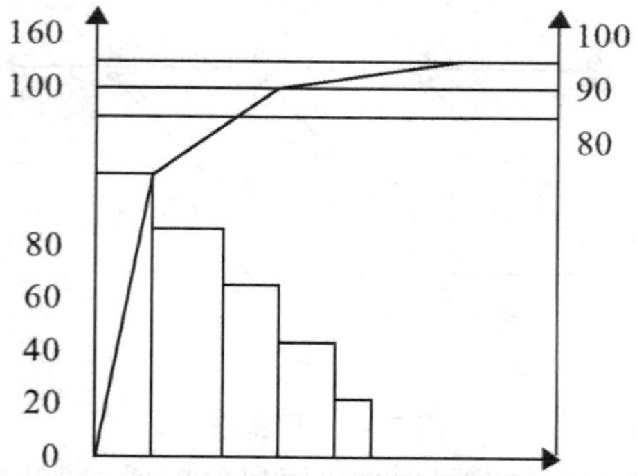

图 7－3　质量主次因素排列图

另外，实验设计也可应用于项目管理成果，如成本和进度的平衡。例如，高级工程师比青年工程师的工资高得多，但是高级工程师却能够用较短的时间完成所分配的工作。一项设计合适的“实验”，常常可以从数量有限的几种相关方案中得出解决问题的正确决策。

通常，也使用其他质量规划工具，帮助更好地界定情况并有助于更有效地规划质量管理活动。这些工具包括集思广益、关系图、力场分析、名义组技术、模块图和优先排序矩阵等。

五、项目质量计划编制结果

(一)项目质量计划

质量管理计划用来说明项目管理团队如何具体执行质量策略。用 ISO9000 的术语来描述，对质量体系的描述是:“组织结构、责任、工序、工作过程，及具体执行质量管理所需的资源。”质量管理计划为整个项目计划提供了输入资源，并必须兼顾项目的质量控制、质量保证和质量提高。

(二)项目质量工作说明

项目质量工作说明是对项目质量管理工作的描述以及对于项目质量控制方法的说明，是项目质量计划的支持性文件，主要内容包括:如何检测项目质量计划的实际执行情况，如何确定项目质量控制措施以及项目质量计划中所需的工具，方法的说明等。

(三)质量核检清单

质量核检清单是用来核实项目质量计划的执行和控制是否得到实施的一种工具。该表以工作分解结构为基础，由详细的条目组成，常采用询问式或命令式的短语。

第三节 项目质量保证

一、质量保证的含义

根据中华人民共和国国家标准《质量管理体系－基础和术语》，质量保证是质量管理的一部分，致力于提供质量要求会得到满足的信任。由该定义可知，“质量保证”是一个专用名词，具有特殊的含义，与一般概念“保证质量”有较大区别。保证满足质量要求是质量控制的任务，就项目而言，用户有权提出质量保证要求，项目实施者应当进行质量控制，以保证项目的质量满足用户的要求。用户是否提出质量保证要求，这对项目实施者来说是有区别的。用户不提质量保证要求，项目实施者在项目进行过程中如何进行质量控制就不需让用户知道，用户与项目实施者之间只是提出质量要求与提供项目验收这样一种交往关系。如果项目较简单，其性能完全可由最终检验反映，用户只需把住“检验”关，就能得到满意的项目成果，而不需知道项目实施者是如何操作的。但是，随着技术的发展，项目越来越复杂，对其质量要求也越来越高，项目的有些性能已不能仅仅通过检验来鉴定。就这些项目来说，用户为了确信项目实施者所完成的项目达到了所规定的质量要求，就要求项目实施者证明项目设计、实施等各个环节的主要质量活动确实做得很好，且能提供合格项目的证据，这就是用户提出的“质量保证要求”。针对用户提出的质量保证要求，项目实施者就应开展外部质量保证活动，就应对用户提出的设计、项目实施等全过程中的某些环节的活动提供必要的证据，以使用户放心。

质量保证的内涵已不是单纯地为了保证质量。保证质量是质量控制的任务，而“质量保证”是以保证质量为基础，进一步引申到提供“信任”这一基本目的。要使用户能“信任”，项目实施者应加强质量管理，完善质量体系，对项目有一套完善的质量控制方案、办法，并认真贯彻执行，对实施过程及成果进行分阶段验证，以确保其有效性。在此基础上，项目实施者应有计划、有步骤地采取各种活动和措施，使用户能了解其实力、业绩、管理水平、技术水平以及对项目在设计、实施各阶段主要质量控制活动和内部质量保证活动的有效性，使对方建立信心，相信完成的项目能达到所规定的质量要求。所以，质量保证的主要工作是促进完善质量控制，以便准备好客观证据，并根据对方的要求有计划、有步骤地开展提供证据的活动。美国质量管理专家朱兰在《质量计划与分析》一书中指出，“保证”一词的含义非常类似于“保险”一词。保证和保险都是试图得到某种保护以避免灾祸，而进行少量的投资。就保险来说，这种保护是在万一出现了灾害或事故之后，能得到一笔损失赔偿费。而就保证而言，这种保护反映为所得到信息，这种信息为下述两种信息之一：

1. 使对方确信万无一失。例如，项目满足用户要求；过程正在正常进行；工艺规程正被遵循等。

2. 向对方提供并非一切如意和某种故障可能正在酝酿之中的早期报警。通过这种早期报警，对方可以预先采取措施，以防止故障或事故的发生。

可见，质量保证的作用是从外部向质量控制系统施加压力，促使其更有效地运行，并向对方提供信息，以便及时采取改进措施，将问题在早期加以解决，以避免更大的经济损失。

内部质量保证是为使企业领导“确信”本企业所完成的项目能满足质量要求所开展的一系列活动。企业领导对项目质量负全责，一旦出现质量事故，要由其承担法律和经济责任。而项目的一系列质量活动是由项目经理部或项目团队进行的，虽然项目团队明确了职责分工，也有相应的质量控制方法和程序。但是，是否严格按程序进行，这些方法和程序是否确实有效，企业领导需要组织一部分独立的人员对直接影响项目质量的主要质量活动实施监督、验证和质量审核活动，以便及时发现质量控制中的薄弱环节，提出改进措施，促使质量控制能更有效地实施，从而使领导“放心”。所以，内部质量保证是企业领导的一种管理手段。正如朱兰所指出的那样，“质量保证”概念与财政保证概念极相似。财务状况之确实可信，是通过“独立的”审计核定以下事实来保证的：

1. 良好的会计制度，若能无误，财务报告就能正确地反映公司的财政情况。

2. 这种制度正在得到有效地贯彻执行。

质量保证是“为了提供信用，证明项目将会达到有关质量标准，而在质量体系中开展的有计划、有组织的工作活动”。它贯穿于整个项目的始终。比ISO9000质量体系的发展更进一步的是，在质量计划部分所描述的活动从广义上说，也是质量保证的组成部分。

质量保证通常由质量保证部门或有类似名称的组织单位提供，但也不都是如此。

这种保证可以向项目管理小组和执行组织提供，或者向客户和其他没有介入项目工作的人员提供。

1. 制定科学、合理、可行的质量标准；

2. 建立项目质量保证体系；

3. 开展有计划的质量改进活动。

二、项目质量保证的依据

1. 项目质量计划。项目质量计划是质量保证最根本的依据；

2. 项目质量计划的实际执行情况。其提供了项目质量实际情况的事实分析和评价；

3. 项目质量工作说明。是对项目质量管理工作的描述以及对项目保证和控制方法的说明。

三、项目质量保证的工具和方法

1. 质量计划的手段和技巧。编制项目质量的计划所要用的工具和方法在质量保证中同样适用。

2. 质量审查。质量审查是对其他质量管理活动的结构性复查。质量审查的目的是确定所得到的经验教训，从而提高执行组织对这个项目或其他项目的执行水平。质量审查可以是有进度计划的或随机的；可以由训练有素的内部审计师进行，或者由第三方如质量体系注册代理人进行。

四、项目质量保证的结果

项目质量保证的结果就是项目改进与提高的建议，它能提高项目活动的效率与效果。一般包括：

(1) 目前存在的项目质量问题以及后果。

(2) 产生项目质量问题的原因分析。

(3) 项目质量改进提高目标。

(4) 项目质量改进的方法和步骤。

(5) 项目质量改进结果的确认方法。

第四节 项目质量控制

一、项目质量控制的含义及特点

(一) 质量控制的含义

质量控制是质量管理的一部分，致力于满足质量要求。质量控制的目标就是确保项目质量能满足有关方面所提出的质量要求。质量控制的范围涉及项目质量形成全过程的各个环节。项目质量受到质量环各阶段质量活动的直接影响，任一环节的工作没有做好，都会使项目质量受到损害而不能满足质量要求。质量环的各阶段是由项目的特性所决定的，根据项目形成的工作流程，由掌握了必需的技术和技能的人员进行一系列有计划、有组织的活动，使质量要求转化为满足质量要求的项目或产品，并完好地交付给用户，还应根据项目的具体情况进行项目成果交付后的服务，这是一个完整的质量循环。

质量控制的工作内容包括了作业技术和活动，即包括专业技术和管理技术两方面。在项目形成的每一个阶段和环节，即质量环的每一阶段，都应对影响其工作质量的人、机等因素进行控制，并对质量活动的成果进行分阶段验证，以便及时发现问题，查明原因，采取措施，防止类似问题重复发生，并使问题在早期得到解决，减少经济损失。为使每项质量活动都能有效，质量控制对干什么、为何干、如何干、由谁干、何时干、何地干等问题应作出规定，并对实际质量活动进行监控。项目的进行是一个动态过程，所以，围绕项目的质量控制也具有动态性。

质量控制包括监控特定的项目成果，以判定它们是否符合有关的质量标准，并找出方法消除造成项目成果不令人满意的原因。它应当贯穿于项目执行的全过程。项目成果包括生产成果如阶段工作报告和管理成果如成本和进度的执行。质量控制通常由质量控制部门或有类似名称的组织单位执行，当然并不是都是如此。

项目管理应当具备质量控制统计方面的实际操作知识，尤其是抽样调查和可行性调查，这可以帮助他们评估质量控制成果。在其他课题中，应区分：

1. 预防（不让错误进入项目程序）和检验（不让错误进入客户手中）。

2. 静态调查（其结果要么一致，要么不一致）和动态调查（其结果依据衡量一致性程度的一种持续性标准而评估）。

3. 确定因素（非常事件）和随机因素（正态过程分布）。

误差范围（如果其结果落入误差范围所界定的范围内，那么这个结果就是可接受的）和控制界限（如果其成果落入控制界限内，那么该项目也在控制之中。）

（二）质量控制的特点

项目不同于一般产品，对于项目的质量控制也不同于一般产品的质量控制，其主要特点是：

1. 影响质量的因素多。项目的进行是动态的，影响项目质量的因素也是动态的。项目的不同阶段、不同环节、不同过程，影响因素也不尽相同；这些因素有些是可知的，有些是不可预见的；有些因素对项目质量的影响程度较小，有些对项目质量的影响程度较大，有些对项目质量的影响则可能是致命性的，这些都给项目的质量控制造成了难度。所以，加强对影响质量因素的管理和控制是项目质量控制的一项重要内容。

2. 质量控制的阶段性。项目需经历不同的阶段，各阶段的工作内容、工作结果都不相同，所以每阶段的质量控制内容和控制的重点亦不相同。

3. 易产生质量变异。质量变异就是项目质量数据的不一致性。产生这种变异的原因有两种，即偶然因素和系统因素。偶然因素是随机发生的，客观存在的，是正常的；系统因素是人为，异常的。偶然因素造成的变异称为偶然变异，这种变异对项目质量的影响较小，是经常发生的，是难以避免的，难以识别的，也难以消除的；系统因素所造成的变异称为系统变异，这类变异对项目质量的影响较大，易识别，通过采取措施可以避免，也可以消除。由于项目的特殊性，在项目进行过程中，易产生这两类变异。所以在项目的质量控制中，应采取相应的方法和手段对质量变异加以识别和控制。

4. 易产生判断错误。在项目质量控制中，经常需要根据质量数据对项目实施的过程或结果进行判断。由于项目的复杂性、不确定性，造成质量数据的采集、处理和判断的复杂性，往往会对项目的质量状况作出错误判断。如将合格判为不合格，或将不合格判为合格；将稳定判为不稳定，或将不稳定判为稳定；将正常判为不正常，或将不正常判为正常。这就需要在项目的质量控制中，采用更加科学、更加可靠的方法，尽量减少判断错误。

5. 项目一般不能解体、拆卸。已加工完成的产品可以解体、拆卸，对某些零、部件进行检查。但项目一般做不到这一点，例如，对于已建成的楼房，就难以检查其他唯一地基的质量；对于已浇筑完成的混凝土构筑物，就难以检查其中的钢筋质量。所以，项目的质量控制应更加注重项目进展过程，注重对阶段结果的检验和记录。

6. 项目质量受费用、工期的制约。项目的质量不是独立存在的，它受费用和工期的制约。在对项目进行质量控制的同时，必须考虑其对费用和工期的影响，同样应考虑费用和工期对质量的制约，使项目的质量、费用、工期都能实现预期目标。

二、项目质量控制的依据

项目质量控制的依据有一些与项目质量保障的依据是相同的，有一些是不同的。项目质量控制的主要依据有：

1. 项目质量计划 。这与项目质量保障是一样的，这是在项目质量计划编制中所生成的计划文件。

2. 项目质量工作说明 。这也是与项目质量保障的依据相同的，同样是在项目质量计划编制中所生成的工作文件。

3. 项目质量控制标准与要求 。这是根据项目质量计划和项目质量工作说明，通过分析和设计而生成的项目质量控制的具体标准。

项目质量控制标准与项目质量目标和项目质量计划指标是不同的，项目质量目标和计划给出的都是项目质量的最终要求，而项目质量控制标准是根据这些最终要求所制定的控制依据和控制参数。通常这些项目质量控制参数要比项目目标和依据更为精确、严格和有操作性，因为如果不能够更为精确与严格就会经常出现项目质量的失控状态，就会经常需要采用项目质量恢复措施，从而形成较高的项目质量成本。

4. 项目质量的实际结果 。项目质量的实际结果包括项目实施的中间结果和项目的最终结果，同时还包括项目工作本身的好坏。

项目质量实际结果的信息也是项目质量控制的重要依据，因为有了这类信息，人们才可能将项目质量实际情况与项目的质量要求和控制标准进行对照，从而发现项目质量问题，并采取项目质量纠偏措施，使项目质量保持在受控状态。

三、项目质量控制步骤

就项目质量控制的过程而言，质量控制就是监控项目的实施状态，将实际状态与事先制定的质量标准作比较，分析存在的偏差及产生偏差的原因，并采取相应对策。这是一个循环往复的过程，对任一控制对象的控制一般都按这一过程进行。该控制过程主要包括以下步骤。

1. 选择控制对象。项目进展的不同时期、不同阶段，质量控制的对象和重点也不相同，这需要在项目实施过程中加以识别和选择。质量控制的对象可以是某个因素，某个环节，某项工作或工序，某项阶段成果等一切与项目质量有关的要素。

2. 为控制对象确定标准或目标。

3. 制订实施计划，确定保证措施。

4. 按计划执行。

5. 跟踪观测、检查。

6. 发现、分析偏差。

7. 根据偏差采取对策。

上述步骤可归纳为全面质量管理的四个阶段:计划，实施、检查和处理。在项目质量控制中，这四个阶段循环往复，形成了 PDCA 循环。

计划阶段的主要工作任务是确定质量目标、活动计划和管理项目的具体实施措施。本阶段的具体工作是分析现状，找出质量问题及控制对象；分析产生质量问题的原因和影响因素；从各种原因和因素中确定影响质量的主要原因或影响因素；针对质量问题及影响质量主要因素制订改善质量的措施及实施计划，并预计效果。在制定计划时，要反复分析思考，明确回答以下问题：

1. 为什么要提出该计划，采取哪些措施？为什么应作如此改进？回答采取措施的原因。
2. 进后要达到什么目的？有何效果？
3. 改进措施在何处（哪道工序、哪个环节、哪个过程）执行？
4. 计划措施在何时执行和完成？
5. 计划由谁执行？
6. 采用什么方法完成？

实施阶段的主要工作任务是根据计划阶段制定的计划措施，组织贯彻执行。本阶段要做好计划措施的交底和组织落实、技术落实和物资落实。

检查阶段的主要工作任务是检查实际执行情况，并将实施效果与预期目标对比，进一步找出存在问题。

处理阶段的主要工作任务是对检查的结果进行总结和处理。其具体工作包括：总结经验，纳入标准。即通过对实施情况的检查，明确有效果的措施，制定相应的工作文件、工艺规程、作业标准以及各种质量管理的规章制度，总结好的经验，防止问题再次发生。

将遗留问题转入下一个控制循环。通过检查，找出效果仍不显著或效果仍不符合要求的措施，作为遗留问题，进入下一个循环，为下期计划提供数据资料和依据。

四、项目质量因素控制

项目管理中的质量控制主要表现为施工组织和施工现场的质量控制，控制的内容包括工艺质量控制和产品质量控制。影响质量控制的因素主要有“人、材料、机械、方法和环境”五大方面。因此，对这五方面因素严格控制，是保证工程质量的关键。

（一）人的因素

人的因素主要指管理者的素质，操作人员的理论、技术水平，生理缺陷，粗心大意，违纪违章等。施工时首先要考虑到对人的因素的控制，因为人是施工过程的主体，工程质量的形成受到所有参加项目施工的工程技术干部、操作人员、服务人员共同作用，他们是形成工程质量的主要因素。首先，应提高他们的质量意识。施工人员应当树立五大观念，即质量第一的观念、预控为主的观念、为用户服务的观念、用数据说话的观念以及社会效益、企业效益观念。其次，是人的素质。管理层、技术人员素质高，决策能力就强，就有较强的质量规划、目标管理、施工组织和技术指导、质量检查的能力；管理制度完善，技术措施得力，工程质量就高。操作人员应有精湛的技术技能、一丝不苟的工作作风、严格执行质量标准和操作规程的法制观念；服务人员应做好技术和生活服务，以出色的工作质量，间接地保证工程质量。提高人的素质，可以依靠质量教育、精神和物质激励的有机结合，也可以靠培训和优选，进行岗位技术练兵。

（二）材料因素

材料是工程施工的物质条件，材料质量是工程质量的基础，材料质量不符合要求，工程质量也就不可能符合标准。所以加强材料的质量控制，是提高工程质量的重要保证。

影响材料质量的因素主要是材料的成分、物理性能、化学性能等，材料控制的要点有：

1. 优选采购人员，提高他们的政治素质和质量鉴定水平，挑选那些有一定专业知识、有事业心的人担任该项工作。

2. 掌握材料信息，优选供货厂家。

3. 合理组织材料供应，确保正常施工。

4. 加强材料的检查验收，严把质量关。

5. 抓好材料的现场管理，并做好合理使用。

6. 搞好材料的试验、检验工作。

据统计资料显示，建筑工程中材料费用占总投资的70%或更多。正因为这样，一些承包商在拿到工程后，为谋取更多利益，不按工程技术规范要求的品种、规格、技术参数等采购相关的成品或半成品，或因采购人员素质低下，对其原材料的质量不进行有效控制，放任自流，从中收取回扣和好处费。还有的项目部没有完善管理机制和约束机制，无法杜绝不合格的假冒、伪劣产品及原材料进入工程施工中，给工程留下质量隐患。科学技术高度发展的今天，为材料的检验提供了科学的方法。国家在有关施工技术规范中对其进行了详细的介绍，实际施工中只要我们严格执行，就能确保施工所用材料的质量。

（三）方法因素

施工方法包含整个施工中所采取的技术方案、工艺流程、组织措施、检测手段、施工组织设计等。施工方案正确与否，直接影响工程质量控制能否顺利实现。为此，制定和审核施工方案时，必须结合工程实际，从技术、管理、工艺、组织、操作、经济等方面进行全面分析、综合考虑，力求方案技术可行、经济合理、工艺先进、措施得力、操作方便，有利于提高质量、加快进度、降低成本。

（四）机械设备

施工阶段必须综合考虑施工现场条件、结构形式、施工工艺和方法、技术经济等，合理选择机械的类型和性能参数，合理使用机械设备，正确地操作。操作人员必须认真执行各项规章制度，严格遵守操作规程，并加强对施工机械的维修、保养、管理。

（五）环境因素

影响工程质量的环境因素较多，有工程地质、水文、气象、通风、振动、照明、污染等。环境因素对工程质量的影响具有复杂而多变的特点，如气象条件就变化万千，温度、湿度、大风、暴雨、酷暑、严寒都直接影响工程质量，往往前一工序就是后一工序的环境，前一分项、分部工程也就是后一分项、分部工程的环境。因此，根据工程特点和具体条件，应对影响质量的环境因素，采取有效的措施严加控制。

此外，冬雨期、炎热季节、风季施工时，还应针对工程的特点，尤其是混凝土工程、土方工程、水下工程及高空作业等，拟定季节性保证施工质量的有效措施，以免工程质量受到冻害、干裂、冲刷等危害。同时，要不断改善施工现场的环境，尽可能减少施工所产生的危害对环境的污染，健全施工现场管理制度，实行文明施工。

五、质量控制的工具和方法

1. 控制图。控制图旨在确定一个过程是否稳定，是否具有可预测的绩效结果。控制图也可作为数据收集工具，表明过程何时受特殊原因影响而使过程失控。同时也可以反映一个过程随着时间推移而体现的规律。这构成了过程变量之间交互作用的图形表现形式，可借此得出问题的答案:过程变量是否在可接受的范围内？通过对控制图数据点规律的检查，可以揭示波动幅度很大的过程数值，过程数值的突然变动，或偏差日益增大的趋势。通过对过程结果的监控，可有利于评估过程变更的实施是否带来预期的改进。如果过程处于正常控制范围内，就不应对其进行调整。但如果没有处于正常控制之内时，则需要对其进行调整。也就是说，它是画有控制界限的一种图表，用来分析质量波动究竟由于正常原因引起还是由于异常原因引起，从而判明生产过程是否处于控制状态。

控制图上一般有三条线，上面一条虚线叫上控制线，用 UCL 表示；下面一条虚线叫下控制线，用 LCL 表示；中间一条实线叫中心线，用 CL 表示。

控制表。控制表是根据时间推移对程序运行结果的一种图表展示。常用于判断程序是否“在控制中”进行（例如，程序运行结果中的差异是否因随机变量所产生？是否必须对突发事件的原因查清并纠正?）。当一个程序在控制之中时，不应对它进行调整。这个程序可能为了得到改进而有所变动，但只要它在控制范围之中，就不应人为地去调整它。

控制表可以用来监控各种类型的变量的输出。尽管控制表常被用于跟踪重复性的活动，诸如生产事务，它还可以用于监控成本和进度的变动、容量和范围变化的频率，项目文件中的错误，或者其他管理结果，以便判断“项目管理程序”是否在控制之中。

2. 直方图。直方图指一种横道图，可反映各变量的分布。每一栏代表一个问题或情况的一个特征或属性。每个栏的高度代表该种特征或属性出现的相对频率。这种工具通过各栏的形状和宽度来确定问题的根源。

（1）直方图绘制步骤:

第一步:采集数据。

第二步:确定组数、组距以及组的边界值。

第三步:计算频数和频率。

第四步:绘制直方图。

（2）直方图的图形分析

直方图能形象直观地反映数据分布的情况,通过对直方图的观察和分析,可以判断生产过程是否稳定,了解质量状况。直方图图形分两种类型,即正常型和异常型。

正常型:左右对称的山峰形状,符合正态分布，如图 7－4 所示。

异常型:与正常型对比,带有某种缺陷的直方图为异常型直方图。主要包括:

a. 偏向型:直方的顶峰偏向一侧,如图 7－ 5，图 7－6 所示。

b. 双峰型:一个直方图出现两个顶峰，如图 7－7 所示。

c. 平峰型:在整个分布范围内,频数的大小差距不大,形成平峰型直方图，如图 7－8 所示。

d. 高端型:直方图一侧出现陡峭绝壁状态，如图 7－9 所示。

e. 孤岛型:在远离主分布中心处出现孤立的小直方，如图 7－10 所示。

f. 锯齿型:直方图出现参差不齐的情况，如图 7－11 所示。

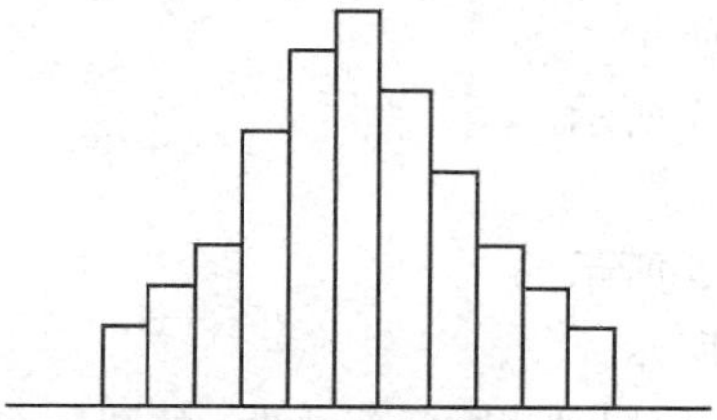

图 7－4 正常型

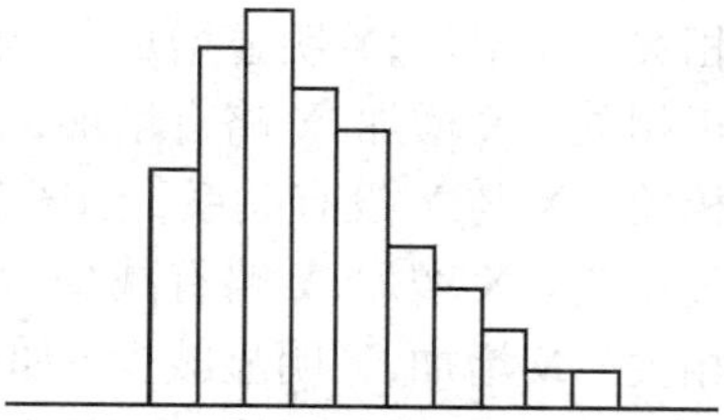

图 7－5 左偏锋型

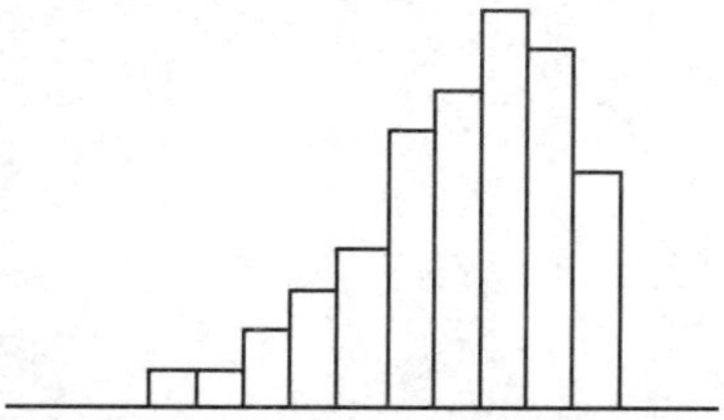

图 7－6 右偏锋型

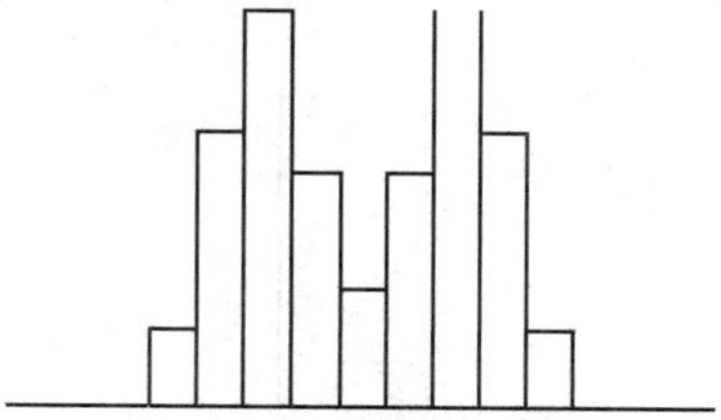

图 7－7 双峰型

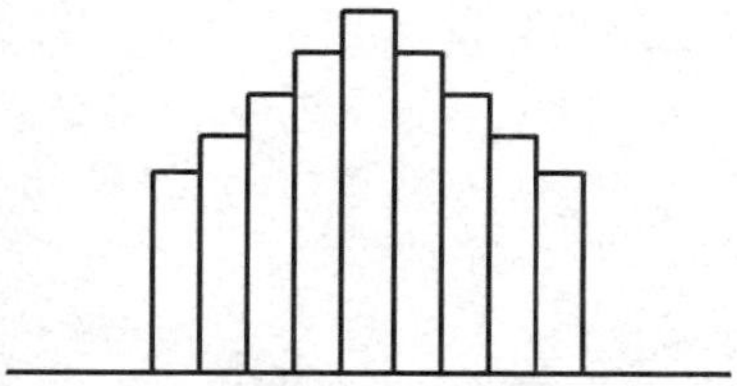

图 7－8 平峰型

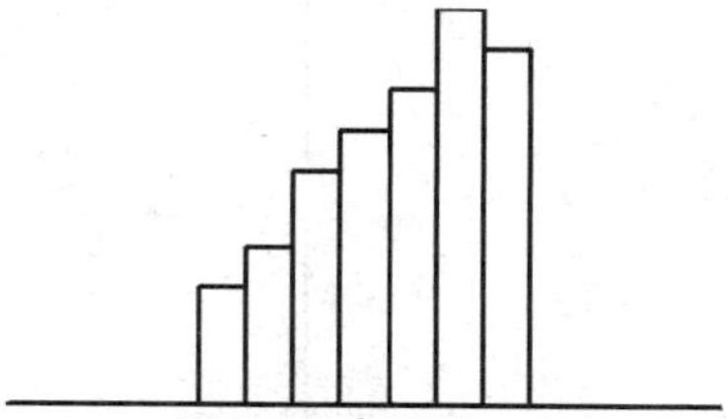

图 7－9 高端型

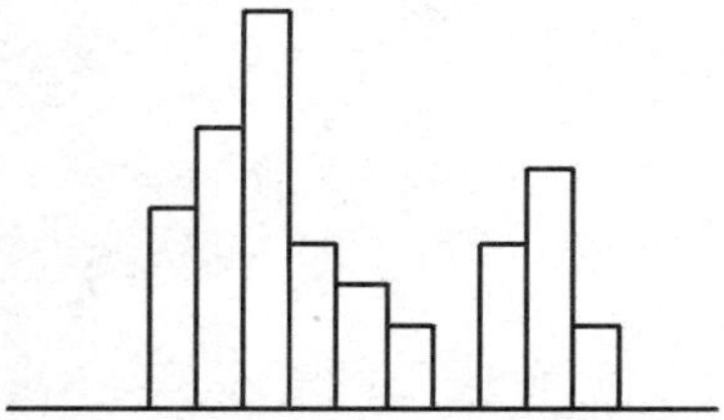

图 7－10 平峰型

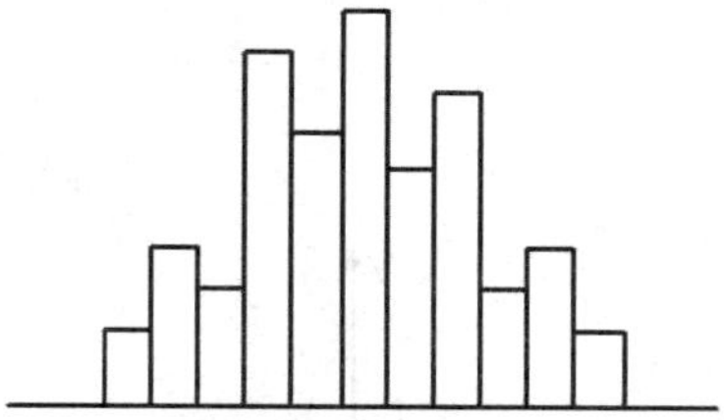

图 7－11 锯齿型

3. 趋势图。趋势图可反映偏差的历史和规律。它是一种线形图，按照数据发生的先后顺序将数据以圆点形式绘制成图形。趋势图可反映一个过程在一定时间段的趋势，一定时间段的偏差情况，以及过程的改进或恶化。趋势分析是借助趋势图来进行的。趋势分析指根据过去的结果用数学工具预测未来的成果。趋势分析往往用于监测技术绩效（多少错误或缺陷已被确认，其中多少尚未纠正）和费用与进度绩效（每个时期有多少活动在活动完成时出现了明显偏差）。

趋势分析指运用数字技巧，依据过去的成果预测将来的产品。趋势分析常用来监测：

技术上的绩效——有多少错误和缺陷已被指出，有多少仍未纠正。

成本和进度绩效——每个阶段有多少活动的完成有明显的变动。

4. 散点图。散点图显示两个变量之间的关系和规律。通过该工具，质量团队可以研究并确定两个变量的变更之间可能存在的潜在关系。将独立变量和非独立变量以圆点绘制成图形。两个点越接近对角线，两者的关系就越紧密。

散点图的类型如下：

(1)正相关。X 增加,Y 明显增加，如图 7－12 所示。
(2)弱正相关。X 增加,Y 略有增加，如图 7－13 所示。
(3)不相关。X 与 Y 没有关系，如图 7－14 所示。
(4)弱负相关。X 增加,Y 略有减少，如图 7－15 所示。
(5)负相关。X 增加,Y 明显减少，如图 7－16 所示。
(6)非线性相关。X 增加到某一范围时,Y 也增加,但超过范围反而减少，如图 7－17 所示。

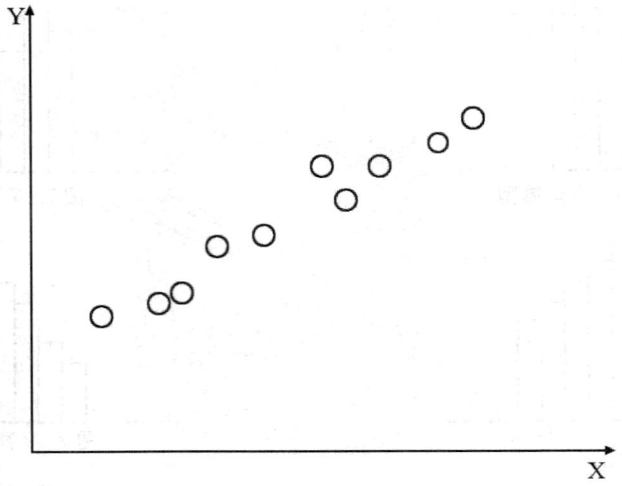

图 7－12　正相关

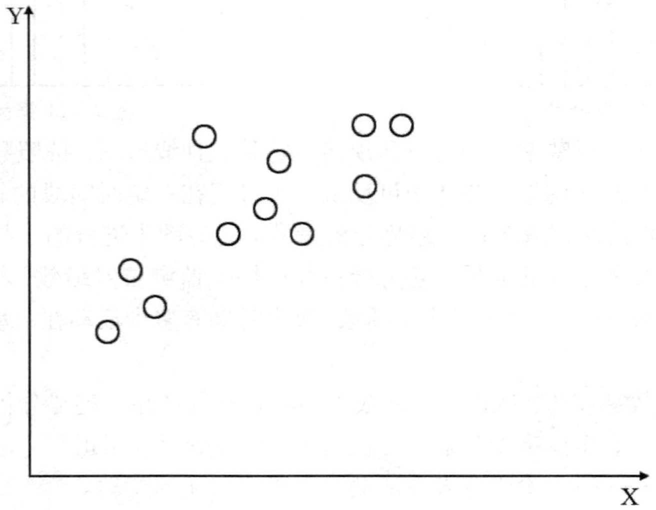

图 7－13　弱正相关

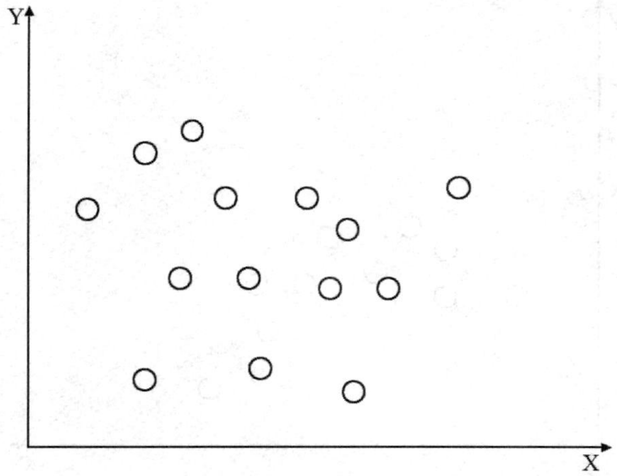

图 7－14 不相关

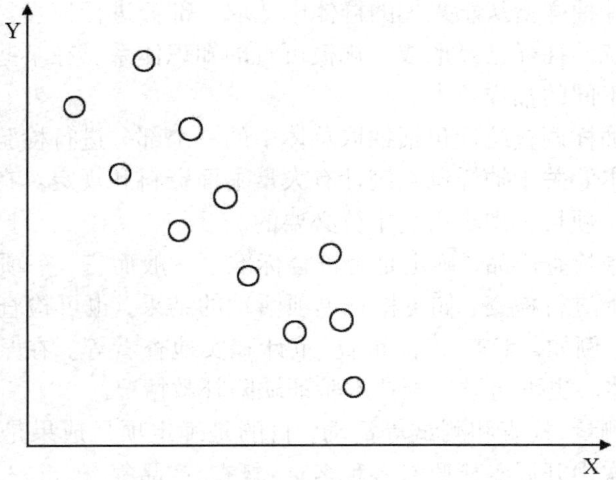

图 7－15 弱负相关

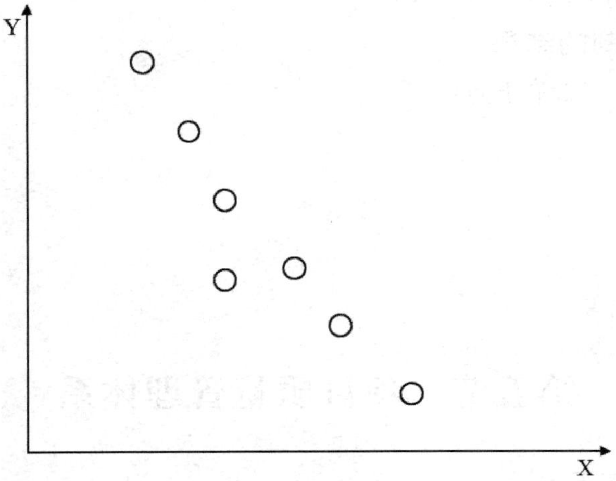

图 7－16 负相关

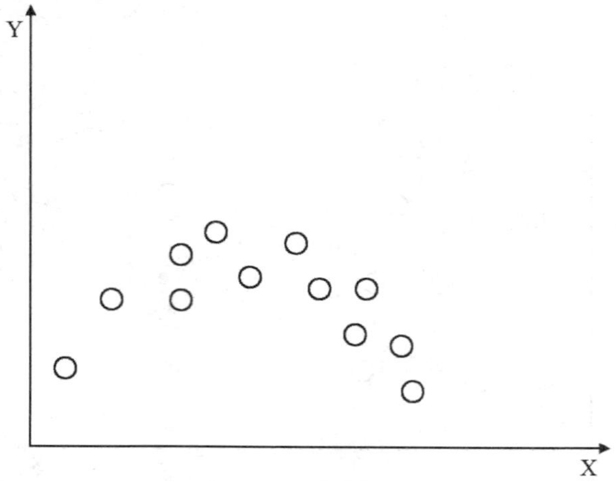

图 7－17 非线性相关

5. 统计抽样。统计抽样指从感兴趣的群体中选取一部分进行检查。适当的抽样往往可以降低质量控制费用。统计抽样已经形成了规模可观的知识体系。在某些应用领域，项目管理团队有必要熟悉多种不同的抽样技术。

抽样调查统计。抽样调查统计包括抽取总体中的一个部分进行检验。适当的抽样调查往往能降低质量控制成本。关于抽样调查统计有大量书面资料和规定。在一些应用领域，熟悉各种抽样调查技巧对于项目管理小组是十分必要的。

6. 检查。检查系指检查产品，确定是否符合标准。一般而言，一项检查的结果包括测量结果。可在任一层级上进行检查，如可检查单项活动的结果，也可检查项目的最终产品。检查有各种不同的名称，例如，审查、产品审查、审计和实地查看等。在某些应用领域，这些术语的含义较窄，较具体。也可通过检查技术验证缺陷补救情况。

检验。检验包括测量、检查和测试等活动，目的是确定项目成果是否与要求相一致。检验可以在任何管理层次中开展。检验有各种名称：复查、产品复查、审查及回顾；在一些应用领域中，这些名称有范围较窄的专门含义。

六、项目质量控制的结果

项目质量控制结果一般有五点：

1. 项目质量改进；
2. 验收决定；
3. 返工；
4. 项目调整；
5. 质量检验表的完善。

第五节 项目质量管理体系

一、质量管理体系概述

质量管理体系是指在质量方面指挥和控制项目组织及其活动的管理体系。这一管理体系是由建立质量方针和目标与实现目标的相互关联或相互作用的一组要素所组成。质量管理体系将影响质量的技术、管理、人员和资源等因素都综合在一起，使之为一个共同的目的——达到质量目标而互相配合、努力工作。

质量管理体系包括硬件和软件两大部分。组织在进行质量管理时，首先根据达到质量目标的需要，准备必要的条件，如人员素质、试验、加工、检测设备等资源。其次通过设置组织机构、分析确定需要开发的各项质量活动和过程、分配、协调各项活动的职责和接口，通过程序的制定明确从事各项质量活动的工作方法，使各项质量活动能经济、有效、协调地进行，这样组成的有机整体就是质量管理体系。

一般来说，项目的实施总是以组织为依托。所以，组织是否建立质量管理体系及建立的质量管理体系能否有效运行将直接关系到项目质量的保证程度。

二、建立质量管理体系所依据的国际标准和国家标准

国际标准化组织(ISO)分别于1986年发布了ISO8402《质量——术语》和1987年发布了ISO9000《质量管理和质量保证标准——选择和使用指南》、ISO9001《质量体系——设计开发、生产、安装和服务的质量保证模式》、ISO9002《质量体系——生产和安装的质量保证模式》、ISO9003《质量体系——最终检验和试验的质量保证模式》、ISO9004《质量管理和质量体系要素——指南》等6项国际标准，通称为ISO9000系列标准。该系列标准发布后经两次修改，于2000年12月15日正式发布了ISO9000:2000《质量管理体系——基础和术语》、ISO9001:2000《质量管理体系——要求》、ISO9004:2000《质量管理体系——业绩改进指南》。该系列标准用于指导组织建立质量管理体系并使之有效运行，同时也是进行质量管理体系认证的依据。

我国于1992年采用了ISO国际标准，并发布了GB/T19000系列标准，用于指导我国的质量体系认证工作。根据ISO9000:2000系列标准，于2000年12月28日发布了GB/T19000－2000《质量管理体系——基础和术语》、GB/T19001－2000《质量管理体系——要求》、GB/T19004－2000《质量管理体系——业绩改进指南》。这一系列标准将是我国在今后一段时间内指导组织建立质量管理体系，进行质量体系认证的主要依据，其主要作用体现在：

(1)GB/T19000－2000标准起着奠定理论基础、统一术语概念和明确指导思想的作用，具有很重要的地位。该标准在合并修订1994版相关标准的基础上，增加了八项质量管理原则和质量管理体系的12条基础说明。GB/T19000－2000标准的八项质量管理原则主要包括：以顾客为关注焦点、领导作用、全员参与、过程方法、管理的系统方法、持续改进、基于事实的决策方法和与供方互利的关系。而质量管理体系的12条基础说明包括两大部分内容：一部分是八项质量管理原则具体应用于质量管理体系的说明；另一部分是对其他问题的说明，包括：质量管理体系要求与产品要求、质量管理体系方法、质量方针和质量目标。

(2)GB/T19001－2000标准取代了1994版的GB/T19001、GB/T19002和GB/T19003标准，组织主要依据该标准建立质量管理体系并进行质量管理体系认证工作。

(3)GB/T19004－2000标准是组织为改进业绩而策划、建立和实施质量管理体系的指南性标准。该标准为那些希望超出GB/T19001的要求，寻求对组织业绩持续改进的组织的最高管理者提供了指南，然而，用于认证和合同不是本标准的目的。

案例

2009年5月17日下午4时许，对湘中工业重镇株洲市来说，似乎是一个平常日子。在几天后就要彻底拆除的红旗路高架桥下，排成长队的公交车、货车、轿车静候前方放行的信号。突然间，头顶上的大桥发出闷雷般的轰鸣，尘沙蔽日，碎石如雨，有人抱头奔逃，有人则连人带车一起，被断成数节的大桥死死压住，现场惨不忍睹。

红旗路高架桥坍塌，酿成重大人员伤亡和财产损失，事后经统计9人罹难，16人受伤。是一起非常罕见的城市高架桥大面积坍塌事故，社会影响非常恶劣。

湖南南岭民爆工程有限公司负责施工爆破拆除的株洲红旗路高架桥，建于1995年，全场约2750米，其中两侧引桥为400米，桥梁宽约16米，有121个桥墩。桥梁墩为板式桥墩，高架桥的梁是预应力预制箱梁。曾经是湖南第一座贯穿城市中心的大型高架桥。该桥建成后，带动了当地经济发展，拉动了区域经济，并以其巍峨的雄姿和巨大的车流辆，成为中部工业重镇株洲的城市标志之一。

但随着株洲城市加快建设和发展，株洲市交通中心外移。株洲市人民政府认为，红旗路改造工程的建设，"将改善沿线街区的环境，有利于营造红旗广场沿街区域的居民安静的生活环境和商业氛围。"于是向湖南省高速公路管理局提交了《关于莲易高速公路株洲城区路段进行城市道路改造的函》，并"为此召开了市民听证会，听取了人大代表的意见"。

2009年3月18日，湖南省高速公路管理局批准红旗路高架桥拆除，同时，这项工程的可行性研究报告得到株洲市发改委审批。湖南南岭民爆工程有限公司通过公开招标中标，成为红旗路高架桥爆破拆除工作的施工单位。根据国家有关规定，本工程聘请了株洲建设监理咨询有限责任公司为监理单位，负责红旗路高架桥爆破拆除工程的安全质量监理。

株洲市委、市政府相当重视红旗路高架桥爆破拆除工作。市政府多次召开会议专题研究，明确具体任务：市建设局对红旗路高架桥爆破拆除工程负总责；市公安局负责爆破期间沿线的安全警戒及交通维护工作；荷塘区、石峰区人民政府负责试验爆破和正式爆破实施阶段的沿线人员、车辆的疏散工作；市消防支队负责爆破后现场降尘工作；市安监局负责对本工程爆破工程的安全监督工作。株洲市政府有关负责人说，市政府要求各监管部门加强对工程建设各项工作的监管，确保工程"万无一失"。

为保证施工顺利进行，株洲市有关部门进行了交通组织。报纸、广播、电视台连续发布了关于红旗路高架桥爆破实施的公告，将爆破的各项工作安排、爆破时间等相关信心告之市民。

5月15日上午，根据爆破拆除设计评审会专家评审意见，进行了试爆。相关方面提供的信息说："试爆效果达到了预期要求"。

但灾难还是发生了，18日发生的坍塌，造成高架桥七八座桥墩、160多米长的桥面轰然坠地，红旗路高架桥因此也成为我国第一座发生大面积坍塌，并造成严重人员伤亡的城市高架桥。

株洲市有关方面坦言，这一恶性事件，从三个角度引人深思：

意识方面。此次红旗路高架桥改造工程，从立项、招标到模拟爆破，每次协调会，都强调了安全生产问题。不仅要求业主单位、施工单位、监理单位高度重视大桥拆除过程中的安全问题，而且在市内主要媒体上发布了公告。但事故还是发生了，这说明"有的人安全意识不强，导致安全措施没有落实到位"。

组织方面。此次拆除工程，准备时间长达近半年，工作方案也比较详细。但仍然发生了令人震惊的事故，说明“工作在某些环节上准备不够充分，不够细致，导致了事故的必然发生”。

技术方面。这座高架桥，迄今已经使用了15年。整个拆除计划，是15日首先选择其中部分桥墩进行模拟爆破，然后再于5月20日进行整体爆破。却没有能够考虑到“大桥是一个整体，对其中部分桥墩爆破引起大桥整体结构和承重能力发生变化的可能性估计不够，一定程度上使事故不可避免”。

据了解，为了彻底查清酿成重大人员和财产损失的株洲市红旗路高架桥坍塌事故原因和责任，湖南省迅速成立专案机构，对此次事故正式立案调查。对多名相关责任人采取了强制措施。对相关企业的账目，实施了查封。

湖南省委副书记梅克保表示，湖南省有决心把案件查个水落石出，对事故相关责任人，一查到底，决不姑息。

◇案例问题：

1. 在这个拆除高架桥项目中你认为哪个环节出现了问题？
2. 项目管理过程中应当采取怎样的质量保障措施，来消除和减少质量事故？
3. 结合本案例讨论项目质量控制的内容和项目质量控制步骤。

※本章思考题

1. 什么是质量？什么是质量管理？
2. 项目质量保证的依据？
3. 项目质量控制的工具和方法有哪些？
4. 简述项目质量控制步骤。
5. 质量体系如何建立和运行？

第八章 项目采购管理

事实证明，技术的进步大大提高了生产率，而经济全球化则为利用外部资源提供了便利。利用外部资源可以取得他人的技术，减少资金的投入，克服进入他国市场的障碍，利用他人的优势，降低投资风险，利用他人满足客户的急迫要求，保证稳定的原料来源，提高项目成果交付能力等。要做到以上各点，项目管理人员必须提高项目采购和合同管理能力。

项目采购管理是项目管理的重要组成部分。项目采购管理几乎贯穿整个项目生命周期，项目采购管理模式直接影响项目管理的模式和项目合同类型，对项目整体管理起着举足轻重的作用。项目采购管理在项目管理这门新兴学科中被赋予了全新的概念。PMBOK 将项目采购管理定义为:“为达到项目范围而从执行组织外部获取货物或服务所需的过程。”世界银行将项目采购分为工程采购、货物采购和咨询服务采购。本章从美国项目管理学会提出的项目采购管理的基本概念入手，概括介绍采购管理的一些内容和运作模式以及在项目实施过程中合同管理常出现的问题及其处理方法。

项目采购管理包括从执行组织之外获取货物和服务的过程。为了简便起见，货物和服务统称为“产品”。

这些过程之间以及与其他领域的过程之间相互作用。如果项目需要，每一过程可以由个人、多人或团体来完成。虽然在这里列举的过程是分立的阶段并具有明确定义的分界面，事实上他们是互相交织、互相作用的。

在卖方和买方的关系中，项目采购管理是以买主的角度讨论的。卖方和买方关系可能存在于一个项目的很多阶段，在不同的阶段卖方可能被称之为合同方，卖方和供应方。

在以下情况下卖方通常用一个项目来管理他们的工作:买方成为一个客户因而是卖方的主要项目涉及人;卖方的项目管理小组必须注意项目管理的所有过程，并不仅仅局限于采购这一范围;合同的条款与条件成为许多卖方流程的关键起始。实际上合同就可能包括了这样的起始或者将限制项目小组的选择。

对执行组织来说，卖方是个外部因素。然而大多数讨论也适用于执行组织其他单位的正式协定。

采购指从项目管理或执行系统外部获得项目所需工程、货物和咨询服务的完整的采办过程，按世界银行的定义，项目采购包括以下内容:

工程采购:工程项目采购即项目工程采购，它属于有形采购，是指通过招标或其他商定的方式选择合格的工程承包单位，承担项目工程施工任务。如修建高速公路、大型水电站的项目工程、污水处理工程等，并包括与之相关的服务，如人员培训、维修等。

货物采购:货物采购属于有形采购，是指购买项目建设所需的投入物及与之相关的服务。

咨询服务采购:咨询服务采购不同于一般的货物采购或工程采购，它属于无形采购，主要指聘请咨询公司或咨询专家提供项目投资前期准备工作的咨询服务(如项目的可靠性论证)、工程设计和项目招标文件编制服务、项目管理或施工监理等执行性服务、技术援助和培训服务等。

第一节 采购概述

一、采购计划

(一)采购计划概念

采购计划是确定哪一项目需求可通过采购项目组织之外的商品和劳务来满足的过程，包括是否采购，怎样采购，采购什么，采购多少，什么时候采购等过程。

采购计划是指项目中整个采购工作的总体安排。采购计划包括项目或分项采购任务的采购方式、时间安排、相互衔接以及组织管理协调安排等内容。

当项目需要执行组织之外的商品和劳务时，对每一产品和劳务都将执行一次询价计划流程。签订合同和采购时，项目管理小组将寻求专家们的支持。

当项目不需从外界获取产品和服务时，询价计划流程就不必要执行。这种情形一般出现在研究开发项目，因为执行组织不愿同别人分享项目技术；或者发现和管理外部资源所花的成本可能超过潜在收入的许多小规模室内项目。

采购管理也包括潜在子合同因素，特别是买方希望对子合同签订决策施加影响的时候。

(二)制订采购计划

1. 制造、采购分析。一般而言，在采购之前首先要做制造、采购分析，以决定是否要采购、怎样采购、采购什么、采购多少以及何时采购等。

在制造、采购分析中，主要对采购可能发生的直接成本、间接成本、自行制造能力、采购评标能力等进行分析比较，并决定是否从单一的供应商或从多个供应商采购所需的全部或部分货物和服务，或者不从外部采购而自行制造。

2. 合同类型的选择。当决定需要采购时，合同类型的选择成为买卖双方关注的焦点，因为不同的合同类型决定了风险在买方和卖方之间分配。买方的目标是把最大的实施风险放在卖方，同时维护对项目经济、高效执行的奖励；卖方的目标是把风险降到最低，同时使利润最大化。常见的合同可分为以下五种。不同合同类型适用于不同的情形，买方可根据具体情况进行选择。一般来说，其适用情况有：(1)成本加成本百分比合同：由于不利于控制成本，目前很少采用。(2)成本加固定费用合同：适合于研发项目。(3)成本加奖励费合同：主要用于长期的、硬件开发和试验要求多的合同。(4)固定价格加奖励费用合同：长期的高价值合同。(5)固定总价合同：买方易于控制总成本，风险最小；卖方风险最大而潜在利润可能最大，因而最常用。

3. 采购计划编制。根据制造、采购分析的结果和所选择的合同类型编制采购计划，说明如何对采购过程进行管理。具体包括：合同类型、组织采购的人员、管理潜在的供应商、编制采购文档、制定评价标准等。

根据项目需要，采购管理计划可以是正式、详细的，也可以是非正式、概括的。

(1)采购计划的起始：包括基本成本和进度估计，质量管理计划，现金流量计划，工作分层结构，确认的风险和计划人员配置。制约因素是限制买方选择的因素，大多数项目最通常的制约因素手头的资假设因素。假设因素是被认为是真实的确定的因素。

(2)采购计划的工具和方法。采购计划的编制依据是：范围说明书、产品说明书、市场状况、约束条件、其他计划。在采购计划的编制中，凡是可获得的其他计划都应该作为编制基础而给予充分考虑，通常必须考虑的其他计划有工作分解结构、初步成本和进度计划估算、质量管理计划、风险控制计划等。

自制和外购分析。此法可用来分析某种产品由执行组织生产是否成本更低，这是很普通的管理工具。自制或是外购分析都包括间接成本和直接成本。例如，在外购分析时，应包括采购产品的成本和管理购买过程的间接费用。自制和外购分析必须反映执行组织的观点和项目的直接需求。例如，采购一项资本性支出项目与租赁此一项目相比较，在成本上一般是不合算的，然而如执行组织对某一项目有持续需求，那么结入项目的购货成本可能比租赁来的低。

专家意见。在采购计划的工具和方法中，往往需要专家意见来评估管理起始。这种专家意见可由具有专门知识，来自于多种渠道的团体和个人提供。包括:执行组织中的其他单位、顾问、专业技术团体、实业集团。

(3)采购计划的结束。采购计划编制的结果有二：

一是采购管理计划。采购管理计划应说明如何管理从询价计划到合同收尾的整个采购过程。根据项目需要，采购计划可以是正式的或非正式的、非常详细的或概括的。它是总体项目计划的分项。采购管理计划应规定剩余的采购过程将怎样被管理。采购管理计划可以是正式的或非正式的，详细的或框架性的，具体采用什么形式要根据项目的需要。

二是工作说明书。工作说明书应该根据采购项目的性质、买方的需求及采购合同的形式足够详细地说明采购项目，以方便预期的卖方确定其是否具备提供该项目拟购产品的能力。工作说明书应尽可能地明确、完事和简练，它应包括对所附属服务的说明书，如所购产品对项目结束后的运作支持。在一些应用领域，对工作说明书有具体的内容、格式要求。

工作明细表足够详细地规定了采购项目，以便未来的卖方决定他们是否有能力提供这些项目。当然，时常会因项目的性质，买方需求，预期的合同的格式的不同而不同。某些不同的领域认可不同类型的工作明细表。每一个采购项目都需要一个独立的工作明细表，然而多项产品和劳务可能用一个工作明细表集成一个采购项目。工作明细表应尽可能地清楚、完整和简洁。它应包括任何所必需的附带劳务描述。

(4)采购安全和保密。采购过程中不让任何不应外传的信息从机构中泄密，不要和不应该知道此事的陌生人交谈，当对方是机构中的成员时可能会很难，但知道的人越少越不会有漏洞。

妥善安置相关文件和计算机内的材料，不用时要将其锁好，不要将评估的表格展开放在桌子上，以免被看见，及时销毁那些敏感的文件而不是随手扔掉，以免别有用心者发现它们。

项目采购管理是项目管理的重要的组成部分，是项目建设的物质基础。项目采购工作的重要环节是采买，催交，检验，运输。

二、项目采购的方式和程序

根据对采购的基本要求，逐步发展形成了采购工程、货物和服务的各种方式，并作了具体规定，这些采购方式和程序还在不断审查修订、改进，以适应市场的变化。招标程序是为了使项目执行单位能够经济有效地采购到所需的项目、货物和服务，并保证供货商和承包商有一个公平参与投标竞争的机会，使采购政策和原则得以贯彻执行。通常的采购方式可分为招标采购方式和非招标采购方式两大类，前者包括国际竞争性招标、有限国际招标和国内竞争性招标；后者包括国际或国内询价采购、直接采购和自营工程。

（一）国际竞争性招标及程序

世界银行于将国际竞争性招标作为一种极好的采购方式加以推广。世界银行贷款项目的采购绝大部分都采用了这种方式。据统计，国际竞争性招标采购的金额通常占货款总金额的80%左右，在某些行业比重保持在90%左右，另在中国以往的世行贷款项目中，国际竞争性招标采购的金额占贷款项目采购总金额的70%以上，其他采购方式不到30%。

国际竞争性招标，有一套完整的程序，世界银行贷款项目竞争性招标的程序均有原则性的规定和要求。

一般为：

1. 刊登采购总公告和具体的项目采购招标通告。采购总公告应包括贷款国家、借款者及贷款金额及其用途、采购范围、货物或工程大体内容，发行资格预审文件或招标文件的时间，负责招标的单位名称、地址等。

2. 资格预审。凡是大型复杂的项目工程、大型成套复杂设备或专门的服务，或交钥匙合同、设计与施工合同、管理承包合同等，在正式组织招标之前要进行资格审查，对投标人是否有资格和足够的能力承担这项工程或制造设备预先进行审查，以便缩小投标人范围，使不合格的厂家避免因准备投标而花费大量的开支，也使项目单位减轻评标的负担，同时有助于确定享受国内优惠的合格性。

3. 编制招标文件。招标文件编制质量的优劣直接影响到采购的效果和进度，尽早准备招标文件是解决采购拖延的一个关键措施，各个项目单位要充分利用已出版的各种招标文件范文，以加快招标文件的编制与审批速度，从而完成整个招标过程。

4. 刊登具体招标通知。在发行资格预审文件或招标文件之前，要至少在一份国内广泛发行的报纸或官方杂志或招投标专业网站上刊登资格预审或招标通告作为具体采购通告。

5. 发售招标文件。如果单独进行过资格预审，那么招标文件的发售可按通过资格审查的厂商名单发送。如果没有单独进行过资格预审，招标文件可发售给对招标通告作出反应，并有兴趣参加投标的合格国家的厂商。

6. 投标。是由招标人和投标人经过要约、承诺、择优选定、最终形成协议和合同关系的、平等主体之间的一种交易方式，是“法人”之间达成有偿、具有约束力的法律行为。

7. 开标。是在招标管理机构监督下由招标单位主持，在规定的时间、规定的地点公开进行，并邀请所有投标单位的法定代表人或者其代理人和评标委员会全体成员参加。

8. 评标。根据招标文件中确定的标准和方法，对每个投标人的标书进行评价比较，以选出最低评标价的投标商。

9. 授标。根据评标的结果，将合同授予中标的投标商并发出中标通知书的过程。授标时不得要求中标单位承担招标文件中没有规定的义务，也不应该把修改投标中的某些内容作为授标的条件，标后压价是绝对不允许的。

10. 签订合同。签订合同可采用两种方式：一是在发出中标通知书的同时将合同文本寄给中标单位，要求其在规定的时间内（一般是28天）签字退回；二是中标单位收到中标通知后，在规定的时间内（一般是28天）派人前往招标单位签订合同。

合同签字和提交履约保证金后，合同就正式生效，然后进入合同实施阶段。

（二）有限国际招标方式及程序

有限国际招标方式实际上是一种不公开刊登广告，而直接邀请有关厂商投标的国际竞争性招标。按照规定，有限国际招标方式适用于下述情况：

1. 采购金额较小。

2. 承包商数量有限。

3. 有其他特殊原因，证明不能完全按照国际竞争性招标方式进行采购，比如紧急的援建项目等。

有限国际招标方式不必刊登广告，因此，必须先确定拟邀请参加投标的厂商名单。为了保证价格具有竞争性，邀请投标的厂商应当更广泛一些，至少要有三家厂商，授标应在至少评比三家的基础上作出决定。

除了不刊登广告、不实行国内优惠外，有限国际招标的程序与国际竞争性招标的程序是相同的，在此不再详述。

（三）国内竞争性招标方式及程序

国内竞争性招标，顾名思义，是通过在国内刊登广告，并根据国内招标程序进行的项目采购招标。

这种方式与国际竞争性招标方式的不同之处表现在：广告只限于刊登在国内报纸或公办的杂志上，广告语言可以用本国语言，不像国际竞争性招标那样要求刊登采购总公告；国内竞争的招标文件可用本国语言编写。

从刊登广告或发售招标文件到投标截止期的投标文件编制时间为至少30天，项目工程项目至少45天。投标文件可以用本国语言编写，投标银行保函可由本国银行出具，投标报价和支付一般使用本国货币，评标的价格基础可为货物使用的现场价格。它不适用国内优惠、履约银行保函可由国内银行出具、仲裁在本国进行。尽管有上述不同，总的原则仍然是要考虑公开竞争、经济和效率这些重要因素，并且如果外国厂商有兴趣，应允许他们按照国内投标程序参加投标。

国内竞争性招标方式适用于下列情况：

（1）合同金额小。

（2）项目工程地点分散，而且施工时间可能要拖得很长。

（3）劳动密集型的项目工程。

（4）在国内能够采购到的货物或工程，其价格低于国际市场的价格。

（5）如果采用国际竞争性招标的方式所带来的行政或财务上的负担，明显地超过国际性招标所具有的优越性时。

（四）其他采购方式

在世界银行贷款项目采购中，除招标采购方式外，其他非招标采购方式通常有：

1. 国际和国内询价采购。国际询价采购和国内询价采购也称之为“货比三家”，是在比较几家国内外厂家报价的基础上进行的采购。这种方式适用于采购现货或价值较小的标准规格设备以及小型、简单的工程。询价采购不需正式的招标文件，只需向有关的运货厂家发出询价单，让其报价，然后在各家报价的基础上进行比较，最后确定供货方并签订合同。

项目协定中，通常对国际或国内采购的范围、总金额及单项货物或服务的金额等，都作了明确的规定，在具体实施国际或国内询价采购过程中，应按照贷款协定中写明的限额和有关规定执行，并将“货比三家”的情况及其合同报世界银行审核批准。

2. 直接采购或称直接签订合同。不通过竞争的直接签订合同的方式，适用于需要增加已经核准的采购合同产品而延续合同；考虑与已购设备配套而向原来的供货厂家增购货物；所需设备具有专营性，只能从同一家厂商购买；负责工艺设计的承包人要求从指定的一家厂商购买关键的部件，以保证达到设计性能或质量条件及其他特殊情况下的项目采购。此外，在采用了竞争性招标方式而未能确定承包人或供货商的特殊情况下，也可以采用直接签订合同方式来洽谈合同。

3. 自营工程。自营工程是工程的一种采购方式。它是指借款人或项目业主不通过招标或其他采购方式而直接使用自己国内、省（区）内的施工队伍来承建的工程。自营工程适用于工程量的多少事先无法确定；工程的规模小而分散，或所处地点比较偏远，使承包商要承担过高的动员调遣费用；没有一个承包商感兴趣的工程；工程不可避免地要出现中断，风险较大的工程。

第二节 询价

一、询价计划

询价计划包括准备询价中所需的单证文件。询价计划编制包括建立支持询价工作所需的文档和形成采购评价标准的整个过程。

询价计划编制的依据是：采购管理计划、工作说明书、其他计划编制的结果。其他计划应该作为采购计划编制的一个环节而再次被审查，需要特别注意的是询价计划的编制应该与项目进度计划保持高度一致，这是项目实现进度、成本控制的基本保障。

（一）询价计划起始。包括如下：

1. 采购管理计划。

2. 工作明细表。

3 其他计划结束。其他计划结束，当它们被考虑为采购计划的一部分时，它们有可能被修改，当它们被认为是询价的一部分时，也可能再被修改。特别指出，询价计划应与项目进度十分协调。

（二）询价计划的工具和方法

1. 标准表格。标准表格可包括标准合同、标准采购项目说明、全部或部分标准投标文件。进行大量采购的组织应使大部分单证文件标准化。

2. 专家意见。

（三）询价计划编制的结果

1. 采购单证文件。采购单证文件被用来引诱潜在的卖方提出建议。采购文档。采购文档用于向可能的卖主索要建议书。根据项目采购主要考虑的评价指标情况，采购文档会有不同的名称，如采购主要考虑价格因素时，采购文档被称为“投标”或“报价”；当采购主要考虑非价格因素如技术、技能或方法时，采购文档通常采用“建议书”这一术语；此外采购文档常用的名称包括投标邀请、邀请提交建议书、邀请报价、谈判邀请和承包商初步答复等。有时采购文档这些术语会相互交换使用，应注意不要对使用某一术语可能带来的暗示意义作无保证的推测。

采购文档应方便可能的卖方作出准备、全面的答复为目的进行构架设计。它们通常包括有关的工作说明书、对于期望的答复形式的说明书和所有必要的合同条款。术语“标书”和“报价单”一般用在渠道选择采用价格导向时候。至于术语“意见”一般用在技术或方法等非资金因素最重要的时候。然而这些术语经常在使用中互换，因而不要想当然地认为术语按其暗含的意思使用。不同采购单证文件的通用名称包括：投标邀请函、意见请求书、报价单请求书、磋商邀请函和合同方回函等。

采购单证文件应使用合理的结构，这样做能促进从卖方得到明确和完整的答复。采购单证文件应包括相关的工作明细表，对卖方答复形式的规定和必要的合同条款。

采购单证文件部分或全部内容的结构要符合法令，特别是政府机构的合同。采购单证文件应要有足够的严谨以确保卖方的答复准确完整。但也要有一定够的弹性从而允许卖方提出满足需求的更好的建议。

2. 评估标准。评估标准用以给建议评价和打分。标准可是主观的或客观的评估标准往往是采购单证文件的一部分。

评价标准用于对建议书进行排序或评分。如果项目采购可以迅速地从多个可接受的来源中获得，则评价标准可能仅限于采购成本；否则就必须确定其他的采购评价标准并形成相应的文档。除采购成本标准外，常用的其他采购评价标准有卖方的信誉、技术能力、管理方法、财务能力等。

如果采购项目已经存在于一些可接受的渠道中，评估标准可限于采购价格。如采购项目还不存在，那么应制定其他标准以形成一个完整的评价制度。

3. 工作明细表的修订。一份或多份工作明细表的修订应在询价计划期间确定。

二、询价

询价就是从可能的卖方那里获得谁有资格完成工作的信息，该过程的专业术语叫供方资格确认。获取信息的渠道有：招标公告、行业刊物、互联网等媒体、供应商目录、约定专家拟定可能的供应商名单等。通过询价获得供应商的投标建议书。

询价包括向卖方获取如何满足项目要求的信息。此过程的工作大多数由卖方做，因而对项目来说没有花费。

（一）询价的起始

询价是从预期的卖方获取有关项目需求如何被满足的意见反馈。本过程绝大部分实际工作由可能的卖主承担，一般说来，这时候项目没有成本。

询价通过召集投标者会议或广告的形式进行。询价的依据是：采购文档、合格的卖方清单。

询价的结果是取得建议书。建议书是卖方按照有关采购文档的要求准备的说明，是提供项目所需产品的能力和意愿的说明文档。一般包括：

1. 采购单证文件。

2. 合格卖方名单。一些组织都维持一个卖方信息名单和文件。这些名单一般都有卖方的相关经验和其他特点。

如果这样名单不存在，项目小组就必须开拓自己的渠道。可从图书馆目录、相关的区域协会，商业目录和其他类似的渠道获得通用的信息资料。要获得特定渠道的详细信息就要付出更多的努力，例如网站访问和与前客户通信联系。

采购单证要文件发送给全部或一部分潜在的卖方。

（二）询价的工具和方法

1. 投标者会议。投标者会议指在提出建议前与潜在卖方的碰头会，投标者会议来确保所有潜在卖方对采购有一个清晰、共同的理解（技术要求、合同要求等）。对问题的答复有可能作为修订条款包含到采购单证文件里去。

2. 广告。现有的潜在卖方名单常常通过在普通出版物如报纸或专门出版物如专业刊物上作广告而得到扩充。在一些国家某些类型的采购项目要求公开向大众做广告，在大多数国家要求政府合同下的子合同公开向大众做广告。

（三）询价的结束

建议书。建议书是卖方准备的文件，说明卖方提供所需产品的能力和意愿。建议书应该同相关的采购单证文件一致。

第三节 渠道选择

渠道选择包括标书或建议书的接收和使用评估标准评估对供应商进行选择。这个过程很少直线前进。

对于重要采购项目，这一过程可能要重复几次。合格卖方的名单将根据初步的建议作出选择，然后，更详细的评估根据更详细和全面的建议而开展。

供方选择包括接受建议书及选择供货商的评价标准。在供方选择决策过程中，除了采购成本以外，还可能需要评价许多其他因素，如可接受卖方按时交货的能力的评价；分别评价建议书技术部分和商务部分，或投标书的技术标和方法标；对于关键产品，可能需要有多个供方等。

对主要采购项目，这个过程可以重复。根据初步建议书，列出合格卖主的短名单，然后根据更为详细和综合的建议书进行更为详细的评价。

供方选择通过合同谈判、量化定性指标的加权评价、编制采购成本估算等方法，以建议书、评价标准、组织政策为依据进行。

供方选择的结果就是与被选择的项目采购供货方签订采购合同。合同是一个约束双方的协议，使卖方有义务提供规定的产品，并使买方有义务付款。

虽然所有项目文档都经过一定形式的审查和批准，但合同的法律约束性常常意味着合同可能需要经过更广泛的批准过程。总之，审查和批准的重点是：应保证合同文本说明的是能够满足项目特定需求的产品和服务。

一、渠道的选择

（一）渠道选择的起始

1. 建议书。

2. 评估标准。

3. 组织政策。管理项目的组织都有正式和非正式的政策，该政策可能影响对建议的评估。

（二）渠道选择的工具和方法

1. 合同磋商。合同磋商是合同签订前的步骤，包括对合同结构和要求的澄清和合意。最终的合同文本应反映所有已达成的合意。合同的内容涵盖（但不局限于）责任和权利，适用的条款和法律，技术和商业管理方案，合同融资以及价格。

对于复杂的采购条款，合同磋商应是一个独立的过程，该过程有自己的起始（例如一个问题或公开项目表）和结束（例如备忘录）。

合同磋商是称为“磋商”的通用管理技巧的一个特例。磋商工具技巧和方式在通用管理类书籍里被广泛讨论，并可以应用到合同磋商过程。

2. 加权法。加权法是对定性数据的定量分析，以使尽量减小渠道选择中的人为偏见影响。方法包括：（1）给每一评估标准设定一权重；（2）按每一标准为卖方打分；（3）权重和分数之积；（4）把所有的乘积求和得到一个总分数。

3. 筛选法。筛选法包括为一个或几个评估标准确定最低要求。

4. 独立评估。对很多采购项目，采购组织要自己评估价格。如果评估有明显的差别可能意味着工作明细表不充分，也可能意味着卖方误解或者没能完全答复工作明细表。独立估计常被称为“应该花费”估计。

（三）渠道选择结束

1. 合同。合同是有约束力的合意。卖方有提供指定商品的义务，卖方有支付价款的义务。合同是可由法庭救济的法律关系。合同可以简单或复杂，常常由产品的简单或复杂决定。在众多名称中，合同也称为协议。包括子合同、采购单、备忘录等等。大多数组织有成文的政策和程序，规定由谁代表组织签订合同。

虽然所有项目文件都按照审查和批准的形式，但是合同的法律约束性本质通常意味着合同将采用更广泛的批准过程。在所有情况下，审查和批准程序最注重的地方就是要确保合同文本定义的产品或劳务符合规定的要求。由公共部门执行项目情况下，审查程序还包括公众对合同的审查。

二、采买工作中的工作重点

采买工作一般包含以下基本程序：

初选合格供货厂商；招标文件的编制；招标文件的发出和投标文件的接受；投标文件的评审；中标厂商的确定；中标厂商的协调会；签定订货合同。

这些程序的重要环节是招标文件的编制，投标文件的评审以及合同谈判工作。

（一）重视询价或招标文件的编制

招标文件的编写是一项复杂而细致的基础工作。其编制质量的好坏直接关系到招标工作能否正常进行，甚至影响授标后能否顺利履行合同。故应力求内容完整、详尽，用词准确严谨，避免招标双方对文件的理解和解释产生分歧，增加评标工作量，影响招标工作的顺利进行。

招标文件通常由下列文件组成：（1）技术文件：设备、散材及其附件的技术条件和要求。（2）商务文件：包括询价函、报价须知及供货一览表、合同基本条件及包装、运输等。（3）招标文件定稿前要反复推敲、审查、修改。对于关键件的选用，应在广泛了解市场及使用情况的基础上，在招标文件中予以明确设备配套关键件的规格型号及供货厂商。这样做有利于提高各投标文件的响应性，防止投标文件内容及标价差异过大，从而减少评标工作量。

（二）注重标底的编制和保密

标底是设备的预期价格，是衡量投标单位标价的标准，是发包方财务准备的依据，也是评标的准备工作。正确确定设备标底，对筹集资金，正确选择供货单位，形成合理的合同价，都具有十分重要的意义。招标单位根据招标文件和初步设计的要求，了解市场价格及供求关系，分类分次认真核算，做出相对准确的标底做为评标依据。标底在开标之前应严加保密，不得泄露。否则将无法正确地对投标单位进行综合评比和优选，给评标工作造成被动，也就意味着招标工作的失败。

（三）评标的原则

在满足招标文件要求的前提下，确定中标单位不能只看哪家的投标价低就确定哪家中标。投标单位的投标价并非越低越好，合理的价格才能得到合适的产品。在市场经济的形势下，决定了投标单位必然要注重经济效益。作为供货单位不能无利可图，绝不会做赔本买卖。有些投标单位为了中标，尽量压低标价。一旦中标后，则在制造过程中想方设法追加设备款或在其他方面想办法得以补偿，形成钩鱼工程。虽然我们可以通过加强现场监理来保证产品质量，但往往会拖延工期，致使设备不能按期交货，不能投入正常使用，发挥不了效益。表面上看似节省了设备投资，实际上得不偿失。因此，应以标底作为基准价，中标价应接近标底为宜。

（四）评标价法

以货币价格为指标的评标价法，依据标的性质和特点不同，可选择最低投标价法；综合评标法和以寿命周期成本为基础的评标法中的任何一种方法。下面介绍综合评标法。

综合评标价法是指以投标价为基础，将评定各要素按预定的方法换算成相应的价格，在原投标价上增加或扣减该值而形成的评标价格。评标价格最低的投标书为最优。采购机组、车辆等大型设备时，较多采用这种方法。

评标时，投标价格以外还需考虑的因素和折算为价格的方法，一般包括以下几个方面：

1. 运输费用。这部分为招标单位可能支付的额外费用，包括运费、保险费和其他费用，如运输超大件设备需要对道路加宽、桥梁加固所需支出的费用等。换算为评标价格时，可按照运输部门、保险公司，以及其他有关部门公布的取费标准，计算货物运抵最终目的地将要发生的费用。

2. 交货期。以招标文件供货一览表中规定的具体交货时间作为标准。当投标书中提出的交货期早于规定时间，一般不给予评标优惠，因为施工还不需要时的提前到货，不仅不会使项目法人获得提前收益，反而要增加仓储管理费和设备保养费。如果迟于规定的交货日期，但推迟的时间尚在可以接受的范围之内，则交货日期每延迟一个月，按投标价的某一百分比计算折算价，将其加到投标价上去。

3. 付款条件。投标单位应按照招标文件中规定的付款条件来报价，对不符合规定的投标可视为非响应性投标而予以拒绝。但在订购大型设备的招标中，如果投标单位在投标致函内提出，若采用不同的付款条件可降低报价的方案供招标单位选择时，这一付款要求在评标时也应予以考虑。当支付要求的偏离条件在可接受范围内的情况下，应将偏离要求而给项目法人增加的费用，按招标文件中规定的贴现率换算成评标时的净现值，加到投标致函中提出的更改报价上后作为评标价格。

4. 零配件和售后服务。零配件以设备运行两年内各类易损备件的获取途径和价格作为评标要素。售后服务内容包括安装监督、设备调试、提供备件、负责维修、人员培训等工作，评价提供这些服务的可能性价格。

评标时如何对待这两笔费用，要视招标文件的规定区别对待。当这些费用已要求投标单位包括在投标价之内，则评标时不再考虑这些因素；若要求投标单位在投标价之外单报这些费用，则应将其加到报价上。如果招标文件中没有作出上述任何一种规定，评标时应按投标书技术规范附件中由投标单位填报的备件名称、数量，计算可能需购置的总价格，以及由招标单位自行安排的售后服务价格，然后将其加到投标价上。

5. 设备性能、生产能力。投标设备应具有招标文件技术规范中规定的生产效率。如果所提供设备的性能、生产能力等某些技术指标没有达到技术规范要求的基准参数，则每种参数比基准参数降低1%时，应以投标设备实际生产效率单位成本为基础计算，在投标价上增加若干金额。

将以上各项评审价格加到投标价上去后，累计金额即为该标书的评标价。

（五）严格的资格审查是设备招标采购工作顺利进行的保证

资格审查是招标工作中非常重要且必不可少的工作。审查内容包括投标单位的企业等级、资质、人员、技术、财务、设备、信誉及同类产品制造业绩等状况。目的是拒绝不合格的投标者，确保参加投标的单位均具有履约能力和一定的信誉，以减轻评标、定标阶段的工作量，加快招标工作进程，确保设备招标采购工作顺利完成。

投标单位的资质和经营状况决定了其可信度和履约能力。如果一个企业连工人的工资都不能保证，负债累累，发包方的付款就不能保证专款专用，有些甚至被银行扣留用来还债，怎么能有足够的资金来保证按期完成设备的制作呢？工人收入不高，干活没有积极性，设备的质量和工期就很难保证。

投标单位的人员、技术状况及产品制造业绩是决定产品质量的关键因素。如果一个企业的技术力量不强，加工制造能力差，财务状况再好也无法自行设计制造出高质量的产品。为了履行合同，承包商势必会将自己没有能力制作的产品配套件委外加工，这样既增加了合同执行的难度，也很难保证产品的整体质量。一个成熟产品的开发需要经过反复的试验，如果承包商的同类产品制造业绩不佳或没有制造出这类产品的经验，制造出来的产品不是成熟产品，往往会出现这样那样的问题，不能满足设计和使用要求。

投标单位的信誉决定了其能否很好地履行合同。招标单位应广泛了解投标方原有用户对其的反映，对用户的意见进行综合客观的分析。如果用户反映不好，肯定是厂家没有较好地履行合同，据此可以想象我们同样可能会遇到类似的问题。所以用户的意见应引起高度重视，在评标时加此考虑，以防造成以后的被动局面。

（六）在技术、商务澄清和决标后的谈判时应避免不公正行为

业主在技术、商务澄清时应采用公开和公正的方法。业主对有关招标文件条款的澄清和对每一投标者所提问题的解释均应以书面形式发给全体投标者，并不允许公开提问人。

决标后的谈判是签订合同的最后环节，也是设备供应商最容易向业主讨价还价的阶段。在些期间，有些业主会提出一些不公正的要求，如强行压价、增加供货范围或提高设备配套件的档次，这就给以后的合同履行工作造成很多障碍。投标商的投标一般都是在一定的工

期、质量、供货范围的承诺下和充分考虑各种影响因素的前提下而形成的价格。如业主强行压价，增加供货范围或提高设备配套件档次，往往就很保证设备的供货期和质量，有时甚至导致合同无法履行下去。据笔者所知，有一设备制造、安装工程，由于业主在谈判时提高了设备配套件的档次，而设备供应商参加谈判的人员没有经验，迁就了业主的要求。签完合同后经核算设备价款缺口较大，导致合同无法履行，后经法院调解，业主补偿供应商一定价款后，合同才得以继续履行，但仍然导致工期拖延将近一年，影响了生产的正常进行，造成了较大的经济损失。

（七）其他唯一因素

将采购成本降到最低对公司利润的增长的很重要，但更重要的是，应该考虑项目生命周期内的最低整体采购成本。在实际采购工作中，很多招标单位通常只关注承包方的投标报价，而忽视了招标成本、建设成本和所有权损耗成本等项目整体采购成本。

1. 招标成本。首先要考虑发出招标要约前的行为，招标方需要确定目标、调查主题、编写需求建议书、考察和认同供应商、获取内部的授权、寻求预算支持等，然后发出要约。该过程可能需要整个合同价的2%到5%。

然后，竞标者需要对招标方的招标文件制定其投标建议书，费时又费钱，每个竞标者在竞标说明上都要花费合同价的约1%到6.7%的成本。如果有五个竞标者，该成本将达到合同价的5%到30%。表面上看来，这笔款项由竞标者承担；但是，从长远看是由招标方承担。因为竞标者总把竞标成本直接加在每次竞标的项目上。

评标程序开始后，招标方需做包括开标、评标、定标、谈判、批准等事项。这个总成本可能占合同价的2%到5%。如果因为某种原因必须重新招标时，这部分成本将大幅增加。

因此，对于一般行业来说，竞标的总成本可能占到合同价的10%到50%。无论招标方处于何种行业，降低招标成本都是一种责任。

2. 建设成本。建设成本是投标报价的主要依据，往往是买卖双方关注的重点。一般包括如下几个方面：

前期准备、正式建设费用等与其他唯一系统的集成、授权、交付和保险、相关手册、对员工和管理者的培训等。

3. 所有权损耗成本。所有权损耗成本指长期损耗成本，包括项目运营成本和处置成本。项目运营成本可能会持续多年，并且可能是前期费用的许多倍；在设备濒于报废之时还需考虑其销毁或处理的处置成本。

综合考虑这些成本将有助于以正确的观点看待实际采购价，帮助买方选择最好的方案。

三、有关国际组织对国际项目采购的规定

随着世界经济一体化和国际贸易自由化的进程，国际采购规模越来越大。在国际采购中最典型、最有影响的是联合国贸易法委员会制定的“关于货物、工程和服务采购示范法”、世界贸易组织的“政府采购协议”和世界银行颁布的“国际复兴开发银行贷款和国际开发协会信贷采购指南”，它们已经成为国际项目采购的标准和规范。

1. 联合国贸易法委员会“关于货物、工程和服务采购示范法”。国际贸易法律委员会是联合国大会的一个政府间机构，成立于1967年，我国于1983年加入该委员会，目的是促进协调和统一国际贸易立法、消除因贸易法的差别而产生的不必要的国际贸易障碍，其主要职能是制定法律文件，以促进国际贸易的发展。国际贸易法委员会所制定的法律文件，很多已经过一定的程序成为国际公约，如《联合国国际货物销售合同公约》《海上货物运输公约》（汉堡规则）等，为参加这些公约的成员国所遵守；还有很多法律文件成为“示范法”，如《贸易法委员会国际商业仲裁示范法》、《贸易法委员会国际贷记划拨示范法》等。“示范法”并不是真正意义的法，不具有任何的法律效力，对各国的行为不具有约束力。制定这些示范法的目的是希望各国在进行国内立法时能够予以参照，以尽可能地减少因各国的立法差异而产生的不必要的贸易障碍，并援助那些试图改革其国内有关贸易立法的国家。《国际贸易法委员会关于货物、工程和服务采购示范法》（以下简称《示范法》），1994 年在联合国贸易法委员会第 27 届年会上通过。

制定《示范法》的目的，一是促进采购尽量节省开销和提高效率和效益；二是促进和鼓励不论任何国籍的供应商和承包商参与采购过程，从而促进国际贸易；三是给予所有供应商和承包商以公平和平等的待遇，使采购的程序具有透明度，提高公众对采购过程的信任。

《示范法》适用于所有采购，即以任何方式获取工程、货物或服务。《示范法》规定项目工程和货物采购使用招标方法而服务采购中应当重视对服务提供者的资格和专门知识进行评估的过程。《示范法》规定的招标环节为招标、投标、评标、定标。

2. 世界贸易组织的“政府采购协议”。政府采购制度的国际化或国际政府采购制度的形成是伴随着国际贸易一体化的进程而来的，然而却落后于这一进程。1946 年起草“关税与贸易总协定”时，由于政府采购的市场份额和规模较小，故被排除在总协定约束范围之外。随着政府采购市场份额和对国际贸易影响的不断增大，世界贸易组织（WTO）制定了“政府采购协议”，作为 WTO 多边贸易体系的一个重要协议，它建立了一个从国际到国内政府采购的法律框架，协议的基础是非歧视原则，以及最惠国待遇和国民待遇。各成员国在进行采购时，要平等对待该协议成员国方的投诉者。为了落实非歧视原则，协议特别强调采购程序的透明。

第一个规范政府采购的多边框架协议——“政府采购协议”于 1979 年 4 月 12 日在日内瓦签订，1981 年 1 月 1 日生效。经过几次修改、磋商，到目前为止，共有美国、欧盟、挪威、加拿大、瑞士等 14 个国家加入了该协议，并于 1994 年签订了新的“政府采购协议”。

《政府采购协议》主要对采购方法、招标程序、发展中国家的特殊待遇与差别待遇、质疑和争端解决方面作了详细的规定。其目的是通过建立一个有效的关于政府采购的法律、规则、程序和措施方面的权利与义务的多边框架，实现世界贸易的扩大和更大程度的自由化，改善协调世界贸易运行的环境；通过政府采购中竞争的扩大，加强透明度和客观性，促进政府采购程序的经济性和效率。

《政府采购协议》的适用范围广泛。从采购主体来看，《政府采购协议》适用于一国政府部门、机构或它们的代理机构。各国在加入该《政府采购协议》时应提供一份采购实体清单，只有被列入清单的实体才受《政府采购协议》约束。从采购对象来看，《政府采购协议》适用于所有采购，但排除了基本建设工程的特许合同的采购，如基础建设合同。从契约形式上看，《政府采购协议》适用于任何契约形式的采购，包括购买、租赁、租买、以及产品加服务的采购。

《政府采购协议》所采用的采购方法有公开招标、选择性招标、有限招标和谈判招标四种，其招标程序为发出采购邀请、制定招标文件、供应商资格审查、投标、接标、开标和授予合同。

《政府采购协议》规定签署国应保证向来自另一国的产品、服务和供应商提供国民待遇和非差别待遇，但对发展中国家，可以提供特殊与差别待遇。

3. 世界银行的《采购指南》。《采购指南》全称为《国际复兴开发银行贷款和国际开发协会信贷采购指南》，由世界银行制定，于1964年首次出版。此后世界银行又对其进行了不断的修改和补充，使其得到日臻完善。

世界银行是联合国的一个专门发展机构，宗旨是为发展中国家提供中长期资金支持和技术援助，项目采购贷款是其重要的贷款形式，主要用于对借款国经济具有战略性影响的农业与农村发展、基础设施建设、教育、卫生、环境保护等领域，其目的是运用采购方面的经济政策，促进发展中国家成员国经济的发展。《采购指南》是世界银行为向其成员国提供项目贷款制定的统一规则，它使项目贷款能够规范化运作，并对贷款的使用进行监督和管理。我国长期得到世界银行的贷款援助，对项目贷款的使用也就必须严格按照《采购指南》的规定去做。

《采购指南》适用于全部或部分由世界银行贷款资助的项目采购，但不包括咨询服务的内容，同时还规定只有会员国才能参加由世界银行提供全部或部分贷款的项目采购的投标，会员国以外的其他国家的投标者无资格参加招标。

《采购指南》规定贷款项目的工程和货物采购应采用国际竞争性招标方式进行，并要求贷款国在缺少必要的机构、资源和经验从事采购时聘请专门从事国际采购的公司进行代理。《采购指南》还规定在征得银行同意后，贷款国可在国际竞争性招标中给予本国制造的货物以优惠。

第四节　合同管理

合同是平等主体的自然人、法人、其他经济组织之间建立、变更、终止民事法律关系的协议。合同管理就是对合同的执行进行管理，确保合同双方履行合同条款并协调合同执行与项目执行关系的系统工作。成功执行合同管理的前提是具备有关项目合同的基础知识和管理方法。

合同管理是项目采购管理的实现阶段，也是项目采购管理乃至项目管理的核心。合同各方，包括业主、承包商和咨询工程师，都会十分重视合同的管理工作，合同管理直接关系到项目实施是否顺利，各方的利益是否能够得到保护。

买卖双方进行合同管理都是为了类似的目的，即确保本身与对方都履行其合同义务，并确保自身的合法权利得到保障。合同管理是确保卖方的绩效符合合同要求和买方按照合同条款履约的过程。对使用多个产品、服务和成果供应商的大型项目来说，合同管理的一个关键方面是管理各供货商之间的接口。

合同管理是确保卖方的执行符合合同要求的过程。对于需要多个产品和劳务供应商的大型项目，合同管理的主要方面就是管理不同供应商的界面。执行组织管理合同时要采取一系列行动。合同关系的法律本质性使得执行组织在管理合同时必须准确地理解行动的法律内涵。

合同管理不仅包括对合同关系适用适当的项目管理程序并把这些过程的结束统一到整个项目的管理中。当涉及多个卖方和多种产品的时候，在各个层次上，总是需要这种统一和协调。还包括资金管理部分。支付条款应在合同中规定。支付条款中，价款的支付应与取得的进展联系在一起。

合同管理是确保卖方履行合同要求的过程。对于具有多个产品和服务承包商的大型项目，合同管理的一个关键方面是管理各个承包商之间的组织界面。合同关系的法律属性要求项目队伍应清醒、强烈地意识到在管理合同中所采取行为的法律含义。

合同管理通过合同变更控制、项目绩效报告、成本支付控制等方法，依据合同、卖方工作结果、合同变更申请及卖方发票等材料进行。

一、项目合同概述

项目合同是指项目业主或其代理人与项目承包人或供应人为完成某一确定的项目所指向的目标或规定的内容，明确相互的权利义务关系而达成的协议。

（一）项目合同具有以下特点：它是当事人协商一致的协议，是双方或多方的民事法律行为；其主体是自然人、法人和其他组织等民事主体；其内容是有关设立、变更和终止民事权利义务关系的约定，通过合同条款具体体现出来；它依法订立并具有法律约束力。合同管理是确保买卖双方履行合同要求的过程，一般包括以下几个层次的集成和协调：授权承包商在适当的时间进行工作。监控承包商成本、进度计划和技术绩效。检查和核实分包商产品的质量。变更控制，以保证变更能得到适当的批准，并保证所有应该知情的人员获知变更。根据合同条款，建立卖方执行进度和费用支付的联系。采购审计。正式验收和合同归档。

（二）具体过程是：

1. 合同的签订。项目合同的签订过程也就是项目合同的协商、形成过程，它由合格的法人在公平合理、等价交换、诚信原则指导下，经过要约和承诺两个步骤，在充分协商的基础上达成协议。

所谓要约，在经济活动中又称为发盘、出盘、发价、出价、报价等。要约是当事人一方向另一方提出订立合同的愿望。提出订立合同建议的当事人被称为“要约人”，接受要约的一方被称为“受要约人”。要约的内容必须具体明确，表明只要接受要约人承诺，要约人即接受要约的法律约束。所谓承诺即接受要约，是受要约人同意要约的意思表示。承诺也是一种法律行为，“要约”一经“承诺”，就被认为当事人双方已协商一致，达成协议，合同即告成立。

2. 合同的履行。合同的履行是指合同生效后，当事人双方按照合同约定的标的、数量、质量、价款、履行期限、履行地点和履行方式等完成各自应承担的全部义务的行为。严格履行合同是双方当事人的义务，合同当事人必须共同按计划履行合同，实现合同所要达到的预定目标。项目合同的履行有实际履行和适当履行两种形式：

（1）所谓实际履行，即要求按照合同规定的标的来履行，不得以支付违约金或赔偿损失来免除一方当事人继续履行合同规定的义务。当然，在贯彻以上原则时，还应从实际出发以免给对方和社会利益造成更大的损失。

（2）所谓适当履行，即当事人按照法律和项目合同规定的标的按质、按量地履行，不得以次充好，以假乱真，否则，权利人有权拒绝接受。

3. 合同变更、转让、解除和终止。合同的变更指由于一定的法律事实而改变合同的内容和标的的法律行为。当事人双方协商一致，就可以变更合同，债权人可以将合同的权利全部或部分地转让给第三人，但债权人转让权利应当通知债务人。未经通知，该转让对债务人不发生效力。

合同的解除指消灭既存的合同效力的法律行为，其主要特征：合同当事人必须协商一致；

合同当事人应负恢复原状之义务；其法律后果是消灭原合同的效力。合同解除有两种情况：一是协议解除。协议解除是指当事人双方通过协议解除原合同规定的权利和义务关系。协议解除有时是在订立合同时在合同中约定了解除合同的条件，当解除合同的条件成立时，合同就被解除；有时在履行过程中，双方经协商一致同意解除合同。二是法定解除。法定解除是合同成立后，没有履行或者没有完全履行以前，当事人一方行使法定解除权而使合同终止。

合同的终止指当事人双方依照合同的规定，履行其全部义务后，合同即行终止。合同签订以后，是不允许随意终止的。根据我国的现行法律和有关司法实践，合同的法律关系可由下列原因而终止：

(1)合同因履行完毕而终止。

(2)当事人双方混同为一人(即合同权利人和义务人合为一人)而终止。

(3)合同因不可抗力的原因不能履行而终止。

(4)合同因当事人协商同意而终止。

(5)仲裁机构裁决或者法院判决终止合同。

4. 合同收尾。合同收尾过程支持项目收尾过程，因为两者都涉及验证所有工作和可交付成果是否可以接受的工作。合同收尾过程也包括诸如对记录进行更新以反映最终结果，将更新后的记录进行归档供将来项目使用的管理活动。合同收尾过程只对该项目阶段适用范围的合同进行收尾，在合同收尾后，未解决的争议可能需进入诉讼程序。

合同提前终止是合同收尾的一项特例，可因双方的协商一致产生或因一方违约产生。双方在提前终止情况下的责任和权利在合同的终止条款中规定。

合同收尾与行政总结类似，因为合同收尾包括产品核实和行政收尾。合同条款也可能为合同收尾规定特定的程序。提前终止合同是合同收尾的特殊情形。

合同收尾类似于管理收尾，它涉及产品核实和管理收尾。合同条款可以对合同收尾规定具体的程序。

合同收尾依据的资料就是合同文档，其内容包括合同本身及其附带的所有支持性进度计划、申请和批准的合同变更、任何卖方编制的技术文档、卖方绩效报告、发票和支付记录等财务文档，还包括与合同有关的检查结果。

合同收尾的结果有二：(1)合同归档。合同执行完毕应对项目采购作出一套完整的最终的记录并归档管理。(2)正式验收和收尾。正式验收和收尾的要求，通常在合同中定义。

当项目从执行组织以外获得产品和服务时，对每项产品和服务都执行一次从询价计划编制到合同收尾的过程。必要时，项目管理班子可能会寻求合同和采购专家的支持，并且让这些专家作为项目队伍的一员，尽早参与某些过程。

当项目不从组织以外获得产品和服务时，则不必执行从询价计划到合同收尾的过程。

二、合同管理方法

做好合同管理工作，应在熟悉合同条款的基础上，有明确的责任划分和严密的合同管理手段，从而将一切可能产生的“扯皮”责任漏洞、责任的交叉与重叠等现象，事先加以防范。下面以项目工程为例从三个方面讨论合同管理的方法。

(一)明确责任划分

合同的主要当事人是业主和承包人，这是合同的主要两方。监理工程师不属于合同的任何一方，但他在项目的执行中起着很重要的作用。责任划分指的是项目业主、承包人和监理工程师三者之间的责任划分，这是合同责任的最重要的划分机制。

业主的责任与义务是选择和任命监理工程师并将其任命和授权书面通知承包人外；签订合同；审批承包人转包或分包的请求；在监理工程师认证的基础上按合同支付预付备料款及项目工程进度款；审批合同、工期及其他项目变更；处理合同中止、终止或撤销事务；组织验收。

承包人的责任与义务是在合同规定的时间内，按照图样和技术规范的要求进行施工并完成工程；负责维修在缺陷责任期内出现的任何缺陷。其具体的合同义务，在合同文件中规定得非常详尽。

监理工程师的职责：按照世界银行的聘用咨询专家指南，监理工程师的职责包括一般职责；审核、签发工程进度表及工程进度款支付凭证；解释合同条款等等。

（二）坚持工地会议制度

在合同管理中，现场会议是业主和监理工程师做好项目管理的一种有效措施。按照不同的任务和目的，现场会议可分为第一次现场会议、例行现场会议和每日现场协调三种会议形式。

第一次现场会议是承包人进入工地后的首次会议，它可以为监理工程师和承包人之间在开始阶段建立相互合作的良好关系，从而为今后的合同管理的顺利进行打下一个基础。第一次现场会议参加的人员有承包人的代表、项目经理、监理工程师及其代表、业主的代表，由监理工程师主持。会议的议程由监理工程师拟定，并送交承包人和业主及有关方面征求意见，以使与会各方有针对性地准备材料。

召开例行现场会议的目的，是对施工中发现的工程质量问题、施工进度延误以及承包人提出的工期延长或费用索赔的申请或有关的其他问题进行讨论，作出决定。例行现场会议一般为每月1～2次，紧急需要时可随时召开。例行现场会议的记录，一经监理工程师和承包人认可，就成为正式的记录，对双方均有约束力。

每日现场协调，指每天在指定的时间和地点，由指定的人员参加的，协调承包人和监理工程师之间日常工作的一种碰头会。它只是讨论、论证有关问题、协调工作，一般对问题不作决定。

（三）严密的管理手段

合同管理工作既要有明确的责任分工，又要有一系列严密的、行之有效的管理手段，包括严格的审批程序、良好的通信和函电往来系统，以及健全的文档与记录管理制度。

1. 审批程序。合同一经签订，就必须按照各个条款中所规定的报批程序和审查批复时限办事，否则就会构成不同程度的违约；任何无理拖延都是不允许的，都有损于履行合同的严肃性，如向承包人发出一切指令、通知等，必须由监理工程师发出，业主及其部门不能越过监理工程师直接向承包人发出，以免“令出多门”，造成管理上的混乱；监理工程师或其代表的口头指示，在承包人执行后应予书面确认；监理工程师应在收到承包人的工程进度报表或工程款支付证书的28天之内核证、签发并报送业主，业主则应在接到该证书的28天内向承包人付款；发生索赔事项时承包人必须在索赔事件发生的28天内提出索赔意向书，然后在28天内提交索赔详单和索赔依据，否则丧失得到补偿的权利。

2. 通信和函电往来系统。项目工程，尤其是大型的公路、铁路、水电工程，往往是绵延几十公里或上百公里，或方圆几十平方公里，分成若干合同段同时施工，没有便利的通信和交通条件，就不能有效地进行管理。按照国际惯例，业主已经把合同管理的任务委托给监理工程师，所以监理工程师的通信和交通设备是否齐全和便利，就是一个十分重要的事情了。一般情况下招标文件已明确规定为监理工程师及时的提供这些装备，是承包人的合同义务。

3. 文档与记录管理制度。在整个项目的全过程中，文档与记录的管理，对于合同的管理起着重要作用。合同管理的基础是合同、双方的工作结果以及各种开销的单据。因此，必须管理好与卖方之间往来的各种书面文件、合同变更和卖方的付款申请书等文档。项目业主、监理工程师和承包商都应重视和做好文档和记录的管理工作。

项目管理人员必须正确认识自己采取和不采取行动的法律后果。当卖主履行了合同义务，完成了规定的工作，就要及时验收并向其支付款项。否则，卖方有权暂停工作，终止合同，甚至诉诸法律。合同管理涉及项目管理的其他方面，例如监视承包商在费用、进度和技术方面的表现；检查并核对其工作成果是否满足要求；保证变更经过有关方面的批准，并将其通知所有的有关方面。合同还应明确支付条款。

三、合同管理常见问题及处理方法

(一) 合同的转让与分包

没有业主的事先同意，承包人不得随意将合同或其任何部分及其收益转让、分包他人。工程分包应经监理工程师事先同意并审查批准。

(二) 工程延期

延期是指合同规定的竣工期限的延长。引起延期的原因除了业主主观因素和客观条件外，还包括承包人的违约或者未能履行其义务和责任引起的延期。

发生延期后的规定时间内，承包人应将情况通知监理工程师，并抄送业主。若延期是由业主引发的，即使承包人未提出延期要求，监理工程师仍有权延期。若延期是不可抗力造成的或承包人的延期要求是合理的，监理工程师应当批准同意延期。

若延期纯属承包人的责任，则其必须向业主支付合同投标书附件中约定的延期违约赔偿金。

(三) 工程变更

项目工程由于自身的性质特点或设计不周或不可抗的影响或合同双方当事人处于对工程进展有利着想等都会引进工程变更。

只要工程变更在原合同规定的范围内进行，变更是允许的。根据有关规定如果监理工程师在不改变承包人既定方针施工方案的前提下，认为有必要对工程或其任何部分的形式、质量、数量作出变更，他有权指示承包人进行变更，承包人也应执行其变更指示。

当工程变更超过合同总价的50%时，监理工程师应与业主或承包人进行协商并调整合同价款，若合同双方协商不能达成一致意见，此款额由监理工程师在考虑合同中承包人的现场管理费用或总管理费用增减的因素后，予以确定。

(四) 违约与违约的处理

承包人在签订合同后或合同执行中违约，监理工程师应提出书面的警告并抄送业主，业主应在收到监理工程师的警告材料后，应向承包人发出通知并在通知发出 14 天后禁住现场并终止对承包人的雇佣。

若业主违约承包人有权终止合同向下的受雇，并向业主或监理工程师发出终止合同的通知，合同终止生效应在通知发出 14 天后。业主违约导致承包人单方面终止合同后，承包人可不经监理工程师批准将其施工装备或材料撤离施工现场。当业主拖延支付工程进度款，承包人在向业主发出通知并抄送监理工程师，28 天后，有权暂停工程或放慢工程进度。由此造成的损失由监理工程师、业主协商解决，协商后追加合同总价。

（五）索赔

索赔指合同双方根据合同规定正式向对方要求的一种额外的支付，在项目采购中索赔是难以避免的，它直接涉及项目业主和承包人的利益。妥善处理索赔和防止不必要的索赔是监理工程师重要的工作职责。承包人向业主索赔是合同管理中最常见的索赔。索赔的程序如下：

发生索赔事件 28 天以内承包商就应向监理工程师发出索赔意向通知并抄送业主一份，同时承包人商应继续施工并保持同期记录。允许监理工程师审查所有与索赔事件有关的同期记录并提供幅本。

承包商应在发出索赔通知 28 天内向监理工程师报送详细的索赔材料，索赔依据和款额，若索赔事件具有连续影响，应每隔 28 天提交详细报告，直至索赔影响终结。

按国际工程索赔处理惯例，监理工程师收到承包商的索赔通知后，应及时论证索赔原因、依据、款额及应给予的工期延长，并与业主或承包商协商尽快作出的索赔处理决定。若承包商不满意索赔处理决定可向监理工程师发出保留继续索赔的意向通知，并在竣工报表中进一步索赔或提交仲裁。

项目合同争端的法律解决途径有仲裁和诉讼。仲裁和诉讼的判决都具有法律权威，对争端双方都有约束力可强制执行，但一般倾向仲裁而非诉讼。因为仲裁具有灵活性、保密性、效率高费用低、宜于执行的优点。在我国，越来越多的项目将进行公开的国际竞争性招标，并按照国际通用的合同模式进行管理。项目合同争端的仲裁机构、仲裁地点，应尽量在合同文件中明确在我国进行。

诉讼属于采用司法程序处理争端的过程，采用诉讼方式解决争端应注意，为了防范风险最好在合同中对诉讼作出一定限制，如将涉及技术性的争端，交由双方各个指定的专家处理，以避免因不熟悉他国司法规则而使自己处于不利的地位。如合同中未明确对争端作出判决有效的法院，可能会造成合同双方向两个法院提起诉讼，从而导致不同的判决结果，造成判决执行困难。解决的方法是在合同中就司法程序解决争端列入一项专属管辖权条款，责成当事各方将合同争端诉讼交由某一有资格判决的法院审理和判决。当确定采用诉讼解决争端时，应充分了解受理案件法院所在国家法律规定中的强制措施及允许采取的抗辩抵制、反诉、上诉等规定，以防不测和保护自身合法权益。

案例

省高等级公路项目

××省交通厅利用亚洲开发银行贷款用于修建该省两个中心城市间的高速公路，亚行项目官员是一位来自南亚某国曾经从事铁道建设工作十余年的资深工程师。

该省交通厅和中国××国际招标公司向亚行项目评估团提交了项目分包打捆计划书，该计划书中列明从 A 市到 B 市拟建的高速公路的主要建设工程包括 2 座特大桥、3 个特长隧洞、178 公里的路基、路面及结构物的实施完成和缺陷修复。中国××国际招标公司提出的分包计划是把A市到B市的高速公路项目分为17个合同段(包括2个特大桥合同和3个特长隧洞合同)。

亚行项目官员否定了中国××国际招标公司提出的分包计划，提出了新的分包计划，即2座特大桥作为一个合同(该2桥位置相邻)，3个特长隧洞作为二个合同(其中相邻的2个隧洞为一个合同)，其他路段的路基分为5个合同，所有路面分为两个合同，这样，从A市到B市的高速公路共分10个合同，如下表所示：

工程名称	特大桥	隧洞	路基	路面	合计
合同数	1	2	5	2	10

亚行官员把路基与路面分别打包的理由是可以让更多的专业化筑路队伍参加竞标，降低工程造价，把17个合同段压缩为10个合同段的目的是为了提高每个合同段的合同金额，以利于吸引大公司参加投标。

但事后的招标以及项目执行的结果与亚行官员的愿望是不一致的。首先，许多中小企业被排除在合格的投标商之列，降低了招标的竞争性，参加投标的大公司中标后，因其无施工实体，而层层分包给其下属企业，导致施工管理难度加大。再者，路基、路面分开招标，路基质量很难保证，因为路基、路面分属不同的承包商实施完成，当路面质量出现问题时，路面建设的承包商与路基建设的承包商相互推诿，谁都不承担责任，使业主蒙受损失。另外，项目监理工程师为了应付各种扯皮的事伤透脑筋，而无法分身抓他的主要工作，即质量控制、成本控制和进度控制。

由于错误的分包打捆导致了许多工程质量问题，且项目无法在规定的工期内完成，不得不向亚行提出延长亚行贷款的关账期。

◇案例问题：

1. 这个案例中的招标以及执行出了什么问题？
2. 具体结合这个案例来谈谈招投标的要求和程序。

※ 思考题：

1. 什么是采购？什么是合同？
2. 招投标的一般程序是什么？
3. 采购计划的内容和依据是什么？
4. 简述合同的组成文件。
5. 简述项目合同的履行与违约责任。

第九章 项目风险管理

随着全球经济的一体化及社会活动的大型化，世界市场逐渐趋向一体化，各行各业都面临着不确定性的外部环境条件，面临着来自不同层面的风险。风险管理已成为当今社会的热门话题。从经济学知识可知，“风险与收益成正比，高风险意味着高收益”。然而，在项目管理中似乎不是这样。任何项目活动都不可避免地存在着不确定性，因此各种各样的风险也必然伴随着各项目活动，项目的实施过程尤其如此。有些从事项目管理的理论研究学者和从事项目管理运作的实践者们甚至认为：项目管理的本质就是风险管理，项目经理的目标及任务就是与各种各样的风险做斗争。

对于项目而言，风险是普遍存在，且产生后果的影响很大，因此加强风险管理就显得格外重要，然而在大多数人的眼中，风险具有很大的偶然性，在风险事件发生以前很难加以验证是否会发生，因此，人们对待风险管理往往持一种消极态度。所以，风险管理必须要解决态度问题，必须要充分认识到风险管理的重要作用。

风险管理可追溯于第一次世界大战中战败的德国。德国较早地建立了风险管理的相关系统理论，到了20世纪50年代，高层决策者逐渐从一些公司发生的重大损失中认识到了风险管理的重要性。60年代后，美国对风险管理的研究逐步趋向于系统化和专业化，发展成为如今管理领域中一门独立的学科专业。项目风险管理是一项综合性很强的管理活动，其理论及实践涉及自然科学、工程技术、社会科学、系统科学等多学科。风险主要涵盖了两方面的内含：一方面是风险意味着出现了损失，或者是未实现预定的目标；另一方面则是指这种损失出现与否可以用概率表示其出现的可能程度，但不能对其出现与否作出确定性的判断。通过对风险含义的分析可知，风险作为项目中存在的普遍现象，它具有以下主要特征：

（1）风险意味着损失或损害；

（2）风险意味着是一种不确定性；

（3）风险主要是针对未来的；

（4）风险是客观存在，是不以人的意志为转移的，风险的度量不涉及决策人的主观效用和时间偏好；

（5）风险是相对的，虽然风险是客观存在的，但其依赖于决策目标，同一方案不同的决策目标会带来不同的风险；

（6）风险是预期和后果之间的差异，是实际后果偏离预期结果的可能性。

项目风险管理就是对项目风险从识别、分析，最终采取应对措施等一系列过程，主要包括将积极因素所产生的影响最大化及使消极因素产生的影响最小化两方面内容，项目风险管理的主要工作如图9－1所示。

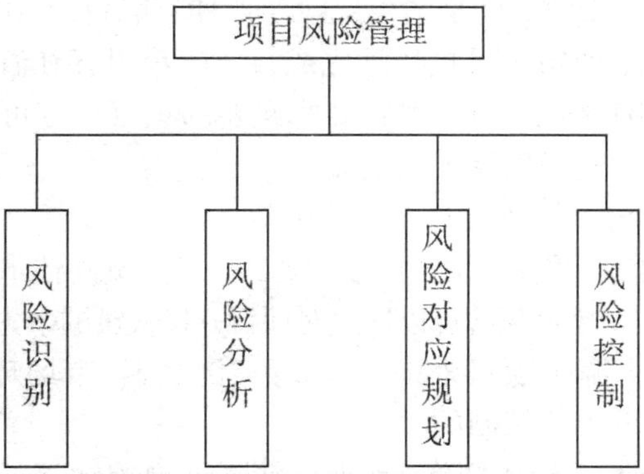

图 9－1 项目风险管理的主要工作

第一节 项目风险

一、项目风险的含义

所谓的项目风险是指为实现项目目标的活动或事件的不确定性及可能发生的危险。为了有效控制项目风险或消除项目风险，必须重新认识项目风险，并对其进行科学的剖析。项目风险简而言之就是一种不确定事件或状况，当其发生时，必然对至少一个项目目标，比如时间、成本、范围以及质量目标等，产生积极或消极影响。

在项目管理中切忌将项目风险视作烫手的山芋，不仅要认识到风险可能给项目带来损失，同时也要清醒地认识到风险可能带来机遇及收益。在管理项目过程中，要善于把握风险，特别是把握风险所带来的机会，虽然风险包含着一定的威胁。所以，对于风险的管理，并不是要消除所有的风险，这也是不切实际的，而是要对不利的风险所带来的危害及损失进行控制。实际上，整个项目的管理过程可看作是各种风险交替出现的一个过程，一种风险由产生转变为成熟，直到最后消亡，而新的风险又接连不断出现，周而复始。因此，风险管理的过程可以看作是在项目的整个生命周期内，为了防范及控制风险而采取的一系列行动，风险管理贯穿于项目管理全过程。

由于同一个事物按照不同的标准进行分类时，能够得到不同的结果。同样道理也适用于项目风险。根据分类标准的不同，项目风险可分为以下几个种类：

1. 按风险的来源分类。

(1) 自然风险。由于自然力的作用，所带来的风险，比如：地震、暴雨、火灾等自然地质灾害所造成财产损失或人员伤亡。

(2) 社会风险。由于个人的反常行为或团体的不可预见行为所导致的风险，比如：战争等政治因素，汇率波动、经济不景气等经济因素对项目带来的损失。

(3) 经营风险。在从事经济活动中，由于经营不善、市场竞争、决策失误、供求变化等导致项目遭受损失。

(4) 技术风险。伴随着科学技术发展而带来的风险，比如：酸雨、化工排放物污染等。

2. 风险根据对项目的影响可分为积极风险及消极风险。对项目起促进作用而不是阻碍作用的风险，就是积极风险。反之，则是消极风险。比如：项目存在工期紧张的风险时，更能激发项目成员的士气及斗志，使得项目更快地完成；再如：项目存在着资源有限的风险时，从而促使项目资源向重要项目任务的调配，尽管某些次要的项目任务可能被延误或忽略了，但项目中的关键工作得以完成，使得项目工期缩短。

3. 按风险的可控性分为可控风险与不可控风险。

(1)可控风险常常来自项目内部，比如：由于项目开发人员的技术水平低下，胜任不了工作，就会导致项目延误的风险，对于该风险可以通过对项目开发人员的事先评估来进行控制。

(2)不可控风险常常来源于项目外部，比如：经济衰退、市场环境变化、社会动荡等，通常，这类风险是项目管理者无法控制的。

虽然项目风险的划分方式林林总总，给人以深不可测的感觉，但重要的是对项目风险的本质进行分析。下面从以下五个方面对项目风险加以分析，以揭示项目风险的实质：

1. 项目风险发生概率，即项目风险发生的可能性。比如：成本超支的可能性将会高过50%吗？

2. 项目风险发生频率，即项目风险事件在项目中多长时间发生一次。比如：多长时间会发生一次员工流失事件？

3. 项目风险发生后果，即项目风险对项目产生的影响。比如：项目风险将会对项目实施的哪些领域带来影响？

4. 项目风险重要程度，所有的项目风险不可能同等重要，一视同仁的。其间存在着不同的重要程度。比如：一个估计不足的项目进度计划会对项目产生致命影响吗？

5. 项目风险综合评价，有些项目风险所带来的后果比较大，但发生的概率及频率都很小，然而有些项目风险虽然影响不大，但出现的可能性却很大。因此，需要对项目风险进行综合评价，综合考虑上述各种因素，这就是项目风险的综合评价。简而言之，项目风险综合评价就是计算项目风险的重要程度与项目风险发生概率之积。

二、项目风险管理

风险管理就是在风险成为影响项目成功的威胁之前，对风险的源头进行识别、着手处理并且消除的过程。而项目风险管理则是项目管理人员通过风险识别、风险估计及风险评价，在此基础上合理地使用多种管理方法、技术及手段对项目活动中存在的风险实行有效的控制，主动采取行动以创造条件，尽可能扩大风险事件的有利结果，妥善处理风险事件所造成的不利后果，以最少的成本，安全、可靠地实现项目的总目标。简而言之，项目风险管理就是对项目风险从识别、分析、评价直至采取应对措施等的一系列过程。

随着科学技术及社会生产力的迅猛发展，随着项目的日益规模化以及技术与组织管理的日益复杂化，项目管理也日益呈现出复杂性与艰巨性的特征。项目风险管理作为项目管理的重要一环，其对保证项目实施的成功，有着重要的作用及意义。主要表现如下：

(1)项目风险管理能使得项目实施决策更趋于科学化、合理化，进而降低决策的风险水平。

(2)项目风险管理能为项目组织提供安全的经营环境。

(3)项目风险管理能够保障顺利实现项目组织的经营目标。

(4)项目风险管理能不断提高项目组织的经营效益。

(5)项目风险管理根据资源的最佳组合来进行分配，有利于提高全社会的资源使用效益。

(6)项目风险管理有利于社会的稳定发展。

项目风险的来源、形成过程、潜在的破坏机制、影响范围以及破坏力之间的关系错综复杂，单一的管理技术、工程技术及财务等技术手段都不能完全对项目风险进行解释，且具有局限性。必须对多种方法、手段及措施进行综合运用，才能用最少的成本将各种不利后果降低到最低程度。所以，项目风险管理是一项综合性很强的管理活动，其理论及实践涉及自然科学、社会科学、管理科学、工程技术、系统科学等多学科。比如:在风险估计及风险评价中，项目风险管理就使用了概率论、数理统计以及随机过程的理论和方法等。

风险具有不可预知性，因此管理风险的难度很大，很难简明地阐述风险的具体操作。那么如何进行风险管理呢？通常，根据风险处理的时点的不同对风险进行划分，从事前、事中、事后三个阶段对风险进行分析、定位及管理。

(1)事前风险管理，尽力预防风险，力争将风险扼杀于萌芽状态。预防风险即所谓的“防患于未然”，规划、执行风险识别、分析及防范等一整套系统的措施。分析识别风险，从而消除风险可能产生的源头，将风险“扼杀在摇篮里”，并对风险进行监控。

(2)事中风险管理，在项目实施过程中，如果出现了发生风险的可能性，必须对此迅速作出反应，把项目风险发生的对项目所带来的影响控制在一个能够承受的范围之中。

(3)事后风险管理，强调的是危机管理，当风险已经对项目带来了不利影响，通过采取相应的措施对其处理，努力将风险的不利影响降到最小，并且在项目能够承受的范围之内。

第二节 项目风险的识别

风险识别是项目风险管理的基础，也是其重要组成部分之一，所谓风险识别就是确定风险的来源，确定风险产生的条件，对风险特征进行描述，进而确定哪些风险事件对项目会产生影响，且用文字记载其特性的管理活动。可能会给项目带来危害及机遇的风险因素可通过风险识别这一过程而被识别，这样，有利于项目管理人员将控制风险的注意力集中到更为具体的项目上来。

当然，风险识别是一项反复过程，不是一劳永逸的事，随着项目的实施进程不断推进，可能会不断出现新的风险，必须在项目的整个生命周期中定期进行风险识别。风险识别反复的频率及参与风险识别的人员都可能因项目而异。通常，参加风险识别的项目管理人员主要包括:项目经理、风险管理团队、项目团队成员、项目团队之外的相关领域专家、客户、项目利害关系者以及风险管理专家等。尽管上面提及的人员是风险识别过程的关键参与者，也应鼓励所有项目人员都参与到风险的识别过程中来。需要特别强调一下，项目团队必须自始至终全过程参与风险识别过程，以使项目团队成员在执行风险应对措施时，有一种参与感及责任感。

一、项目风险识别的依据

项目风险识别的依据主要有项目规划、风险管理计划、风险种类、历史资料、制约因素和假设条件。

1. 项目规划。项目规划中的项目目标、任务、进度计划、范围、资源计划、费用计划、采购计划及项目承包商、业主方与其他利益相关方对项目的期望值等都可视为项目风险识别的依据。

2. 风险管理计划。风险管理计划规定了在整个项目生命周期，如何组织与进行风险识别、风险评估、风险量化、风险应对及风险监控，对项目组织及成员风险管理制订了行动方案，并且指导项目组织选择风险管理方法，因此，风险管理计划是项目风险识别的重要依据。

3. 风险种类。风险种类是指可能对项目产生正面或负面影响的风险源。常见的风险类型主要有管理风险、技术风险、市场风险、过程风险、质量风险、组织风险及法律法规变更等。由于可以通过项目的风险种类反映出项目所在行业及应用领域的特征，因此，一旦掌握了各风险种类的特征规律，也就掌握了风险识别的钥匙。

4. 历史资料。历史资料是项目风险识别的重要依据之一。对于识别本项目的风险，类似项目的历史资料及其经验教训能发挥特殊作用。项目管理人员通过翻阅过去项目的档案，或向参与类似项目的组织与个人征集历史资料，这些资料常常详细地记录着类似项目的情况，不容置疑，其对本项目的风险识别有极大帮助。

5. 制约因素与假设条件。通常，项目建议书、可行性研究报告等项目计划及规划性文件均是基于若干假设和前提条件的基础上，通过估计或预测的方法得到的。而这些前提及假设在项目实施过程中有可能成立，也有可能不成立，因此，在项目的前提及假设中就隐藏着风险。所以，项目计划及规划的前提、假设及限制因素都应视为风险识别的依据。

二、项目风险识别程序

通常，项目的风险识别可分为如下三步：

1. 收集资料。资料与数据能否收集得到，所收集的资料与数据是否完整都不可避免地影响到项目风险损失的大小。有助于识别风险的资料主要有项目产品或服务的说明书，项目的前提、假设及制约因素，与本项目类似的案例等。

2. 风险形势估计。所谓风险形势估计就是对项目的目标、资源、战略、战术、项目的前提与假设及为实现项目目标所采取的手段进行估计，并在此基础上，正确确定项目及其环境的变数。

3. 根据直接或间接的症状将潜在的风险识别出来。进行风险识别时，首先要对项目假设条件与约束因素、所制订出来的项目计划、类似项目的文档及其他信息进行综合汇审。进行风险的识别时，原则上，可以从原因查结果，当然也可以从结果反过来找原因。从原因查结果，就是先找出本项目中哪些事件可能会发生，且事件发生后会引起何种的结果。比如，关税的税率会不会变化，如发生变化，关税税率的提高与降低对项目而言分别会引起怎样的后果；而从结果找原因的例子有，建筑材料涨价导致项目超支，那么，哪些因素会引起建筑材料涨价呢?

三、项目风险管理技术方法

在识别风险的过程中，需要利用到一些专门的技术及工具，来确保高效率的风险识别尽可能不发生遗漏，所用到的方法主要包括 SWOT 技术、检查表、德尔菲法、头脑风暴法、核对表法、敏感性分析技术等。现简要地将主要方法介绍如下：

1. SWOT 分析法。SWOT 分析法是环境分析方法的一种，SWOT 是英语单词 Strength－优势、Weakness－劣势、Opportunity－机遇及 Threat－挑战的第一个字母的缩写。

通常，SWOT 分析分成五步来进行：

(1) 分别列出项目的优势与劣势，以及可能的机会与威胁，并填入道斯矩阵的 I、II、III、IV 区中，道斯矩阵如表 9－1 所示。

表 9－1 道斯矩阵

	III 优势 列出自身优势	IV 劣势 具体列出弱点
I 机会 列出现有的机会	V SO 战略 抓住机遇，发挥优势战略	VI WO 战略 利用机会，克服劣势战略
II 挑战 列出正面临的威胁	VII ST 战略 利用优势，减少威胁战略	VIII WT 战略 弥补缺点，规避威胁战略

（2）内部优势和外部机会相组合，形成 SO 策略，制定抓住机会、发挥优势的战略，并填写到道斯矩阵的 V 区。

（3）内部劣势和外部机会相组合，形成 WO 策略，制定利用机会克服弱点的战略，并填写到道斯矩阵 VI 区。

（4）内部优势和外部威胁相组合，形成 ST 策略，制定利用优势减少威胁战略，并填写到道斯矩阵 VII 区；

（5）内部劣势和外部挑战相组合，形成 WT 策略，制定弥补缺点、规避威胁的战略，并填写到道斯矩阵 VIII 区。

SWOT 分析法还可以用象限图的方式表示出来，更加直观、简明，如图 9－2 所示。

图 9－2 SWOT 矩阵

2. 检查表（Checklist）。检查表是项目管理中常用于记录与整理数据的一种工具。利用其进行风险识别时，在一张表上列出项目实施过程中可能发生的潜在风险，方便项目管理人员进行检查核对，以此来判别项目是否存在着表中所列或类似的风险。其中，类似项目曾经发生过的风险都会在检查表中列举出来，可以说，检查表是项目风险管理经验的结晶，可以使项目管理人员开阔思路、启发联想，起到抛砖引玉的作用。一个成熟的项目团队必须要掌握丰富的风险识别检查表工具。风险因素检查表如表 9－2 所示。

表 9－2　　项目实施过程中可能出现的风险因素检查表

生命周期	可能的风险因素
全过程	(1)对一个或更多阶段的投入时间不够 (2)没有记录下重要信息 (3)尚未结束一个或更多前期阶段就进入下一阶段
概念	(1)没有书面记录下所有的背景信息与计划 (2)没有进行正式的成本－收益分析 (3)没有进行正式的可行性研究 (4)你不知道是谁首先提出了项目创意
计划	(1)准备计划的人过去没有承担过类似项目 (2)没有写下项目计划 (3)遗漏了项目计划的某些部分 (4)项目计划的部分或全部没有得到所有关键成员的批准 (5)指定完成项目的人不是准备计划的人 (6)未参与制订项目计划的人没有审查项目计划，也未提出任何疑问
执行	(1)主要客户的需要发生了变化 (2)搜集到的有关进度情况和资源消耗的信息不够完整或不够准确 (3)项目进展报告不一致 (4)一个或更多重要的项目支持者有了新的分配任务 (5)在实施期间替换了项目团队成员 (6)市场特征或需求发生了变化 (7)做了非正式变更，并且没有对它们带给整个项目的影响进行一致分析
结束	(1)一个或更多项目驱动者没有正式批准项目成果 (2)在尚未完成项目所有工作的情况下，项目成员就被分配到了新的项目组织中

3. 德尔菲法。传说太阳神阿波罗(Apollo)在古希腊的德尔菲杀死了一条巨蟒，从此成为德尔菲主人。阿波罗不仅年轻英俊，而且对未来有很高的预见能力，于是在德尔菲修建阿波罗神殿，作为一个预卜未来的神谕之地。于是，人们借用此名为该项目风险管理方法命名。

20 世纪 50 年代末，德尔菲法最早出现于美国，当时，美国为了预测在其遭受原子弹轰炸后可能出现的结果，而发明了此方法。1964 年，美国兰德（RAND）公司的赫尔默与戈登发表了《长远预测研究报告》，首次将德尔菲法用于技术预测中，此后，该方法便广泛地应用于美国及其他国家。德尔菲法不仅应用于科技领域，还可用于军事预测、经营及需求预测、人口预测、教育预测、医疗保健预测等几乎任何领域的预测。

（1）德尔菲法的基本特征。从本质上看，德尔菲法是反馈匿名函询法的一种。其操作过程是，首先，就所要预测的问题征询专家的意见，然后对意见进行整理、归纳及统计，再以匿名的方式反馈给各位专家，并征求意见，然后再集中，再反馈，反复进行多次，直至各位专家得到比较稳定的意见。其流程如图 9－3 所示：

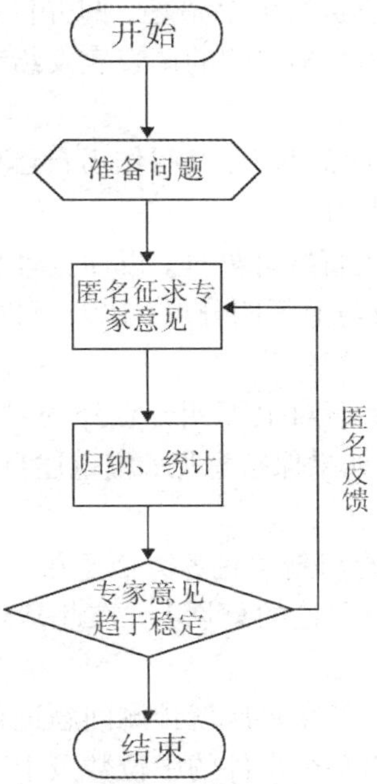

图 9－3 德尔菲法流程图

因此，德尔菲法是一种利用函询形式进行集体匿名思想交流的过程。其有三个显著的特征有别于其他专家预测方法，分别为：匿名性、多次反馈以及小组的统计回答。

①匿名性。匿名是德尔菲法的最为重要的特点，从事预测的专家彼此之间互不知情，并不知道哪些人参与了预测，专家们是在完全匿名的情况下进行思想交流的。

②多次有控制的反馈。小组成员的交流是以回答组织者提出的问题的方式来进行的。通常，需经过若干轮反馈才能完成对问题的预测。

③小组的统计回答。一般，小组预测结果主要反映多数成员的观点，而少数成员的观点可能概括性地提及一下。这样就没有表现出小组中不同意见的状况。而德尔菲法所采用的统计回答却不一样，它分别报告一个中位数及两个四分点，其中一半落在两个四分点内，而另一半落在两个四分点之外。因此，小组成员的每种观点都可以在统计回答中得以体现，从而避免了专家会议法只反映多数人观点的缺点。

（2）德尔菲法的程序。在德尔菲法实施过程中，有两方面的人在不停地进行互动，一方面是进行问题预测的组织者，另一方面则是被挑选出来的专家。需要注意的是，德尔菲法中的调查表不同于平常的调查表，其除了像平常的调查表一样向被调查者提出问题，并要求回答外，还肩负向被调查者提供信息的责任，将相关信息反馈给参与问题预测的专家们，是一种交流思想的工具。

一般，德尔菲法的程序是以轮为单位来进行的。在每一轮中，组织者与专家各自有着不同的任务。

第一轮：

①由组织者发给专家只提出预测问题的开放式调查表，不带任何说明，请专家就预测主题提出预测事件。

②组织者就专家回答的调查表进行汇总整理，归并同类事件，排除次要事件，并用准确术语编制一个预测事件一览表，作为第二轮的调查表发给专家。

第二轮：

①就第二轮调查表所列的每个事件，专家都作出自己的评价。比如，解释事件争论的问题，说明事件延迟或提早发生的理由。

②组织者就第二轮专家意见进行统计处理，以便整理出第三张调查表。第三张调查表应包括预测事件、事件发生的中位数与上下四分点，以及事件发生时间在四分点外侧的理由。

第三轮：

①向专家发放第三张调查表，请对上下四分点外的对立意见作出评价；如果专家要修正自己的观点，要说明改变的理由；如果保持意见，应重述自己的理由，特别是在上下四分点外的专家。

②组织者回收专家们的新评论与新争论，类似于第二轮，统计出中位数和上下四分点；总结整理专家观点，重点放在双方争论的意见上，在此基础上，形成第四张调查表。

第四轮：

①向专家发放第四张调查表，专家再次就预测问题进行评价与权衡，重新作出预测。

②回收第四张调查表，计算出每个事件的中位数及上下四分点，总结归纳各种意见的理由与争论点。

在利用德尔菲法进行风险管理时，必须注意以下几点：

①并不是所有的被预测事件都必须按上面提及的一样，要经过四轮的调查。有的事件可能在第二轮就达到统一，就没有必要在第三轮中出现。

②在第四轮调查结束后，专家对各事件的预测也未必能达到统一。虽然专家意见不统一，但也可以用中位数及上下四分点来作出结论。事实上，有许多事件的预测结果都是不统一的。

③预测结果的表示。德尔菲法的预测结果可用表格、直观图或文字叙述等形式进行表示。使用表格形式时，表中只需列出事件的名称、相应的中位数及四分点。大多情况下，使用直观图的形式来进行表示。主要的直观图有如下几种：

(1)楔形图。楔形图的顶端表示中位数，底边的长度表示最迟及最早时间的间隔。纵坐标上的字母为项目代号。如图 9－4 所示。

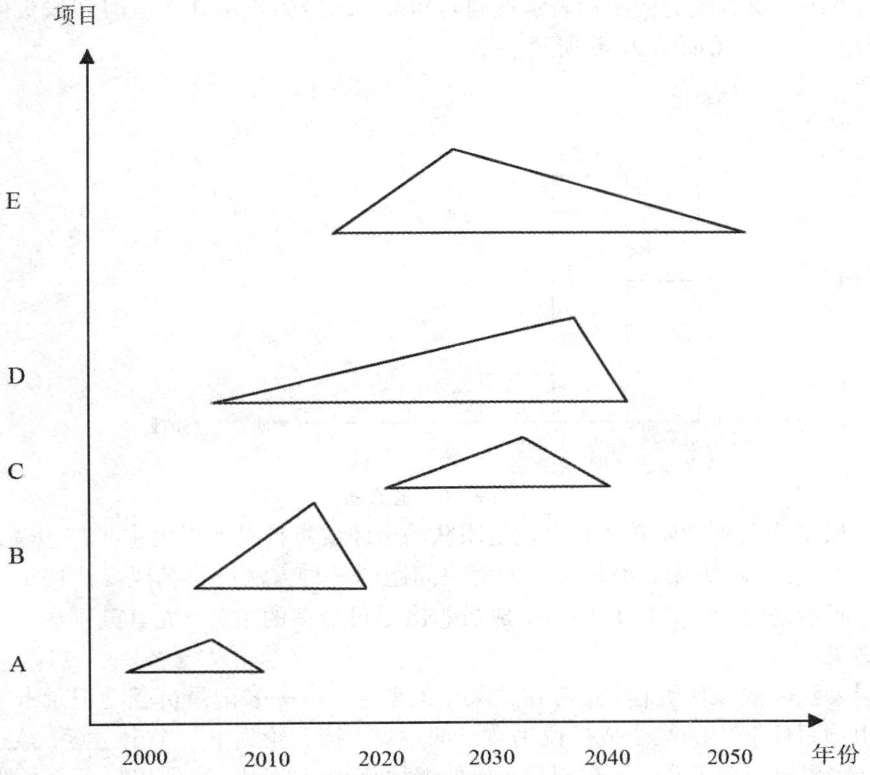

图 9－4 楔形图

(2)截角楔形图。截角楔形图的顶点表示中位数，截角端点为上下四分点。底边的长度表示四分点间隔。截角楔形图上的字母代表的是事件的代号。如图 9－5 所示。

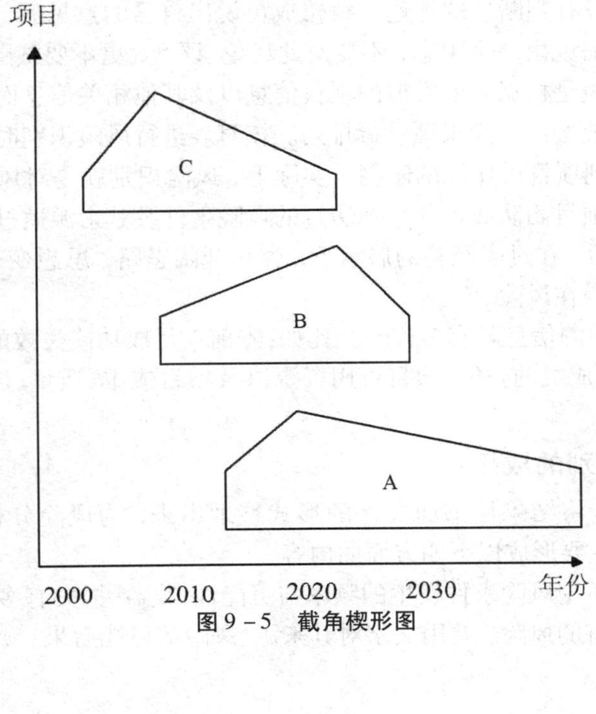

图 9－5 截角楔形图

（3）直方图。直方图的横坐标表示不同时间段，纵坐标表示在相应时间段赞同事件发生的专家的比例。直方图如图 9－6 所示。

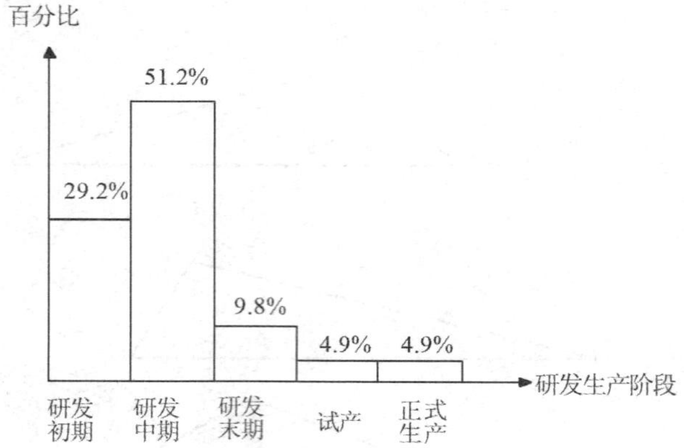

图 9－6　直方图

4. 头脑风暴法。头脑风暴法其实就是团队的全体成员自发地提出主张与想法，从而产生富有创造性的、更好的方案，也是常用的解决问题的一种方法。头脑风暴法偏重于主张与想法的数量，而不是质量。目的是要团队成员想出尽可能多的主意，尤其鼓励成员有新奇或突破常规的意见。

头脑风暴法一般操作流程是，在讨论某个问题时，由一名记录员翻动记录卡或在黑板前做记录。由项目团队中的某个成员说出自己的意见，接着轮到下一个出主意，该过程不断进行，每人每次想出一个主意。一轮过后，仍然继续该循环过程，直到想尽了一切主意或到达限定时间。

采用头脑风暴法时，需要遵循两个主要的规则，一是项目团队的成员不进行讨论；二是在表达个人意见后，没有判断性的评论。每位成员说出自己的意见后，紧接着由下一个成员说。项目团队成员只需说出一个主意，不要对此讨论、评判，更不要试图宣扬。

5. 核对表。核对表是根据先前类似的项目信息以及其他相关信息而编制的风险识别核对图表。在核对表中一般按照风险来源进行排列。核对表进行风险识别时，其主要优点是快而简单，而缺点则是受到项目可比性的限制。实际上，风险识别就是对风险事件的一种将来的设想或预测。如果将项目团队成员曾今经历过的风险事件及其来源通过核对表的形式罗列出来，项目管理人员看后，在过去经验的启示下，容易开阔思路，思想变得更活跃，浮想联翩，更易于发现项目中的潜在风险。

在核对表中，列举的信息具有多样性。比如：先前项目成功或失败的原因、项目产品或服务的说明书、项目班子成员的技能、项目可用资源以及项目成本、质量、进度、采购与合同等方面规划的结果等等。

四、项目风险识别的成果

在风险识别之后，将结果用书面文件的形式整理出来，为风险分析与风险管理提供资料。通常，风险识别主要形成以下四方面的内容：

1. 风险来源表。不论风险事件发生的频率与可能性、收益、损失有多大，风险来源表都须尽可能全面地列举所有的风险，并用文字对其来源、风险的可能后果、预计可能发生时间及次数进行解释说明。

2. 风险分类或分组。对识别出的风险进行分类或分组，以便于进行风险分析的其余步骤及风险管理。

3. 描述风险症状。对风险事件中的风险苗头及前兆等各种风险的外在表现进行描述，以便于项目管理人员及时发现与控制风险。

4. 对项目管理其他方面的要求。在风险识别的过程中，可能发现项目管理的其他方面问题需要完善及改进，那么，必须在风险识别结果中加以体现，并向相关项目管理人员提出请求，使其进一步完善或改进工作。

第三节 项目风险分析

项目风险分析是基于风险识别的基础，运用概率及数量统计等方法对项目风险发生的概率、项目风险的影响范围、后果的严重程度及风险发生的时间等进行定性、定量分析。因此，项目风险分析包括风险定性、定量分析。

一、风险定性分析

由于风险是指损失发生的可能性，因此，风险也可看作是不利事件发生的概率及其后果的函数，而风险定性分析就是通过分析风险的性质、估算风险发生的概率，以及风险发生后对项目费用、进度、范围及质量等项目目标的影响，并对已识别风险设定优先级。通过风险定性分析努力降低风险的不确定性。

风险与概率密切相关。通常，用概率来度量某一事件发生的可能性大小。必然发生的事件，其概率为1，记为$P(U)=1$，其中，U代表必然事件；不可能事件，其概率为0，记为$P(V)=0$，其中，V代表不可能事件；一般的随机事件，其概率在0与1之间，记为$0\leqslant P(A)\leqslant 1$，A代表任一随机事件。

为了对风险及其影响进行排序，通常，采用风险标识标度及序数标度等特殊的计量方式来进行。标识标度就是对风险对象或风险事件的进行标识，用以区分不同的风险，但并不涉及数量。可以用不同的颜色及符号作为标识标度，比如：项目管理人员可用紫色表示项目进度拖延非常严重；用用红色表示项目进度拖延很严重；用橘红色表示项目进度可能会拖延等。序数标度是按照与事先确定的基准的差距大小对风险进行排序，以此区分各风险之间的重要程度。但是，序数标度无法确定各风险之间的具体差别大小，只是给出一个相对的先后顺序，比如：可将风险分为已知风险、可预测风险及不可预测风险就是一种序数标度。

1. 风险定性分析的程序：

(1)对项目风险背景信息进行系统研究；

(2)对项目中已辨识的关键风险进行详细研究；

(3)确定风险的发生概率及其对项目的影响；

(4)主观判断风险的优先级；

(5)对风险的优先顺序进行排序。

2. 风险定性分析的方法。风险定性分析的主要技术方法有风险概率与影响评估法、概率与影响矩阵、风险紧迫性评估等。

(1)风险概率与影响评估。风险概率分析是指对每项具体风险发生的可能性进行调查。风险影响评估主要分析风险对项目时间、费用以及质量等项目目标的潜在影响，不仅包括对项目的消极影响，也包括对项目的积极影响。可以通过召集对风险类别熟悉的人员，通过会议或访谈等方式对风险进行评估。风险的影响评估如表9－3所示。

表9－3　　　　风险的影响评估

项目目标	风险非常低	风险低	风险中	风险高	风险非常高
成本	不明显的成本增加	成本增加小于5%	成本增加介于5%～10%	成本增加介于10%～20%	成本增加大于20%
进度	不明显的进度拖延	进度拖延小于5%	项目整体进度拖延5%～10%	项目整体进度拖延10%～20%	项目整体进度拖延大于20%
范围	范围减少几乎察觉不到	范围的次要部分受到影响	范围的主要部分受到影响	范围的减少不被业主接受	项目最终产品实际上没用
质量	质量等级降低几乎觉察不到	只有某些非常苛求的工作受到影响	质量的降低需要得到业主批准	质量降低不被业主接受	项目最终产品实际上不能使用

(2)概率与影响矩阵。在对风险概率及影响级别进行评定之后，进行风险的等级评定。一般情况下，利用概率与影响矩阵的方法，来评估每项风险的重要性及其紧迫程度。概率与影响矩阵如表9－4所示。从表中可知，概率与影响矩阵对各种风险概率与影响组合作出了规定，并评定了相应组合的重要程度，分别为高重要性、中重要性以及低重要性。

表9－4　　　　概率与影响矩阵

概率和影响矩阵										
概率	威胁					机会				
0.90	0.05	0.09	0.18	0.36	0.72	0.72	0.36	0.18	0.09	0.05
0.70	0.04	0.07	0.14	0.28	0.56	0.56	0.28	0.14	0.07	0.04
0.50	0.03	0.05	0.10	0.20	0.40	0.40	0.20	0.10	0.05	0.03
0.30	0.02	0.03	0.06	0.12	0.24	0.24	0.12	0.06	0.03	0.02
0.10	0.01	0.01	0.02	0.04	0.08	0.08	0.04	0.02	0.01	0.01
	0.05	0.10	0.20	0.40	0.80	0.80	0.40	0.20	0.10	0.05
基于对项目费用、时间以及范围等项目目标的影响，每个风险事件按其发生概率及发生所造成的影响评定级别。矩阵中所示组织规定的低风险、中等风险与高风险的临界值确定了风险的得分。										

组织需要确定何种风险概率与影响的组合可以被评定为用红灯表示的高风险，用黄灯表示的中等风险以及用绿灯表示的低风险。在黑白两种色彩组成的矩阵中，可用不同深度的灰色代表分别代表高、中、低风险，深灰色(数值最大的区域)代表高风险；中度灰色区域(数值最小)代表低风险，而浅灰色区域(数值介于最大和最小值之间)代表中等程度风险。一般，在项目开展之前由组织提前界定风险等级评定程序。

矩阵中的风险分值可对风险的应对措施提供指导。比如：如果发生的风险处于矩阵高风险的威胁区域，即深灰色的威胁区域，就需要采取重点措施积极应对；而如果风险处于低风险的威胁区域，即中度灰色的威胁区域，只需将之放入待观察风险清单或分配应急储备额外，而不需采取任何其他积极管理措施。同样，对于处于深灰色的高风险的机会区域的风险，可以较为容易地为项目带来最大的利益，因此，应以此区域的风险作为工作重点。而对于处在中度灰色的低风险的机会区域的风险，应对之进行监测。

(3)风险紧迫性评估。风险紧迫性评估就是对当风险发生时需要采取应对措施的时间紧迫性进行评估。近期必须采取应对措施的风险可视作亟须解决的风险。评估风险优先级或紧迫性的指标通常有风险应对措施所需的时间、风险征兆、警告等。

3. 风险定性的成果。

(1)项目整体风险等级。通过对项目中风险等级的比较，以此为基准来评价该项目的整体风险程度。项目资源的投入策略及项目是否继续的决策都将基于项目的整体风险等级而进行决策。

(2)风险登记册、风险表。风险登记册是定性风险分析过程所形成的结果，且随着定性风险分析的信息而不断更新，并将更新后的风险登记册纳入到项目管理计划之中。风险登记册需根据定性风险分析来进行更新的主要内容有：项目风险的优先级清单或相对排序清单，需要在近期采取应对措施的风险清单，低优先级风险观察清单与定性风险分析结果的趋势等。

风险表依照高、中、低三种类别的方式对项目中的风险做出详尽的表述，并且可以表达到WBS的最低层。风险表还可以按照项目风险的类别单独作出风险的排序及评估。项目风险的类别主要有项目的紧迫程度、进度风险、项目的费用风险、功能风险及质量风险等类别。风险表还应对重要风险的风险概率及影响程度进行单独的评估，对于结果需作出详细说明。

(3)附加分析计划表。将项目中高、中程度的风险列为重点分析对象，对此作出详尽的分析及评价，其中还必须包括进行下一步的风险定量评价及风险应对计划。

二、风险定量分析

风险定量分析指的是对定性风险分析过程中所识别出来的，对项目需求存在潜在重大影响而且排序在先的风险进行的量化分析，并为该风险分配一个数值的过程。由于风险涉及项目中的诸多因素，使得项目变得极其复杂，因此，首先必须确定该对何种风险进行反应。

1. 风险定量分析的程序。风险定量分析是在不确定情况下进行项目决策的量化方法之一。主要的分析步骤如下：

(1)对项目风险的背景信息进行系统研究。

(2)确定风险评价基准。风险评价基准是指项目中每一种风险确定后果的可接受水平。一般而言，风险的可接受水平既可以是绝对的，也可以是相对的。

(3)可以使用风险评价方法来对项目整体风险水平进行确认。项目风险整体水平是对所有的单个风险进行了综合。

(4)利用风险评价工具发现项目中各风险因素之间的因果关系，以此来确定关键因素。

(5)综合评价项目风险，以便确定项目风险状态及风险管理策略。

2. 风险定量分析的方法。风险定量分析的方法主要可分为确定性风险的定量分析法、不确定性风险的定量分析法以及其他风险定量分析法三种分析方法。

(1)确定性风险的定量分析法。风险出现的概率为1，则该风险为确定性风险。对于这种风险，只须计算及比较各种方案在不同状态下的后果，从中选择出风险不利后果最小、有利后果最大的方案，整个的分析过程可称为确定性风险分析，其方法主要有：

①敏感性分析。敏感性分析有助于确定哪些风险对项目具有最大的潜在影响。它把所有其他不确定因素保持在基准值的条件下，考察项目的每项要素的不确定性对目标产生多大程

度的影响。

②盈亏平衡分析。各种不确定因素的变化会引起评价指标的改变。当这些因素的变化达到某一临界值时，就会引起质的变化，从而影响到方案的取舍。盈亏平衡点正是这样的临界点，盈亏平衡分析的目的也正是要找出这种临界值，为决策提供依据。

（2）不确定性风险的定量分析法。

①概率分析法。所谓概率分析，是指用概率来分析、研究不确定因素对指标效果影响的一种不确定性分析。具体而言，是指通过分析各种不确定因素在一定范围内随机变动的概率分布及其对指标的影响，从而对风险情况作出比较准确的判断，为决策提供更准确的依据。

②期望值法。最大期望收益准则，从期望收益值中选取最大者，它对应的策略为决策策略。最小机会损失准则，即从机会损失期望值矩阵中选取最小者作为决策策略。

③预期货币价值分析。预期货币价值分析（EMV）是一个统计概念，用以计算在将来某种情况发生或不发生情况下的平均结果（即不确定状态下的分析）。机会的预期货币价值一般表示为正数，而风险的预期货币价值一般表示为负数。每个可能结果的数值与其发生概率相乘之后加总，即得出预期货币价值。

（3）其他风险定量分析法：

①决策树分析。决策树是对所考虑的决策以及采用这种或者那种现有方案可能产生的后果进行描述的一种图解方法。它综合了每种可用选项的费用和概率，以及每条事件逻辑路径的收益。当所有收益和后续决策全部量化之后，决策树的求解过程可得出每项方案的预期货币价值。

②模型和模拟。项目模拟用一个模型，将详细规定的各项不确定性换算为它们对整个项目层次的目标所产生的潜在影响。项目模拟一般采用蒙特卡洛技术。在模拟中，项目模型经过多次计算，其随机值来自于根据每项变量的概率分布，为每个叠加过程选择的概率分布函数，据此计算概率分布。

定量风险分析的结果是形成风险登记册，是在风险识别过程中形成，在定性风险分析过程中更新，并在定量风险分析过程中进一步更新。风险登记册是项目管理计划的组成部分，此外的更新内容主要包括：项目的概率分析、实现费用和时间目标的概率、量化风险优先级清单、定量风险分析结果的趋势。

3. 风险定量分析的成果：

（1）量化的风险序列表。对要抓住的机会和要采取措施的威胁列表并按影响程度进行排序。这份风险序列表将作为应对措施研究的基本依据。

（2）项目确认研究。应用风险评估和风险量化结果对项目进度和费用计划进行分析，提出确认的项目周期、完工日期和项目费用，并提出对应当前项目计划实现项目目标的可能性。

（3）所需的应急资源。风险量化可以确定所需资源的量及所需资源的应急程度，以帮助项目经理在实现目标的过程中将资源消费控制在组织可接受的程度内。

三、风险定量分析的工具和方法

风险定量分析的工具和方法，主要有如下几种：

1. 期望资金额法。期望资金额是风险的一个重要指标，它是风险事件的可能性和风险事件值两个值的函数。风险事件的可能性是对一个假定风险事件发生可能性的评估。而风险事件值则是风险事件发生时对所引起的盈利或损失值的评估。

其中，风险事件值要以有形资产与无形资产的形式反映。比如，A 项目与 B 项目均认定了有形资产＄100 000 损失的相同风险。如果 A 项目认定只有极少或没有造成无形资产损失，而 B 项目预计所产生的巨大的损失将使该组织不得不离开该行业，那么两种风险则不同了。

在相同情形下，如无法将无形资产计算在内，则将高概率的小亏损与低概率的大亏损等同起来会产生巨大差异。

由于风险事件会独立发生也会集体发生，不仅会并行发生也会顺序发生，那么“预期资金总额”也总是被作为一种输入值，以进一步做分析。

2. 统计数加总。统计数加总是将每个具体工作课题的估计成本加总以计算出整个项目的成本的变化范围。可以用来量化项目总成本的变化范围来替代项目预算或提议价格的相对风险，表 9－5 说明了如何在项目变化范围评估中运用“力矩法”的技巧。

表 9－5　　可能性分支统计总和

		可能性分支统计总和				
变量名	低 a	进似 m	高 b	平均值 x	求和	方差
三角分配						
初稿						
信息收集	40	45	80	55	8.9	79.2
记录片段	35	50	100	61.7	13.9	193.1
非正式考证	10	15	30	18.3	4.2	18.1
检验						
检验员检验	18	25	50	31	6.9	47.2
准备缺陷	10	20	40	23.3	6.2	38.9
解决缺陷	10	25	60	31.7	10.5	109.7
必要调整	15	20	40	25	5.4	29.2
估计项目总值		200		246	22.7	515.2
平均值						
β 分配（运用 PERT 程序评估和复审技术近似值）						
初稿						
信息收集	40	45	80	50	6.7	44.4
记录片段	35	50	100	55.8	10.8	117.4
非正式考证	10	15	30	16.7	3.3	11.1
检验						
检验员检验	18	25	50	28	5.3	28.4
准备缺陷	10	20	40	21.7	5	25
解决缺陷	10	25	60	28.3	8.3	69.4
必要调整	15	20	40	22.5	4.2	17.4
估计项目总值		200		223	17.7	313.2
平均值						

做可能性分配统计可知，如表所示分配偏左，则项目平均值将大大高于估计统计值。分配数据可任意混合和匹配，同一分支被用来做全部计算可简化本图表。为统计各分支可能性

总和，需计算以下变量值：

（1）平均值，求和（标准偏差）和对这一分支基于公式计算的每一变量的方差（如β、三角平面等）。

（2）对项目每一变量平均值求和，即项目平均值。

（3）对项目每一变量方差求和，即项目方差。对项目方差求平方根，即项目求和值（标准偏差）。

3. 模拟法。模拟法运用假定值或系统模型来分析系统行为或系统表现。较普通的模拟法模式是运用项目模型作为项目框架来制作项目日程表。大多模拟项目日程表是建立在某种形式的“蒙特洛”分析基础上的。这种技术往往由全局管理所采用，对项目“预演”多次以得出计算结果的数据统计分析。一个项目日程表蒙特卡洛模拟结果如图 9－7 所示

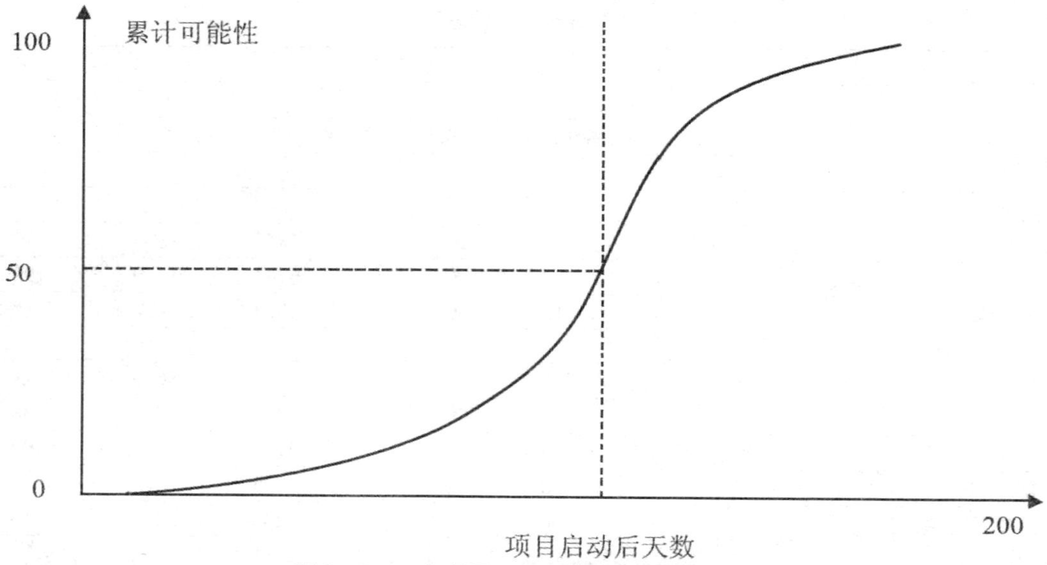

图 9－7　一个项目日程表蒙特卡洛模拟结果

上面的曲线显示了完成项目的案例可能性与某一时间点的关系。比如说，虚线的交叉点显示：在项目启动后 145 天之内完成项目的可能性为 50%。项目完成期愈靠左则风险愈高，反之风险愈低。

4. 决策树。决策树是一种便于决策者理解，说明不同决策之间和相关偶发事件之间的相互作用的图表。决策树的分支用方格代表决策，用圆圈代表偶发事件，如图 9－8 系一个典型的决策树图。

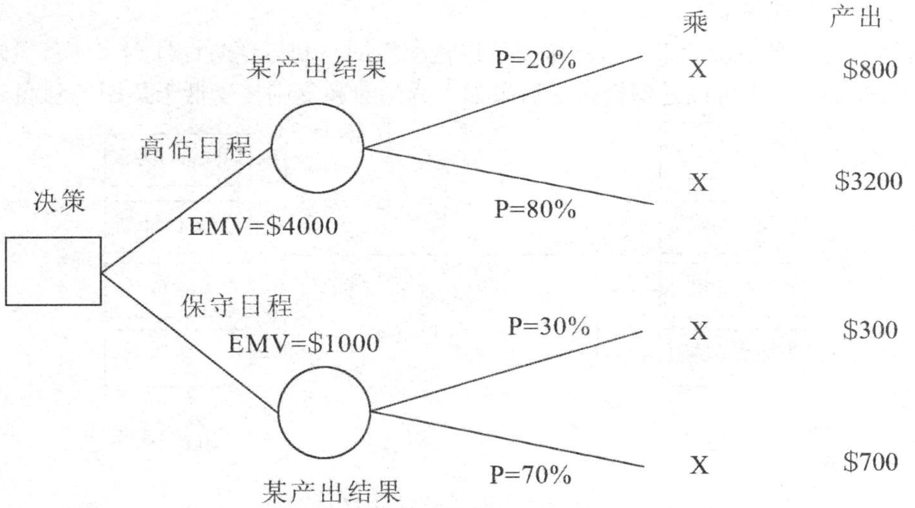

图 9－8 决策树图

其中，预期资金(EMU)＝产出×该产出可能性。某决策预期资金＝该决策所有分支产出的资金总和。＄4 000 预期资金的高估日程表从选择角度显示优于＄1 000 预期资金的保守日程表。

5. 专家判断。专家判断往往能够代替或者附加在前面提到过的数学技巧。比如，风险事件可以被专家描述为具有高、中、低三种发生概率，和具有强烈、温和、有限三种影响。

第四节 项目风险应对规划

通过对项目风险识别、估计和评价，把项目风险发生的概率、损失严重程度以及其他因素综合起来考虑，可得出项目发生各种风险的可能性及其危害程序，再与公认的安全指标相比较，就可确定项目的危险等级，从而决定应采取什么样的措施以及控制措施应采取到什么程度。风险应对就是对项目风险提出处置意见和办法。

风险应对的依据主要有：

1. 风险管理计划。

2. 风险排序。将风险按其可能性、对项目目标的影响程序、缓急程序分级排序，说明要抓住的机会和要应对的威胁。

3. 风险认知。组织的认知度会影响风险应对计划。

4. 风险主体。项目利益相关者中可以作为风险应对主体的名单。风险主体应参与制订风险应对的计划。

风险对策研究包括对机会的跟踪进度和对威胁的对策的定义。对威胁的对策大体分以下三点：

1. 避免。排除特定威胁往往靠排除威胁起源。虽然项目管理队伍不可能排除所有风险，但特定的风险事件往往是可以排除的。

2. 减缓。减少风险事件的预期资金投入来减低风险发生的概率，以及减少风险事件的风险系数，或两者双管齐下。

3. 吸纳——接受一切后果。这种接受可以是积极的与制订预防性计划来防备风险事件的发生积极接受后果，也可以是消极接受后果如工程运营超支则接受低于预期的利润。

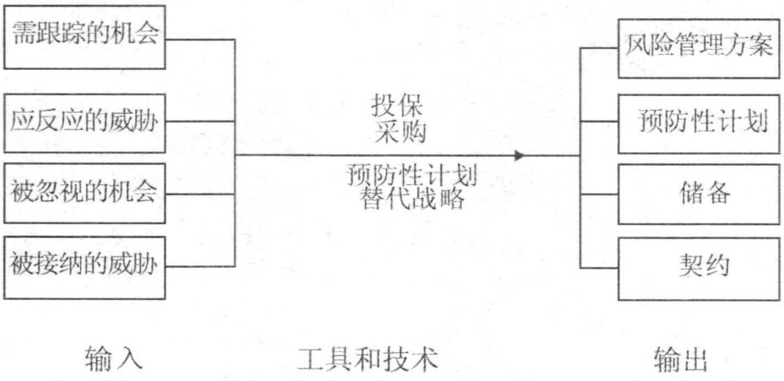

图 9－9

一、项目风险应对规划策略

风险应对规划指为项目目标增加实现机会，减少失败威胁而制订方案，决定应采取对策的过程。风险应对规划过程在定性风险分析和定量风险分析之后进行，包括确认与指派风险应对负责人，对已得到认可并有资金支持的风险应对措施担负起职责。风险应对规划过程根据风险的优先级水平来处理风险，在需要时，将在预算、进度计划和项目管理计划中加入资源和活动。

项目风险的应对包括对风险有利机会的跟踪和对风险不利影响的控制。因此，风险应对规划策略可分为以下三种：

1. 消极风险或威胁的应对策略。通常，使用三种策略应对可能对项目目标存在消极影响的风险或威胁。这些策略分别是回避、转嫁与减轻。

（1）回避。回避风险指改变项目计划，以排除风险或条件，或者保护项目目标，使其不受影响，或对受到威胁的一些目标放松要求，例如，延长进度或减少范围等。但是，同时也是相对保守的风险对策，在回避风险的同时，也就彻底放弃了项目带给我们的各种收益和发展机会。

回避风险的另一个重要的策略是排除风险的起源，即利用分隔将风险源隔离于项目进行的路径之外。

从项目风险管理“20－80”规律可知，项目所有风险中对项目产生 80% 威胁的只是其中的 20% 的风险，因此要集中力量去规避这 20% 的最危险的风险。

（2）转嫁。转嫁风险指设法将风险的后果连同应对的责任转移到第三方身上。转嫁风险实际只是把风险管理责任推给另一方，而并非将其拔除。对于金融风险而言，风险转嫁策略最有效。风险转嫁策略几乎总需要向风险承担者支付风险费用。转嫁工具丰富多样，包括但不限于利用保险、履约保证书、担保书和保证书。出售或外包将自己不擅长的或自己开展风险较大的一部分业务委托他人帮助开展，集中力量在自己的核心业务上，从而有效地转移了风险。同时，可以利用合同将具体风险的责任转嫁给另一方。在多数情况下，使用费用加以成合同可将费用风险转嫁给买方，如果项目的设计是稳定的，可以用固定总价合同把风险转嫁给卖方。有条件的企业可运用一些定量化的风险决策分析方法和工具，来精算优化保险方案。

(3)减轻。减轻指设法把不利的风险事件的概率或后果降低到一个可接受的临界值。提前采取行动减少风险发生的概率或者减少其对项目所造成的影响，比在风险发生后亡羊补牢进行的补救要有效得多。例如，采用不太复杂的工艺，实施更多的测试，或者选用比较稳定可靠的卖方都可减轻风险。它可能需要制作原型或者样机，以减少从实验室工作台模型放大到实际产品中所包含的风险。如果不可能降低风险的概率，则减轻风险的应对措施应设法减轻风险的影响，其着眼于决定影响的严重程度的连接点上。

2. 积极风险或机会的应对策略。通常，使用三种策略应对可能对项目目标存在积极影响的风险。这些策略分别是开拓、分享或提高。

(1)开拓。该项策略的目的在于通过确保机会肯定实现而消除与特定积极风险相关的不确定性。直接开拓措施包括为项目分配更多的有能力的资源，以便缩短完成时间或实现超过最初预期的高质量。

(2)分享。分享策略指将风险的责任分配给最能为项目之利益获取机会的第三方，包括建立风险分享合作关系，或专门为机会管理目的的形成团队、特殊目的的项目公司或合作合资企业。

(3)提高。该策略旨在通过提高积极风险的概率或其积极影响，识别并最大程度发挥这些积极风险的驱动因素，致力于改变机会的“大小”。通过促进或增强机会的成因，积极强化其触发条件，提高机会发生的概率，也可着重针对影响驱动因素以提高项目机会。

3. 风险储备。项目风险是客观存在的，为了实现项目目标，有必要制订一些项目风险应急措施即建立风险储备。所谓风险储备，是指根据项目风险规律事先制定应急措施和制定一个科学高效的项目风险计划，一旦项目实际进展情况与计划不同，就动用后备应急措施。项目风险应急措施主要有费用、进度和技术三种。

预算应急费是一笔事先准备好的资金，用于补偿差错、疏漏及其他不确定性对项目费用估计精确性的影响。

进度后备措施，项目管理班子就要设法制订一个较紧凑的进度计划，争取在各有关方要求完成的日期前完成。进度后备措施就是在关键路线上设置一段时差或浮动时间。

技术后备措施，技术后备措施专门用于应付项目的技术风险，它是一段预先准备好了的时间或一笔资金。当预想的情况未出现，并需要采取补救行动时才动用这笔资金或这段时间。

二、工具和方法

1. 采购。从本项目组织外采购产品和服务，常常是针对某些种类风险的有效对策。比如，与使用特殊科技相关的风险就可以通过与有此种技术经验的组织签订合同减缓风险。采购行为往往将一种风险置换为另一种风险。比如，如果销售商不能够顺利销售，那么用制定固定价格的合同来减缓成本风险造成项目时间进程延误的风险。

2. 预防性计划。预防性计划包括对一个确认的风险事件如果发生如何制定行动步骤。

3. 替代战略。风险事件常常可以通过及时改变计划来制止或避免。比如，一个备用的工作方案可以减少在安装期和建设阶段中产生的变故。

4. 投保。保险或类似保险的操作常常对一些风险类别是行之有效的。在不同的应用领域，险种的类别和险种的成本也相应不同。

三、风险对策研究的输出

1. 风险管理方案。在整个项目进程中都应将管理风险的程序记录在风险管理方案里。除了记录风险识别和风险量化程序的结果外，还应记录包括谁对处理各个领域里的风险负责，怎样保留初步风险识别和风险量化的输出项，预防性计划怎样实施，以及储备如何分配等。

一个风险管理方案可以是正式的或非正式的。可以是细致入微或框架性的，这主要依据项目而定。它是整个项目方案的一个辅助方案。

2. 预防性计划。预防性计划是一种在识别的风险事件发生时将采取的事先拟定好的行动步骤。它是风险管理方案的一部分，但有时也被作为整个项目管理方案的其他唯一部分的组成。

3. 储备。储备是为了减缓成本风险和/或日程风险而在项目方案中提出的预先准备。

4. 契约。契约应囊括诸如保险、服务和其他唯一条款用以避免和缓解危胁。

第五节 项目风险控制

当人们认识事物的存在、发生和发展的原因和规律时，事物就基本上是可控的。项目风险也是这样，通过项目风险的识别与度量，人们已识别出项目的绝大多数风险，只要能够在此基础上得到足够的有关项目风险的信息，就可以采取正确的项目风险应对措施，实现对项目风险的有效控制。风险控制就是为了改变项目管理组织所承受的风险程度，采取一定的风险处置措施，以最大限度地降低风险事故发生的概率和减小损失幅度的项目管理活动。

风险监控就是要跟踪风险，识别剩余风险和新出现的风险，修改风险管理计划，保证风险计划的实施，并评估消减风险的效果，从而保证风险管理能达到预期的目标。项目风险控制包括实施风险管理方案以便在项目过程中对风险事件做出回应。当变故发生时，需要重复进行风险识别，风险量化以及风险对策研究一整套基本措施。

监控风险实际上是监视项目的进展和项目环境，即项目情况的变化，其目的是：核对风险管理策略和措施的实际效果是否与预见的相同；寻找机会发送和细化风险规避计划，获取反馈信息，以便将来的决策更符合实际。在风险监控过程中，及时发现那些新出现的以及预先制定的策略或措施不见效或性质随着时间的推延而发生变化的风险，然后及时反馈，并根据对项目的影响程度，重新进行风险规划、识别、估计、评价和应对，同时还应对每一风险事件制定成败标准和判据。

一、风险监控的依据

风险监控的依据包括风险管理计划、实际发生了的风险事件和随时进行的风险识别结果，主要内容包括：

(1)风险管理计划。

(2)风险应对计划。

(3)项目沟通。工作成果和多种项目报告可以表述项目进展和项目风险。一般用于监督和控制项目风险的文档有：事件记录、行动规程、风险预报等。

(4)附加的风险识别和分析。随着项目的进展，在对项目进行评估和报告时，可能会发现以前未曾识别的潜在风险事件。应对这些风险继续执行风险识别、估计、量化和制订应对计划。

(5)项目评审。风险评审者检测和记录风险应对计划的有效性，以及风险主体的有效性，以防止、转移和缓和风险的发生。

二、风险监控的程序

作为项目风险管理的一个有机组成部分，项目风险监控也是一种系统过程活动，其程序如下：

(1)监控风险设想；
(2)跟踪风险管理计划的实施；
(3)跟踪风险应对计划的实施；
(4)制定风险监控标准；
(5)采用有效的风险监视和控制方法、工具；
(6)报告风险状态；
(7)发出风险预警信号；
(8)提出风险处置新建议。

三、风险监控的方法

风险监控还没有一套公认的、单独的技术可供使用，其基本目的是以某种方式驾驭风险，保证项目可靠、高效地完成项目目标。由于项目风险具有复杂性、变动性、突发性、超前性等特点，风险监控应该围绕项目风险的基本问题，制定科学的风险监控标准，采用系统的管理方法，建立有效的风险预警系统，做好应急计划，实施高效的项目风险监控。

风险监控技术方法可分为两大类：一类用于监控与项目、产品有关的风险，另一类用于监控与过程有关的风险。下面再介绍一些有关风险监控的方法与技术。

1. 系统的项目监控方法。风险监控，从过程的角度来看，处于项目风险管理流程的末端，但这并不意味着项目风险控制的领域仅此而已，风险控制应该面向项目风险管理全过程。项目预定目标的实现，是整个项目管理流程有机作用的结果，风险监控是其中一个重要环节。

风险监控应是一个连续的过程，它的任务是根据整个项目(风险)管理过程规定的衡量标准，全面跟踪并评价风险处理活动的执行情况。有效的风险监控工作可以指出风险处理活动有无不正常之处，哪些风险正在成为实际问题，掌握了这些情况项目管理组就有充裕的时间采取纠正措施。建立一套项目监控指标系统，使之能以明确易懂的形式提供准确、及时而关系密切的项目风险信息，是进行风险监控的关键所在。

2. 风险预警系统。由于项目的创新性、一次性、独特性及其复杂性，决定了项目风险的不可避免性；风险发生后的损失难以弥补性和工作的被动性决定了风险管理的重要性。传统的风险管理是一种“回溯性”管理，属于亡羊补牢，对于一些重大项目，往往于事无补。风险监控的意义就在于实现项目风险的有效管理，消除或控制项目风险的发生或避免造成不利后果。因此，建立有效的风险预警系统，对于风险的有效监控具有重要作用和意义。

风险预警管理，是指对于项目管理过程中有可能出现的风险，采取超前或预先防范的管理方式，一旦在监控过程中发现有发生风险的征兆，及时采取校正行动并发出预警信号，以最大限度地控制不利后果的发生。因此，项目风险管理的良好开端是建立一个有效的监控或预警系统，及时觉察计划的偏离，以高效地实施项目风险管理过程。

综上所述，风险监控的关键在于培养敏锐的风险意识，建立科学的风险预警系统，从“救火式”风险监控向“消防式”风险监控发展，从注重风险防范向风险事前控制发展。

四、风险监控的成果

1. 随机应变措施。随机应变措施就是消除风险事件时所采取的未事先计划到的应对措施。这些措施应有效地进行记录，并融入项目的风险应对计划中。

2. 纠正行动。纠正行动就是实施已计划了的风险应对措施（包括实施应急计划和附加应对计划）。

3. 变更请求。实施应急计划经常导致对风险作出反应的项目计划变更请求。

4. 修改风险应对计划。当预期的风险发生或未发生时，当风险控制的实施消减或未消减风险的影响或概率时，必须重新对风险进行评估，对风险事件的概率和价值以及风险管理计划的其他方面作出修改，以保证重要风险得到恰当控制。

案例

一家非营利组织的董事会成员正在举行二月份的董事会会议，这一组织负责筹集和购买食品，然后分发给生活困难的人们。会议室里在座的，有董事会主席贝斯·史密斯（BethSmith）和两个董事会成员罗斯玛丽·奥尔森（RosemaryOlsen）和史蒂夫·安德鲁（SteveAndrews）。贝斯首先发言：“我们的资金几乎用光了，而食品储备和施粥场的需求却一直在增加。我们需要弄清楚怎么才能得到更多的资金。”

“我们必须建立一个筹集资金的项目。”罗斯玛丽响应道。

史蒂夫建议：“难道我们不能向地区政府要求一下，看他们是否能给我们增加分配额？”

“他们也紧张，明年他们甚至可能会削减我们的分配额。”贝斯回答。

“我们需要多少钱才能度过今年？”罗斯玛丽问道。

“大约 10000 美元，”贝斯回答，“我们两个月后就会开始急需这部分钱了。”

“我们除了钱还需要很多东西。我们需要更多的志愿者、更多的储存空间和一台安放在厨房里的冰箱。”史蒂夫说。

“哦，我想我们完全可以自己做这份筹集资金的项目，这将是很有趣的！”罗斯玛丽兴奋地说。

“这个项目正在扩大，我们不可能及时做完。”贝斯说道。

罗斯玛丽回答说：“我们将解决它并且做好，我们一向能做到的。”

“项目是我们真正需要的吗？我们明年将做什么——另一个项目？”史蒂夫问道，“此外，我们正在经历一个困难时期，很难得到志愿者。或许我们应当考虑一下，我们怎样能用较少的资金来运作一切。例如，我们怎样能定期得到更多的食品捐献，这样我们就不必买这么多食品。”

罗斯玛丽插话说：“多妙的主意，当我们去试着筹集资金时，你又能同时继续工作。我们可以想尽所有办法。”

“好了，”贝斯说，“这些都是好主意，但是我们只有有限的资金和志愿者，并且有一个增长的需求。我们现在需要做的是，确保我们在两个月后不必关门停业。我想，我们都同意必须采取行动，但是不能确定我们的目标是否一致。”

◇案例习题

1. 已识别的需求是什么？
2. 项目目标是什么？
3. 如果有的话，应当从事的有关项目应具备什么样的假定条件？
4. 项目牵涉到的风险是什么？

※本章思考题

1. 你是如何理解项目风险和项目风险管理的？
2. 项目风险管理有哪些主要的工作内容？有哪些特殊的做法？
3. 项目风险识别和项目风险度量之间有什么关联？项目风险应对措施制定与项目风险控制有什么关联？如何管理和处理好这些关联？
4. 什么是项目变更控制系统？项目变更控制系统的构成和作用是什么？

第十章 项目的沟通管理与冲突管理

第一节 项目沟通管理

一、项目沟通计划

项目沟通是确保项目团队的相关信息能及时、正确地产生、收集、发布、储存和最终处理好项目信息所需的各个过程。

项目沟通计划是对于项目全过程的沟通工作，沟通方法、沟通渠道等各个方面的计划与安排。

沟通计划包括决定项目涉及人的信息和沟通需求：谁需要什么信息；什么时候需要；怎么获得。虽然所有的项目都需要沟通项目信息，但信息需求和传播方式差别很大。确认涉及人的信息需求和决定满足需求的适当方式是项目获得成功的重要因素。

就大多数项目而言，沟通计划的内容是作为项目初期阶段工作的一个部分。同时，项目沟通计划还需要根据计划实施的结果进行定期检查，必要时还需要加以修订。所以项目沟通计划管理工作是贯穿于项目全过程的一项工作，项目沟通计划是和项目组织计划紧密联系在一起的，因为项目的沟通直接受项目组织结构的影响。

项目沟通计划包括如下四个方面的具体工作。

1. 编制项目沟通计划前的准备工作：

（1）收集信息。包括：项目沟通内容方面的信息；项目沟通所需沟通手段的信息；项目沟通的时间和频率方面的信息；项目信息来源与最终用户方面的信息。

（2）所获信息的加工处理。对收集到的沟通计划方面的信息进行加工和处理也是编制项目沟通计划的重要一环，而且只有经过加工处理过的信息，才能作为编制项目沟通计划的有效信息使用。

2. 项目沟通需求的确定。项目沟通需求的确定是在信息收集的基础上，对项目组织的信息需求做出的全面决策，其内容包括：项目组织管理方面的信息需求；项目内部管理方面的信息需求；项目技术方面的信息需求；项目实施方面的信息需求；项目与公众关系的信息需求。

3. 沟通方式与方法的确定。在项目沟通中，不同信息的沟通需要采取不同的沟通方式和方法，因此在编制项目沟通计划过程中还必须明确各种信息需求的沟通方式和方法。影响项目选择沟通方式方法的因素主要有以下几个方面：沟通需求的紧迫程度；沟通方式方法的有效性；项目相关人员的能力和习惯；项目本身的规模。

4. 项目沟通计划的编制。项目沟通计划的编制是要根据收集的信息，先确定出项目沟通要实现的目标，然后是根据项目沟通目标和确定项目沟通需求去分解得到项目沟通的任务，进一步根据项目沟通的时间要求去安排这些项目沟通任务，并确定出保障项目沟通计划实施的资源和预算。

项目沟通计划书的内容除了前面给出的目标、任务、时间要求、具体责任、预算与资源保障以外，一般还应该包括下列特殊内容：信息的收集和归档格式要求；信息发布格式与权限的要求;对所发布信息的描述;更新和修订项目沟通管理计划的方法;约束因素与假设因素。

二、项目信息管理

(一)沟通模式

信息沟通的渠道有许多，研究表明:当面交谈、电话、电子邮件、备忘录、信件、录像、出版物、一般文件等都是沟通的通道。这些通道在传递信息方面的能力是不同的，有些通道拥有同一时间处理多种线索、快速反馈的能力，而有些通道传递信息的能力较弱。在项目管理活动中，所涉及的信息可能是非常规、模糊的，它要求沟通通道能同时传递大量信息，因此，管理者往往大量运用面对面的交流来处理这些信息。沟通有以下几种类型:

1. 正式沟通与非正式沟通。

(1)正式沟通是利用组织明文规定的渠道进行信息传递和交流的方式。如组织规定的汇报制度、例会制度、报告制度及组织与其他组织的公函来往。这种沟通方式的优点是沟通效果良好，有较强的约束力;缺点是沟通速度慢。

(2)非正式沟通指在正式沟通渠道之外进行的信息传递和交流。如员工之间的私下交谈、小道消息等。这种沟通方式的优点是沟通方便，沟通速度快，且能提供一些正式沟通中难以获得的信息;缺点是容易失真。

2. 上行沟通、下行沟通和平行沟通。

(1)上行沟通。上行沟通是指下级的意见向上级反映，即自下而上的沟通。项目经理应鼓励下级积极向上级反映情况，只有上行沟通渠道畅通，项目经理才能掌握全面情况，作出符合实际的决策。上行沟通有两种形式:一是层层传递，即依据一定的组织原则和组织程序逐级向上反映;二是越级反映，它指的是减少中间层次，让项目最高决策者与一般员工直接沟通。

(2)下行沟通。下行沟通是指领导者对员工进行的自上而下的信息沟通。如将项目目标、计划方案等传达给基层员工，发布组织新闻消息，对组织面临的一些具体问题提出处理意见等。这种沟通形式是领导者向被领导者发布命令和指示的过程。

(3)平行沟通。平行沟通是指组织中各平行部门之间的信息交流。在项目实施过程中，经常可以看到各部门之间发生矛盾和冲突，除其他因素外，部门之间互不通气是重要原因之一，保证平行部门之间沟通渠道的畅通，是减少部门之间冲突的一项重要措施。

3. 单向沟通与双向沟通。

(1)单向沟通。单向沟通是指信息发送者和接收者两者之间单向传递，一方只发送信息，另一方只接收信息。双方无论是在情感上还是在语言上都不需要信息反馈。如做报告、发布指令等。这种方式，信息传递速度快，但准确性差，有时还容易使接收者产生抗拒心理。

(2)双向沟通。双向沟通中，发送者和接收者两者之间的位置不断交换，且发送者是以协商和讨论的姿态面对接收者，信息发出以后还需及时听取反馈意见，必要时双方可进行多次重复商谈，直到双方共同明确和满意为止。如交谈、协商等。其优点是沟通信息准确性较高，接收者有反馈意见的机会，产生平等感和参与感，增加自信心和责任心，有助于建立双方的感情。但是，对发送者来说，在沟通时随时会受到接收者的的质询、批评和挑剔，因而心理压力较大，同时信息传递速度也较慢。

4. 书面沟通和口头沟通。书面沟通是指用书面形式所进行的信息传递和交流，如通知、文件、报刊、备忘录等。其优点是可以作为资料长期保存，反复查阅。口头沟通就是运用口头表达进行信息交流活动，如谈话、游说、演讲等。其优点是比较灵活、速度快，双方可以自由交换意见，且传递消息较为准确。

5. 言语沟通和体语沟通。言语沟通是利用语言、文字、图画、表格等形式进行的。体语沟通是利用动作、表情姿态等非语言方式（形体）进行的，比如欢乐时手舞足蹈，悔恨时顿足捶胸，惧怕时手足无措等。一个动作、一个表情、一个姿势都可以向对方传递某种信息；不同形式的丰富复杂的“身体语言”也在一定程度上起着沟通的作用。

（二）沟通渠道

在信息传递中，发送信息者并非直接把信息传给接收者，中间要经过某些人的转发，由此构成了沟通网络。沟通网络的结构形式关系着信息交流的效率，对团队集体行为、对团队的工作效率、对团队成员的心理及对团队的组织气氛均有重大的影响。沟通网络有两种类型：正式的和非正式的。

公认的正式沟通渠道有链式、轮式、环式、Y 式及全通道五种形式，非正式沟通渠道有单线式、流言式、偶然式、集束式等四种形式。

1. 五种正式沟通网络如下：

（1）链式沟通渠道。该模式相当于一个纵向沟通渠道，信息按高低层次逐级传递，引发自上而下或自下而上地交流。但居于两端的传递者只能与内侧的传递者相联系，居中的则可以分别与上下互通信息，各个信息传递者所接受的信息差异较大。该模式的最大优点是信息传递速度快，它适用于班子庞大，实行分层授权控制的项目信息传递及沟通。如图 10－1。

（2）轮式沟通渠道。该模式中主管人员分别同下属部门发生联系，成为信息的汇集点和传递中心。只有处于领导地位的主管人员了解全面情况，并由他向下属发出指令，而下级部门和基层员工之间没有沟通联系，他们只分别掌握本部门的情况。该模式在一定范围内具有沟通快速有效的优点，适用于一个主管领导者直接管理若干部门。是加强控制、争时间、抢速度的一个有效方法和沟通模式。如图 10－2。

（3）环式沟通渠道。该模式指不同成员之间依次联络沟通。第一级主管人员对第二级建立纵向联系。第二级主管人员与底层建立联系，基层工作人员之间与基层主管人员之间建立横向的沟通联系。该模式的最大优点是能提高群体成员的士气，适用于多层次的组织系统。如图 10－3。

（4）Y 式沟通模式。这是一个组织内部的纵向沟通渠道，其中只有一个成员位于沟通活动中心，成为中间媒介与中间环节。如图 10－4。

（5）全通道式沟通模式。该模式是一个开放式的信息沟通系统，其中每一个成员之间都有一定的联系，彼此十分了解。民主气氛浓厚、合作精神很强的组织一般采取这种沟通渠道模式。如图 10－5。

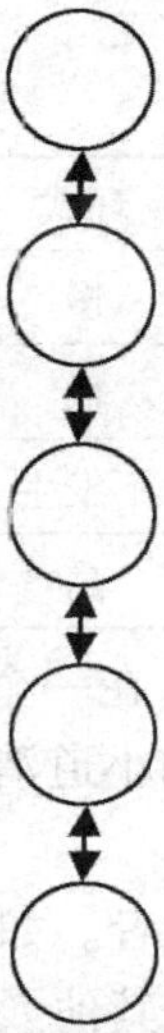

图 10-1 链式

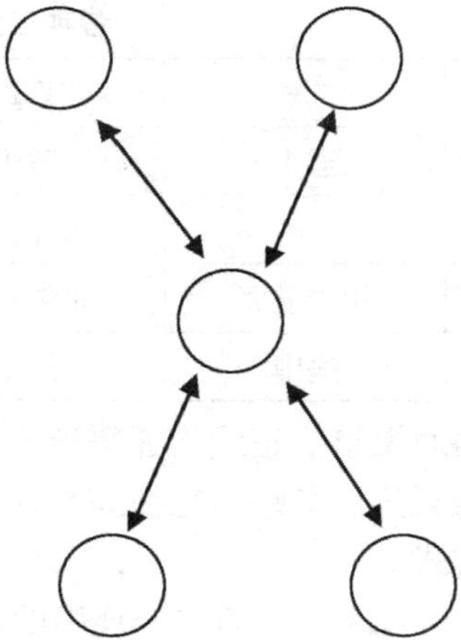

图 10-2 轮式

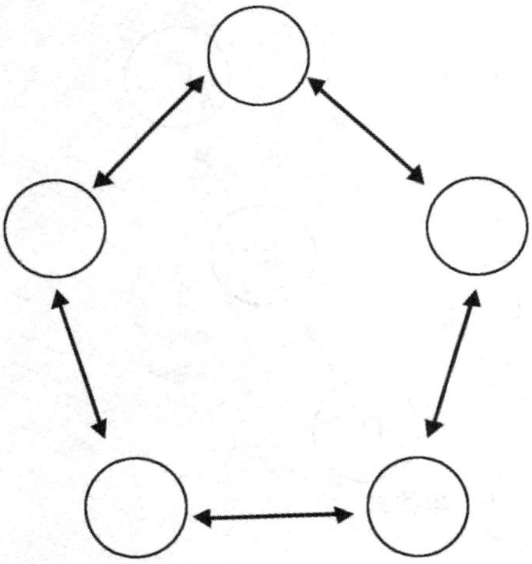

图 10-3 环式

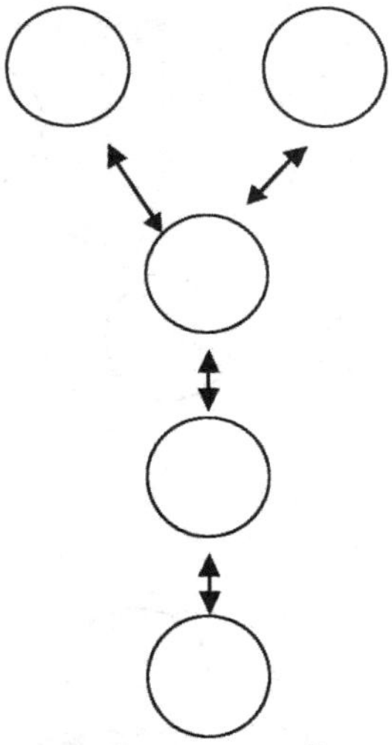

图 10-4 Y 式

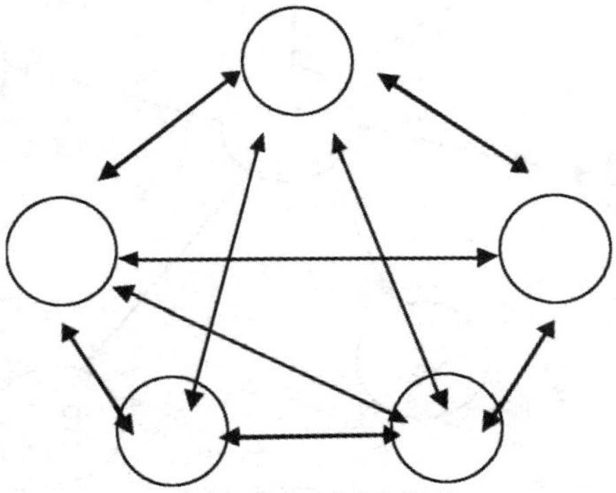

图 10-5 全通道式

关于不同的沟通网络如何影响个体和团体的行为，以及各种网络结构的优点和缺点，对五种结构形式进行的实验比较结果如表 10－1。

表 10－1　　各种正式沟通网络的比较

沟通模式指标	链式	Y 式	轮式	环式	全通道式
解决问题的速度	适中	适中	快	慢	快
正确性	高	高	高	低	适中
领导者的突出性	相当显著	非常显著	非常显著	不发生	不发生
士气	适中	适中	低	高	高

2. 非正式沟通渠道。正式沟通渠道只是信息沟通渠道的一部分。在一个组织中，还存在着非正式的沟通渠道，有些消息往往是通过非正式渠道传播的，比如小道消息的传播。包括以下四种传播方式。

（1）单线式。消息由 A 通过一连串的人把消息传播给最终的接收者。如图 10－6。

（2）流言式，又叫闲谈传播式。是由 A 主动地把小道信息传播给其他人。如在小组会上传播小道消息。如图 10－7。

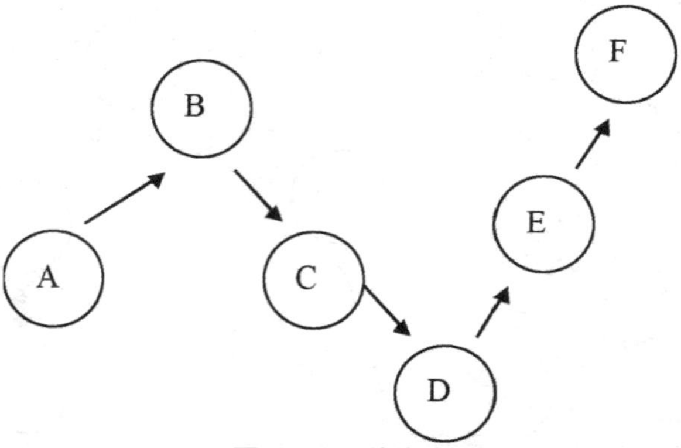

图 10－6　单线式

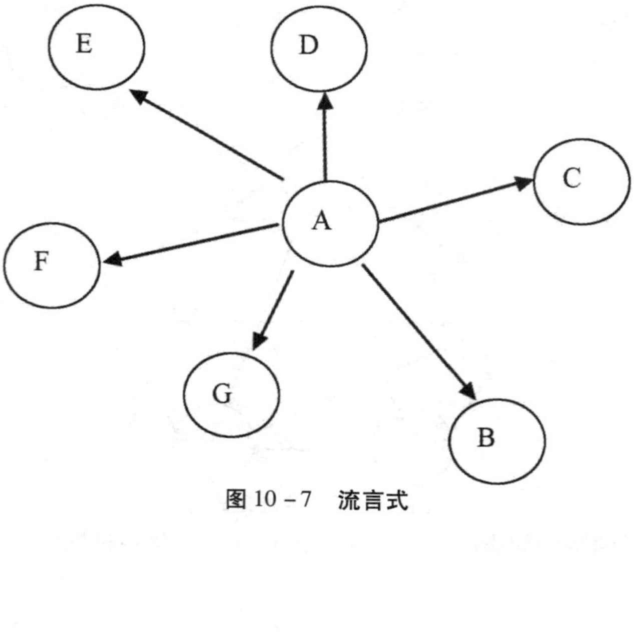

图 10－7　流言式

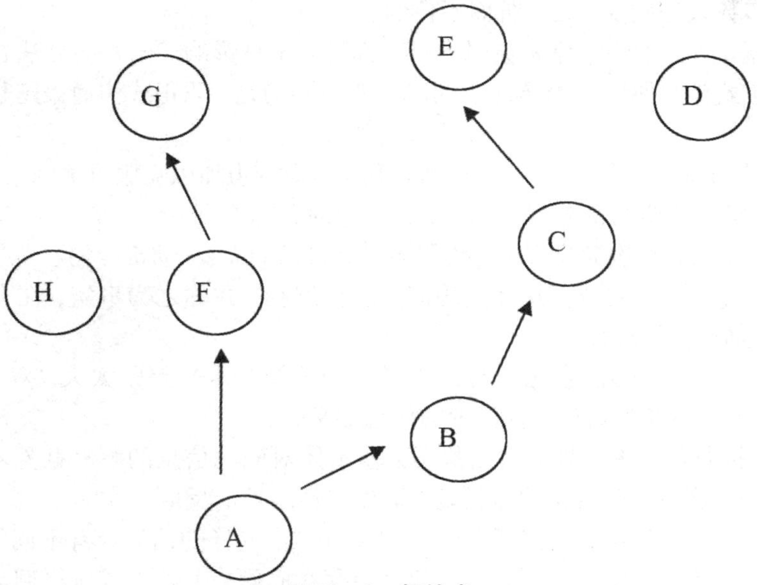

图 10－8 偶然式

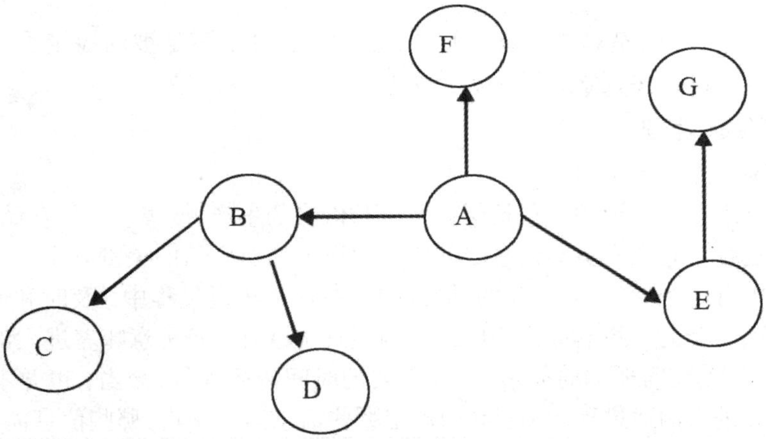

图 10－9 集束式

(3)偶然式，又叫机遇传播式。消息由 A 按偶然的机会传播给他人，他人又按偶然机遇传播，并无一定的路线。如图 10－8。

(4)集束式，又叫群集传播式。它是将信息由 A 有选择地告诉自己的朋友或有关的人，使有关的人也照此办理的信息沟通方式。这种沟通方式最为普遍。如图 10－9。

研究结果证明，小道消息传播的最普通形式是集束式，集束式又称葡萄藤式沟通渠道。例如，在一个大公司里，总经理准备邀请数名地位较高的经理到郊外野餐。在国外企业中，部门经理受到总经理的邀请是一种荣誉。在发出请柬之前，小道消息已经传播出去。据调查，数名被邀请的经理在接到请柬之前几乎全部知道了这个消息，而在未被邀请的地位较低的经理中，只有两个人知道这个消息，这两个人之所以能够知道，还是因为传播消息者误认为这两个人也在被邀请之列。这一实例以及许多实例表明，小道消息多是按集束式传播的。

研究还发现，只有 10% 的人是小道消息的传播者，而且，小道消息的传播者往往是固定的一些人，大多数人是姑妄听之，听而不传的。

组织中传播的小道新闻，常常会对项目目标带来不良影响。改善的办法在于使正式沟通渠道畅通，用正式消息驱除小道传闻。同时需要留心的是，非正式沟通渠道也有辅助正式渠道不足的作用。

3. 有效沟通的障碍。在信息传递、理解过程中，应着力加以克服以下因素。

（1）过滤。信息发送者故意操纵信息，使信息对自己有利。

（2）选择性知觉。在沟通过程中，我们会根据自己的需要、动机、经验、背景及其他个人特点有选择地去获取信息，对我们接受到的信息进行解释，并称之为事实，在有意无意中产生知觉的选择性造成沟通障碍。

（3）知识经验水平。信息发送者与接收者的知识经验水平差距太大，双方没有“共同的经验区”，使接收者不能正确理解发信者的信息含义。

（4）情绪。接收信息者所处的情绪状态会使个体对同一信息的解释截然不同，这种状态常常使其无法进行客观而理性的思维活动，而做出情绪性的反应。

（5）语言。由于个人的年龄、教育和文化背景不同，同样的词汇会有不同的理解，某一专业人员的行话和技术术语，其他专业人员理解会存在问题，个人语言风格迥异，也给有效沟通造成了语义障碍。

（6）忽视倾听。倾听是对信息积极主动地搜寻和加工，不是被动地接受。很多人可能考虑到了交流过程中的许多因素，却忽略了倾听。

三、项目沟通管理

（一）项目沟通管理的定义

项目沟通管理这一知识领域包括保证及时与恰当的生产、搜集、传播、存储、检索和最终处置信息所需的过程。它在人员与信息之间提供取得成功所必需的关键联系。

这个定义中有两个形容词:及时的、恰当的。在整个沟通过程中，及时和恰当，是始终要注意的两个方面。及时，并不意味着信息的沟通越早越好，而是意味着进入沟通过程的信息在需要的时间产生、在需要的时间搜集、在需要的时间传播等等;恰当，也并不意味所有基于事实的信息都要进入沟通过程，我们必须确定哪些信息需要搜集、哪些信息需要传播、哪些信息需要存储，以及这些信息以何种方式进行搜集、传播、存储等等。

（二）项目沟通管理过程

项目沟通管理过程包括为了确保项目信息及时适当地产生、收集、传播保存和最终配置所必需的步骤。项目沟通管理把人和信息之间提供了一个关键连接。涉及项目的任何人都应准备以项目“语言”发送和接收信息并且能够理解他们以个人身份参与的沟通怎样影响整个项目。

如果项目需要，每个流程可以由个人、多人或团体来完成。在每个项目阶段每个过程至少发生一次。虽然在列举的流程是分立的阶段并具有明确定义的分界面，事实上它们互相交织、互相作用在一起。

在项目管理过程中，项目沟通管理是进行项目各方面管理的纽带，它在人员与信息之间提供取得成功所必要的关键联系，有效的项目沟通可以确保在适当的时间以低代价的方式使正确的信息被适当的人所获得，以更好地组织、指挥、协调和控制项目的实施过程。有效和经常的沟通对于保持项目进展、识别潜在问题、征求建议以提高项目绩效、满足客户需求和避免意外是非常重要的。

项目沟通管理过程，具体包括沟通规划、信息发布及利害关系者管理三个方面的内容。

(1)沟通规划。沟通规划的过程是确定利害关系者的信息与沟通需求，包括谁需要何种信息，何时需要以及如何向他们传递。虽然所有项目都有交流项目信息的需要，但信息的需求及其传播方式却彼此大相径庭。认清利害关系者的信息需求，确定满足这些需求的恰当手段，是项目成功的重要因素。

沟通规划的第一个内容是制定的依据主要是项目范围说明书及项目管理计划，在多数项目中，沟通规划大都在项目早期阶段进行。但在项目的整个过程中，都应对其结果定期进行检查，并根据需要进行修改，以保证继续适用性。

沟通规划制定的基础是沟通需求分析。通过沟通需求分析可得出项目各利害关系者信息需求的总和。项目利害关系者就是参与项目或其利益受到该项目影响的个人和组织。项目管理者必须弄清楚项目利害关系者，确定他们的需求和期望是什么，然后对这些期望进行管理和施加影响，确保项目获得成功，信息需求的界定是通过所需信息的类型与格式，以及该价值的分析这两者结合来完成的。项目资源只应该用于沟通有利于成功的信息，或者缺乏沟通会造成失败的信息。这并不是说不用发布坏消息，而是说，沟通需求分析在于防止项目利害关系者因过多的细节内容而应接不暇。

项目经理应考虑到，潜在沟通渠道或沟通路径的数量可反映项目沟通的复杂程度。

沟通渠道总量为 $n(n-1)/2$，其中，n 是利害关系者人数。因此，如果项目的利害关系者为 10 人，则项目是具有 45 条潜在沟通渠道。在项目沟通规划中，一项极为关键的内容是，确定并限制谁与谁沟通，以及谁是信息接收人。确定项目沟通要求通常需要的信息包括：组织机构图；项目组织和利害关系者职责关系；项目中涉及的学科、部门和专业；多少人参与项目、在何地参与项目等后勤物流因素；内部信息需求；外部信息需求；利害关系者信息等。

沟通规划的第二个内容是正确选择沟通技术。如前所述，沟通的渠道有很多，科学的选择沟通技术以达到迅速、有效、快捷地传递信息。选择何种沟通技术主要取决于下列因素：对信息要求的紧迫程度，已有系统满足信息沟通的能力，项目参与者对沟通系统的适应状况以及沟通制约因素等。

要达成良好的沟通，除正确选择沟通的技术外，还有许多因素会影响沟通，因此必须采取针对性的措施，以提高沟通的有效性。要达成良好的沟通，还可以从提高沟通的有效性和艺术性两方面入手：第一，要清晰表达；第二，要控制情绪；第三，是积极倾听；第四，利用多种通道；注意运用反馈；第五，是建设性的沟通。

其中建设性沟通的本质是换位思考。使双方的价值得到认同，形成协作关系。一方面要求沟通主体在传递信息时考虑对方的情感因素，另一方面要求沟通者在信息内容的组织上能站在对方立场上进行，要学会肯定对方，多运用肯定的、令人愉悦的陈述，要善于从对方的语言中提炼正确的思想；在出现沟通问题时，双方不要进行人身攻击，要学会克制自己，从解决问题的角度考虑沟通策略，批评对方时，多用事实性语言，不要对人妄下定论，以免对方产生防卫心理。最后，建设性沟通强调认同性原则，认真倾听别人的讲话，恰当地反应，取得对方心理上的接纳和认同，创造一个良好沟通的基础。

(2)信息发布。信息发布指把所需要的信息及时提供给项目利害关系者，包括实施沟通管理计划，以及对意料之外的信息索取要求做出反应。

信息发布作为沟通过程的一部分，发送方要保证信息内容清晰明确、不模棱两可和完整无缺，以便让接收方能正确接收，并确认理解无误。接收方的责任是保证信息接收完整无缺，信息理解无误。要达成以上两点，必须建立信息收集、发布管理系统。项目管理信息系统是用于收集、综合、散发及其他过程结果的工具和技术的总和。它的优点是能快速查找和处理纷繁复杂的事件。信息发布包括以下内容：

①经验教训记录。包括问题的起因，所采取纠正措施的原因和依据，以及有关信息发布的其他各种经验教训。记录下来的经验教训可成为本项目和实施组织的历史数据的组成部分。

②项目记录。项目记录可包括函件、备忘录以及项目描述文件。这些信息应尽可能地以适当方式有条理地加以保存。项目团队成员也往往在项目笔记本中保留个人记录。

③项目报告。正式和非正式项目报告将详细说明项目状态，其中包括经验教训、问题登记簿、项目收尾报告和其他知识领域的成果。

④项目演示介绍。项目团队正式或非正式地向任何或所有项目利害关系者提供信息。这些信息要切合听众需要，介绍演示的方法要恰当。

⑤利害关系者的反馈。可以发布从利害关系者收集的有关项目运营的信息，并根据该信息改进或修改项目的未来绩效。

⑥利害关系者通知。可就解决的问题、审定的变更和一般项目状态问题向利害关系者通报、请求的变更。

⑦绩效报告。绩效报告指搜集所有基准数据，并向利害关系者提供绩效信息。一般来说，绩效信息包括为实现项目目标而投入的资源的使用情况。绩效报告一般应包括范围、进度计划、费用和质量方面的信息。许多项目也要求在绩效报告中加入风险和采购信息。报告可草拟为综合报告，或者报导特殊情况的专题报告。

绩效报告组织与归纳所搜集到的信息，并展示依据绩效衡量基准分析的所有分析结果。绩效报告应按沟通计划所记载的各个利害关系者要求的详细程度，提供状态和绩效信息。绩效报告的常用格式包括条形图、S 曲线、直方图及表格等。

(3)利害关系者管理。利害关系者管理是指对沟通进行管理，以满足利害关系者的需求并与利害关系者一起解决问题。对利害关系者进行积极管理，可促使项目沿预期轨道行进，而不会因未解决的利害关系问题脱轨。同时进行利害关系者管理可提高团队成员协同工作的能力，并限制对项目产生的干扰。通常，由项目经理负责利害关系者管理。根据项目沟通管理计划对项目利害关系者的目标、目的与沟通层次的分析，项目管理者已对其需求和期望进行确认，在此基础上，可采取面对面会议或问题记录单的方法对项目利害关系者进行管理。

①面对面会议是与利害关系者讨论、解决问题的最有效方法。但大多数情况下，会议这种沟通方式把时间用在交换信息而非制定决策与达成行动纲领上，以浪费时间和效率低下而著名。会议是人们“共享知识和经验能力的社会思维活动”，但要使之真正发挥效用，就需讲究会议艺术：首先要作好充分准备，确定恰当的议题及日程，并提前两三天将其发送到与会者手中；其次要保证会议准时开始并按日程计划进行；在会议中控制喋喋不休者和引导沉默者讲话同样重要，前者往往花很长的时间讲很少的东西，应该坚决地给予打断；后者除了表明一般同意、无意见或正在思考外，也有可能表明缺乏自信或存有敌意。对缺乏自信的与会者，

会议主持人应表示出兴趣以鼓励进一步的讨论；对敌意的沉默，应进一步深入探查内部原因，判明敌意的指向，对会议主持人？是对会议？还是对决策过程？以便及时加以处置。最后，会议艺术强调保护弱者，提防压制建议氛围的形成。会议成员的资历及地位是不平等的，下级的建议往往招致其上级的反对，但不能任其上升到下级成员无发言权的地步，以免削弱会议的作用。当有人提出建议时，给予特别关注，从中挑选出最好的部分让与会成员补充完善，以利于进行决策。在会后一定时间内公布会议成果。其中应该简洁，如果可能，尽量写在一张纸上。总结文件应该明确所做的决定，并列出行动细目，包括谁负责、预计完工日期和预期的交付物。同时，可以列出参加和缺席的人员。应将会议成果分发给所有被邀请参加会议的人，不管他们是否真正参加了会议。

②问题记录单或行动方案记录单可用来记录并监控问题的解决情况。这些问题一般不会升级到需要实施项目或采取单独行动对之进行处理的程度。但是通常会需加以处理以保持各利害关系者之间（包括团队成员）的良好工作关系。

以一定的方式对问题进行澄清和陈述，以便问题得以解决。需要针对每项问题分派负责人，并规定解决问题的目标日期。如果问题未得到解决，则可能导致冲突和项目延迟。

四、项目集成管理

（一）项目集成管理作用

项目集成管理其作用是保证各种项目要素协调运作，对冲突目标进行权衡折中，最大限度满足项目相关人员的利益要求和期望。

项目集成管理的集成性体现在：项目管理中的不同知识领域的活动项目相互关联和集成；项目工作和组织的日常工作相互关联和集成；项目管理活动和项目具体活动相互关联和集成。

（二）执行报告

执行报告包括收集和发布执行信息，从而向项目涉及人提供为达到项目目标如何使用资源的信息。

执行报告一般应提供范围、进度、成本、质量等信息。许多执行报告也要提供风险和采购的信息。执行报告应写得具有综合性或针对某一特例。项目计划包括了各种各样用来评估项目执行的基准。

已全部或部分完成的子项目；已发生或已分担的成本等都是项目计划执行的结果。工作结果应在沟通管理计划规定的框架内汇报。工作结果中精确一致的信息对执行报告的使用价值是很重要的。

除了项目计划和项目工作结果，其他项目文件中也常常包含有关项目的信息。在评估项目执行时也应考虑到这些信息。

执行报告的工具和方法主要包括：(1)执行复查。执行复查是为评估项目状况和进展而举行的会议。执行复查一般同下面讨论的一个或多个执行报告的方法一起使用。(2)差异分析。差异分析是指把项目的实际结果与计划或预期结果作比较。最常使用的是成本和进度偏差。但是范围、质量和风险与计划之间的偏差也同样或更加重要。(3)趋势分析。趋势分析指检查项目结果以确定执行是改进了还是恶化了。(4)盈余量分析。各种形式的盈余量分析是衡量执行时最常用的方法。它把范围、成本和进度等度量标准结合在一起以帮助项目管理小组评估项目执行。对每项活动而言，盈余量分析包括计算三个主要数值：预算，也称为排定工作的预算成本，是给定期限内计划花费在某项活动上的已被批准的成本估计部分。实际成本，也称之为已执行工作的实际成本，是给定期间内因完成工作所花费的直接和间接成本的总和。盈余量，也称为已执行工作的预算成本，是总预算的一个百分比。此一百分比等同于实际完工工作的一个百分比。为了简化数据收集许多盈余量仅用一个百分比表示。一些盈余量只用0和100%（完工或未完工）来表示以确保执行衡量的客观性。

（三）行政总结

项目或阶段在达到目标或因其他原因而终止后需要一个总结。行政总结包括对项目结果的鉴定和记录，以便由发起人、委托人或顾客正式接受项目的产品。行政总结包括项目记录的收集、确保项目记录反映最终的设计书、项目成功和效益的分析以及对此类信息的立卷以备将来之用。

行政总结在项目进行中不应被拖延，项目的每一阶段应以适当的方式结束，以确保重要和有用的信息不会被丢失。具体包括：

1. 衡量执行结果的文件资料。为记录和分析项目的执行而产生的所有文件资料，包括为衡量执行情况而确立框架的计划文件，在行政总结期间都需进行复查。

2. 项目产品的文件资料。为说明项目产品而产生的文件，在行政总结期间都需进行复查。

项目索引记录的完整汇总材料应由合适的参与者准备好以完成立卷。与项目有关的历史数据库都要被更新，当项目在合同下完成或项目涉及重大的采购之时，对金融记录的立卷必须特别注意。

第二节　项目冲突

冲突是指两个以上相关联的主体，因互动行为所导致不和谐的状态。生活中避免不了冲突，项目施实过程中，冲突也随处可见。冲突的实质是观点差异，冲突之所以发生，可能是利益相关者对若干议题的认知、意见、需求、利益不同，或是基本道德观、宗教信仰不同等因素所致，企业中人们冲突的行为可分为：轻度的意见分歧或误解，公开的质问或怀疑，武断的言语攻击、威胁和最后通牒，挑衅性的身体攻击，公开有损对方等。

冲突有建设性作用和破坏性作用。鼓励进行建设性冲突，鼓励对立，分别向冲突双方提供必要的信息，适当拖延解决冲突的时间，让冲突更加明朗化。冲突的破坏性作用，缓和破坏性冲突，正视冲突解决冲突，帮助双方转化，使用权威，回避等处理方式。

一般来讲，项目决策人员对项目目标的理解越不一致，冲突越容易发生，项目团队成员的职责越不明确，冲突越容易发生，项目经理的管理权力越小、威信越低，项目越容易发生冲突，项目经理班子对上级目标越趋一致，项目中有害冲突可能性越小，项目组织中，管理层次越高，由于某些积怨产生冲突可能性越大。随着现代企业制度的建立，企业经营者和所有者已逐步分离，企业家要素已成为企业生产经营管理中十分积极和活跃的要素，企业家处理内外部冲突的好坏，将对企业的改革发展稳定以及全面提升市场资信和经济效益产生十分直接和深远的影响。现代企业的管理者需要有方方面面的知识和能力，其中处理冲突的能力毫无疑问是管理者需要掌握的最主要的技能之一，冲突并不一定会导致不幸，而有些冲突可能成为有利于组织工作的积极动力。良性的冲突会增加人们互动的机会，是提供统一认识的前提，使内在矛盾外显，为组织消除内部不平衡，协调人际关系奠定基础，良性的冲突成为组织中的积极动力，对于组织或组织单元的有效运作是绝对必要的。

适时适度激发冲突保持企业活力，冲突管理需要对可能发生的破坏性冲突积极处理并尽可能淡化，最需要管理者正视的一面，即要求管理者适时适度，激发冲突，在一些情况下增加冲突是具有建设性的，一旦员工都保持沉默，少说少做，一团和气，企业失去活力，公司的利益将大受影响，可以采用故意透露的办法激发冲突，公示任用的员工等通过一定的渠道提前透露出来，引起关注，激发思考，反馈信息，这种方法进退两宜，易于控制局面。激发建设性冲突的方法，向下属传递信息，冲突有其合法地位，严重的不是冲突本身，而是破坏性冲突的结果，对那些敢于向现状挑战，倡议革新观念，提出不同看法和进行独特思考的个体给予大力奖励，晋升、加薪或采取其他唯一强化手段，激发竞争、优胜、取得平衡的工作动机，振奋创新精神，发挥创造力，采用外力，通过从外界招聘或内部调动的方式引进背景、价值观、态度或管理风格与当前群体成员不相同的个体，以增强新见解，一些企业借用管理公司、聘用独立董事的做法应是激发建设性冲突的良策之一。

下面我们就项目这一前提对冲突问题进行阐述。

一、什么是项目冲突

(一)项目冲突概念

冲突是双方感知到矛盾与对立，是一方感觉到另一方对自己关心的事情产生或将要产生消极影响，因而与另一方产生互动的过程。

而项目冲突是组织冲突的一种特定表现形态，是项目内部或外部某些关系难以协调而导致的矛盾激化和行为对抗。

(二)项目冲突的几种类型

1. 项目实施过程的角度具体包括：

(1)人力资源的冲突。对来自其他职能部门或参谋部门人员的项目团队而言，围绕着用人问题会产生冲突。当人员支配权在职能部门或参谋部门的领导手中时，双方会在如何使用这些队员上存在冲突。

(2)成本费用冲突。成本费用冲突往往在费用如何分配上产生冲突。例如，项目经理分配给各职能部门的资金总被认为相对于要求是不足的。

(3)技术冲突：在面向技术的项目中，在技术质量、技术性能要求、技术权衡以及实现性能的手段上都会发生冲突，如客户认为应该采用最先进的技术方案，而项目团队则认为采用成熟的技术更为稳妥。

(4)管理程序上的冲突：许多冲突来源于项目应如何管理，也就是项目经理的报告关系定义、责任定义、界面关系、项目工作范围、运行要求、实施的计划、与其他组织协商的工作协议，以及管理支持程序等。

(5)项目优先权的冲突：项目参加者经常对实现项目目标应该执行的工作活动和任务的次序关系有不同的看法。优先权冲突不仅发生在项目班子与其他合作队伍之间，在项目班子内部也会经常发生。

(6)项目进度的冲突：围绕项目工作任务的时间确定次序安排和进度计划会产生冲突。

(7)项目成员个性冲突；这样冲突经常集中于个人的价值观、判断事物的标准等差别上，这并非是技术冲突，是项目中不可避免的现象。

过多的冲突会破坏项目组织的功能，过少的冲突会使项目组织僵化，对冲突实施科学、有效的管理是项目综合管理的一项重要内容。

2. 项目生命周期中冲突的相对分布如图

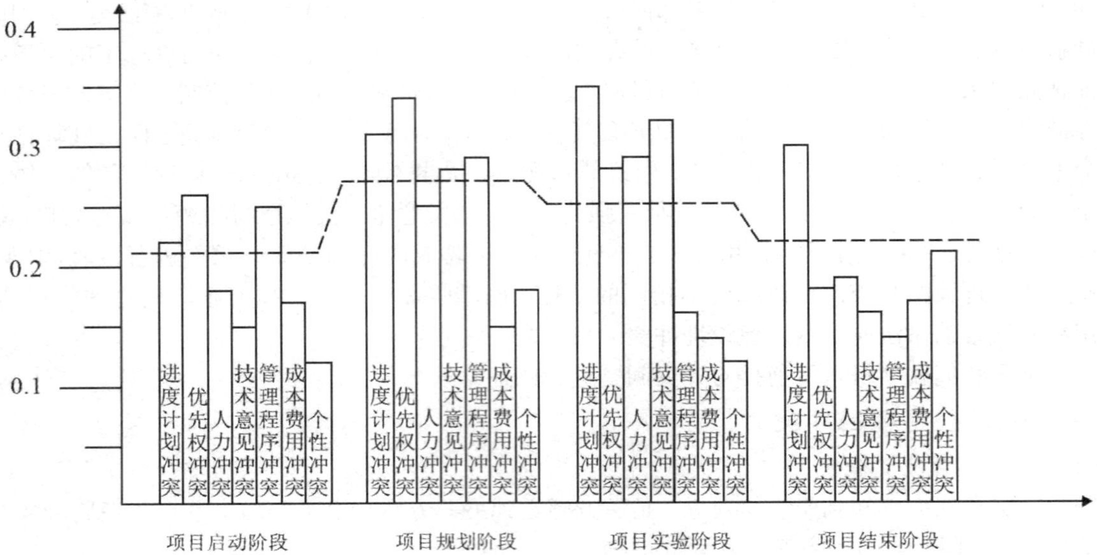

图 10－10　项目生命周期中冲突的相对分布

2. 在项目管理中，冲突无时不在，从项目发生的层次和特征的不同，项目冲突可以分为：

(1)人际冲突指的是群体内的个人之间的冲突，主要指群体内两个或两个以上个体由于意见、情感不一致而相互作用时导致的冲突。项目人际冲突一般含有两个层面：同一层级的个人之间的横向关系冲突和不同层级的个人之间的纵向关系冲突。

(2)群体或部门冲突是项目中的部门与部门、团体与团体之间，由于各种原因发生的冲突。组织理论研究者桑斯通过研究认为，组织中群体或部门之间的冲突一般有四种情况：组织不同层次间的冲突、不同职能间的冲突、指挥系统与参谋系统间的冲突以及正式组织与非正式组织间的冲突。

(3)个人与群体或部门之间的冲突不仅包括个人与正式组织部门的规则制度要求及目标取向等方面的不一致，也包括个人与非正式组织团体之间的利害冲突。

(4)项目与外部环境之间的冲突主要表现在项目与社会公众、政府部门、消费者之间的冲突。如社会公众希望项目承担更多的社会责任和义务，项目的组织行为与政府部门约束性的政策法规之间的不一致和抵触，项目与消费者之间发生的纠纷等等。

3. 由项目冲突的产生来源划分为：

(1)个人因素造成的冲突。个人的价值取向和态度及个性特征，构成了一个人的风格和个性，使得其不同于其他人，这种差异便是造成冲突的来源。个性冲突经常是“以自我为中心”造成的，它往往被沟通问题和技术争端所掩盖，是最难解决的冲突。

(2)项目团队角色冲突。项目目标被结构分解为各个明晰的任务，分配到项目组织内部的各个部门去完成，这便造成了项目组织内不同部门有不同的目标，不同的职位有不同的要求，而且专门化程度越高，则越可能出现冲突。高层管理者需要平衡各部门目标，以促成组织整体目标的实现。冲突的双方应充分认识到对方的团队角色需要，谋求双赢的解决之道。

(3)项目干系人目标差异冲突。项目不同的干系人对项目有不同的期望和需求，他们关注的目标和重点常常相去甚远，这就造成了项目干系人之间的冲突。这种冲突在工程移民项目中尤其激烈：投资者也许十分在意成本，希望工程移民能“短、平、快”迅速完成；设计师往往更注重技术一流；移民安置者关心“迁得出、住得下、能发展”；而移民们则担心搬迁后的生活水平。

(4)项目管理程序的冲突。许多冲突来自项目应如何管理，哪些项目活动具有项目优先权、如何完成项目任务、项目活动和任务的排序、项目应配备哪些资源、项目成本超支、进度拖延等方面。

调查研究表明，项目管理中进度计划的冲突对项目影响强度最大，项目成员个性冲突对项目的影响强度最小，但最难以有效解决。从整个项目寿命周期启动、计划、实施及结束四个阶段看，各类冲突的强度会因为所处阶段的不同而有所变化：在项目启动阶段，对项目影响强度最大的是项目优先权和管理程序；在项目计划阶段对项目影响强度最大的是项目优先权和项目进度计划；在项目实施阶段对项目影响强度最大的是进度计划、技术和人力资源；在项目结束阶段，对项目影响强度最大的是项目进度计划、个性和人力资源。

二、项目冲突的起因

冲突不会在真空中形成，它的出现总是有理由的。如何进行冲突管理在很大程度上取决于对冲突产生原因的判断，项目中冲突产生原因主要有：

1. 沟通与知觉差异。沟通不畅容易造成双方的误解，引发冲突。另外，人们看待事物存在“知觉差异”，既根据主观的心智体验来解释事物，而不是根据客观存在的事实来看待它，并由此激发冲突。

2. 角色混淆。项目中的每一个成员都被赋予特定的角色，并给予一定的期望。但项目中常存在“在其位不谋其政，不在其位却越俎代庖”等角色混淆，定位错误的情况。

3. 项目中资源分配及利益格局的变化。如项目中普遍开展的竞聘上岗活动，就会引起项目中原有利益格局的变化，导致既得利益者与潜在利益者的矛盾，因为项目中某些成员由于掌控了各种资源、优势、好处而想维持现状，另一些人则希望通过变革在未来获取这些资源、优势和好处，并由此产生对抗和冲突。

4. 目标差异。不同价值理念及成长经历的项目成员有着各自不同的奋斗目标，而且往往与项目目标不一致。同时，由于所处部门及管理层面的局限，成员在看待问题及如何实现项目目标上，也有很大差异，并由此产生冲突。

需要注意的是冲突是双方感知到的矛盾与对立，是否存在冲突是一个知觉问题，即使双方存在观点、利益上的不一致，但如果没有意识到，也就不存在冲突。

三、项目冲突对项目的影响

从冲突对项目的影响看，通常会被分为：建设性冲突影响和破坏性冲突影响。

20 世纪 40 年代以来，冲突被普遍认为是有害无益的，强调管理者应尽可能避免和消除冲突。但近些年，这种观念有了很大的改变，人们意识到冲突在企业中存在的必然性和合理性，认为冲突并不一定会导致低效，建设性冲突有利于改变企业反应迟缓、缺乏创新的局面，提高企业效率。因此，企业有时需要建设性的冲突，管理者也需要在适当的时候激发一定水平的冲突。通用电气的 CEO 韦尔奇就十分重视激发冲突。他认为坦诚、建设性冲突能够让不同观点交锋，碰撞出新的思想火花，有利于管理者顺势推动改革与创新。在通用电气，韦尔奇经常与成员面对面的沟通、辩论，诱发同成员的冲突，从而不断发现问题，改进企业的管理。

同样在项目管理过程中，项目经理应该适当地利用建设性冲突，避免破坏性冲突，但这两种冲突是共生的，通常只是一线之差，项目经理能否应用得好也是管理艺术的体现。

四、项目冲突常用的解决策略

项目冲突管理是从管理的角度运用相关理论来面对项目中的冲突事件，避免其负面影响，发挥正常作用，以保证项目目标的实现。一般包括诊断，处理和结果三个阶段。

研究表明，冲突可以通过多种模式解决，项目经理在处理冲突中将担当非常重要的角色，如果冲突处理得恰当，冲突就会展现其有利的一面，从而使暴露出的问题得到及早的重视，激起相关议题的讨论，澄清项目成员们的观念以促进团队建设，迫使成员寻求新的方法以更好地解决项目中出现的问题。然而，如果冲突处理不当，冲突则会对项目团队产生不利的影响，如使项目沟通受阻，使成员不大愿意倾听或不尊重别人的意见，破坏团队的团结，降低相互的信任度和开放度。研究发现，八个处理冲突的模式，即回避或撤退、逼迫或强制、圆滑、妥协、面对。仲裁或裁决、沟通和协调、发泄等都是解决冲突的有效模式。

（一）回避或撤退

使项目经理卷入冲突的其他成员从冲突情况中撤退或让步，以避免发生实际或潜在的争端。例如，如果某个人与另一个人意见不同，那么第二个人只需沉默就可以了，但是这种方法会使得冲突积聚起来，并且在后来逐步升级以致造成更大的冲突，因此这种方法是最不令人满意的冲突处理模式。

（二）逼迫或强制

也就是采用非输即赢的方法来解决冲突。这种方法认为，在冲突中获胜要比成员之间的关系更有价值。在这种情况下，项目经理往往使用权力来处理冲突，肯定自己的观点而否定他人的观点，这种方式是一种具有独裁性的方式。用这种方法处理冲突，会导致成员的怨恨心理，使工作气氛紧张。例如，项目经理强制性地要求团队成员按自己的方法做，作为下属成员也许会按命令去做，但是其内心却会产生不满及抵触情绪。

（三）圆滑

尽力在冲突中找出意见一致的方面，最大可能地淡化或避开有分歧的领域，不讨论有可能伤害感情的话题。这种方法认为，成员之间的相互关系要比解决问题本身更重要。这一方法能对冲突形势起缓和作用，但不能彻底解决问题。

（四）妥协

团队成员通过协商，分散异议，寻求一个调和折中的解决冲突的方法，使冲突各方都能得到某种程度的满意。但是，这种方法有时并不是一个很可行的方法。例如，在预计项目任务的完成时间时，有的成员认为需要十几天，而有的成员却认为只要五六天就行了，这时，如果采用妥协模式，取折中值认为项目可在十天内完成，但这样的预计也许并不是最好的预计。

（五）面对

又称作问题解决模式，在这种模式中，项目经理将直接面对冲突，既要正视问题的结果，也非常重视成员之间的关系。拥有一个良好的项目环境是使用这种方法的有效前提，在这种环境中，成员之间相互以诚相待，他们之间的关系是开放和友善的，他们以积极的态度对待冲突，并愿意就面临的冲突进行沟通，广泛交换意见，每个成员都以解决问题为目的，努力理解别人的观点和想法，在必要时愿意放弃或重新界定自己的观点，从而消除相互间的分歧以得到最好、最全面的解决方案。在面对模式中，可以采取相应的措施来避免或缩小某些不必要的冲突，如让项目团队参与制订计划的过程；明确每个成员在项目中的角色和职责；进行开放、坦诚和及时的项目沟通；明确工作规程等。

（六）仲裁或裁决

在项目冲突无法界定的情况下，冲突双方可能争执不下，这时可以由领导或权威机构经过调查研究，判断孰是孰非，仲裁解决冲突；有时对冲突双方很难立即做出对错判断，但又急需解决冲突，这时一般需要专门的机构或专家做出并不代表对错的裁决，但裁决者应承担起必要的责任。这种方式的长处是简单、省力；要求权威者必须是一个熟悉情况、公正、明了事理的人，否则会挫伤团队成员的积极性，降低效益，影响项目目标的实现。这种解决问题的方法常常很奏效，其中有两个原因：一是把冲突双方召集在一起，能够使各方了解并不是只有他们自己才面临问题；二是仲裁或裁决的会议可以作为冲突各方的一个发泄场所，防止产生其他冲突。

（七）沟通和协调

信息的来源不一，得到的信息不全面是项目冲突产生的主要原因之一。针对这种情况，应该加强信息的沟通和交流，了解并掌握全部情况，在此基础上进行谈判、协调和沟通。这种方式要求冲突双方采取积极态度，消除消极因素。

（八）发泄

上面所列的项目冲突管理的方式，在很大程度上并没有从根本上消除已有的冲突，其冲突只不过是得到一定程度的缓解，原有的冲突在新的环境条件下可能死灰复燃，使冲突越来越深，甚至导致新的冲突。针对以上方式不彻底性、消极看待和处理冲突的缺陷，德国社会学家齐美尔提出了“渲泄”理论，有利于彻底地解决冲突。采取发泄的项目冲突管理方式要求项目负责人或管理者创造一定的条件和环境，使不满情绪有一定的渠道、途径和方式发泄出来，使项目的运行稳定有序。

在项目冲突中，项目经理可以扮演以下三种角色：参与者、裁决者、协调者。作为项目的管理者，要防止卷入纷争和冲突中去。

在项目对抗性冲突中，项目经理解决冲突的破坏性影响的关键环节是防止冲突各方在坚持自己观点上走得太极端，他应该为冲突双方的争论提供基本的原则，帮助他们分离和定义出产生冲突的核心问题进而帮助推进达成两方满意的解决方法，促使他们自己解决冲突。

如前所述，冲突的强度在项目的不同阶段有不同表现，如果能够预见冲突的出现并了解它们的组成及其重要程度，对冲突管理的理论及实践经验有深刻了解，形成正确的冲突管理思想体系和方法体系，并在管理项目冲突的过程中综合地加以运用，就有可能避免或减少潜在冲突的破坏性影响，增加冲突的建设性有利影响。

案例

案例一：凯茜与乔之间的矛盾

凯茜是一个项目团队的设计领导，该团队为一个有迫切需求的客户设计一项庞大且技术复杂的项目。乔是分派到她的设计团队里的工程师。

一天上午九点左右，乔走进凯茜的办公室，凯茜正在埋头工作。“嗨，凯茜，”乔说，“今晚去观看联赛比赛吗？你知道，我今年志愿参加。”

“噢，乔，我实在太忙了。”接着，乔便在凯茜的办公室里坐下来，说道：“我听说你儿子是个非常出色的球员。”

凯茜将一些文件移动了一下，试图集中精力工作。她答道：“啊？我猜是这样的，我工作太忙了。”

乔说：“是的，我也一样。我必须抛开工作，休息一会儿。”

凯茜说：“既然你在这儿，我想你可以比较一下，数据输入是用条形码呢，还是用可视识别技术，可能是……”

乔打断她的话，说：“外边乌云密集，我希望今晚的比赛不会被雨浇散了。”

凯茜接着说：“这些技术的一些好处是……”她接着说了几分钟，又问，“那么，你怎样认为？”

乔回答道：“噢，不，它们不适用，相信我。除非客户是一个水平较低的家伙外，这还将增加项目的成本。”

凯茜坚持道：“但是，如果我们能向客户展示这种技术能使他省钱并能减少输入错误，他可能会支付实施这些技术所需的额外成本。”

乔惊叫起来：“省钱！怎样省钱？通过解雇工人吗？我们这个国家已经大幅度裁员了。而且政府和政治家们对此没有任何反应。你选举谁都没关系，他们都是一路货色。”

“顺便说一下，我仍需要你提供编写进展报告的资料，”凯茜提醒他，“明天我要把它寄给客户，你知道，我大约需要 8 到 10 页。我们需要一份很厚的报告向客户说明我们有多忙。”

“什么？没人告诉我。”乔说。

“几个星期以前，我给项目团队发了一份电子邮件，告诉大家在下个星期五以前我需要每个人的数据资料。而且，你可能要用到这些你为明天下午的项目情况评审会议准备的材料。”凯茜说。

“我明天必须讲演吗？这对我来说还是个新闻。”乔告诉她。

“这在上周分发的日程表上有。”凯茜说。

“我没有时间与篮球队的所有成员保持联系。”乔自言自语道。

“好吧，我不得不看一眼这些东西了。我用我 6 个月以前用过的幻灯片，没有人知道它们的区别。那些会议只是一种浪费时间的方式，没有人关心它们，人人都认为这只不过是每周浪费 2 个小时。”

“不管怎样，你能把你对进展报告的资料在今天下班以前以电子邮件的方式发给我吗？”凯茜问。

“为了这场比赛，我不得不早一点离开。”

“什么比赛？”

“难道你没有听到我说的话吗？联赛。”

“或许你现在该开始做这件事情了。”凯茜建议道。

“我必须先去告诉吉姆有关今晚的这场比赛，”乔说。“然后我再详细写几段。难道你不能在明天我讲述时做记录吗？那将给你提供你做报告所需的一切。”

“不能等到那时，报告必须明天发出，我今晚要在很晚才能把它搞出来。”

“那么，你不去观看这项比赛了？”

“一定把你的资料通过电子邮件发给我。”

“我不是被雇来当打字员的。”乔声明道。

“我手写更快一些，你可以让别人打印。而且你可能想对它进行编辑，上次给客户的报告好像与我提供的资料数据完全不同，看起来是你又重写了一遍。”凯茜重新回到办公桌并打算继续工作。

◇案例问题：

1. 凯茜与乔的交流中存在的问题有哪些？
2. 凯茜应该怎么做？
3. 你认为乔要做什么？
4. 凯西和乔怎样处理这种情况会更好？
5. 为防止出现凯茜和乔之间的交流问题，应该怎么做？

案例二

一位教授精心准备一个重要会议上的演讲，会议的规格之高、规模之大都是他平生第一次遇到的。全家都为教授的这一次露脸而激动，为此，老婆专门为他选购了一身西装。晚饭时，老婆问西装合身不，教授说上身很好，裤腿长了那么两公分，倒是能穿，影响不大。

晚上教授早早就睡了。老妈却睡不着，琢磨着儿子这么隆重的演讲，西裤长了怎么能行，反正人老了也没瞌睡，就翻身下床，把西装的裤腿剪掉两公分，缝好烫平，然后安心地入睡了。早上五点半，老婆睡醒了，因为家有大事，所以起来比往常早些，想起老公西裤的事，心想时间还来得及，便拿来西裤又剪掉两公分，缝好烫平，惬意地去做早餐了。一会儿，女儿也早早起床了，看妈妈的早餐还没有做好，就想起爸爸西裤的事情，寻思自己也能为爸爸做点事情了，便拿来西裤，再剪短两公分，缝好烫平 ……

这个裤子还能不能穿？

◇案例问题：

1. 这个实践中的相关人交流中存在的问题有哪些？
2. 应该怎么做才能避免这样的好心办错事的情况？

※ 思考题：

1. 什么是项目沟通管理？它的特征是什么？
2. 项目的沟通有哪些重要的意义？
3. 项目冲突的起源有哪些？
4. 项目冲突有哪些影响？
5. 常用的冲突有哪些解决的模式？联系实际，谈谈这些模式在生活中的运用。

第十一章　项目终结与项目收尾

项目终结，就是项目的实质工作已经停止，项目不再有任何进展的可能性，项目结果正在交付用户使用或者已经停滞，项目资源已经转移到了其他的项目中，项目团队已经涣散或正在解散的过程。项目结束的情况有两种：一是项目任务已顺利完成、项目目标已成功实现，项目正常进入生命周期的结束阶段，这种状况下的项目结束为“项目正常结束”，简称项目终结；二是项目任务无法完成、项目目标无法实现而“忍痛割爱”提前终止项目实施的情况，这种状况下的项目结束为“项目非正常结束”，简称项目终止。

项目的收尾阶段是项目生命周期的最后阶段，它的目的是确认项目实施的结果是否达到了预期的要求，以通过项目的移交或清算，并且再通过项目的后评估进一步分析项目可能带来的实际效益。在这一阶段，项目的利益相关者会存在较大的冲突，因此项目收尾阶段的工作对于项目各个参与方都是十分重要的，对项目的顺利、完整实施更是意义重大。

项目终结是一个重要过程，但它往往不被人们所重视。如何处理好项目终结以及接近终结时刻的事情，对项目结束后的方方面面有很大的影响。尽管项目终结不会对项目的技术成败产生重大的影响，但是却与项目最终的成败密切相关。

第一节　项目终止及项目清算

在项目结尾阶段，如果项目达到预期的成果，就是正常的项目竣工、验收、移交过程；如果项目没有达到预期的效果，并且由于种种原因已不能达到预期的效果，项目已没有可能或没有必要进行下去了而提前终止，这种情况下的项目收尾就是清算，项目清算是非正常的项目终止过程。

一、项目终止决策

即使当一个项目遇到了停滞不前的局面，项目业主或项目经理也很难下决心提早终止项目。项目提前终止是项目业主和项目团队都不希望出现的事件，但是，依据具体情况及时、果断地终止项目并进行清算无论对业主，还是对项目团队都是必要的。对于项目业主，如果出现项目不能顺利进行的情况，要以“壮士断腕”的勇气，果断地进行项目清算，这是最大限度减少损失的唯一途径。项目团队在无回天之力的情况下，促使项目业主尽快清算，可减轻对项目承担的责任，是更快开展新项目的有利举措。对于国家，当项目无意义时，尽快清算，结束项目，可减少对资源的占用和浪费。因此，对不能成功结束的项目，要根据情况尽快终止项目，进行清算。在进行项目终止的决策时，首先要考虑如下问题：

（1）项目概念阶段已存在决策失误，比如可行性研究报告依据的信息不准确，市场预测失误，重要的经济预测有偏差等等诸如此类的原因造成项目决策失误。

（2）项目规划、设计中出现重大技术方向性错误，造成项目的计划不可能实现。

（3）项目的目标已与组织目标不能保持一致。

（4）环境的变化改变了对项目产品的需求，项目的成果已不适应现实需要。

（5）项目范围超出了组织的财务能力和技术能力。

(6)项目实施过程中出现重大质量事故，项目继续运作的经济或社会价值基础已经不复存在。

(7)由于制约项目运行的相关新政策的出台(如环保政策等)，使项目的继续进行成为不可能。

(8)项目虽然顺利进行了交接，但在项目试运行过程中发现项目的技术性能指标或经济效益指标无法达到项目概念设计的项目，项目的经济或社会价值无法实现。

(9)项目因为资金无法近期到位并且无法确定可能到位的具体期限，出现“烂尾项目”。

除考虑以上问题外，项目终止辅助决策模型对正确进行项目终止决策也有一定的帮助。项目终止辅助决策模型一般有两种：

第一种是项目成功度决策模型：首先确定项目成功或者失败的一系列指标，然后通过衡量项目达到这些指标的程度作为决策的基础，这实际上是一种评分加权模型，即对一些项目有关指标打分，例如技术成功可能性、商业成功概率、成本费用规模、高层支持程度等等，分别打分并加权平均。

第二种是项目目标实现度决策模型：通过项目满足项目任务和目标的程度来做出决策。最典型的技术经济模型主要是通过对一些主要的技术经济指标进行评价，以作出项目是否终止的选择，如评价项目的净现金流量(NPV)等。

二、项目清算的组织及程序

项目清算的组织与项目竣工不同，项目清算是由项目业主召集项目团队及其相关人员组成清算班子，执行清算。项目清算和企业清算在依据和程序上都有所不同。企业清算主要以公司法和公司章程为依据；项目清算主要以合同为依据，成立由各项参与方联合参加的项目清算工作小组，依合同条件进行责任确认、损失估算、索赔方案拟订等事宜的协商，协商成功后形成项目清算报告，各合同供方及需方联合签证生效；协商不成则按合同的约定提起仲裁或直接向项目所在地的人民法院提起诉讼。

项目清算主要以合同为依据，其清算程序为：

(1)由业主召集项目团队、工程监理等相关人员组成项目清算小组。

(2)项目清算小组对项目进行的现状及已完成的部分，依据合同逐条进行检查。对项目已经进行的，并且符合合同要求的，免除相关部门和人员责任；对项目中不符合合同目标的，并有可能造成项目失败的工作，依合同条款进行责任确认，同时就损失估算、索赔方案、拟定等事宜的协商。

(3)找出造成项目流产的所有原因，总结经验。

(4)明确责任，确定损失，协商索赔方案，形成项目清算报告，合同各方在清算报告上签证，使之生效。

(5)协商不成则按合同的约定提起仲裁，或直接向项目所在地的人民法院提起诉讼。

项目清算对于有效地结束不可能成功的项目，保证国家资源得到合理使用，增强社会的法律意识都起到重要作用，因此，项目各方要树立依据项目实际情况，实事求是地对待项目成果的观念，如果清算，就应及时、客观地进行。

第二节　项目竣工决算与验收

一、项目竣工决算

竣工结算和竣工决算是两个不同的概念，也是两项不同的工作。

竣工结算是承包人在所承包的工程按照合同规定的内容全部完工，并通过竣工验收之后，与发包人进行的最终工程价款的结算。这是建设工程施工合同双方围绕合同最终的总价款的确定所开展的工作。竣工结算是由项目承包商负责完成的一项重要工作。

项目竣工决算是以货币为计量单位确定项目从开始筹建到项目结束交付使用为止所耗费的全部费用，以综合反映项目实际投入和投资效益，核定交付使用财产和固定资产价值的文件。项目竣工决算是项目的财务总结，是项目竣工验收报告的重要组成部分。

竣工决算是由建设单位负责完成的一项重要工作。项目竣工决算的编制需由项目团队提供原始资料、项目业主编制，内容包括项目生命周期各个阶段支付的全部费用。为编制项目费用决算，项目团队需要提供原始资料，具体包括：

(1)各原始概(预)算；

(2)设计图样交底或图样会审的会议纪要；

(3)项目执行记录或签证单；

(4)项目变更记录；

(5)停工(复工)报告；

(6)材料、设备等调差价记录；

(7)各种验收资料；

(8)项目执行中发生的其他费用记录。

项目竣工决算的结果是形成项目竣工报告，经项目各参与方共同签字后成为项目验收的核心文件。

项目竣工报告是由项目业主编制的项目实施总结，主要从工程质量、进度和造价方面总结项目的建设工作，具体包括：

1. 对项目施工和供货商的预验收。在项目业主的领导下，项目工程承包商和供货商要对工程和设备质量进行检查。对照设计技术指标检查各单位工程的质量，填报各种竣工报表，提供验收资料。对设备及其安装工程要进行单机试运转和联动试车，考核设备的生产负荷能力。对其他辅助工程和民用工程也要认真检查。

2. 编制竣工决算书。项目竣工决算书由两部分组成，即文字说明和决算报表。

文字说明主要包括工程概况、设计概算、实施计划和执行情况、各项技术经济指标的完成情况、项目的成本和投资效益分析、项目实施过程中的主要经验、存在的问题、解决意见等。

决算报表分大中型项目和小型项目两种，大中型项目的决算表包括竣工项目概况表、财务决算表、交付使用财产总表、交付使用财产明细表。小型项目可只填报财务决算总表。

3. 准备竣工资料。项目竣工验收应准备的主要资料包括：项目决策资料、设计基础资料、设计文件、项目管理合同和文件、施工合同和文件、设备供货合同和技术资料、生产准备资料和文件、财务管理和器材资料、科研和技术开发资料、工程竣工文件及资料等。

4. 撰写竣工报告。项目竣工验收报告应全面总结工程实施的过程，确定项目的工程质量、工期和投资决算。国家对竣工报告的基本内容有明确的规定，在此不一一展开说明。

二、项目验收

按照我国政府有关部门规定，所有完工的基本建设和技术改造项目都必须进行竣工验收。竣工验收是国内投资项目在后评价之前最重要的环节，项目竣工验收的内容、方法和资料是进行项目后评价的重要基础。因此，在我国可以把项目竣工验收视为项目后评价的准备阶段。

项目验收标志着项目的结束(或阶段性结束)和项目成果投入使用、发挥投资效益的开始，如果项目顺利通过验收，项目的各方当事人就可以终止各自的义务和责任，从而获得相应的收益。同时，项目验收对项目质量将进行全面的考查，便于及时发现和解决影响项目成果正常使用的问题，是保证项目合同任务完成、提高项目成果质量水平的最后关口。另一方面，通过项目验收，整理档案资料，能为项目成果的运营、保养、维护提供全面、系统的技术经济文件、资料和图样。

项目验收按项目的生命周期可分为合同期验收、中间验收和竣工验收;按验收的内容可分为项目质量验收和项目文件验收。科学、合理地界定验收范围，是保障项目各方的合法权益和明确各方应承担的责任的基础。项目验收范围是指项目验收的对象中所包含的内容和方面，即在项目验收时，对哪些子项目进行验收和对项目的哪些方面、哪些内容进行验收。项目验收范围的确认以项目合同、项目成果文档和项目工作成果等为依据:从项目层次来看，原则上一切完整的子项目或项目单元都应列入项目验收的范围，只是依项目的业主方不同、项目性质不同，其验收的形式也不同。但所有列入固定资产投资计划的建设项目或单项工程，只要已按批准的设计文件所规定的内容建成;或工业投资项目经负荷试车考核，试生产期间能够正常生产出合格产品;或非工业投资项目符合设计要求，能够正常使用的，不论是属于哪种建设性质，都应及时组织验收，办理固定资产移交。按照我国有关规定，已具备竣工验收条件的项目(工程)，在规定的期限内不办理验收投产和移交固定资产手续的，取消企业和主管部门(或地方)的基建试车收入分成，由银行监督全部上缴财政。如在规定期限内办理竣工验收确有困难，经验收主管部门批准，可以适当延长期限。

1. 项目验收的程序和方法。项目验收又称项目范围确认或移交，是指项目结束或项目阶段结束后，项目团队将其成果交付使用者之前，项目接收方会同项目团队、项目监理等对项目的工作成果进行审查，查核项目计划规定范围内的各项工作或活动是否已经完成，项目成果是否令人满意的项目工作。

我国的项目竣工验收实行分级管理，即按投资计划的规定划分为国家、省市和市县三级项目。大中型和限额以上项目由国家发展和改革委员会组织，或委托主管部门和地方组织，成立验收委员会或验收小组。验收委员会由投资、银行、物资、环保、统计、消防等部门单位组成，项目业主、勘察设计单位、施工建设单位等参加验收工作。验收委员会负责审查项目实施的各个环节，听取各有关方面的工作报告，审阅资料，实地考察工程及运营情况，全面评价项目的设计、施工、设备的质量、进度和成本，分析财务执行情况，考核投资效果。最后提出项目的竣工验收报告，报送主管部门。实践证明，竣工验收制度是行之有效的管理办法。

项目验收依项目的大小、性质、特点的不同其程序也不尽相同，对大型建设项目而言，由于验收环节较多、内容繁杂，因而验收的程序也相对复杂。对一般程序设计、软件开发或咨询等小项目，验收也相对简单些。但项目验收一般应由下面这些过程组成。

（1）完成项目收尾工作。当项目接近尾声时，大量复杂的工作已经完成，但通常还遗留有小部分分散的、零星而棘手的剩余工作需要处理，而这时项目团队已较涣散，团队成员对项目工作的热情已不如项目开始时高涨。这就要求项目负责人把握全局，正确处理好团队成员的工作情绪，保质保量地将收尾工作做好，做到项目的善始善终，尤其要在项目成果交付验收之前组织项目团队进行必要的自检自查工作，找出项目存在的问题和漏洞并尽快解决，以保证项目能顺利通过验收。

（2）准备项目验收材料。项目成果材料是项目验收的前提条件和顺利通过项目验收的必要保证。项目团队在项目的实施过程中，就应不间断地做好各种项目文件的收尾工作，编制必要的图样、说明书、合格验收证、测试材料（包括相关的论文、研究报告等）。当项目准备验收时，再将分阶段、分部分的材料汇总、整理、装订成册，就能形成一整套清新、完整、客观的项目材料。

（3）提出验收申请，报送验收材料。项目自检合格后，项目团队应向项目接受方提交申请验收的请求报告，并同时附送验收的相关材料，以备项目接受方组织人员进行验收。

（4）成立验收班子。项目业主（接受方）应会同项目监理人员、政府相关人员，如有必要还可吸收注册会计师、律师、审计师、行业专家等人员，组成验收工作组或验收委员会。项目验收班子成员应坚持公正、公平、科学、客观、负责的态度对项目进行全面验收。

（5）实施初步验收。初步验收包括对项目材料和现场（实物）的初步验收。在这一程序中项目验收班子要对项目团队送交的验收材料进行审查，如有缺项、不全、不合格的材料立即通知项目团队，令其限期补交，以保证项目验收的顺利进行；二要对项目成果现场或项目成果进行初步检查，大体上对项目成果有个把握，如果检查发现有不符合项目目标要求的，应通知项目团队尽快整改。

（6）正式验收。项目验收班子在对项目验收材料和项目初审合格的基础上，组织人员对项目进行全面、细致的正式验收，正式验收还可依据项目的特点，实行单项工程验收、整体工程验收，或部分验收、全面验收等。如果验收合格，应签署验收合格文件并立即办理项目移交和固定资产形成、增列手续；如果验收不合格，应通知项目团队进行整改后再作验收。如在验收中发现较严重的问题，双方难以协商解决，可诉诸法律。

项目验收的方法是根据项目的特点不同，而灵活地采用不同的方法，在实际验收中采用观测的方法非常普遍。对于生产性项目，可采用试生产的方法，检验生产设备是否能达到设计要求；对于系统开发项目，可采用试运行方式检验项目成果的性能；对 R&D 项目，可通过测试成果的各项物理、化学、生化等性能指标来检验；对服务性项目，一般通过考核其经济效益或社会效益来验收。为了核实项目或项目阶段是否已按规定完成，往往验收需要进行必要的测量、考查和试验等活动。

2. 项目验收的标准。项目验收标准是判断项目成果是否达到目标要求的依据。因而应具有科学性和权威性。只有制定科学的标准，才能有效地验收项目结果。作为项目验收的标准，一般选用项目合同书、国标、行业标准和相关的政策法规、国际惯例等。

项目合同书规定了在项目实施过程中各项工作应遵守的标准，项目要达到的目标、项目成果的形式以及对项目成果的要求等，它是项目实施管理、跟踪与控制的首要依据，具有法律效力。因而，在对项目进行验收时，最基本的标准就是项目合同书。

国标、行业标准和相关的政策法规，是比较科学的、被普遍接受的标准。项目验收时，如无特殊的规定，可参照国标、行业标准以及相关的政策法规进行验收。

国际惯例是针对一些常识性的内容而言的，如无特殊说明，可参照国际惯例进行验收。

以下介绍基本建设项目竣工验收的一般标准。进行基本建设项目验收时，由于建设项目所在行业不同，验收标准也不完全相同，一般情况下必须符合以下要求方可认为符合标准：

(1)生产性项目和辅助性公用设施，已按设计要求完成，能满足生产使用。

(2)主要工艺设备配套设施经联动负荷试车合格，形成生产能力，能够生产出设计文件所规定的产品。

(3)必要的生活设施，已按设计要求及规定的质量标准建成。

(4)生产准备工作能适应投产的需要。

(5)环境保护设施、劳动安全卫生设施、消防设施已按设计要求与主体工程同时建成使用。

3. 项目验收的内容。项目验收的内容包括项目质量验收和项目文件验收。

(1)项目质量验收。项目质量验收是依据质量计划中的范围划分、指标要求和采购合同中的质量条款，遵循相关的质量评定标准，对项目的质量进行认可评定和办理验收交接手续的过程。质量验收是控制项目最终质量的重要手段，也是项目验收的重要内容。质量验收也是质量的全过程验收，贯穿项目生命周期全过程，在项目的规划、项目的实施、项目的竣工等不同时期对项目的质量都要进行验收，以保证最终获得一个合格的项目。

根据项目概念阶段的工作任务要求，该阶段的质量验收主要是检查项目进行可行性研究和机会研究时是否收集到足够多的和准确的信息；使用的方法是否合理；项目评估是否科学；评估的内容是否全面；是否考虑了项目的进度、成本与质量三者之间的制约关系；对客户的需求是否有科学、可行、量化的描述；对项目的质量目标与要求是否做出整体性、原则性的规定和决策。

根据项目规划阶段的工作任务的要求，该阶段的质量验收主要是检验项目目标定位是否准确、描述是否清晰；范围规划是否全面，使用的工具和技术是否科学；工作分解是否细致、工作排序是否符合逻辑性和最优化思想、工作延续时间估计是否准确；进度安排是否合理；资源计划涉及的内容是否考虑全面、费用估计的依据是否可信、费用预算是否精确；质量计划的标准和规划是否实际可行、质量保证是否完善。

项目实施阶段占据了项目生命周期的大部分时间，涉及的工作内容最多、时间最长，耗费大量资源，是项目能否取得成功的关键所在。项目实施阶段的质量验收要根据范围规划、工作分解和质量规划对每一道工序进行单个评定和验收，包括：采购规划、招标采购的实施、合同管理基础、合同履行和收尾、实施计划、安全计划、项目进展报告、进度控制、费用控制、质量控制、安全控制、范围变更控制、生产要素管理及现场管理与环境保护等。

项目收尾阶段的质量验收，也即项目终结阶段的质量的验收，是项目质量的最后把关，关系到项目能否顺利交接及能否进入正常使用阶段。这个时期的质量验收如果不严格检验，将有可能使不合格的成果进入到后期使用中，会造成许多麻烦和不良影响。因而这阶段的质量验收，无论对项目团队还是对项目接受方都是非常重要的。收尾阶段的质量验收要以项目规划阶段制定的"项目竣工质量验收评定的范围、标准与依据"为准。收尾阶段项目验收的结果将产生质量验收评定报告。

项目质量验收的方法根据项目阶段的不同、项目类型的不同而不同，如在项目概念、规划等阶段，质量验收多采用审阅的方法，主要是对项目的文件进行审阅。对于一般项目通常采用文件审阅、实物观测、性能测试或进行特殊试验等方法。对于大型投资建设项目，除采用一般项目的验收方法外，还要进行试生产等验收。

(2)项目文件验收。项目文件是项目整个生命周期的详细记录，是项目成果的重要展示形式，项目文件既作为项目评价和验收的标准，也是项目交接、维护和后评价的重要原始凭证。因而，项目文件在项目验收工作中起着十分重要的作用。在项目验收过程中，项目验收方只有在对资料验收合格后，才能开始项目竣工验收工作。由此可见，项目资料验收是项目竣工验收的前提。

项目的不同阶段，形成文件的内容也不同，项目管理者应根据合同中有关资料的条款要求，结合国家关于项目资料档案的法规、政策性规定及国际惯例等做好各阶段项目文件的形成及归档工作，以便在项目终结时提供真实、全面、规范的项目文件档案。项目文件验收应移交、归档的资料包括以下内容：

项目背景概况。

a. 项目目标文件；

b. 项目可行性及项目方案论证报告；

c. 项目工作结构分解图；

d. 项目范围、进度、质量、费用、采购规划；

e. 项目采购合同的招投标书及合格供应商资料；

f. 项目进度报告、质量记录、会议记录、备忘录、各类通知等；

g. 项目各种变更控制申请及签证；

h. 项目竣工报告及竣工图；

i. 项目验收报告；

j. 项目评审报告；

k. 项目交接报告；

l. 项目后评价资料。

项目文件验收的程序如下:项目团队依据项目进行的不同时期，按合同条款有关资料验收的范围及清单，准备完整的项目文件。文件准备完毕后，由项目经理组织项目团队进行自检和预验收。合格后将文件装订成册，按文档管理方式妥善保管，并在项目终结阶段送交项目验收方进行验收。

项目验收班子在收到项目团队送交的验收申请报告和所有相关的项目文件后，应组织人员按合同资料清单或档案法规的要求，对项目文件进行验收、清点。对验收合格的项目文件立卷、归档;对验收不合格或有缺损的文件，要通知项目团队采取措施进行修改或补充。只有项目文件验收完全合格后，才能进行项目的整体验收。

当所有的项目文件全部验收合格时，项目团队与项目接收方对项目文件验收报告进行确认和签证，形成项目文件验收结果。

第三节 项目评审与移交

一、项目评审

一个项目完成后，必须能获取执行此项目的利益。项目的实施总是有目的的，而且业主也应该确保他们为所有项目工作投入的资金是有所值的。为达到这个目的，一种正式的做法是举行项目终结评审。

项目终结评审或实施后评审的进行是为了判断计划的利益是否真正地得以实现和辨别用以保证实现这些利益的行为。这是一种水平相当高的评审，不仅要评审项目工作本身，还要评价项目结果对业主需要的适应程度，其中要以给业主的业务带来的利益为重点。

进行项目终结评审的最佳时间是：当项目一开始显示计划的利益时，就尽可能进行评审。如果举行得过早，可能很难知道项目是否真的会实现其利益；如果拖得太久，潜在的利益可能会被拖延，而且，若形成了一种认为此项目是在浪费时间的气氛，则这种潜在的利益甚至可能会完全丧失。

项目评审可采取各种不同形式：一种是项目经理的项目完工报告，一种是举行简要说明大会，还有一种是更独立的项目分析或审计。这些不同形式的评审的目的基本上都是从有利于将来的项目出发，回答有关项目进行情况的一些问题，如项目的完成达到了质量、时间和成本目标吗？如果没有，为什么？可以从中吸取什么教训？此项目还有什么后续工作？这些问题的答案应形成文件，并交给管理层。在我国，通常实施的项目评审有项目审计和项目费用审计等。

1. 项目审计。项目审计是指审计机构依据国家的法令和财务制度、企业的经营方针、管理标准和规章制度，对项目的活动用科学的方法和程序进行审核检查，判断其是否合法、合理和有效的一种活动。

项目审计的任务包括：

（1）检查审核项目建设活动是否符合相关法律和规章制度；

（2）检查审核项目建设活动是否符合国家政策、法律、法规和条例，有无违法乱纪、营私舞弊等现象；

（3）检查审核项目活动是否合理；

（4）检查审核建设项目的效益；

（5）检查和审核各类项目报告、会计记录和财务报表等反映项目建设和管理状况的资料是否真实，有无弄虚作假或文过饰非的现象；

（6）在检查审核项目建设和管理状况的基础上，提出改进建议，为企业决策者提供决策依据，促使项目组织改善管理工作。

2. 项目费用审计。费用审计是对项目管理中判断有关费用使用合法性、合理性和有效性的一种活动。费用审计贯穿于项目的全过程中。

在项目终结阶段，需进行竣工决算审计，审计主要从以下方面进行：

（1）审查项目预算的执行情况。审计人员要审查建设内容与批准的预算和建设计划是否相符，如果决算与预算相比超支过多，则要核查有无擅自改变建设内容的情况，乱摊成本和搞计划外工程的现象，一经发现，要及时上报，严肃处理。

(2)审查项目的全部资金来源和资金运用是否正常。要认真审核竣工财务决算表和竣工决算总表是否正确，其所反映的全部资金来源和资金占用情况是否正常，有没有与历年统计数额不相符的问题，有没有建设资金和专用基金等其他资金相互挪用的问题，有没有技术方面的问题。

(3)审查交付使用财产总表和明细表是否正确。交付使用财产总表反映大、中型建设项目建成后新增固定资产和流动资产的价值，审查时要与各子项目或单项工程的交付使用财产明细表对比进行，看两者有无差异，交付使用财产价值的计算是否准确、可靠。有无虚列、重报等现象，发现问题要及时查明原因，尽快更正，并追究当事人责任。

(4)审查竣工情况说明书的编制是否真实。竣工情况说明书是对竣工决算报表作进一步分析和补充说明的文件，主要应审查其内容与编制的竣工决算表是否一致，与实际情况是否相符，如发现内容不全、说明不充分、虚报成绩、掩盖问题等现象，审计人员要督促编制者及时做出修改和补充。

(5)审查竣工决算的编报是否及时。项目竣工验收交付使用后一个月内，要编制好竣工决算，并按规定上报。审计人员要检查有无拖延编报期或未将编制好的竣工决算及时送交相关部门等现象的发生，检查经审查批复的竣工决算是否及时办理了调整和结束工作。

项目终结阶段审计的做法是对照项目预算审核实际成本的发生情况，看是超支还是节约。如果超支，要查明是因为成本控制不利还是因为擅自扩大项目范围或乱摊成本所致;如果节约，则要查明是否缩小了项目范围或降低了标准。

二、项目移交

项目移交又称为项目交接，是指全部合同收尾后，在政府项目监管部门或社会第三方中介组织协助下，项目业主与全部项目参与方之间进行项目所有权移交的过程。

项目能否顺利移交取决于项目是否顺利通过了竣工验收。在项目收尾阶段，主要工作由项目竣工、项目竣工验收和项目交接等三项组成。它们三者之间紧密联系，但三者又是不同的概念和过程。项目竣工是对项目团队而言的，它表示项目团队按合同完成了任务并对项目的有关质量和资料等内容进行了自检;项目的工期、进度、质量、费用等均已满足合同的要求。只有当项目质量和资料等项目成果完全符合项目验收标准，达到要求，才能通过验收。当项目通过验收后，项目团队将项目成果的所有权交给项目接收方，这个过程就是项目的移交或交接。项目移交完毕，项目接收方有责任对整个项目进行管理，有权力对项目成果进行使用。这时，项目团队与项目业主的项目合同关系基本结束，项目团队的任务转入对项目的保修阶段。由此可见，项目竣工验收是项目移交的前提，项目移交是项目收尾的最后工作内容，是项目管理的完结。项目竣工、项目竣工验收与项目交接三者的关系如图 11－1 所示。

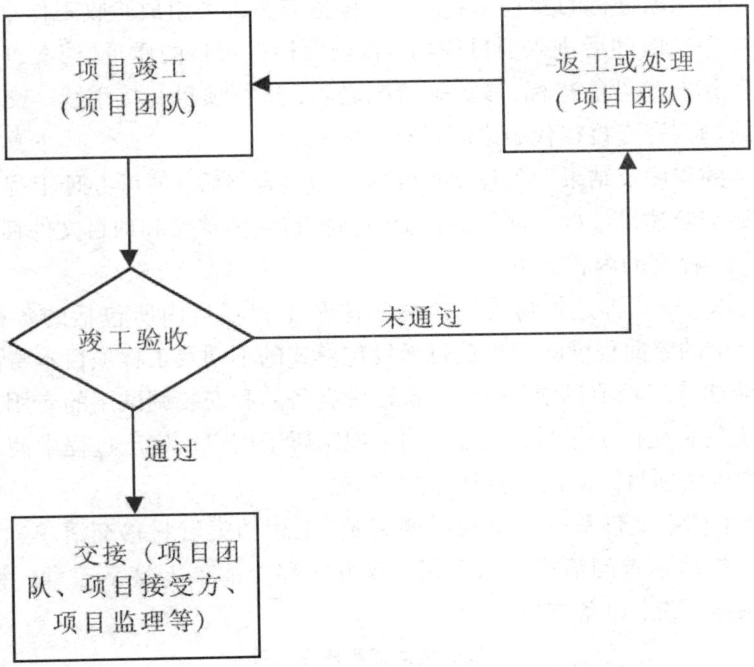

图 11－1 项目竣工、项目竣工验收和项目交接的关系

1. 项目交接的范围与依据。对于不同行业的、不同类型的项目，国家或相应的行业主管部门出台了各类项目交接的规程或规范。下面就依投资主体的不同，分别就个人投资项目、企(事)业投资项目和国家投资项目的交接范围与依据进行讨论，并且这些讨论以投资建设项目为主。

(1)个人投资项目交接的范围与依据。对于个人投资项目(如外商投资的项目)，一旦验收完毕，应由项目团队与项目业主按合同进行移交。移交的范围是合同规定的项目成果、完整的项目文件、项目合格证书、项目产权证书等等。

(2)企(事)业投资项目交接的范围与依据。对于企(事)业单位投资项目，如企业利用自有资金进行的技术改造项目，企(事)业为项目业上，应由企(事)业的法人代表出面代表项目业主进行项目交接。移交的依据是项目合同。移交的范围是合同规定的项目成果、完整的项目文件、项目合格证书、项目产权证书等等。

(3)国家投资项目交接的范围与依据。对于国家投资项目，投资主体是国家，但却是通过国有资产的代表实施投资行为。一般来说，对中、小型项目，是地方政府的某个部门担任业主的角色，例如，可能是某城市的建委、城建局或其他单位作为业主。对大型项目，通常是委托地方政府的某个部门担任建设单位(项目业主)的角色，但建成后的所有权属于国家。对国家投资项目，因为项目建成后，项目的使用者(业主)与项目的所有者不是一体的，因而，竣工验收和移交要分两个层次进行。

①项目团队向项目业主进行项目验收和移交。一般是项目已竣工并通过验收班子的竣工验收之后，由监理工程师协助项目团队向项目业主进行项目所有权的交接。

②项目业主向国家进行的验收与交接。由国家有关部委组成验收工作小组，在项目竣工验收试运行一年左右时间后进入项目现场，在全面检查项目的质量、档案、环保、财务、预算、安全及项目实际运行的性能指标、参数等情况之后，进行项目交接手续。交接在项目法人与国家有关部委或国有资产授权代表之间进行。

2. 项目交接的程序及结果。工程项目经竣工验收合格后，便可办理工程交接手续。即将项目的所有权移交给建设单位。项目的移交包括项目实体移交和项目文件移交两部分。以工程项目移交为例，移交的内容如下：

（1）工程实体移交。即建筑物或构筑物实体和工程项目内所包括的各种设备实体的交接，工程实体移交的繁简程度随工程项目承发包模式的不同及工程项目本身的具体情况不同而不同。在工业建筑工程项目中，一些设备还带有备品和安装调试用的专用工机具。在实施单位负责设备定货和交接工作时，凡是合同上规定属于用户在生产过程中使用的备品备件及专用工机具，均应由项目团队向项目接受方移交。

（2）工程技术档案文件移交。移交时要编制《工程档案资料移交清单》，详见表 11－1。项目团队和业主按清单查阅清楚并认可后，双方在移交清单上签字盖章。移交清单一式两份，双方各自保存一份，以备查对。

表 11－1　　工程档案资料移交清单

编号	专业	档案资料内容	人员数	备注
（项目团队）签章 经办人：________（接收单位）		签章 接收人：________ 说明：		

项目验收和交接后，按合同条款要求和国家有关规定，应在预约的期限内由项目经理组织原项目人员主动对交付使用的竣工项目进行回访，听取项目业主对项目质量、功能的意见和建议。一方面，对于项目运行中出现的质量问题，在项目质量回访报告中进行登记，及时采取措施加以解决；另一方面，对于项目实施过程中采用的新思想、新工艺、新材料、新技术、新设备等，经运行证明其性能和效果达到预期目标的，要予以总结、确认，为进一步完善、推广积累数据，创造条件。对于无法协调解决的项目质量及其他问题，提交国家有关仲裁部门负责仲裁。

回访和维修过程中的所有记录应该作为技术档案进行归档。

第四节 项目完工报告

良好的项目管理在项目的收尾阶段也应该有记录体系，这就是项目完工报告，也称为项目结束报告。项目完工报告或结束报告由项目管理者编写，其每项内容都要经过项目经理和项目参与人的深思熟虑。项目完工报告或结束报告不是对项目的评价，而是对项目的真实的历史记录，也有人称之为项目整个生命周期内的“编年史”。它概括地介绍了项目实施过程中，做了哪些项目实质工作，项目是如何进行管理的，项目管理的经验和教训。通过编写项目完工报告的工作，对我们今后的项目管理工作是一笔宝贵的知识财富。

下面我们以世行贷款项目完工报告为例介绍项目完工报告有关知识。

项目完工报告是世界银行和亚洲开发银行等国际组织投资项目周期中必不可少的一个实施步骤。根据规定，所有这类项目在完工后一定时间内，由银行内项目主管官员和部门向银行董事会和行政当局提交项目完工报告（称为 Implementation Completion Report，ICR）。

1. 项目完工报告的目的。世行对每一完工项目都要进行总结评价，写出项目实施完工报告。项目完工报告也称为世行业务部门的自我评价。实施完工报告是世行项目管理系统的组成部分，报告的完成代表着项目周期的一个里程碑，标志着项目从执行转向运营阶段。报告旨在通过世行和借款人双方回顾和评价项目执行、效益情况，总结项目准备和执行中存在的问题、经验及教训，为项目本身今后的持续发展做准备，更为双方今后准备其他唯一项目提供借鉴。

2. 项目完工报告的内容：

(1) 项目实现其原定发展目标和产出的程度；

(2) 项目其他唯一重要的产出及影响；

(3) 项目可持续性的前景；

(4) 世行和借款人的表现，包括对有关世行政策的履行情况；

(5) 项目执行中可吸取的教训；

(6) 与项目执行有关的数据资料。

3. 项目完工报告的有关要求：

(1) 世行方面的要求。对世行来讲，项目完工报告应在项目完工时准备，在贷款关账后 6 个月内完成。一般情况下，世行在项目贷款关账前派出最后一个项目检查团时，即与借款人和项目执行机构商讨项目完工报告的准备问题；在关账后，再派出完工报告团与借款人和项目单位具体准备完工报告的各有关内容。对可调整规划贷款和学习及创新贷款项目，完工报告应在最后支付之前 6 个月就开始准备了；对个别试验性项目，报告完成时间可在关账后 6 个月以外再延长一些。

在编写完工报告过程中，世行不仅需要内部负责业务、法律、支付等多个部门的参与，对外还广泛征求借款人、项目执行机构和其他唯一融资方的意见，将起草的完工报告草本交借款人及其他唯一融资方提意见，并将借款人对项目执行的评价意见作为报告的第二部分。

完工报告完成后，由世行业务部门将报告提交给世行行长和各位执行董事。同时，业务部门还将报告提交给世行内部进行独立评价的业务评价局，由业务评价局进行分析、评价，核实评价结论，收集有关数据，记录评价情况，向董事会提交评价备忘录，对完工报告的质量和评价结论进行评价，并提出是否进行后评价。业务评价局随后将该评价备忘录反馈给世行管理部门，并作为其今后进行后评价的基础。

（2）借款人方面的要求。项目完工报告的准备和完成不单单是世行方面一家的事，世行要求借款人也应对完工项目进行竣工评价，并将评价结果告诉世行。评价的内容包括项目的执行及起始运营状况，项目的成本及效益大小，世行和借款人各自履行贷款法律协定有关责任情况，以及贷款目的的实现程度等。为此，借款人从项目执行一开始，就应履行好自己对项目的监测与评价职责，收集好有关资料，保存好账目和记录；在世行对项目进行完工总结时，不仅要完成自身对项目的竣工总结，还要配合、协助世行准备项目完工报告。

4. 项目完工报告的格式和审查。项目完工报告主要有四部分组成，即概述、主报告、统计报表和附件。在项目完工报告编制时，往往要根据项目特定条件，确定报告内容。世行、亚行的项目完工报告全部交由后评价机构审查、记录、备案。银行评价局的审查按照规定的内容格式填写项目信息报表（Project Information Form，PIF），编写给董事会和行长的备忘录，由主管后评价的总督察签名报出。

以上介绍了世行贷款项目完工报告的相关知识，它对一般项目的完工报告编写具有良好的借鉴作用。目前，项目完工报告尚没有权威的特定格式，有的报告按照时间顺序编写，而有的分为技术和管理专题，有的以叙事方式编写，有的将所有的项目报告罗列在一起并且附上简短的评论。无论采取什么样的形式，重要的是项目完工报告中包含的内容要清楚其原始资料的出处，并根据项目特定条件，确定报告内容。一般情况下项目完工报告应包括以下内容：

（1）项目的目标及其实现程度。对照项目前期评估报告，清晰地描述出项目的目标（包括在执行过程中的变化），评价目标的真实性及其重要性。分三个等级（成功、部分成功和不成功）评价项目的目标实现程度，评价内容应涉及宏观产业政策目标、财务目标、机构发展目标、实物目标、扶贫和其他社会目标、环境目标以及公共行业管理和私营行业发展等目标。

（2）项目实施记录和主要影响因素。要对影响项目实施的因素进行分析，要区分这些因素是内部的还是外部的，可以控制的还是不可控制的，控制者是谁。

（3）项目的可持续性。即分析项目是否可能沿着实现项目的主要目标进行下去，是否可以达到预期的运营目标。项目可持续评价可采用可持续、不可持续和尚不明确三个等级来评定。

（4）项目成果评价。通过成功度评价，主要是目标实现程度和项目可持续评价来判断项目的成果，一般可分四个等级去评定：十分满意、满意、不满意和十分不满意。

（5）项目管理评价。每个项目组织方式都有其独特的优缺点，在项目结束报告中应该对该项目的组织结构的作用进行评论，探讨其对项目进展的促进作用或者制约作用，提出改进组织的建议，向高级管理层就组员的工作效率做不公开的报告，对项目管理技巧——评审预测方法、计划方法和成本控制方法等进行评价。如果对原组织进行调整将对项目管理有益，应该提出相应的建议和解释。

（6）主要经验教训。报告要讨论项目主要的成功经验和失败教训，以及在项目未来发展中如何吸取这些经验教训，这些经验教训对类似国家或同类在建项目和未来待建项目中有哪些借鉴作用。

第五节 项目后评价

一、项目后评价概述

1. 什么是项目后评价。项目后评价是指在项目已经完成并运行一段时间后，对项目的目的、执行过程、效益、作用和影响进行系统的、客观的分析和总结的一种技术经济活动。项目后评价的意义在于确定项目预期目标是否达到，主要效益指标是否实现；查找项目成败的原因，总结经验教训，及时有效反馈信息，提高未来新项目的管理水平；为项目投入运营中出现的问题提出改进意见和建议，达到提高投资效益的目的。项目后评价具有透明性和公开性，能客观、公正地评价项目活动成绩和失误的主客观原因，比较公正地、客观地确定项目决策者、管理者和建设者的工作业绩和存在的问题，从而进一步提高他们的责任心和工作水平。

项目评价贯穿整个项目生命周期的始终，项目正式的后评价，应该是在项目完工以后进行，但在实际的项目管理工作中，有一种观点认为项目开工之后由监督部门所进行的各种评价，都属于后评价的范畴，根据评价时间不同，后评价又可以分为跟踪评价、实施效果评价和影响评价。

（1）项目跟踪评价是指项目开工以后到项目竣工验收之前任何一个时点所进行的评价，它又称为项目中间评价；

（2）项目实施效果评价是指项目竣工一段时间之后所进行的评价，就是通常所称的项目后评价；

（3）项目影响评价是指项目后评价报告完成一定时间之后所进行的评价，又称为项目效益评价。

项目后评价和项目可行性研究是既相联系又相区别的两种项目管理活动。他们的相同之处在于二者都是对项目生命周期全过程所进行的技术经济论证，评估的原则和方法没有太大的区别，都采用定量与定性相结合的方法。但是，由于两者的评价时点不同，目的也不完全相同，因此也存在一些区别：可行性论证在项目开始之前运用预测技术来分析评价项目未来的效益，其目的是确定项目投资是否值得并可行；而项目后评价在项目运营之后，总结项目的准备、实施、完工和运营，并通过预测对项目的未来进行新的分析评价，其目的是为了总结经验教训，为改进项目决策和提高项目管理水平服务，即同时进行项目的回顾总结和前景预测。

由项目后评价的定义及项目后评价所涉及的内容可以看到，项目后评价与前期评价、中期评价相比具有如下特点：

（1）现实性。项目后评价是以项目建设和运营的实际情况为基础，对项目建设、运营中存在的现实情况、产生的实际数据进行评价，所以具有现实性的特点。这一点和项目前期评价不同，前期评价中的项目可行性研究是预测性的评价，它所使用的数据为预测数据。

（2）公正性。公正性表示在实施项目后评价时，应持有实事求是的态度，在发现问题、分析原因和做出结论中始终保持客观、负责的态度。公正性标志着后评价及评价者的信誉，应贯穿于整个后评价的全过程，即从后评价项目的选定、计划的编制、任务的委托、评价者的组成、具体评价过程直到形成报告。项目后评价必须保证公正性，这也是一条很重要的原则。

（3）全面性。项目后评价是对项目实践的全面评价，它不仅对项目立项决策、项目实施、项目运营等全过程进行系统评价，还对项目经济效益、社会影响、环境影响及项目综合管理等全方位进行系统评价。这种评价不仅涉及项目生命周期的各阶段，而且还涉及项目的方方面面，因此是比较系统、比较全面的技术经济活动。

（4）反馈性。项目后评价的结果需要反馈到决策部门，作为新项目立项和评估的基础以及调整投资计划和政策的依据，这是后评价的最终目标。因此，后评价结论的扩散和反馈机制、手段和方法便成为后评价成败的关键环节之一。国外一些国家建立了“项目管理信息系统”，通过项目周期各个阶段的信息交流和反馈，系统地为后评价提供资料和向决策机构提供后评价的反馈信息。

2. 我国的项目后评价。我国的投资项目后评价始于20世纪80年代中后期，多年来中国的后评价事业有了长足的进步，初步形成了自己的后评价体系。

我国投资项目后评价的目的是：全面总结投资项目的决策、实施和运营情况，分析项目的技术、经济、社会和环境效益和影响，为投资决策和项目管理提供经验教训，改进并完善建成项目，提高其可持续性。

按项目投资渠道和管理体制分，我国的项目后评价可分为以下几类：

（1）国家重点建设项目后评价：由国家发展和改革委员会制定评价规定，编制评价计划，委托独立的咨询机构来完成。目前国家发展和改革委员会主要委托中国国际工程咨询公司实施国家重点建设项目的项目后评价。

（2）国际金融组织贷款项目后评价：世行和亚行在华的贷款项目，分别按其国际金融组织的规定开展项目后评价。

（3）国家银行贷款项目后评价：国家政府性投资项目1987年起由建设银行、1994年起转由国家开发银行实施后评价工作。

（4）国家审计项目后评价：国家审计署开始对国家投资和利用外资的大中型项目的完工、实施和竣工开展财务审计，目前正在积极开拓绩效审计等与项目后评价相关的业务。

（5）行业部门和地方项目后评价：由行业部门和地方政府安排投资的建设项目一般由行业部门和地方政府安排项目后评价。行业部门和地方政府也参与了在本地区或本部门的国家一级和世行、亚行项目的项目后评价工作。

我国项目后评价一般分为四个阶段：

①项目自评阶段。由项目的业主会同其执行管理机构按照国家发展和改革委员会或国家开发银行的要求编写项目的自我评价报告，上报行业主管部门和国家发展和改革委员会或国家开发银行。

② 行业或地方初审阶段。由行业或省级主管部门对项目自评报告进行初步审查，提出意见，一并上报。

③ 正式后评价阶段。由相对独立的后评价机构组织专家对项目进行后评价，通过资料收集、现场调查和分析讨论，提出项目的后评价报告。

④ 成果反馈阶段。在项目后评价报告的编写过程中要广泛征求各方面意见，在报告完成之后要以召开座谈会等形式进行发布，同时散发成果报告。

3. 项目后评价的主要内容。项目后评价是以项目前期所确定的目标和各方面指标与项目实际实施的结果之间的对比为基础的。因此，项目后评价的范围和分类大体上与前评估相同。

综上所述，项目后评价的内容范围包括经济、环境、社会和机构发展等几个方面，一般情况下，项目后评价是按项目的效益评价方法和项目资金来源来分类的，通常可分为以下几类：

(1) 生产类：有直接的物质产品产出，通过投入产生并增加产出，其产出可提供更多的税收和财务收入，为社会提供直接的积累，如工业、农业等。

(2)服务类：为生产类行业提供生产所必需的服务和条件，一般没有直接的产品产出，这类项目主要依靠社会生产者积累来投入，项目后评价的要点是项目的经济分析和社会影响的效果分析。

(3)社会基础设施和人力资源开发类项目：如公共教育、公共卫生、公共社会服务和福利事业、环境保护、人员培训和技能开发等。这类项目由社会的公共积累来开支，其后评价的重点是项目的社会效益。

项目后评价的基本内容包括以下五方面：

(1)项目目标后评价。项目目标后评价的目的是评定项目立项时原定目的和目标的实现程度。项目目标后评价要对照原定目标主要指标，检查项目实际完成指标的情况和变化，分析实际指标发生改变的原因，以判断目标的实现程度。项目目标评价的另一项任务是要对项目原定决策目标的正确性、合理性和实践性进行分析评价，对项目实施过程中可能会发生的重大变化(如政策性变化或市场变化等)，重新进行分析和评价。

(2)项目实施过程后评价。项目的实施过程后评价应对照比较和分析项目、立项评估或可行性研究时所预计的情况和实际执行的过程，找出差别，分析原因。项目实施过程后评价一般要分析以下几个方面：项目的立项、准备和评估；项目内容和建设规模；项目进度和实施情况；项目配套设施和服务条件；项目干系人范围及其反映；项目的管理和运行机制；项目财务执行情况。

(3)项目效益后评价。项目的效益后评价以项目投产后实际取得的效益为基础，重新测算项目的各项经济数据，并与项目前期评估时预测的相关指标进行对比，以评价和分析其偏差及其原因。项目效益后评价的主要内容与项目前评估无大的差别，主要分析指标还是内部收益率、净现值和贷款偿还期等项目盈利能力和清偿能力的指标，只不过项目效益后评价对已发生的财务现金流量和经济流量采用实际值，并按统计学原理加以处理，而且对后评价时点以后的现金流量需要作出新的预测。

(4)项目影响后评价。项目的影响后评价内容包括经济影响、环境影响和社会影响的后评价。

经济影响后评价主要分析评价项目对所在国家、地区和所属行业所产生的经济方面的影响，它区别于项目效益评价中的经济分析，评价的内容主要包括分配、就业、国内资源成本、技术进步等。环境影响后评价包括项目的污染控制、地区环境质量、自然资源利用和保护、区域生态平衡和环境管理等几个方面。社会影响后评价是对项目在经济、社会和环境方面产生的有形和无形的效益和结果所进行的一种分析，通过评价持续性、机构发展、参与、妇女、平等和贫困等六个要素，分析项目对国家(或地方)社会发展目标的贡献和影响，包括项目本身和对项目周围地区社会的影响。

(5)项目持续性后评价。项目的持续性是指在项目的建设资金投入完成之后，项目的既定目标是否还能继续，项目是否还可以持续地发展下去，接受投资的项目业主是否愿意并可能依靠自己的力量继续去实现既定目标，项目是否具有可重复性，即是否可在未来以同样的方式建设同类项目。

4.后评价项目的自我评价与独立后评价。虽然项目竣工验收报告可以为项目后评价提供大量的数据和信息，但是从后评价角度考虑，其内容和深度还不能满足评价要求。特别是在项目财务分析、效益评价和可持续发展方面还需要补充资料和深入分析。

后评价项目的自我评价是从项目业主或项目主管部门的角度对项目的实施进行全面的总结，为开展项目独立后评价作准备的工作。项目的自我评价与竣工验收虽然有许多共同点，但也存在着一些根本的区别，一是评价的重点不同。竣工验收侧重在项目工程的质量、进度和造价方面；而自我评价侧重在项目效益和影响方面。虽然自我评价需要了解工程方面的情况，但重点是分析原因，解决项目的效益和影响问题，为今后项目决策和管理提供借鉴；二是评价的目的不同。竣工验收的目的是为把项目形成的固定资产或服务正式移交给业主或客户，使之进入运营阶段，同时总结出项目建设中的经验教训；而自我评价的目的是为项目后评价服务，需要全面总结项目的执行、效益、作用和影响，为其他项目提供可以借鉴的经验教训。

项目的自我评价与世行的完工报告也有所不同，主要表现在：一是评价角度不同。项目完工报告是由银行的项目负责官员编制的，代表了银行方面的意见，而自我评价报告则是由项目业主或执行机构编写的，代表了项目单位的意见，两者的评价角度有所不同；二是评价的层次不同。项目完工报告可以提出项目业主管理权限以外的问题和意见，而项目自我评价则往往难以超脱项目范围去分析原因，提出建议，两者所处的管理层次是不同的。

综上所述，项目的自我评价是业主处在项目层次上对项目的实施进行的总结，是按项目后评价要求，收集资料、自我检查、对比分析、找出原因、提出建议，以总结项目经验教训为目的的一种技术经济活动。

项目后评价应由独立或相对独立的机构去完成，因此也称为项目的独立后评价。项目的独立后评价要保证评价的客观公正性，同时要及时将评价的结果报告委托单位。

项目独立后评价的任务是：在分析项目完工报告或项目自我评价报告或项目竣工验收报告的基础上，通过实地考察和调研，评价项目执行情况及其成果。

项目独立后评价的报告包括项目背景、实施评价、效果评价和结论建议等几部分。

二、项目后评价的程序和方法

1.项目后评价的程序。项目后评价主要是为决策服务的，决策需求有时是宏观的，涉及国家、地区、行业发展的战略；有时是微观的，仅为某个项目组织、管理机构积累经验，因此，项目后评价也就分为宏观决策型后评价和微观决策型后评价。

(1)面向宏观决策的后评价程序。

①制订后评价计划。国家的后评价和银行、金融组织的后评价，更注重投资活动的整体效果、作用和影响，应从较长远的角度和更高的层次上来考虑后评价计划的制订工作。后评价计划制订得越早越好，应把它作为项目生命周期的一个必不可少的阶段，以法律或规章的形式确定下来。项目后评价计划内容包括项目的选定、后评价人员的配备、组织机构、时间进度、内容、范围、评价方法、预算安排等。

②后评价项目的选定。为在更高层次上总结出带有方向性的经验教训，不少国家和国际组织采用了“打捆”的方式，即将一个行业或一个地区的几个相关的项目一起列入后评价计

划，同时进行评价。一般来讲，选择后评价项目有以下几条标准：项目实施出现重大问题的；非常规的；发生重大变化的；急迫需要了解项目作用和影响的；可为即将实施的国家预算、宏观战略和规划原则提供信息的；为投资规划确定未来发展方向有代表性的；对开展行业部门或地区后评价研究有重要意义的项目。

③后评价范围的确定。项目后评价范围和深度根据需要应有所侧重和选择。通常是在委托合同中确定评价任务的目的、内容、深度、时间和费用，一般有以下内容：a. 项目后评价的目的和范围，包括对合同执行者明确的调查范围；b. 提出评价过程中所采用的方法；c. 提出所评项目的主要对比指标；d. 确定完成评价的经费和进度。

④项目评价咨询专家的选择。项目后评价通常分自我评价阶段和独立评价阶段。在独立评价阶段，需委托一个独立的评价咨询机构或由银行内部相对独立的后评价专门机构来实施，由此机构任命后评价负责人，该负责人聘请和组织项目评价专家组去实施后评价。评价专家可以是评价咨询机构内部的人员，他们较熟悉评价方法和程序，费用较低；也可以是熟悉评价项目专业的行家，他们客观公正，同时弥补了评价机构内部的人手不足。

⑤项目后评价的执行。项目后评价的执行包括以下几方面工作：a. 资料信息的收集。包括项目资料（如项目自我评价、完工、竣工验收、决算审计、概算调整、开工、初步设计、评估和可行性研究等报告及批复文件等）；项目所在地区的资料（如国家和地区的统计资料、物价信息等）；评价方法的有关规定和准则。b. 后评价现场调查。现场调查可了解项目的基本情况，其目标实现程度，产生的直接和间接影响等。现场调查应事先做好充分准备，明确调查任务，制定调查提纲。c. 分析和结论。在收集资料和现场调查后进行全面认真的分析，就可得出一些结论性答案，如项目成功度、投入产出比、成败原因、经验教训、项目可持续性等等。

⑥项目后评价的报告。项目后评价报告是评价结果的汇总，应真实反映情况，客观分析问题，认真总结经验。后评价报告应包括：摘要、项目概况、评价内容、主要变化和问题、原因分析、经验教训、结论和建议、评价方法说明等。这些内容既可以形成一份报告，又可以单独成文上报。报告的发现和结论要与问题和分析相对应，经验教训和建议要把评价的结果与将来规划和政策的制订修改联系起来。后评价报告要有相对固定的内容格式，便于分解，便于计算机录入。

⑦后评价的反馈。反馈机制是后评价体系中的一个决定性环节。它是一个表达和扩散评价成果信息的动态过程，同时该机制还应保证这些成果在新建或已有项目以及其他开发活动中得到采纳和应用。

反馈过程有两个要素，一是评价信息的报告和扩散，其中包含了评价者的工作责任。后评价的成果和问题应该反馈到决策、规划、立项管理、评估、监督和项目实施等机构和部门。二是应用后评价成果及经验教训，以改进和调整政策的分析和制定，这是反馈最主要的管理功能。在反馈程序里，必须在评价者及其评价成果与应用者之间建立明确的机制，以保持紧密的联系。

（2）面向微观决策的后评价程序。此类后评价往往注重某个项目和项目团队，涉及的环境较少，评价的程序比较简化，内容简单，形式多样。一般而言，可以包含如下几个步骤：

①自我评价。自我评价由项目组织内部进行，通常以项目总结会的形式开展，通过对项目的整体总结、归纳、统计、分析，找出项目实施过程、结果等方面与计划的偏差，并给予分

析。自我评价的结果是形成项目总结报告。自我评价注重于项目和项目成果本身，侧重找出项目在实施过程中的变化，以及变化对项目各方面的影响，分析变化原因，以总结项目团队在工作中的经验教训。

②成立项目后评价小组。这种专门的评价小组一般由项目组之外的人员组成，他们可以来自项目所属的业务部门、上级管理部门、独立的评价咨询机构或是外聘专家。评价小组要站在管理的角度来进一步地评价项目的管理业绩和产生的效益。

③信息的收集。项目后评价小组依据项目总结报告审查项目管理部、财务部、业务部等部门记载和递交的项目记录和报告，查阅有关项目各时段的文档资料，访问项目干系人，尤其是向客户或用户了解项目产品的质量、问题和影响，对这些信息进行综合分析。

④实施评价。为微观决策服务的后评价内容可能会比较具体，如涉及项目的各方面管理行为的评价、项目进度管理评价、项目成本管理评价、项目人力资源管理评价、客户管理评价、项目的质量管理评价、项目责任人业绩评价、项目的效益和前景评价等等。每一方面的评价可以细分为一些问题和条件，定制成几种便于操作的评分表，以便进行量化评价。

⑤形成评价报告。后评价小组根据评分标准及其评价模型对项目进行整体评价，给出结论，形成报告。该报告通过规定的渠道汇报给各个方面，以起到应有的评价现实项目、支持后续项目的评价目的。

2. 项目后评价的方法。

项目后评价的方法与项目前评价方法基本相同，国际通用的后评价方法有统计预测法、对比分析法、逻辑框架法（LFA）、定量和定性相结合的效益分析法等。

（1）统计预测法。如前所述，项目后评价包括了对项目已经发生事实的总结和对项目未来发展的预测，这种总结和预测是以统计学原理和预测学原理为基础的。

统计是一种从数量方面认识事物的科学方法，包括统计资料的搜集、整理、分析三个阶段。统计资料的搜集（又称统计调查）是根据研究目的和要求，采用科学的调查方法，有策划、有组织地搜集被研究对象的原始资料的工作过程，它是统计工作的基础。统计资料整理是根据研究的任务，对统计调查阶段获得的大量原始资料进行加工汇总，使其系统化、条理化、科学化，以得出反映事物总体综合特征资料的工作过程。统计分析是根据研究的目的和要求，采用各种分析方法，对研究对象进行解剖、对比、分析和综合研究，以揭示事物的内在联系、发展变化的规律和矛盾，找出原因，提出解决问题的办法的过程。

项目后评价大量的基础资料是以统计数据为依据的，后评价的调查、数据处理和分析方法也与统计工作十分类似。因此，统计原理和方法完全可以应用在后评价实践中，也是后评价方法论的基本原则之一。

预测技术已广泛应用于项目的可行性研究评估及项目后评价的实践中，特别在项目效益评价方面普遍采用了预测学常用的模式，如趋势外推法、参照对比法、专家调查预测法等。

项目后评价中有两种主要的预测：一是有无对比预测，另一种是项目今后效益的预测。前者是对无项目条件下可能产生的效果进行假定的估测，后者以后评价时点为基准，参考时点前的发展趋势对项目今后的效益进行测算。

（2）对比分析法。项目的对比分析法包括前后对比法和有无对比法。项目后评价的“前后对比法”是将项目前期的可行性研究和评估的预测结论与项目的实际运行结果相比较，以发现变化和分析原因，用于揭示项目计划、决策和实施存在的问题。“有无对比法”是指将项目实际发生的情况与若无项目可能发生的情况进行对比，以度量项目的真实效益、影响和作用，该方法是通过项目实施所付出的资源代价与项目实施后产生的效果进行对比，以评价项目好坏的项目后评价的一个重要方法。

项目后评价对比法的关键是要求投入的代价与产出的效果口径一致，即所度量的效果要真正归因于项目。但很多大型项目，特别是大型社会经济项目，实施后的效果不仅仅是项目单一的效果和作用，还有项目以外多种因素的影响。因此，项目后评价要剔除那些非项目因素，对归因于项目的效果加以正确的定义和度量。由于无项目时可能发生的情况往往无法确定地描述，故项目后评价中只能用一些方法近似地度量项目的作用。理想的做法是在项目受益范围之外找一个类似的“对照区”，进行比较和评价。如某农业项目后评价对小麦产量进行“有无对比”分析，该项目在实施期间正值国家农业改革的时期，国家多次调整农产品价格，实行家庭联产承包责任制，极大地推动了农村经济的发展，农产品产量大幅度提高。因此，即使在没有安排项目的条件下，项目区的生产也会有很大的发展。在进行“有无对比”分析时，就必须选定一个“非项目对照区”来与项目区进行比较，对照区应选择在项目启动之前气候、水文、地貌、管理和生产技术与项目区基本相同的地区。把该对照区作为项目区在无项目条件下发展的假设情况，用来与项目区进行比较。

(3)逻辑框架法。逻辑框架法是由美国国际开发署在1970年开发并使用的一种设计、计划和评价的方法，目前三分之二的国际组织将该方法作为援助项目的计划管理和项目后评价的主要方法。

逻辑框架法是将一个复杂项目的多个具有因果关系的动态因素组合起来，用一张简单的框图分析其内涵和关系，以确定项目范围和任务，分清项目目标和达到目标所需手段的逻辑关系，以评价项目活动及其成果的方法。在国际上，该方法已广泛应用到项目策划设计、风险分析、评估、实施检查、监测评价和可持续性分析的实践中，成为通用的一种方法。在项目后评价中，通过应用逻辑框架法分析项目原定的预期目标、各种目标的层次、目标实现的程度和项目成败的原因，用以评价项目的效果、作用和影响。

项目后评价通过应用逻辑框架法来确立项目目标层次间的逻辑关系，用以分析项目的效率、效果、影响和持续性。项目的效率评价主要反映项目投入与产出的关系，即反映项目把投入转换为产出的程度，也反映项目管理的水平。项目的效果评价主要反映项目的产出对项目目的和目标的贡献程度。项目的影响分析主要反映项目目的与最终目标间的关系，评价项目对当地社区的影响和非项目因素对当地社区的影响。一般情况下项目的影响分析应在项目的效率、效果评价的基础上进行，有时可推迟几年单独进行。持续性分析主要通过项目产出、效果、影响的关联性，找出影响项目持续发展的主要因素，并区别内在因素和外部条件提出相应的措施和建议。

(4)利益群体分析法。利益群体是指与项目有直接或间接的利害关系，并对项目的成功与否有直接或间接影响的所有有关各方，如项目的收益人、受害人与项目有关的政府组织和非政府组织等。利益群体分析法首先要确定项目利益群体一览表，然后评估利益群体对项目成功所起的重要作用并根据项目目标对其重要性作出评价，最后提出在实施过程中对各利益群体应采取的步骤。

(5)综合评价法——项目成功度评价方法。项目后评价的综合评价方法很多，通常采用成功度评价的方法。综合评价要做出项目的逻辑框架图，评定项目的合理性、项目目标实现程度及其外部条件，列出项目主要效益指标，评定项目的投入产出结果、汇总报告的所有内容，采取分析打分的办法(即项目成功度评价法)，为项目的实施和成果作出定性结论:划定成功、部分成功、不成功三个等级。成功度评价是依靠评价专家或专家组的经验，综合后评价各项指标的评价结果，对项目的成功程度作出定性的结论，也就是通常所称的打分的方法。成功度评价是以用逻辑框架法分析的项目目标的实现程度和经济效益分析的评价结论为基础，以项目的目标和效益为核心所进行的全面系统的评价。

①项目成功度的标准。项目评价的成功度可分为五个等级:

a.完全成功的:项目的各项目标都已全面实现或超过;相对成本而言，项目取得巨大的效益和影响。

b.成功的(A):项目的大部分目标已经实现;相对成本而言，项目达到了预期的效益和影响。

c.部分成功的(B):项目实现了原定的部分目标;相对成本而言，项目只取得了一定的效益和影响。

d.不成功的(C):项目实现的目标非常有限;相对成本而言，项目几乎没有产生什么正效益和影响。

e.失败的(D):项目的目标是不现实的，无法实现;相对成本而言，项目不得不终止。

②项目成功度的测定步骤和方法。进行项目综合评价时，评价人员首先要根据具体项目的类型和特点，确定综合评价指标及其与项目相关的程度，把它们分为“重要”、“次重要”和“不重要”三类。对“不重要”的指标就不用测定，只需测定重要和次重要的项目内容，一般的项目实际需测定的指标在10项左右。

在测定各项指标时，采用权重制和打分制相结合的方法，先给每项指标确定权重，再根据实际执行情况逐项打分，即按上述评定标准的第2至第5的四级别分别用A、B、C、D表示或打上具体分数，通过指标重要性权重分析和单项成功度结论的综合，可得到整个项目的成功度指标，用A、B、C、D表示，填在表的最底一行(总成功度)的成功度栏内。

在具体操作时，项目评价组成员每人填好一张表后，对各项指标的取舍和等级进行内部讨论，或经必要的数据处理，形成评价组的成功度表，再把结论写入评价报告。

③成功度评价表。项目成功度评价表格是根据后评价任务的目的和性质决定的，包括评价项目及其权重和评价结论。如表11-2所示。

表11-2　**成功度评价表**

项目实施评价指标	相关重要性	成功度
经济适应性		
扩大生产能力		
管理水平		
对贫困的影响		
人力资源:教育		
人力资源:健康		
人力资源:儿童		

续表

项目实施评价指标	相关重要性	成功度
环境影响		
对妇女的影响		
社会影响		
机构制度的影响		
技术成功度		
进度		
预算成本控制		
项目辅助条件		
成本－效果分析		
财务回报率		
经济回报率		
财务持续性		
机构持续性		
项目的总持续性		
总成功度		

三、项目后评价的成果及评价报告

1. 项目后评价报告的主要内容。项目后评价报告的重点是对项目执行情况的判别和分析，项目后评价的主要内容及其评价结果均应在报告中反映，包括：项目目标的实现程度、项目实施过程、项目效益、项目影响、项目可持续性的后评价及项目经验教训。

项目目标的实现程度一般分三个等级（成功、部分成功和不成功）进行评价，评价内容涉及宏观产业政策目标、财务目标、机构发展目标、实物目标、扶贫和其他社会目标、环境目标，以及公共行业管理和私营行业发展等目标。项目的可持续性后评价可采用可持续、不可持续和尚不明确三个等级来评定。项目主要经验教训主要讨论项目有何成功的经验和失败的教训，以及在项目未来发展中如何吸取这些经验教训，这些经验教训对类似国家或同类在建项目和未来待建项目中有哪些借鉴作用。

2. 项目后评价报告的格式。项目后评价报告主要由四部分组成，即概述、主报告、附件和附表。

（1）报告概述。报告概述部分包括封面及其内页、目录、前言、项目基础数据、报告摘要。

报告封面要注明编号、密级、项目后评价者名称、日期等。世界银行、亚洲开发银行要求在报告内页中说明汇率、英文缩写、权重指标与其他。

报告摘要一般包括以下几部分内容：

①项目目标和范围；

②项目投资和融资；

③项目的实施；

④项目的运营和财务状况；

⑤项目的机构和管理；

⑥项目环境和社会影响；

⑦项目的财务和经济评价；

⑧项目的可持续性；

⑨项目后评价结论；

⑩反馈信息。

（2）主报告。主报告部分有：项目背景、实施评价、效果评价、结论和建议。

项目背景说明项目的目标和目的、项目建设内容、工期、资金来源与安排、项目后评价的有关情况（包括项目后评价的任务来源和要求、项目自我评价报告完成时间，后评价时间安排、执行者，后评价的依据、方法、时点等）。

项目实施评价说明项目的设计、合同、组织管理、投资和融资、项目进度及其他情况，对照可行性研究评估找出重要变化，分析变化对项目效益影响的原因，讨论和评价这些因素及影响。

效果评价对项目运营和管理、项目财务状况、经济效益、环境和社会效果、可持续发展等几方面进行分析、评价项目的实际成果和作用。

结论、建议是项目独立后评价的最后一个部分，它包括项目的综合评价、评价结论、经验教训及建议对策等。

（3）附件。附件包括项目自我评价报告、借款国的评价报告摘要、联合融资者的评价意见，项目后评价专家组意见和其他相关文件和资料、地图等。

（4）附表。附表包括：

①项目综合评价汇总表（即项目成功度综合评价表）；

②项目后评价逻辑框架图；

③银行贷款/信贷相关表；

④项目进度表；

⑤项目实施的主要指标表；

⑥项目运营的主要指标表；

⑦项目主要效益指标对比表；

⑧项目财务现金流量表；

⑨项目经济效益费用流量表；

⑩协议执行情况表。

⑪对照银行业务手册的违约情况表

案例

案例一

某PM所做的一个局级OA项目，经过前期的工作以后已经进入了试运行阶段，情况良好，正准备验收。这时机关上调来了一个常务副局长，他提出OA中缺少劳资管理的功能，需要补上。PM并没有马上允诺或拒绝，而是找甲方关系较好的人员作了了解，原来此领导原来是主管人事出身，只对这块比较有发言权。PM就找到了这位副局长，提出要为他专门做两张报表，能够从既有数据中进行人事相关信息的分析。领导很高兴，也不再强求需要专门的劳资管理模块。项目进度因而几乎没有受到影响，最终顺利验收。

分析：

OA 和 HRM 有关系吗？显然差别很大。但是客户是不能随便得罪的，尤其是一个刚上任有实权的二把手。这个时候要思考领导提出此需求的原因。新官上任，一般要烧几把火，一个正在进行中的项目当然要留下他的个人烙印。所以说，其实他真正的需求不在于搞劳资管理，毕竟这一块业务以后也不归他主管，其主要目的还是为了树立威信。了解了这一点就好办了，给他两张“量身定做”的报表，既能体现他的个人意志，又表达了对他的尊重，最关键的是开发工作量很小。这个事件中，PM 的及时沟通和思考决策，起到了决定性的作用。

案例二

某 CRM 项目，已经到了试运行阶段，原计划下周二验收。这时 PM 得知对方主管领导下周三要出国考察，想到对方可能没有心思准备验收的工作，便与对方沟通后把验收时间改到领导回国以后。却不料领导考察了国外的先进管理思想以后，回来决定大幅修改自己的业务管理模式，原有的 CRM 内容因此有大半失去作用。项目几乎等于要重头再来一次。

请问：遇到这种情况该如何处理？

相关分析：

重视计划永远是正确的，甚至要想办法让条件成熟的后续工作提前开始。这个案例中的 PM 就犯了错误。领导要出国，没心思召开验收会是正常的。但是 PM 应该有很多办法来促成项目的及时验收。

比如说找各业务主管对各模块分别书面签字验收，然后只需要领导最后签字确认即可。或者找公司领导汇报，争取一笔资金，找个名目通过 Sales 交给领导（通常情况下项目都有回扣点数），同时谈谈马上验收的事宜。反正是在计划安排的时间内，这种顺水人情领导当然乐意。

而且，对于领导去做业务考察这件事，PM 居然没有联想到跟自己项目业务的关联，敏感度太低。

※ 本章思考题：

1. 项目收尾工作包括哪些内容？
2. 列出项目终止的四种方式，并比较其特点？
3. 如何编写项目总结报告？
4. 项目审计主要的任务是什么？
5. 项目验收包括哪些步骤？
6. 项目后评价有什么特点？
7. 项目后评价和可行性研究的联系和区别有哪些？
8. 项目后评价包括哪些内容？

参考文献

(1)《项目管理知识体系指南》

(2)张阿芬等编著,项目管理学[M].厦门大学出版社,2008 年

(3)杜嘉伟、郑、梁兴国,哈佛模式—项目管理[M].人民日报出版社,2001 年

(4)沈建明,项目风险管理[M].机械工业出版社,2005 年

(5)白思俊,现代项目管理[M].机械工业出版社,2005 年

(6)戚安邦,项目管理学[M].天津南开大学出版社,2003 年

(7)孙裕君、尤勤、刘玉国,现代项目管理学[M].科学出版社,2005 年

(8)吴之明、卢家仪,项目管理引论[M].清华大学出版社,2000 年

(9)成虎,工程项目管理[M].中国建筑工业出版社,1997 年

(10)中国项目管理研究委员会,中国项目管理知识体系与国际项目管理专业资质认证标准[M].机械工业出版社,2001 年

(11)许成绩,现代项目管理教程[M].中国宇航出版社,2003 年

(12)Harold Kerzner 著,杨爱华等译,项目管理—计划、进度和控制的系统方法[M].电子工业出版社,2006 年